샘 스톰스는 하나님과 성경 및 기독교 신앙에 대해 가장 빈번히 제기되는 질문에 답한다. 이 질문들은 내가 섬긴 교회의 성도들과 내가 가르친 학생들 또 기독교에 대해 궁금한 것이 많은 이웃들로부터 들은 바 있는 질문들이다. 이 대답들은 성경적 학문성과 신학적 감각 및 목회적 감성으로 가득 차 있다.

저스틴 S. 홀콤(Justin S. Holcomb)
성공회 목사이자 신학교 교수,
『신조를 알면 교회사가 보인다』와 『이단을 알면 교회사가 보인다』의 저자
리폼드 신학교

하나님과 성경에 대한 어떤 질문들은 우리에게 강한 흥미를 일으킨다. 반면 우리의 약을 올리고 우리를 좌절하게 만드는 질문들도 있다. 어떤 질문이 당신을 괴롭히고 있다면 당신이 그런 질문을 던진 첫 번째 사람이 아닐 가능성이 높다. 샘 스톰스는 이처럼 유익한 두 번째 책을 통해 어떤 사람들은 피하고 싶어 하는 질문들에 솔직히 대답하면서 자신의 모든 목회적 경험을 동원한다. 그는 어떤 논쟁에 있어 서로 다른 편에 선 주장들을 서술하기를 두려워하지 않고 일부 문제에 있어서는 자신도 확실하게는 알 수 없다고 인정하기까지 한다. 정말로 신선하며 우리의 생각을 가다듬게 만드는 책이다.

에이드리언 워녹(Adrian Warnock)
*Raised With Christ*와 *Hope Reborn*의 저자
런던 주빌리 교회

샘 스톰스는 『터프 토픽스 2』에서 노련한 목회자만이 할 수 있는 방식으로 어려운 질문들을 다룬다. 그는 역사적이고 전통적인 기독교의 가르침을 고수하면서도 이러한 난제들에 대해 고민하는 사람들의 상처와 상실 및 혼돈을 끌어안는다. 이 기술은 학구적이며, 이런 질문들로 대표되는 당혹감을 상대하기 위해 우리에게 꼭 필요한 기술이다. 서재에 두고 자료로 사용하거나 단번에 읽어 내리기에 훌륭한 책이다.

매트 챈들러(Matt Chandler)
빌리지 교회 대표 목사 및 사도행전 29장 교회 개척 네트워크 대표

후속은 원작만큼 좋은가? 이것은 영화 마니아들이 즐기는 논쟁이며 양측의 주장은 팽팽하다. 그렇다면 『터프 토픽스』의 후속작은 오늘날 그리스도인들과 교회가 마주한 가장 도전이 되는 질문 중 25가지에 답해보겠다는 원작의 시도만큼 좋은가? 첫 번째 책을 너무나도 재미있게 읽은 나에게 이것은 아슬아슬한 경합이었지만, 내 짧은 소견으로 대답은 "그렇다"이다. 『터프 토픽스 2』는 보다 도전적인 문제들과 씨름하는데, 원작에서 동원된 것과 동일한 성경적 지혜를 가지고 그렇게 한다. 독자들이 만나게 될 질문들은 예를 들어 삼위일체나 기도와 같은 기독교 핵심 교리와 실천, 여리고의 모든 백성을 멸절하라는 하나님의 명령과 태양이 멈춘 날과 같이 우리에게 도전을 안겨주는 성경의 이야기들, 용서받을 수 없는 죄에 대한 문제와 자살이 그런 죄인가 하는 문제, 구원에 세례가 필수적인가, 목회자/장로의 직분이 자격을 갖춘 남성들에게만 제한되는가와 같은 어려운 교회적 문제, 그리고 이혼과 재혼의 문제 등이다. 이 후속은 원작만큼 좋은가? 직접 읽어보라. 그리고 나의 의견에 동의할 수 있을지 보라.

그레그 앨리슨(Gregg R. Allison)
남침례신학교 기독교신학 교수

『터프 토픽스』는 우리 주님의 은사를 받은 성경 교사와 신학자 중 하나로부터 그리스도의 몸에 찾아온 귀한 선물이었다. 『터프 토픽스 2』 역시 동일하게 귀중한 선물이다. 샘 스톰스는 다시 한번 얽히고설켜 있는 문제의 본문과 주제들을 찾아내 세심하고 조리 정연한 대답들을 제공한다. 진리의 말씀을 성실히 해석하는 동안 나는 1권과 2권을 모두 다시 꺼내 들 것이다.

다니엘 L. 애킨(Daniel L. Akin)
사우스이스턴 침례신학교 총장

마음에 쏙 드는 이 책은 우리가 샘 스톰스의 글로부터 기대하게 된 건강한 신학과 성경적 추론 및 실천적 지혜의 강력한 조합이다. 노련한 목회자이자 신학자인 스톰스는 분명하고 사려 깊은 방식으로 삼위일체, 기도, 자살, 이혼과 재혼, 적그리스도와 같은 다양한 도전적 주제를 논한다. 『터프 토픽스 2』를 충심으로 추천한다.

브라이언 J. 탭(Brian J. Tabb)
베들레헴 신학교 성서학 조교수 및 *Themelios* 편집장

샘 스톰스가 던지는 논란이 되는 질문들 하나하나가 한 권의 책으로 엮일 수도 있는 주제들이지만, 그는 피상적이지 않으면서 사려 깊고 간략한 대답을 제공하는 데 성공한다. 귀감이 되는 목회자이자 신학자인 그의 대답에는 명료성과 지혜와 은혜가 담겨 있다.

앤디 나셀리(Andy Naselli)
베들레헴 신학교 신약학 및 성서신학 조교수

샘 스톰스의 『터프 토픽스 2』처럼, 어렵고 중요한 질문과 그에 따른 사려 깊고 세심하며 조리 정연하고 성경에 기초한 대답을 탁월하게 나열하는 책은 떠올리기 어렵다. 스톰스는 목회자와 성서학자 및 신학자의 면모를 동일하게 갖추고 있고, 다양한 자료에 대한 통달과 탁월한 소통의 은사는 그리스도인들에게 큰 유익이 될 책으로 탄생했다. 이 책의 내용을 조직적으로 공부해나가는 것은 영민한 마음을 필요로 하고, 이것은 어려운 난제들을 우리 공동의 신앙으로 녹여가는 과정에서 유익이 된다. 이 책은 많은 이에게 큰 유익을 줄 것이다.

브루스 A. 웨어(Bruce A. Ware)
남침례신학교 기독교신학과 과장

성경을 이해하기는 쉽지 않다. 우리는 모두 도움이 필요하다. 샘 스톰스는 우리 순례자들이 천국을 향해 비틀거리며 전진하는 동안 우리를 인도할 자격이 충분하다. 15분 정도 시간을 들여 샘과 함께 삼위일체에 대해, 혹은 모든 종교가 우리를 하나님께로 인도하는지, 기도가 정말로 우리의 삶에 변화를 가져다주는지를 생각해본다면 좋지 않을까? 『터프 토픽스 2』는 중요한 25가지 주제를 논하면서 우리에게 이런 선택의 기회를 제공한다.

레이 오트런드(Ray Ortlund)
내쉬빌 임마누엘 교회 대표 목사

Tough Topics 2

Biblical Answers to 25 Challenging Questions

Sam Storms

터프 토픽스 2

기독교 난제 25가지

샘 스톰스 지음 | 장혜영 옮김

차례

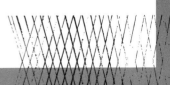

서론

나는 영화든 책이든 속편을 그다지 선호하지 않는다. 이제껏 한 가지 예외를 두었다면 그것은 「대부 2」일 것이다. 그런데 한 가지 예외를 더 두어야만 할 것 같다. 이 책을 읽고 있는 독자들 대부분이 이 책에 끌린 것은 내가 써낸 『터프 토픽스』(새물결플러스 역간) 때문일 것이다. 『터프 토픽스』는 원래 50개의 난제로 이루어져 있었고, 그것이 견디기 어려울 만큼 과도한 분량이라는 지적이 있었다. 그 때문에 질문과 그에 대한 성경적 대답을 두 권의 책으로 나눈 것이다. 이것이 이 속편의 배경이다.

전편의 서론을 읽어본 독자라면 곧바로 1장에서 25장 가운데 가장 관심을 끄는 장으로 옮겨가도 좋다. 물론 똑같은 서론을 반복해 읽는 것을 즐기는 독자라면 그렇게 하지 않아도 무방할 것이다. 두 권의 책이 모두 처음인 경우, 잠시 시간을 내어 이어지는 소개와 설명을 읽어보기를 권한다.

비가 퍼붓고 있는 창밖으로 루시(Lucy)와 라이너스(Linus)의 시선이 고

11

정되어 있었다.

"걱정돼." 루시의 목소리는 두려움으로 떨리고 있었다. "이렇게 내리다가는 우리 도시는 물론이고 온 세상이 잠길 것 같아."

"걱정하지 마." 라이너스의 대답에는 자신감이 넘쳤다. "하나님이 다시는 세상을 물로 심판하지 않겠다고 약속하셨고 그 증거로 하늘에 무지개를 주셨잖아."

"고마워." 루시는 안도의 숨을 내쉬었다. "이제야 안심이 돼."

"뭘, 건강한 신학이 하는 일이지"라고 라이너스는 대답했다.

이것은 내가 이 책을 통해 목적하는 바이기도 하다. 즉 건강한 신학을 통해 염려하는 마음에 안식을 선사하는 것이다. 우리는 모두 이런 종류의 문제와 질문, 교리적 수수께끼에 익숙하다. 이것들은 사람의 정신을 괴롭게 하고 마음을 불안하게 한다. 하나님은 다시 한번 온 세상을 물로 심판하실까? 루시의 뇌리에서 떠나지 않던 이 질문이 한 예다. 40년에 이르는 사역 경험을 통해 나는 인생이 제시하고 성경이 유발하는 난감한 문제들에 대해 염려와 분노, 두려움, 혹은 단순히 혼돈을 경험하는 사람들을 수없이 만났다. 예를 들어보자.

◆ "샘, 우리 아이는 지금 천국에 있을까요?"

- "이혼은 어떤 경우에 합당한가요? 만일 이혼이 합당하다면 재혼을 해도 괜찮은가요?"
- "복음을 한 번도 들어보지 못한 아프리카의 이교도에 대해서는 어떻게 생각하세요?"
- "제 이웃은 구원받으려면 세례를 꼭 받아야 한다고 하더군요. 그 말은 사실인가요?"
- "만일 사랑하는 친구가 지옥에 간다면, 제가 천국에서 어떻게 기뻐할 수 있죠?"
- "제 아버지는 몹시 나쁜 사람이에요. 사람들은 제가 아버지를 용서해야만 한다고 하는데 그게 무슨 뜻이죠?"
- "저는 제가 성령모독죄를 지은 것 같아 굉장히 걱정돼요. 제가 정말로 성령모독죄를 지은 걸까요?"
- "귀신은 정말로 있나요? 귀신이 제게 어떤 일을 할 수 있죠? 저는 귀신에게 뭘 할 수 있나요?"
- "거짓말해도 괜찮을 때가 있나요?"
- "천국에도 섹스가 있을까요?"

이 질문들은 간략하고 단순하게 대답할 수 있는 평범한 질문들이 아니다. 오히려 우리가 직면하는 가장 도전적인 주제들 가운데 일부다. 제대로 된 성경적 대답이 제시되지 못할 경우, 많은 그리스도인이 두려움과 죄책감과 혼란 속에 유기될 수도 있고, 성경의 충분성에 대한 확신이 흔들려 의미 있고 만족스러운 고백을 하지 못하게 될 수도 있다. 이 책은 그리스도인이 던지는 모든 질문에 답하지 않는다. 하지만 그중 25가지 질문에 대해서는 견고하고 성경적인 대답을 제공하고자 한다. 애석하게도 많은 신자가 느끼기에 그런 질문에는 제대로 된 응답은 고사하고 "모르겠습니다"라는 대답 아니면 무시가 다반사다. 이들이 자신의 교회와 친구, 심지어 목회자들로부터 실망을 안고 돌아서는 것은 당연하다. 내가 이 책에서 의도하는 것은 성경이 말하는 바를 수박 겉핥기식이 아니라 깊이 있게 들여다보고, 이런 골치 아픈 문제에 대해 분명하고 설득력 있는 설명을 이끌어내는 것이다.

이 책의 각 장의 길이는 일정치 않은데, 이것은 답하고자 하는 질문의 난이도에 비례한다고 볼 수 있다. 책을 집필하면서 염두에 둔 대상은 학식이 있는 평신도 그리스도인이다. 그리스어 원문을 언급한 경우가 몇 군데 있긴 하지만 원어를 배우지 못한 사람이라도 이해할 수 있는 범위 안에서 했다.

그리스도의 몸 된 교회에 이런 두께와 깊이를 지닌 책을 바치며 내가 소망하는 바는, 많은 혼란을 제거하고 비생산적인 연구로 인한 시간 낭비를 줄이는 것이다. 어떤 장에서든 내가 간략하고 단순한 대답에 그친 경우는 없다. 바라건대 우리가 성경 본문을 깊이 들여다보고 모든 가능한 대안을 고심함으로써 성경이 가르치는 바에 더 능통해질 뿐만 아니라, 더 중요하게는 하나님의 위대하심과 선하심을 더욱 경외하게 되기를 소망한다. 다시 말하자면, **이 책의 궁극적인 목표는 지식이 아니라 예배에 있다.** 하나님이 어떻게 역사하시는지와 더불어 그분이 그렇게 하시는 의도나 이유를 더욱 분명히 깨닫게 될 때, 우리는 그분을 더욱 뜨겁게 사랑하고 열렬히 찬양하게 될 것이다.

이 책에 제시된 25개의 질문에 대해 "그렇다", "아니다" 혹은 "때로는 그렇다"라고 대답할 뿐 더 이상 파고들지 않는 것이 낫다는 결론을 내리고 싶어 하는 사람들도 있으리라 생각한다. 하지만 성경이 "왜" 이런 대답을 건네는지에 대해 알고자 한다면 그런 식의 태도는 결코 유익하지 않다. 가장 난해하고 시급한 인생의 질문에 대해 피상적이고 간단하게 대답하는 일은 우리의 영적 성장과 성숙을 지연시킬 뿐이다. 그리고 이런 문제에 대한 궁금증을 안고 우리를 찾아오는 사람들에게 유익을 끼칠 수도 없다. 하나님이 누구시고, 그분이 역사하시되 어떻게 그리고 왜 그렇게 역사하시는지에 대한 우리의 이해는 충분히 깊지도 실제적이지도 않다. 핵심은 다음과 같다. 우리는 성경 속의 어려운 본문 및 난제들과 씨름해야 한다. 그럴 때만 사고하는 능력이 연마되고, 정신은 확장되며, 영혼은 풍성해지고, 마음은 위대하신 하나님과 구세주의 신비한 역사를 이해하게 되었다는 환희와 희열로 충만해질 것이다.

독자들이 나의 대답을 기대했던 다른 질문들이 있었다면 당황하지 말라고 이야기하고 싶다. 『터프 토픽스』전편에서 이미 그 관심사들이 다루어졌을 수 있기에 그 책을 살펴보기를 권한다. 다음이 내가 전편에서 답한 질문들이다.

성경은 무오한 책일까?

하나님은 자신의 마음을 바꾸실까?

성령모독죄란 무엇일까?

유아기에 사망한 아이들도 구원받을 수 있을까?

우리는 사탄에 대해 무엇을 알 수 있을까?

그리스도인도 귀신들릴 수 있을까?

그리스도인들이 구원을 잃어버릴 수 있을까?

천국에도 섹스가 있을까?

기적의 은사는 오늘날에도 있을까?

성령세례는 무엇이고 언제 일어날까?

바울의 육체의 가시는 무엇이었을까?

하나님은 왜 모든 병자를 치유하지 않으실까?

그리스도인에게는 십일조의 의무가 있을까?

그 외에도 많다.

나는 이 서론을 통해 이제껏 이야기한 것 이상으로 내가 이 책을 쓴 이유를 변호하거나 설명하는 데 시간을 낭비하고 싶지 않다. 나에게는 자명하게 느껴지기 때문이다. 사람들은 늘 이런 질문들(대답을 제시할 만한 공간이 충분하지 않으므로 포함하지 못한 다른 질문들까지)을 던지고, 나는 성경적인 대답으로 내가 믿는 바를 종이 위에 기록해야 할 때가 이르렀다고 생각한다. 그렇다고 독자들이 각 장을 덮을 때 온전한 지식이나 전적인 만족을 얻게 될 것이라는 뜻은 아니다. 독자들은 내가 더 많은 것을 이야기했으면 하고 바랄 수도 있고, 따라서 나는 각 문제에 대해 더욱더 통합적인 설명을 계속해서 추구해나갈 수 있도록 각 장의 마지막 부분에 "추천 도서"를 간략히나마 포함시켰다.

그렇다면 더 지체하지 말고 시작하자. 아, 한 가지 당부가 더 있다. 대부분의 장은 독립적으로 구성되어 있다. 이 말은 독자들이 목차를 확인한 후 가장 관심이 가는 장을 먼저(혹은 그것만) 읽어도 무방하다는 뜻이다. 하지만 몇몇 장의 경우 서로 관련된 질문을 다루고 있는데, 이 장들이 성경의 동일한 일반 주제를 다루고 있기 때문이다. 또한 각 장의 논리가 어느 정도 서로를 의지하기 때문이기도 하다. 따라서 이 장들만큼은 순서를 따라 읽기를 권하고 싶다. 하지만 전체적으로 독자들이 선택적 독서를 해도 크게 놓치는 부분이 없도록 책을 구성하려고 했다.

샘 스톰스

2013년 12월

1장
하나님이 삼위일체라면
그리스도인들은 세 분의 하나님을 믿는 것인가?

누가 한 말인지는 기억나지 않지만 나는 다음의 말을 믿는다. "삼위일체를 설명하려 든다면 당신은 실성(lose your mind)할 것이다. 부인하려 든다면 실족(lose your soul)할 것이다." 특별히 이 말의 후반부를 믿는다. 삼위일체 교리를 이해하려는 노력은 분명 고되고 때로는 우리에게 좌절감을 안겨주지만, 실성의 가능성을 핑계로 이것을 멀리해서는 안 된다. 바라기는 이번 장을 읽은 독자들이 하나님을 보다 잘 아는 것으로부터 오는 깊은 기쁨을 북돋워 줄 어느 정도의 깨달음을 실제로 경험했으면 좋겠다. 하지만 나는, 동등한 그러나 별개의 위격(person)으로 이루어진 "삼위일체" "한 분" 하나님이라는 개념이 지성적으로 가장 고되고 혼란스러운 성경 교리임을 인정한다.

삼위일체 하나님이라는 개념이 이성을 "초월"한다고 말하는 것과 이성에 "반대"된다고 말하는 것은 천양지차다. 기독교 세계에서 가장 뛰어나고 명석한 사람이라도 삼위일체를 탐구하던 중 어느 지점에 이르러 항복을 선언한다는 사실을 나는 거리낌 없이 인정할 수 있지만, 이것은 좌절에서부터의 항복이라기보다 그토록 영광스럽고 장엄하신 하나님에 대한 경외와 경탄 및 예배로부터의 항복이다. 어떠한 것들이 우리의 이해력을 넘어선다는 사실을 누구도 인정하고 싶어 하지 않는다는 점에서 어느 정도의 좌절감은 있을 수 있다. 이번 장에서 등장하는 일부 질문에 나는 답할 수 없을 것이다. 그 질문들에 내재적으로 또 영원토록 답이 없기 때문이 아니라, 우리가 유한하고 (따라서) 무한한 것을 이해할 수 없기 때문이다. 우리에게는 이생에서는 넘어설 수 없는 인간적 제한들이 있고 우리는 오직 앞으로 다가올 세상에서만 온전히 이해하게 될 것을 신앙 안에서 인정하는 데 만족해야 한다. 사실 그때에라도 우리가 "하나님의 신격"(Godhead)을 "온전히" 이해하게 될 것이라고 단정 지어 말할 수는 없다. 하나님은 무한하시고 (따라서) 우리가 그분의 존재의 깊이 혹은 그분이 한 분이자 세 분으로 존재하시는 방식을 모두 파헤칠 수는 없기 때문이다.

하지만 현재 우리에게 있는 하나님을 아는 지식의 불가피한 결핍을 핑계 삼아 그분의 삼위일체적 특성을 최선을 다해 부지런히 그리고 겸손히 탐구하는 것을 멈추어서는 안 된다. 하나님은 연구 대상이 되시는 것을 좋아하시지만, 고등학교 2학년생이 다 죽은 개구리를 해부하는 것과 같이 무심한 방식으로는 아니다. 우리의 목표는 하나님이 말씀을 통하여 자신에 관해 보이신 계시에 대한 통찰을 간구하면서 무릎을 꿇고 예배와 숨이 막힐 듯한 경배를 올려드리는 가운데 하나님의 인격 안으로 보다 더 깊이 들어가는 것이어야 한다.

따라서 삼위일체 교리에 있어 아마도 가장 유명한 성 아우구스티누스(기원후 4-5세기)의 정의에 주목하는 것으로 시작해보자.

성부와 성자와 성령이 계시며, 이들 각각이 하나님이신 동시에 모두가 한 분 하나님이 되신다. 이들 각각이 온전한 본질이신 동시에 모두가 한 본질이 되신다. 성부는 성자가 아니고 성령도 아니다. 성자 역시 성부가 아니고 성령도 아니다. 성령 또한 성부가 아니고 성자도 아니다. 하지만 성부는 고유한 방식으로 성부이시며 성자 역시 고유한 방식으로 성자이시고 성령 또한 고유한 방식으로 성령이 되신다. 세 위격 모두에 동일한 영원성과 동일한 불변성, 동일한 장엄함, 그리고 동일한 능력이 있다.[1]

교회사로부터의 통찰

교회사 내내 하나님에 대한 이런 개념이 앞뒤가 맞지 않고 논리적으로 모순된다는 주장이 있었다. 이들에 따르면 삼위일체 교리는 비이성적이고 지적 신념의 대상이 될 가치도 없다. 결과적으로 하나님의 신격에 대한 특정한 이단적 개념들이 부상했는데, 가장 눈에 띄는 두 가지는 단일신론(Monarchianism, 이들의 지도자인 3세기초 인물 사벨리우스[Sabellius]의 이름을 따 사벨리우스주의[Sabellianism]로도 알려져 있다)으로 알려진 것의 변종들이다. 이 개념의 이름(monarchy, 하나의 원리)에 걸맞게, 단일신론자들은 신적 통일성을 강조한 나머지 하나님의 신격 안에 있는 어떠한 개별적 차이도 무시한다. 성자와 성령에 대해 단일신론자들은 다음의 두

---

1 Augustine, *On Christian Doctrine*, transl. By D. W. Robertson, Jr. (Indianapolis: Bobbs-Merrill, 1958), 10.

가지 설명 중 하나를 선택한다.

역동적 단일신론(Dynamic Monarchianism, 이렇게 어려운 신학 용어라니 사랑스럽지 않은가?)을 처음 주창한 사람은 비잔티움의 박식한 무두장이 테오도토스(Theodotus)였다. 이 견해는 세례받기 이전의 예수를 한낱 인간(요셉과 마리아 사이에서 자연적으로 태어난 아들)으로 간주한다. 이 견해에 의하면 특출한 도덕적 덕목에 대한 보상으로 예수는 하나님의 아들로 "입양"되고 성령의 능력을 받아 나중에는 기적을 행하게 된다. 예수는 신이지만, 그가 본질에 있어 성부와 동등하기 때문이 아니라 그가 부여받은 능력(*dynamis*) 때문이다. 따라서 그의 "신성"은 "존재론적"이지 않고 "기능적" 혹은 "도덕적"이다. 다시 말해 이들은 예수를 "신"으로 이야기하지만, 이것은 그의 본성이나 존재 때문이 아니라, 그가 자신에게 주어진 하나님의 능력을 통해 행했거나 성취한 것 때문이다. "양자론"(Adoptionism)이라고도 불리는 이 견해는 이것의 자매 견해만큼 번창하지는 못했다.[2]

양태론적 단일신론(Modalistic Monarchianism)은 하나님의 신격의 통일성과 그리스도의 신성 모두를 믿는다. 이 둘 모두를 주장하는 유일한 방법은, 이들의 주장에 따르면, 성자(와 성령)를 성부와 동일시하는 것이다. 하나님은 유일한 분이시고 그분은 자신이 관여한 상황과 필요 및 역사에 따라 자신을 성부나 성자 혹은 성령으로 다양하게 드러내신다는 것이다. 이 이름들은 하나님의 신격 안에서 영원히 구별되는 위격들을 명명하지 않고 동일한 하나님에 대한 서로 다른 기능적 표현에 불

---

2   이 견해의 가장 영향력 있는 대변인은 시리아의 대도시 안디옥 출신인 사모사타의 바울(Paul of Samosata)이었고 그는 268년 안디옥 교회 회의에서 결국 정죄되었다.

과하다. 예수는 한 분 하나님이 자신을 드러내시는 몇 가지 "방식"이나 "위상" 혹은 "역할" 중 하나다. 따라서 성부와 성자와 성령은 우리와 관계하시는 하나님께 적용되는 차이들이다. 양태론자들은 경륜적 삼위일체(economic trinity, 세계와 관계하시는 하나님 안에서의 삼중성)를 긍정할 수는 있지만, 존재론적 혹은 본질적 삼위일체(ontological 혹은 essential trinity, 하나님의 내면적 존재 안에서의 삼중성)에 대해서는 긍정할 수 없다.[3]

한 가지 예가 양태론을 이해하는 데 도움이 될 것 같다. 내 이름은 정확하게 말하자면 찰스 새뮤얼 스톰스 2세다(Charles Samuel Storms, II). 잠시 "2세"는 무시하고 이 이름이 이런 특정 이단에 대해 어떻게 이해의 실마리가 되는지에 집중해보자. 내가 아주 어렸을 적 학교 운동장에서 쉬는 시간을 보낼 때면 친구들은 나를 "스톰스"라고 불렀다. 교실로 돌아오면 선생님은 나를 "찰스"라고 부르시곤 했는데, 찰스가 내 이름(first name)이었기 때문이다. 하지만 집에 있을 때 우리 가족은 나를 "샘"이라고 불렀다(나는 언제나 가운데 이름으로 불리는 것을 좋아했다). 그러니까 학급 친구들에게 그들의 친구로서의 "역할을 수행"했을 때 나는 "스톰스"라는 이름을 사용했다. 학교에서 학생으로서의 "역할을 수행"했을 때는 "찰스"라는 이름을 사용했다. 그리고 가족의 일원으로서의 "역할을 수행"했을 때는 "샘"이라는 이름을 사용했다. 하지만 나는 한결같이 여전히 "단 한 명의 사람"이었다. 이 이름들은 세 명의 각기 다른 사람들 사이

---

3 Donald Bloesch, *God the Almighty: Power, Wisdom, Holiness, Love* (Downers Grove: IVP, 1995), 172. 양태론적 단일신론자들을 반대하는 사람들은 이들을 성부 수난론자들(Patripassians)로 부르기도 하는데, 성부(라틴어로 pater)가 성자로서 고난받았다고(라틴어로 passus) 하는 이들의 가르침 때문이다.

의 차이를 구분하지 않았고 다만 "일상 속에서 서로 다른 세 가지 역할을 수행하는 한 사람"을 묘사하는 데 그쳤다.

이것이 삼위일체로서의 하나님을 이야기할 때 우리가 의미하는 바를 묘사하는 훌륭한 방법이라고 생각하는 독자들도 있겠지만, 확신하건대 그렇지 않다. 사실 이것은 이단이다. 하나님은 자신이 수행하는 역할이나 배역에 따라 세 가지 다른 이름을 사용하는 한 분이 아니시다. 하나님은 하나의 신적 존재로서 성부와 성자와 성령이라는 세 가지 동등한 위격으로 영원히 존재하신다. 그런데 이것이 정말로 성경이 말하는 바인가? 이제 살펴보도록 하자.

세 분의 연합

삼위일체 교리는 그리스도인에게 일종의 특별한 영적 연산을 요구하는가? 그러니까 어떻게 1+1+1이 하나일 수 있는가? 이러한 질문에 답하기 위해 우리는 성경 속 세 가지 증거에 온전한 무게를 싣는 것에서 출발해야 한다.

유일신론(Monotheism)—하나님은 오직 한 분이시라는 주장은 유대-기독교 전통의 명백한 핵심이다. "이스라엘아, 들으라! 우리 하나님 여호와는 오직 유일한 여호와이시니"(신 6:4). 사도 바울 역시 분명하게 유일신론을 주장한다. "우리가 우상은…아무것도 아니며 또한 하나님은 한 분밖에 없는 줄 아노라"(고전 8:4b. 또한 8:5-6 참조). 다시 한번 그는 "하나님은 한 분이시요, 또 하나님과 사람 사이에 중보자도 한 분이시니 곧 사람이신 그리스도 예수라"라고 주장한다(딤전 2:5. 또한 출 3:13-15;

15:11; 20:2-3; 사 43:10; 44:6; 45:5-6; 45:14,18, 21-22; 46:9; 슥 14:9; 요 17:3; 약 2:19; 롬 3:30 참조). 결론적으로 **하나님은 오직 한 분이시다.**

성부와 성자와 성령의 신성 - "휴스턴, 문제가 발생했다." 하나님은 오직 한 분이시다. 그런데 성부는 하나님이시다. 성자도 그렇고, 성령 역시 하나님이시다. 세 분이 하나님이신데 어떻게 하나님이 한 분이실 수 있는가? 성경의 저자들이 이 두 가지 진리를 모두 주장한다는 사실은 회피할 수가 없다. 분명히 하나님의 신격은 서로 구분되지 않고 홀로 존재하는 유일성(oneness)이 아니라, 다양성 속에서 존속하는 유일성(oneness)이다. 성경은 성부의 신성을 종종 언급하고 성자의 신성과 성령의 신성에 대해서도 그렇게 한다. 이 책에서는 성부와 성자와 성령의 신적 지위를 옹호하는 성경적 주장을 제시할 만큼의 공간이 없다. 나는 이것을 사실로 가정하고 우리가 어떻게 다신론자들(여러 신을 믿는 사람들)이 되지 않고 이것을 인정할 수 있는지를 밝혀내는 데 집중하려고 한다.

삼중 연합(Triunity) - (1) 하나님은 한 분이시고 (2) 세 분이 모두 하나님이시라는 성경의 증언과 더불어 (3) 하나님이 되시는 "세 분"을 어떤 면에서 "연합"해주는 본문이 많다. 여기서 우리의 용어인 **삼중 연합**이 등장한다. 몇 가지 중요한 성경 본문을 살펴보자.

지상 명령에서 예수는 자신을 따르던 사람들에게 다른 이들을 제자로 삼고 그들에게 "아버지와 아들과 성령의 이름으로 세례를 베풀" 것을 명령하셨다(마 28:19). 예수는 마치 하나님이 세 분인 것처럼 "이름들(복수)로" 세례를 베풀라고 말씀하지 않았고 "이름(단수)으로" 세례를 베풀라고 하셨다. 또한 마치 한 사람이 자신을 삼중적 이름(threefold name)으로 소개하고 있는 양 "아버지와 아들과 성령의 이름(단수)으로"라고 이야기하시지 않았다. 대신 "정관사"(the)가 각각의 위격 앞에 반복되었다(the Father, and the Son, and the Holy Spirit). 따라서 예수는 세 위격을 구분 짓는 동시에 이들을 하나의 이름으로 연합하는 데에도 동일한 주의를 기울이신다.

내가 인용할 수 있는 많은 본문 중 성부와 성자와 성령을 연합하고 이들 각자가 동일한 예배와 흠모, 사랑 및 순종을 받기에 합당하다고 말하며, 이들 각자가 서로의 사역에 동일하게 그리고 적극적으로 관여하신다고 선언하는 본문은 다음 두 개의 본문을 포함한다.

> 주 예수 그리스도의 은혜와 하나님의 사랑과 성령의 교통하심이 너희 무리와 함께 있을지어다(고후 13:13).

> 몸이 하나요, 성령도 한 분이시니, 이와 같이 너희가 부르심의 한 소망 안에서 부르심을 받았느니라. 주도 한 분이시오, 믿음도 하나요, 세례도 하나요, 하나님도 한 분이시니, 곧 만유의 아버지시라. 만유 위에 계시고 만유를 통일하시고 만유 가운데 계시도다(엡 4:4-6).

성부와 성자와 성령이 예수의 생애 및 사역과 관련하여 서로 연합된 활동과 목적 안에서 함께 언급된 경우도 있다. 바로 예수의 잉태(눅 1:35)와 세례(마 3:16-17; 요 1:33-34), 기적(마 12:28), 승천(눅 24:49) 등이다. 마찬가지로 세 분은 계시와 구원의 역사에서도 연합된 것으로 묘사된다(행 2:38-39; 롬 14:17-18; 15:16, 30; 고후 1:21-22; 갈 4:6; 엡 2:18-22; 3:14-19; 골 1:6-8; 살후 2:13-14; 딛 3:4-6; 히 10:29; 벧전 1:2; 요일 4:2,

13-14; 유 20-21; 계 1:4-5).

이 세 가지 증거 중 어떤 것도 묵살되거나 다른 증거를 앞서선 안 된다. 우리는 이것들을 모두 끌어안아야 한다. 하지만 이 증거들은 어떻게 서로 조화될 수 있을까?[4]

본질의 연합, 인격(personhood)의 삼위일체

위에서 언급된 성경적 증거에 대응하기 위한 방법에는 세 가지 대안만 있다. 첫 번째 대안은 한 분이신 하나님의 연합을 강조한 나머지 성부, 성자, 성령의 온전하고 동등한 신성을 배제하는 것이다. 이것은 앞서 설명한 "단일신론"의 교리다. 오늘날 이러한 교리는 다소 차이를 갖는 두 가지 형태로 존재한다. 예수와 성령의 신성을 부인하는 신학적 자유주의 관점에 속하는 일위신론(Unitarianism)의 표현 대부분은 본질적으로 단일신론적이다. 연합오순절교회(United Pentecostal Church. Oneness Pentecostalism으로도 알려졌다)는 예수의 신성을 옹호하는 보수적 견해

---

4 삼위일체 개념은 구약에서 노골적으로 드러나 있지 않지만, 하나님의 신격 안에 있는 복수적 개념을 시사하는 구약의 본문들은 있다. (1) 하나님을 지칭하는 표준적 단어는 *Elohim*(복수)이다. (2) *Elohim*과 더불어 복수형 동사가 사용되기도 한다(창 20:13; 35:7; 삼하 7:23 참조). (3) 하나님에 대해 복수 대명사가 사용된 본문도 있다(창 1:26; 3:22; 11:7; 사 6:8 참조). (4) 야웨께 "아들"이 있다고 이야기하는 것으로 보이는 구약 본문이 있다(잠 30장과 시 2장 참조) (5) 메시아를 지칭한 본문들 역시 관련이 있다(사 9:6-7; 렘 23:5-6; 미 5:2). (6) 하나님의 "영"에 대해 이야기하는 여러 본문이 있다(창 1:1-2; 6:3; 출 31:2-3; 민 24:2; 27:18; 시 51; 139:7). 이들은 성령을 언급한 무수한 본문 중 일부에 불과하다. (7) 하나님의 이름이나 신적 개념이 한 사람 이상에게 적용된 본문도 몇몇 있다(사 48:16; 61:1; 63:7-14; 학 2:4-7).

다. 진실로 예수"만이" 하나님이 되신다고 본다. 다시 말해 하나님의 신격에는 오로지 한 위격(person)만이 계시고 그의 이름이 예수다. "성부"와 "성령"은 한 분 하나님이신 예수의 서로 다른 나타남에 걸맞은 다른 이름에 불과하다.[5]

두 번째 대안은 성부와 성자와 성령의 개별성을 강조한 나머지 다신론(Polytheism)의 한 형태인 삼신론(Tritheism)으로 귀결된다. 세 위격의 유일한 연결고리는 이들이 갖는 공동의 목적 혹은 의지다. 강조점은 각각의 "인격"(personhood)에 있고 그것의 본질은 자율성과 독립적인 자의식이다. 이는 거의 수용되지 않는 견해다.

세 번째이자 내가 믿는 바 유일하게 적법한 대안은 하나님의 한 분 되심(oneness)과 성부, 성자, 성령의 온전한 신성을 망설임이나 변개 없이 모두 받아들이는 것이다. 이것은 하나님이 한 분이신 방식과 세 위격이신 방식이 서로 다르다고 이야기할 때 가능하다. 하나님은 **본질에 있어 한 분이시고 위격에 있어 세 분이 되신다.** 역사적 삼위일체설은 하나님이 동일한 방식으로 한 분이자 세 분이라고 주장하지 않았다. 그것은 실제로 기독교 신앙에 모순되며 합당하지 않은 이야기다. 이는 하나님이 한 분이시라는 것이 "본질"(혹은 실체)에 있어서 그렇고, 하나님이 세 분이라는 것은 "위격"에 있어서 그렇다는 뜻이다. 하나님 가운데 있는 삼중연합(triunity)을 긍정할 때 우리는 하나님이 세 위격이신 것과는 다른 의미에서 한 분이신 것을 이야기하는 것이다. 따라서 우리는 성부와 성자와 성령에 대하여 이들 모두에게 공통적인 것(신적 본질)과 각자(위격)에

---

5 도움이 될 만한 설명과 비평을 위해서는 Gregory A. Boyd, *Oneness Pentecostals and the Trinity* (Grand Rapids: Baker Book House, 2000)을 참조하라.

게 적절하고 독특한 것을 모두 고려하여 이야기할 수 있다.

따라서 성부는 성자 및 성령과 동일한 "하나님"이시지만 동일한 "위격"은 아니시다. 성자는 성부 및 성령과 동일한 하나님이시지만 동일한 위격은 역시 아니시다. 성령 또한 성부 및 성자와 동일한 하나님이시지만 동일한 위격은 아니시다. 다시 말하자면 신성과 관련해 성부와 성자와 성령은 동일하시다. 위격에 관련해서는 별개다. 그리고 한 가지 명확히 할 점은 하나님의 "세 위격 되심"(threeness)이 단순히 우리가 하나님을 인지하는 것에 대한 문제가 아니라는 점이다. 이것은 우리가 하나님을 삼위일체로 경험하는 것에 불과한 문제가 아니다. 그분은 인간이나 천사 혹은 어떠한 다른 존재가 그분을 생각하고 만나는 것과는 무관하게 삼위일체가 "되신다." "세 위격 되심"은 하나님의 "한 분 되심"(oneness)만큼이나 하나님의 영원한 본질에 속한다.

따라서 세 위격은 모두 하나님이신 동시에 이 세 위격 중 누구도 다른 두 위격으로부터 분리되거나 독립된 자신만의 본질을 갖지 않는다. 오히려 각 위격은 수적으로 하나인 신적 실체 혹은 본질을 동일하게 공유한다. 수적으로 말해 신적 본질은 하나에 불과하고, 세 분의 신적 위격은 그 한 가지 본성으로 동일하게 귀속된다. 따라서 하나님의 신격 안에는 어떠한 존재론적 종속도 없다. 성부와 성자와 성령은 신적 본질에 관해 동등하게 하나님이 되신다. 각각의 위격은 다른 위격들만큼 온전하게 하나님이 되신다. 이에 기초하여, 또한 양태론에 대한 수정으로, 존 파인버그(John Feinberg)는 다음과 같은 결론을 내렸다.

하나의 신적 본성(*ousia*)으로 동일하게 귀속된 세 위격들(*hypostaseis/*

prosopa)은 구별된 존재 혹은 위격으로서 동시에 존재한다. 이것은 신적 본질이 어느 순간에는 전적으로 성부로만 드러나고(성자나 성령 안에서/으로는 드러나지 않고) 다른 순간에는 성자로만, 또 다른 순간에는 성령으로만 드러난다는 의미가 아니다. 오히려 세 위격은 모두…동시에 존재한다.[6]

그러므로 서구 교회 안에서 이해되는 삼위일체적 관계는 다음과 같이 요약할 수 있다.

◆ 성부는 성자를 낳으시고 성령은 성부로부터 나오신다. 하지만 성부는 나거나 나오시지 않는다.
◆ 성자는 나셨고 성령은 성자로부터 나오셨다. 하지만 성자는 누구를 낳거나 나오게 하지 않으신다.
◆ 성령은 성부와 성자 모두로부터 나오셨다. 하지만 성령은 누구를 낳거나 나오게 하지 않으신다.

같은 말을 다른 방법으로 표현한다면 다음과 같다.

◆ 성부는 하나님으로부터 나온 하나님이 아니시다. 성부는 하나님이 존재하시는 근거가 되시는 하나님이시다.
◆ 성자는 하나님으로부터 나온 하나님이시다. 성자는 하나님이 존재하

---

6   John S. Feinberg, *No One Like Him: The Doctrine of God* (Wheaton: Crossway Books, 2001), 488.

시는 근거가 되시는 하나님이시다.

◆ 성령은 하나님으로부터 나온 하나님이시다. 성령은 하나님이 존재하시는 근거가 되시는 하나님이 아니시다.

결론적으로 내가 말하는 바는 어떠한 면에서 하나님은 한 분(본질)이시고 다른 면에서는 세 분(위격)이시라는 것이다. 한 분 하나님은 개별적이지만 독립적이지 않은 위격들 곧 성부와 성자와 성령 안에서 영원히 존재하신다. 따라서 우리의 질문에 대한 답은 "아니요."이며, 삼위일체를 믿는 그리스도인들은 세 분의 하나님을 믿지 않는다. 따라서 삼위일체 교리는 논리적으로 모순적이지도, 성경에 어긋나지도 않는다. 하나님 안에 있는 삼중 연합의 본질을 우리는 결코 완벽히 이해할 수 없겠지만, 그분을 경외와 존경으로 예배할 수 있다.

추천 도서 _____

Alister E. McGrath, *Understanding the Trinity* (Grand Rapids: Zondervan, 1990).

Michael Reeves, *Delighting in the Trinity: An Introduction to the Christian Faith* (Downers Grove: IVP Academic, 2012)(『선하신 하나님』, 복있는사람들 역간).

Fred Sanders, *The Deep Things of God: How the Trinity Changes Everything* (Wheaton: Crossway Books, 2010)(『삼위일체 하나님이 복음이다』, 부흥과개혁사 역간).

Bruce A. Ware, *Father, Son, & Holy Spirit: Relationships, Roles, & Relevance* (Wheaton: Crossway Books, 2005).

2장
하나님은 자신이 들어 올릴 수 없을 만큼 큰 바위를 만드실 수 있는가?

이러한 질문에 많은 사람은 웃음을 터뜨리면서 지난주에 아담과 하와에게 배꼽이 있었는지를 궁금해했던 어린아이와 같은 유치한 호기심을 탓하는 실수를 범한다(혹시 궁금해할 독자들을 위해 답하자면 아담과 하와에게는 배꼽이 없었다). 하지만 사실 이런 질문은 하나님의 본성과 신학자들이 "전능하심"이라고 칭하는 신적 속성에 대해 매우 중요한 논제를 제기한다.

오직 우리 하나님은 하늘에 계셔서 원하시는 모든 것을 행하셨나이다(시 115:3).

여호와께서 그가 기뻐하시는 모든 일을 천지와 바다와 모든 깊은 데서 다 행하셨도다(시 135:6).

만군의 여호와께서 경영하셨은즉 누가 능히 그것을 폐하며 그의 손을 펴셨은즉 누가 능히 그것을 돌이키랴(사 14:27).

내가 시초부터 종말을 알리며 아직 이루지 아니한 일을 옛적부터 보이고 이르기를, "나의 뜻이 설 것이니 내가 나의 모든 기뻐하는 것을 이루리라" 하였노라(사 46:10).

욥이 여호와께 대답하여 이르되, "주께서는 못 하실 일이 없사오며 무슨 계획이든지 못 이루실 것이 없는 줄 아오니"(욥 42:1-2).

땅의 모든 사람들을 없는 것같이 여기시며 하늘의 군대에게든지 땅의 사람에게든지 그는 자기 뜻대로 행하시나니 그의 손을 금하든지 혹시 이르기를 네가 무엇을 하느냐고 할 자가 아무도 없도다(단 4:35).[1]

성경은 하나님이 영향력을 행사하시거나 자신의 뜻을 성취하실 능력이 있음을 단지 긍정하지만 않는다. 성경은 그분에게 있는 능력에 제한이 없음도 주장한다. 따라서 우리는 하나님이 "전능"하시거나 그분의 능력이 무한하시다고 이야기할 수 있다. 그는 "힘이 강하시다"(욥 9:4). 그는 "강하고 능한 여호와"시며(시 24:8) "크고 두려운"(신 7:21) "주 만군의 여호와 이스라엘의 전능자"(사 1:24)가 되신다. "주 여호와여, 주께서 큰 능력과 펴신 팔로 천지를 지으셨사오니 주에게는 할 수 없는 일이 없으

---

1   대하 20:6; 욥 23:13; 잠 21:30; 사 43:13 역시 참조하라.

시니이다. 주는 은혜를 천만인에게 베푸시며 아버지의 죄악을 그 후손의 품에 갚으시오니, 크고 능력 있으신 하나님이시요, 이름은 만군의 여호와시니이다. 주는 책략에 크시며 하시는 일에 능하시나이다"(렘 32:17-19a). 창조세계는 "그의 권세가 크고 그의 능력이 강하므로 [별] 하나도 빠짐이 없느니라"라는 말씀이 사실임을 증언한다(사 40:26). 그는 모든 창조의 주재이자 소유자와 통치자 및 왕으로서 누구도 그분에게 저항하거나 그분을 압도할 수 없다(마 11:25; 계 1:8; 시 29:10; 렘 10:7, 10). 그는 "전능하신 주"(고후 6:18; 계 4:8; 11:17), "복되시고 유일하신 주권자이시며 만왕의 왕이시며 만주의 주"시다(딤전 6:15). 그분에게 능치 못할 일은 없고 모든 것이 그분의 능력 안에 있다(창 18:14; 슥 8:6; 렘 32:27).

마리아가 가브리엘에게 어떻게 처녀인 자신이 남자와 관계하지 않고 아이를 잉태할 수 있는지를 물었을 때 그는 다음과 같이 대답했다. "하나님의 모든 말씀은 능하지 못하심이 없느니라"(눅 1:37). 부자가 하나님의 나라에 들어가는 것이 낙타가 바늘귀로 나가는 것만큼 어렵다고 비유하신 후 예수는 이렇게 말씀하셨다. "사람으로는 할 수 없으되 하나님으로는 그렇지 아니하니 하나님으로서는 다 하실 수 있느니라"(막 10:27).

제한이 없는 능력

우리는 신적 능력이 그 행사에 있어 "선택적"이라는 사실을 반드시 기억해야 한다. 하나님이 자신의 영원한 존재 안에서 능력이 무한하신 것은 사실이지만, 언제나 모든 방식으로 그 능력을 행사하는 것이 이러한 속성의 필수적 혹은 본질적 부분은 아니다. 윌리엄 쉐드(William G. T.

Shedd)가 설명한 대로 "하나님은 아무것도 창조하실 필요가 없었다. 그리고 창조 이후 모든 것을 전멸하실 수도 있었다. 그리스도를 믿는 믿음의 경우에서와 같이 언약을 통해 자신을 구속하신 경우에만 하나님의 행위가 선택적이지 않게 된다."[2]

하나님이 두 가지 방법 중 하나를 사용해 자신의 뜻을 성취하신다는 점 역시 중요하다. 그분은 "정해진 방편" 곧 우리가 제2원인으로 부르는 균일하고 질서 있는 역사를 통해 많은 것을 성취하신다. 이미 존재하는 것을 사용하시는 하나님의 섭리적 행위도 여기에 포함될 수 있다. 하나님은 우리가 "자연법칙"으로 잘못 칭하는 것을 사용해서도 자신의 목적을 수행하신다(음식과 물이라는 방편으로 인간의 생명을 유지하고 태양의 열기를 통해 대기에 온기를 제공하는 등). 또한 하나님은 신적 명령, 곧 매체나 제2원인도 없이 직접적이고 즉각적인 방법으로 많은 일을 성취하신다. 예로 창조와 특정 기적(부활과 같은)은 이러한 신적 능력의 표현이다. 이들은 제1원인(하나님)만이 동원된 역사들이다.

하나님의 능력의 "실제적" 행사가 그 능력의 한계를 나타내지 않는다는 사실도 중요하다. 하나님은 자신이 원하는 모든 것을 "하실 수 있"지만(그리고 그렇게 하신다), 그분이 "하실 수 있는 모든 것을 다 하실 필요는 없다"(그리고 그렇게 하시지 않는다). 이것은 하나님의 무한하신 능력이 창조의 역사를 통해 드러나 있지만, 그것으로 전부 드러난 것은 아니라는 뜻이다. 하나님은 원하셨다면 이미 창조하신 것보다 더 많이 창조하실 수 있으셨다. 따라서 그가 "이미 행하신" 것은 그분이 "행하실 수 있

---

2 William G. T. Shedd, *Dogmatic Theology* (Minneapolis: Klock & Klock, 1979 [1889]), I:359.

었던" 혹은 행하실 수 있는 것의 척도가 아니다.

자기모순이 없는 능력

하나님은 무엇이든지 다 하실 수 있을까? 어떤 신학자들과 철학자들은 하나님께는 모든 이성과 도덕으로부터 제한받지 않고 심지어 이것들에 종종 모순되기도 하는 절대적인 능력이 있다고 주장한다(이들에 따르면 하나님은 *ex lex*, 곧 법의 바깥 혹은 그 위에 존재하신다). 따라서 이들은 하나님도 예를 들어 죄를 범하고 거짓말을 하고 죽을 수 있다고 결론짓는다. 그분은 자신이 원하는 모든 것을 하실 수 있을 뿐 아니라, 모든 것 심지어 논리적으로 모순되는 것도 의도하실 수 있다는 것이다. 하지만 대부분의 신학자들은 여기에 반하는 성경의 몇몇 본문을 지목한다(특별히 강조된 부분에 주목하라.)

> 하나님은 약속을 기업으로 받는 자들에게 그 뜻이 변하지 아니함을 충분히 나타내시려고 그 일을 맹세로 보증하셨나니, 이는 **하나님이 거짓말을 하실 수 없는** 이 두 가지 변하지 못할 사실로 말미암아 앞에 있는 소망을 얻으려고 피난처를 찾은 우리에게 큰 안위를 받게 하려 하심이라(히 6:17-18).

> 우리는 미쁨이 없을지라도 주는 항상 미쁘시니 **자기를 부인하실 수 없으시리라**(딤후 2:13).

사람이 시험을 받을 때에 "내가 하나님께 시험을 받는다" 하지 말지니 **하나님은 악에게 시험을 받지도 아니하시고 친히 아무도 시험하지 아니 하시느니라**(약 1:13).

19세기 프린스턴의 신학자 찰스 하지(Charles Hodge)는 다음과 같은 기록을 남겼다.

> 이것은…바로 능력의 개념과 관련되는데, 곧 가능한 결과를 생산하는 것과 연관이 있다. 불가능한 것을 가능하게 할 수 없다는 능력의 제한은, 터무니없는 것을 이해할 수 없는 이성의 제한이나 나쁜 짓을 할 수 없는 무한한 선의 제한과 흡사하다. 그것은 본질에 위배된다. 하나님이 그분 되심에 어긋나는 무엇이 될 수 있다고 추측하거나, 그분의 무한한 지혜와 사랑에 반대되는 행동을 하실 수 있다고 추측하는 것은 하나님을 칭송하지 않고 비하하는 일이다. 따라서 하나님이 자신이 원하시는 것은 무엇이든 하실 수 있기 때문에 전능하시다고 이야기할 때, 우리는 그분의 뜻이 그분의 본성에 의해 결정된다는 사실을 유념해야 한다. **불완전할 수 없다고 말하는 것은 그분의 완전하심에 절대로 제한이 될 수 없다.**[3]

하나님이 "하실 수 없는" 것들로는 다음이 있다. (1) 논리적으로 모순되는 것(비논리적일 수 없는 그분의 "무능"은 그분의 진리와 의와 신실함 등 때문이다). (2) 비도덕적인 행동(이 역시 그분의 도덕적 탁월함과 일관성 때문이

---

3 Charles Hodge, *Systematic Theology* (Grand Rapids: Eerdmans, 1970), I:409.

다). (3) 유한한 피조물에 어울리는 행동. (4) 하나님으로서의 본성을 부인하는 행동과 (5) 그분의 영원한 계획의 변개다.

따라서 원하는 모든 것을 할 수 있는 것이 전능함이다. 반면 원하지 "않는" 것을 할 수 없는 것은 나약함이 아니다. 능력은 원하지 않는 것을 하는 힘이 아니라 원하는 것을 하는 힘이기 때문이다. 로널드 내쉬(Ronald Nash)는 이렇게 표현했다.

> 죄를 지을 수 있는 능력은 완벽함에 이르지 못하는 능력이다. 이것은 전능의 반대이고 따라서 죄를 지을 수 없는 하나님의 무능은 그분의 전능하심에 어긋나지 않는다. 오히려 그분의 전능하심에 수반된다.[4]

이러한 견해는 분명 사실이지만, 한편으로 우리는 하나님이 사실상 모든 것을 "하실 수 있다"라고 말해야 한다. 하나님이 모든 것을 하실 수 있다는 나의 말에 어떤 사람은 하나님이 논리적으로 터무니없는 것이나 자기모순적인 것은 하실 수 없다고 반박할 것이다. 예로 "하나님은 둥근 삼각형을 만드실 수 없다"라고 말이다. 하지만 "둥근 삼각형"은 실체가 아니며 존재하지 않는다. "무엇"이 둥글다고 이야기하면서 그것이 동시에 그리고 동일한 의미에서 삼각형이라고 말하는 것은 모순이다. 이러한 모순은 존재하지도 않고 실제로 존재할 수도 없으며, 존재한다고 상상도 할 수 없다. 물론 "여기 둥근 삼각형이 있다"는 "진술"을 상상해볼 수는 있다. 하지만 "둥근 삼각형"을 실제 존재하는 것으로 상상할 수는 없다. 이

---

4 Ronald H. Nash, *The Concept of God: An Exploration of Contemporary Difficulties with the Attributes of God* (Grand Rapids: Zondervan, 1983), 43.

것을 상상할 수 있는 독자가 있다면 나에게 묘사해달라. 둥근 삼각형은 어떻게 생겼는가? 이것의 기하학적 성질과 공간적 규모는 어떻게 되는 가? 따라서 둥근 삼각형을 만들 수 없는 이른바 하나님의 "무능"은 그분의 존재가 우주 내에 창조되지 않은 조건으로 제한되었기 때문이 아니다. 오히려 이것은 없는 것(nothing)을 할 수 없는 무능인데, 둥근 삼각형이 바로 없는 것이기 때문이다. 하나님이 "없는 것"을 하실 수 없다고 말하는 것은 무의미한 주장이다. 결과적으로 하나님은 "모든 것"을 하실 수 있다. "둥근 삼각형"은 만들어질 만한 "대상"이 아니기 때문이다. 따라서 칼 헨리(Carl F. H. Henry)는 다음과 같은 결론을 내렸다.

> 하나님이 자신의 본성을 변개하지 않고서는 자신을 부인하실 수 없으며, 거짓말을 하거나 죄를 범하실 수 없고, 속임을 당하실 수 없으며, 무엇보다 죽으실 수 없다는 사실은, 역사적인 기독교 신학이 한결같이 올바르게 신적 제한(divine limitation)이나 신적 불능(divine impotency)이 아니라 신적 전능(divine omnipotence)과 관련지어 단언한 내용이다. 앞서 명시된 "가능성"이 논리적으로 불가능한 까닭이다. 하나님으로 하여금 자신을 부정하도록 하는 전능의 개념은 그것이 무엇이든 절대적 능력에 대해 지레짐작하며 우스꽝스러운 개념을 반영할 뿐이다.[5]

이것이 하나님을 논리의 법칙으로 종속시킨다는, 마치 하나님이 그분 바깥에 있는 무엇으로 제한된다고 말하는 것과 같다는 반대는, 단순히 말

---

5 Carl F. H. Henry, *God, Revelation and Authority: God Who Stands and Stays* (Waco: Word Books, 1982), V:319.

해 논리의 법칙이 하나님이 사고하시는 방법임을 깨닫지 못했기 때문이다. 이른바 "논리의 법칙"은 신적 정신의 구조를 이룬다.

이제 우리는 이 내용을 아주 오래된 난제, "하나님은 자신이 들어 올릴 수 없을 만큼 큰 돌을 만드실 수 있는가?"에 적용할 준비가 되었다. 로널드 내쉬는 이 문제를 다음과 같이 설명했다.

> 하나님이 자신이 들어 올릴 수 없을 만큼 무거운 돌을 만드실 수 있다면, 이는 하나님이 하실 수 없는 무엇(즉 돌을 들어 올리는 것)이 있다는 말이다. 하나님이 자신이 들어 올릴 수 없을 만큼 무거운 돌을 만드실 수 없다면, 이 역시 하나님이 하실 수 없는 무엇(이 경우 그런 돌을 만드는 것)이 있다는 말이다. 하나님은 이런 돌을 만드실 수 있거나 만드실 수 없다. 따라서 어떤 경우든 하나님이 하실 수 없는 무엇이 있고, 어떠한 경우든 우리는 하나님이 전능하시지 않다고 결론내릴 수밖에 없다.[6]

다시 말하지만 이러한 반대가 유효하기 위해서는 "존재하는 것", 즉 하나님이 행하실 만한 참된 "과업"이 제시되어야 한다. 여기에 그러한 과업은 없다. "모든 돌을 만들어 들어 올리는 일을 포함하여 무엇이든 할 수 있는 존재에게, 만들어진 모든 것을 들어 올릴 수 있는 존재조차 들어 올릴 수 없을 만큼의 무거운 돌을 만들어보라"라고 요구하는 것은 앞뒤가 맞지 않는다. 그 요구는 아무것도 제시하지 않는다. 곧 허위 과업이다. "모든 돌을 들어 올릴 수 있는 사람이 들어 올릴 수 없을 만큼 무거운 돌"은

---

6   Ronald Nash, *The Concept of God*, 47.

모순적이라는 말이다. 마찬가지로 하나님이 없는 것(즉 모든 돌을 들어 올릴 수 있는 그분도 들어 올릴 수 없을 만큼 무거운 돌)을 만드신다는 것 역시 모순적이다. 하나님이 논리적으로 만드는 것이 불가능한 돌을 만드실 수 없다는 사실은, 둥근 삼각형을 만들 수 없는 그분의 "무능"만큼이나 그분의 전능하심에 위협이 될 수 없다. 그러므로 모든 것을 하실 수 있는 하나님을 찬송하라!

실질적 의미

하나님의 전능하심은 독자들과 나에게 어떠한 차이를 가져오는가? 그분의 능력은 우리의 삶의 방식에 어떤 영향을 끼치는가? 스티븐 차녹(Stephen Charnock)은 몇 가지 대답을 가지고 있다. 먼저 그 대답은 우리에게 찬송의 이유를 제공한다.

우리는 지혜와 능력을 갖춘 사람들을 존경한다. 지혜와 능력이 하나님 안에 무한히 있다는 사실은 피조물들이 하나님께 엄숙한 존귀를 올려드려야 하는 근거다. 만일 어떤 사람이 신기한 기계를 만든다면 우리는 이 사람의 기술 때문에 이 사람을 존경할 것이다. 또 다른 사람이 막강한 적을 패배시키면 우리는 그 사람의 힘 때문에 그 사람에게 감탄을 표할 것이다. 하물며 창조와 통치와 구속에서 하나님의 능력이 가진 효력은 하나님의 이름과 완전하심에 존귀를 올려 드리려는 마음으로 우리를 불타오르게 하지 않겠는가! 우리는 광대한 제국과 수많은 군대와 적을 정복할 능력을 가지고 자기 백성을 평화 속에서 지켜주는 왕에게 감탄을 표한다. 그렇다면 어려움과 피로함 없이 말씀과 손짓으로 세상이라는 거대한 나라를 세우고 유지하시는 하나님을 우리가 경외해야 할 근거는 얼마나 더 많단 말인가! 우렛소리와 태양의 능력 및 바다의 폭풍을 목도한 우리는 합리적으로 생각할 수 있는가? 이 우매한 것들에도 두려움을 느껴 얼마나 많은 사람이 이것들을 신으로 숭배해왔는가? 그렇다면 하나님의 무한한 지혜와 결합된 하나님의 강력한 능력은 우리에게 어떤 경외와 숭배를 요구하겠는가?[7]

두 번째로 신적 전능은 어떻게든 하나님의 심판에 저항할 수 있다고 생각하는 이들에게 불길한 경고가 된다. 차녹은 "모든 죄인은 얼마나 어리석은가! 우리 불쌍한 벌레들이 이 무한한 능력으로부터 보란 듯이 빠져나갈 수 있다 생각하는가?"라고 기록했다. 오, 모든 고집 센 죄인들이…

이것을 생각할 수만 있다면! 전능함을 이해할 수 있다고 생각하는 것이 얼마나 측량할 수 없을 만큼 무모한 일인지를 생각할 수만 있다면! 하나님의 임재 앞에서는 바위도 녹아내리고 하늘도 마지막 불에 의해 두루마리처럼 말아질 것이다. 그런데 이런 하나님의 임재를 막을 수 있는 힘을 가진 자가 누가 있겠는가! 하나님의 얼굴이 우리가 바라보기에는 너무 눈부시듯이, 하나님의 능력의 팔도 우리가 제압하기에는 너무 강력하다.[8]

---

7 Stephen Charnock, *The Existence and Attributes of God* (Grand Rapids: Sovereign Grace, 1971), 429(『하나님의 존재와 속성』, 부흥과개혁사 역간).

8 같은 책, 437

하나님의 전능하심은 구원받은 이들이 박해와 억압을 당할 때 이들에게 위로가 된다(시 27:1). 우리가 시험을 받을 때에도 위로와 격려를 건넨다(고전 10:13). 특별히 우리가 기도할 때 위로가 되는데, 하나님이 우리가 구하는 것을 전적으로 행하실 수 있다고 우리를 안심시키기 때문이다. 에베소서 3:20-21에 기록된 사도 바울의 기도에 대한 존 스토트(John Stott)의 설명으로 이번 장을 마무리하고 싶다.

우리 가운데서 역사하시는 능력대로 우리가 구하거나 생각하는 모든 것에 더 넘치도록 능히 하실 이에게 교회 안에서와 그리스도 예수 안에서 영광이 대대로 영원무궁하기를 원하노라. 아멘.

(1) 그분은 능히 "하실" 수 혹은 역사하실 수 있다. 게으르거나 움직이지 않으시거나 죽지 않으셨기 때문이다. (2) 그분은 우리가 "구하는" 것을 능히 하실 수 있다. 기도를 들으시고 응답하시는 분이시기 때문이다. (3) 그분은 우리가 구하거나 "생각하는" 것을 능히 하실 수 있다. 우리의 생각을 아시기 때문이다. 때로 우리는 감히 구하려고 생각하지 않으므로 구하지 않는 것들을 상상하기도 한다. (4) 그분은 우리가 구하거나 생각하는 "모든 것"을 능히 하실 수 있다. 모든 것을 아시고 행하실 수 있기 때문이다. (5) 그분은 우리가 구하거나 생각하는 모든 것보다 "더"(hyper, "넘어") 많이 하실 수 있다. 그분의 기대치가 우리의 것보다 더 높기 때문이다. (6) 그분은 우리가 구하거나 생각하는 모든 것보다 많이 혹은 더 "넘치도록" 능히 하실 수 있다. 자신의 은혜를 계산된 척도로 베푸시지 않기 때문이다. (7) 그분은 우리가 구하거나 생각하는 모든 것

보다 아주 많이, 훨씬 "더 넘치도록" 하실 수 있다. 대단히 부요한 하나님
이시기 때문이다.[9]

추천 도서 _____

Millard J. Erickson, *God the Father Almighty: A Contemporary Exploration of
the Divine Attributes* (Grand Rapids: Baker Books, 1998).

John S. Feinberg, *No One Like Him: The Doctrine of God* (Wheaton: Crossway
Books, 2001).

John M. Frame, *The Doctrine of God* (Phillipsburg: P & R Publishing, 2002)(『신론』,
P&R 역간).

---

9   John R. W. Stott, *The Message of Ephesians: God's New Society* (Leicester:
Inter-Varsity Press, 1979), 139-40.

3장
하나님께 집단학살의 죄가 있는가?

비그리스도인들이 신앙으로 나아가는 지적 걸림돌에 대해 허심탄회하게 이야기할 때 보통 등장하는 내용은, 다름 아닌 하나님의 명령으로 구약 시대 특정 나라들이 완전히 말살되었다는 윤리적 문제다.

그렇다면 이스라엘에게 남녀노소를 불문하고 여리고 전체 인구를 말살하라고 하셨던 하나님의 명백한 명령을 우리는 어떻게 설명해야 할까(수 6:21; 8:24-29; 11:10-15)? 기술적·성경적 용어로 이것은 *herem*이며, 이는 문자적으로는 "구별하다" 혹은 "바치다"를 의미하는 단어와 연관이 있다. 이것은 하나님을 적대하는 사람들이 "접촉 금지 대상"으로 지명되고, 심판과 멸망으로 구별되거나 바쳐짐으로 이루어졌다(수 6:17, 18, 21 참조).

이 문제를 일축하거나 간단히 해명해버리려는 시도는 많았다. 이중 몇몇을 살펴보도록 하자.

일부는 **그러한 결정이 여호수아의 것이었다**고 주장하는데, 이것은 이스라엘이 매우 원시적인 발달 단계에 있었음을 시사한다. 이 경우 구약은 오로지 생존을 위하여 적과 싸운 상스럽고 호전적인 히브리 종족의 기록물로 전락한다. 하지만 이것은 우리가 신명기 7:1-2과 여호수아 10:40에서 발견하는 분명한 지시들과 조화하기 어렵다("이스라엘의 하나님 여호와께서 명령하신 것과 같았더라").

이러한 생각과 관련해, 이스라엘 백성들이 앞장서 가나안 족속을 학살했고 나중에 이것을 하나님의 뜻으로 "합리화"했다는 의견도 있다. 이스라엘에게 이들의 대적을 멸절하라는 하나님의 "명령"에 대한 수많은 언급이 사실은 하나님으로부터 나오지 않았고 이들의 행위에 도덕적 정당성을 부여하기 위해 고안된 이야기로 나중에서야 추가되었다는 것이다.

후자가 사실이라면 왜 우리는 구약과 신약을 통틀어 어디에서도 이스라엘의 행위에 대한 어떠한 정정이나 책망도 찾아볼 수 없는 걸까? 가나안 정복이 사실상 하나님의 뜻에 대한 심각하게 잘못된 오해였다면 우리는 이후 성경을 통해 정정의 말을 분명히 발견해야 한다. 구약을 통해서가 아니라면 신약을 통해서라도 말이다. 하지만 우리는 어디에서도 그런 언급을 찾을 수 없다. 이스라엘 백성이 하나님의 뜻에 대한 잘못된 믿음을 기초로 가나안 땅을 얻었다는 암시는 성경 어디에도 없다. 반대로 출애굽 세대가 전진하여 그 일을 행하기를 "거절"하고(민 14장 가데스바네아에서 있었던 대반란에서) 이후 세대들이 그 과업을 올바로 완주하는 데 "실패"했을 때 이들은 하나님의 뜻에 "불순종"했다는 정죄를 받았다(시 106:24-35).[1] 또한 잊지 말아야 할 것은 여호수아 23:3-5, 9-10에서 하

---

1   Christopher J. H. Wright, *The God I Don't Understand: Reflections on Tough Questions of Faith* (Grand Rapids: Zondervan, 2008), 82-3(『크리스토퍼 라이트, 성경의 핵심 난제들에 답하다』, 새물결플러스 역간)

나님 자신이 이스라엘 백성들을 위해 싸우시고 이들에게 그 땅을 주시는 분으로 묘사되었다는 사실이다.

구약의 하나님은 신약에서 말하는 예수의 하나님 및 아버지가 아니라고 주장하는 이들도 있다. 구약의 하나님은 노기가 등등하고 복수심에 불타며 악하지만, 신약의 하나님은 사랑과 연민이 많다는 것이다. 무신론 작가인 리처드 도킨스(Richard Dawkins)는 다음과 같은 악명 높은 글을 남겼다.

> 구약성서의 신은 모든 소설을 통틀어 가장 불쾌한 주인공이라고 할 수 있다. 시기하고 그걸 자랑스러워하며, 좀스럽고 불의하며 용납을 모르는 지배욕으로 가득 찬 존재이고, 복수심에 불타고 피에 굶주린 인종 청소자이며, 여성을 혐오하고 동성애를 증오하며 인종을 차별하고 유아를 살해하며 대량 학살을 자행하고 자식을 죽이며 전염병을 퍼뜨리고, 과대망상증과 가학피학성 변태성욕을 가진 변덕스럽고 심술궂은 깡패로 나온다.[2]

하지만 예수 자신도 성부를 "아브라함과 이삭과 야곱의 하나님"으로 밝힌 바 있다. 어느 순간에도 예수나 신약의 저자들은 구약을 부끄럽게 여기지 않았으며 구약의 기록을 정정하거나 사과하려 들지 않았다. 신약의 어떠한 저자도 우리가 구약에서 읽는 바를 비도덕적이라고 시사한 적이 없다. 그리고 우리는 신약이 하나님의 분노와 심판에 대해 이야기하는

---

2   Richard Dawkins, *The God Delusion* (Boston: Houghton Mifflin, 2006), 31(『만들어진 신』, 김영사 역간).

만큼(요 3:36 참조) 구약 역시 하나님의 사랑과 연민에 대해 이야기한다는 사실을 간과해선 안 된다(시 103:10-14 참조).

하나님이 이러한 학살을 명령하셨다고는 절대로 생각할 수 없어 구약이 하나님의 영감으로 쓰였다는 사실을 부인하는 사람들도 있다. 구약은 야만적인 사람들이 신적 허가에 호소해 자신의 무자비한 정책을 정당화하려고 한 인간적인 사건 기록에 불과하다는 것이다. 하지만 다시 한번 우리는 구약에 대한 예수의 태도(마 5장; 요 10장 참조)와 바울을 비롯한 다른 신약 저자들의 태도(딤후 3:16-17)에 유념해야 한다.

이제 하나님, 곧 우리 주 예수 그리스도의 아버지께서 가나안 사람들의 파괴를 명령하고 허가하셨다는 사실은 피할 수 없어 보인다. 왜 그러셨을까? 우리는 이러한 하나님을 예배하고 흠모할 수 있을까? 여호수아 6:21과 같은 본문을 읽은 많은 사람이 하나님을 대신해 사과하려고 든다. "하나님이 이런 분이시라니, 정말로 죄송합니다. 다시 한번 기회를 주세요. 그분의 긍정적인 특성과 선한 행동들이 부정적이고 악한 것보다 많지 않습니까." 나는 하나님을 "대신해" 사과할 의도가 전혀 없음을 확실히 밝히고 싶다. 오히려 나는 우리가 하나님"께" 사과를 드려야 한다고 생각한다.

문제는 하나님이 악하신 것이 아니다. "우리"가 악한 것이 문제다. 하나님이 우리를 홀대하신 것이 아니라 우리가 그분을 홀대한 것이다. 이 본문을 비롯해서 이것과 비슷한 다른 본문들이 우리를 괴롭게 하는 근본적 이유는 다음 한 가지다. 사실상 우리가 하나님의 거룩하심이나 인간의 죄악을 전혀 이해하고 있지 못하다는 점이다. 우리는 창조주의 초월적 아름다움, 도덕적 순결, 무한한 의를 감지하지 못한다. 또한 우리 자신의 부패의 깊이와 규모 및 추악함을 감지하지 못한다. 우리는 하나님이 우리의 안녕을 위해, 곧 우리가 우리 자신에 대해 괜찮은 감정을 느끼도록 존재한다고 생각한다. 대부분의 사람은 하나님이 자신에게 채무가 있다고 생각한다. 하나님이 자신에게 생명과 자유 및 행복을 빚지셨다는 말이다. 이 문제를 보다 깊이 파헤칠 때 우리는 이것이 얼마나 호도된 생각인지를 깨닫게 될 것이다.

이 문제를 다루기 위한 해석 지침

여호수아 6:21, 8:24-29, 11:10-15이 제시한 명백한 문제를 고심하는 데 도움이 될 몇 가지 관찰이 있다. 비록 이러한 논쟁에 (지금으로서는) 설득된 것은 아니지만 언급해야 할 사실은, 고대 근동에서 전쟁을 논한 일반적이고 정형화된 방식이 있었고 그 방식은 완벽한 승리에 대해 절대적이고 포괄적인 주장을 하는 데 있어 실제로 일어난 일을 과장하여 묘사하는 것이라고 수많은 학자가 본다는 점이다.

　그의 책 『하나님은 도덕적 괴물인가?』(Is God a Moral Monster?)에서 폴 코판(Paul Copan)은 여호수아가 당시 사람들 사이에서는 익숙했던 것과 동일한 "과장된 수사"를 사용해 가나안 정복을 묘사하곤 했다는 주장을 펼친다.[3] 예로 여호수아 10:40에서 우리는 "여호수아가 그 온 땅 곧 산지와 네겝과 평지와 경사지와 그 모든 왕을 쳐서 하나도 남기지 아니하고 호흡이 있는 모든 자는 다 진멸하여 바쳤으니 이스라엘의 하나님

3　Paul Copan, *Is God a Moral Monster? Making Sense of the Old Testament God* (Grand Rapids: Baker Books, 2011).

여호와께서 명령하신 것과 같았더라"라는 내용을 읽는다. 하지만 사사기 1:21, 27-28, 2:3에서는 여호수아가 완전히 진멸했다고 생각한 바로 그들 중 일부가 여전히 살아서 그 땅에 거주하고 있음을 볼 수 있다. 코판과 다른 이들에 따르면 여호수아는 단순히 당시의 언어를 사용해 자신이 적들을 "철저히 완파"하고 승리했다고 이야기한 것이다. 보편적이고 피상적으로 볼 때 포괄적 언어의 사용은 살아 있는 모든 존재가 말 그대로 죽임을 당했다는 사실을 이야기하기 위함이 아니라 승리의 철저한 본질을 강조하기 위함이다. 따라서 **여호수아는, 허세로 가득하며 완벽한 파괴를 묘사하는 과장된 언어를 전형적으로 사용한 것이다.**

이 학자들은 또한 아말렉 사람들의 예를 인용한다. 사무엘상 15:3에서 우리는 사울에게 임한 다음의 명령을 읽을 수 있다.

> 지금 가서 아말렉을 쳐서 그들의 모든 소유를 남기지 말고 진멸하되 남녀와 소아와 젖 먹는 아이와 우양과 낙타와 나귀를 죽이라 하셨나이다 하니(삼상 15:3)

하지만 이후 우리는 사무엘상 27:8에서 다윗과 그의 사람들이 올라가 그중에서도 아말렉 사람들을 습격한 사실을 발견한다! 사울이 진멸한 아말렉 사람들은 사무엘상 30:1에서도 다시 한번 등장한다.

하지만 "모든 남녀"는 물론 심지어 "어린아이들"까지도 진멸되었다고 이야기하는 여호수아 6:21 외 다른 본문들은 어떠한가? 코판과 다른 이들에 의하면 이것은 반드시 모든 사람이 문자적으로 죽임을 당했다는 사실을 의미하지 않고 어떤 도시나 땅 전체를 묘사하기 위해 사용된 정형화된 언어였을 수 있다. 많은 사람이 실제로는 정치 지도자들과 무장한 군대의 전투원들만 죽임을 당했을 것이라고 믿는다. 비전투원, 그러니까 우리가 "민간인"으로 부르는 이들은 죽임을 당하지 않았다. 따라서 "여자"와 "어린아이" 및 "노소"라는 단어는 전체를 지칭하는 상투적 표현일 뿐 여기 문자적 의미의 여자나 어린아이는 있지 않았다.

두 번째로 우리는 이스라엘이 이것을 행하도록 명령받은 이유가 이들의 도덕적 우월성 때문이 아님을 기억해야 한다(이것은 신 9:4-6에서 명시되었다). 이스라엘이 반항할 경우 동일한 운명이 이들을 위협할 것이었다(레 18:28; 신 8:19-20; 28:25-68). 그리고 이러한 일은 실제로 일어났다. 구약 역사 내내 비이스라엘 사람들보다 훨씬 더 많은 수의 이스라엘 사람들이 하나님의 심판을 받았다.

이런 문제의 또 다른 중요한 측면은 가나안 사람들이 고대 세계에서 가장 타락하고 방탕하며 퇴폐적이었다는 사실이다. 이들은 땅의 풍요를 증진하기 위해 정기적으로 종교적 매춘에 참여했다.

가나안 종교에서 땅의 생산성(수확의 질)은 이방 신 바알과 그를 상대하는 여성 사이의 성적 관계에 달려 있었다. 이 여성에게는 이름이 여럿 있었는데, 예를 들면 아낫(Anath), 아스다롯(Ashtoreth), 아스다드 (Ashtart) 등이었다. 사람들은 자신들이 직접 성교함으로써 이 신들 역시 동참하도록 자극할 수 있다고 믿었다. 따라서 이들은 정교한 신전과 사원을 지었고 남성들은 그곳에서 다수의 이른바 "거룩한 창녀들"(이것이 모순적인 표현임을 안다)과 성관계를 맺었다. 남성은 자신이 바알의 역할을 하고, 여성이 아낫의 역할을 수행한다고 상상했다. 이들이 믿기로 이것은 "바알 커플"을 자극해 이들의 역할을 수행하도록 할 것이고, 이것은 비로 이어져 풍부한 농작물의 수확을 가져올 것이었다.

이것만으로도 역겨운 내용이지만, 다른 종교 활동들, 예를 들어 "아이 제물"(몰렉 신의 불로 갓난아이와 어린아이들을 바침)에 비할 바는 아니다. 가나안 사람들이 얼마나 사악했는지에 대한 제대로 된 그림은 레위기 18장에서 찾아볼 수 있다. 여기서 하나님은 근친상간과 수간 및 동성애와 같은 것들을 금하시는데, 이집트와 가나안 사람들이 모두 이것들을 습관적으로 행했기 때문이다. 레위기에 있는 이 놀라운 장은 다음의 말로 결론을 맺는다.

> 너희는 이 모든 일로 스스로 더럽히지 말라. 내가 너희 앞에서 쫓아내는 족속들이 이 모든 일로 말미암아 더러워졌고 그 땅도 더러워졌으므로 내가 그 악으로 말미암아 벌하고 그 땅도 스스로 그 주민을 토하여 내느니라. 그러므로 너희 곧 너희의 동족이나 혹은 너희 중에 거류하는 거류민이나 내 규례와 내 법도를 지키고 이런 가증한 일의 하나라도 행하지 말라. 너희가 전에 있던 그 땅 주민이 이 모든 가증한 일을 행하였고 그 땅도 더러워졌느니라. 너희도 더럽히면 그 땅이 너희가 있기 전 주민을 토함같이 너희를 토할까 하노라. 이 가증한 모든 일을 행하는 자는 그 백성 중에서 끊어지리라. 그러므로 너희는 내 명령을 지키고 너희가 들어가기 전에 행하던 가증한 풍속을 하나라도 따름으로 스스로 더럽히지 말라. 나는 너희의 하나님 여호와이니라(레 18:24-30).

따라서 가나안 사람들은 마땅히 받아야 할 것을 전부 받았다. 이들은 "당연한 처벌"을 받았고, 이스라엘은 "긍휼"을 받았다. 누구도 "불공평한 것"을 받지는 않았다.

또한 우리는 가나안 주민에게 임한 심판이 하나님의 놀랍고 은혜로운 인내와 그들에게 주어진 회개의 기회 이후에 임했음을 안다(창 15:16 참조). 하나님은 가나안 사람들에게 회개할 수 있는 수 세기의 시간을 주셨다. 하지만 이들은 하나님의 인내를 이용했을 뿐 아니라 그것을 하나님의 무관심으로 오해하여 보다 큰 죄를 탐닉했다(수 2:10-14; 5:1; 렘 18:7-10).

우리는 이러한 죄의 만연하고 왜곡된 영향으로 이스라엘과 세계의 생존이 위험에 처해 있었다는 사실 역시 기억해야 한다(신 7:1-4 참조). 실제 우리가 아는 대로 이스라엘이 가나안 사람들을 전멸하라는 하나님의 명령에 불순종했을 때 가나안 사람들은 이스라엘을 오염시켰다. 유다의 왕들이 아이를 제물로 바치는 일에 참여했다(왕하 16:3; 21:6). 성적 도착 역시 횡행했다(왕하 23:7). 이스라엘은 마술과 주술을 행했고(왕하 21:6) 심지어 예언자들까지 살해했디(렘 26:20-23). 이 밖에도 많은 예가 있다. 핵심은 인류의 의사이신 하나님께서 나머지 몸을 살리기 위해 괴저를 앓고 있는 다리 한쪽을 절단하는 것이 때로는 필요하다고 생각하셨다는 데 있다.

하나님이 가나안 사람들을 다루신 방식에 대해 부적절한 결론을 내리기에 앞서 "노아의 홍수"를 생각해보라. 여기서 우리는 자신의 죄 때문에 사실상 여덟 명의 사람을 제외하고 온 인류가 전멸한 사건을 본다. 나는 이 홍수의 정당성에 반대하는 사람들을 거의 만나보지 못했다. 하지만 이들은 여호수아와 이스라엘 군대가 가나안 사람들을 학살한 사실에 대해서는 큰 소리로 이의를 제기한다. 하지만 하나님이 홍수를 보내셨을 때 그분이 옳았다면(그리고 그분은 언제나 옳다!) 우리는 여호수아에게 이스라엘의 대적을 살해하라고 하신 명령 역시 부당한 살인 행위가 아니었다고 안심할 수 있다.

하나님이 가나안과 여리고에서 행하신 일이 다른 때에 기근과 홍수, 역병, 토네이도, 지진 등과 같은 "섭리적 재해"를 통해 행하시는 일들과 다르지 않다는 사실 역시 유념해야 한다. 이러한 대대적인 파괴를 하나님이 직접 야기하신다고 믿든지, 아니면 그것이 일어나도록 다만 허용하신다고 믿든지에 상관없이, 그것을 방지하실 수 있지만 그렇게 하시지 않는다는 사실에는 변함이 없다. 오늘날 가나안 정복 동안 살해당한 이들보다 훨씬 더 많은 수의 사람들이 심장마비와 교통사고, 암 및 살인사건으로 생을 마감한다. 하나님은 이러한 죽음을 방지하실 수 있는가? 나는 하나님이 그렇게 하실 수 있지만 하시지 않는다고 믿는다. 그렇다면 우리는 왜 우리의 세상에서 매일같이 일어나는 대학살은 기꺼이 무시하면서 수천 년 전에 일어난 일에 대해서는 하나님을 향해 분노와 고소의 손가락질을 해대는 것일까? 우리는 왜 하나님이 역사의 "종말"에 행하실 것으로 동의하는 바를 "역사의 과정에서" 행하신 것에는 반대하는 걸까? 여호수아 6:21이 불편한 독자들이 있다면 요한계시록 19장은 어떻게 이해할 것인가? 요한계시록 19장에서 우리는 그리스도의 재림과 더불어 임할 전세계적인 파괴를 읽는다. 그리스도가 재림하실 때 그분은 자신의 모든 대적을 완전히 말살하실 것이다. 역사의 마지막 날 곧 그리스도가 돌아오시는 때의 학살은 전무한 사건이 될 것이다. 믿지 않는 인류에게 임할 심판은 전세계적이고 전적으로 공정할 것이다. 사실 성경은 그리스도인 된 우리에게 그리스도의 재림과 하나님의 나라가 속히 임하도록 기도할 것을 이야기한다. 그러한 기도의 답이 무엇을 의미하는지 멈추어 고심해 본 적이 있는가? 마지막으로 **하나님이 여리고에서 하신 일이 부당하다고 생각한다면 지옥에 대해서는 어떻게 생각할 것인가?**

이제껏 논의된 내용에도 불구하고 많은 이가 여전히 신명기와 여호수아의 내용에 대해 불편함을 느낀다. 이것은 모든 사람에게 생명에 대한 기본 권리가 있고 하나님 자신도 이와 같은 권리를 존중하셔야 한다고 생각하기 때문이다. 여기서 우리는 낙태 반대 운동에서 의미하는 "생명에 대한 권리"와 내가 이곳에서 묘사하는 권리를 구분할 필요가 있다. 어떠한 사람에게도 다른 사람의 생명을 불법적으로 빼앗을 권리는 없다. 태어나지 않은 아이에게도 살해의 위협으로부터 보호될 법적인 권리가 있다. 태아가 자연 유산으로 죽게 되었을 때 우리는 하나님을 살인죄로 고소하지 않는다. 생명은 하나님께 있지, 사람에게 있지 않다. 하나님이 생명을 주실 때, 우리는 그것을 빼앗을 수 없다(성경이 그렇게 하도록 이야기할 때, 즉 예들 들어 전쟁과 자기방어 및 사형제도를 제외하고). 하지만 하나님은 생명에 대해 자신이 원하시는 것은 무엇이든 하실 수 있다. 따라서 "생명에 대한 권리"는 우리가 서로와 맺는 관계에 적용될 뿐이지, 우리와 하나님 사이의 관계에는 적용되지 않는다.

따라서 우리는 질문한다. "공의롭고 사랑이 많으신 하나님이 어떻게 여리고의 무고한 사람들의 몰살을 야기하실 수 있었는가?" 이에 대한 대답은 "그렇게 하실 수 없었다. 그리고 그렇게 하지 않으셨다"이다. 사실 **여리고에서 죽임을 당한 이들 중 무고한 사람은 단 한 명도 없었다.** 소돔과 고모라 그리고 하나님께 의인을 악인과 함께 죽이지 말아달라 요청했던 아브라함을 생각해보라(창 18:23-33 참조). 단 열 명의 의인이나 무고한 사람들이 있었다 해도 하나님은 도시 전체를 구원하셨을 것이다. 하지만 그러한 이는 하나도 없었다.

모세 율법의 관대함에서 배우기

독자들의 관심을 구약 사형제도의 실상으로 돌려 이 문제를 조명해보자. 모세의 법규에 따르면 간음, 신성 모독, 구제 불능의 청소년 비행, 안식일을 어기는 것, 동성애, 강간은 사형감이었고, 이것들은 생명을 빼앗길 수 있는 15-20가지 범죄 중 일부에 불과했다. 이에 대해 많은 사람이 "너무 야만적이다! 하나님은 얼마나 너그럽지 못한 분인가! 너무나도 부당하다!"라는 식의 반응을 보인다. 하지만 만연한 이해와는 반대로 모세의 율법은 사실상 원래의 목록에 나열된 사형 죄목들의 상당한 축소판이었다. 스프라울(R. C. Sproul)의 표현대로 "구약 성경 속 율법은 신적 인내와 관용의 부단한 노력이다. 구약의 율법은 우리를 깜짝 놀라게 하는 은혜 중 하나다."[4]

우주의 기원 법칙에 따르면 "죄를 범한 모든 사람은 죽게 된다." 생명은 신적 선물이지 채무가 아니다. 죄를 지음으로써 우리는 생명이라는 선물을 박탈당한다. 죄를 범한 이상 하나님께 인간적 실존을 요구할 수 있는 사람은 하나도 없다. 하나님께는 우리에게 생명을 주실 의무가 없다. 죄를 범한 이후에도 우리가 계속 존재할 수 있는 것은 전적으로 신적인 긍휼과 오래 참으시는 은혜 덕분이다.

---

4 R. C. Sproul, *The Holiness of God* (Wheaton: Tyndale House, 1986), 148.

구약의 율법에서 우리가 지나치게 잔인하고 혹독하다고 확신하는 것에 대해 불쾌감과 경악을 금치 못하는 것은 우리의 생각이 뒤틀리고 왜곡되었기 때문이다. 우리는 우리가 당연히 살아야 한다고, 하나님이 우리에게 생명을 빚지셨다고 생각한다. 하나님이 고작 15-20가지의 죄를 사형 죄로 정하신 것은 놀라울 만큼의 긍휼과 연민과 은혜의 행위였다. 왜일까? **하나님이 모든 죄를 사형 죄로 정하셨다고 해도 그것이 완벽히 공의롭고 공정하며 의로웠을 것이기** 때문이다. 따라서 사형에 관한 모세의 조항들은 놀라울 만큼 관대하고 은혜로운 것들이었다. 따라서 내 생각에 여리고의 신비는 하나님이 이들 모두를 몰살하셨다는 사실이 아니라, 보다 더 빨리 이들 모두를 몰살하지 않으셨다는 데 있다. 우리는 교만하게도 "생명에 대한 [근거 없는] 권리"를 내세워 죽음에 대해 충격을 받는다. 사실 우리가 충격을 받아야 하는 것은 죽음에 대해서가 아니라 생명에 대해서다. 놀라운 것은 하나님이 진노 가운데 가나안 사람들을 몰살하셨다는 사실이 아니라, 모든 사람을 몰살하지 않으셨다는 사실이다. 왜 그렇게 하지 않으셨을까? 이에 대한 유일한 설명은 예수 그리스도께서 받지 않았다면 마땅히 우리가 받았을 진노와 심판을 그분이 십자가상에서 대신 받으셨다는 데 있다. 나는 독자들이나 내가 어떻게 우리의 생을 마감할지 알 수도 예측할 수도 없다. 하지만 우리는 분명히 죽을 것이다. 토네이도나 테러리스트의 공격, 암, 자동차 사고, 혹은 단순히 나이가 들어 그렇게 될지는 누구도 정확히 알 수 없다. 하지만 내가 분명하게 알고 있는 사실은 하나님의 거듭난 자녀가 죽는 것은 하나님의 심판과 진노 때문이 아니라는 사실이다.

끝맺으면서

우리가 논한 도덕적 딜레마는 복잡한 것이었는데, 단순히 하나님이 스스로 사람의 생명을 취하셨기 때문이 아니라, "사람들"(여호수아와 이스라엘)에게 명령해 이들이 대신 생명을 취하도록 하신 사실 때문이다.

내가 볼 때 이 문제는 모세의 언약과 신정 국가인 이스라엘의 독특한 특성을 인식하는 것으로 논의되어야 한다. 하나님은 오늘날 교회의 왕이신 것과는 다른 방식으로 이스라엘의 왕이셨다. 그리스도의 몸은 정치적 집단이 아니다. 지정학적 경계 역시 알지 못한다. 이러한 의미에서 어떤 국가도 하나님과 언약 관계에 있지 않다. 오직 그리스도의 영적인 몸만이 그러한 관계에 있다. 또한 새로운 언약에는 물질적 소유에 대한 약속이 포함되어 있지 않고, 따라서 우리에게는 이전 소유주로부터 무엇을 빼앗아도 좋다는 신적 허가가 없다. 하나님은 신적 상속의 필수적인 부분으로 (새 하늘과 새 땅의 도래가 있기 전) 자신의 백성들이 취해야 할 땅에 대해 약속하신 바가 없다. 그리고 우리는 하나님이 더 이상 옛 언약 아래에서 이스라엘을 통해 그렇게 하셨던 것처럼 단 하나의 군대를 통해 이 땅에서의 통치를 행사하시거나 드러내지 않으신다는 사실을 기억해야 한다.

그런데도 하나님이 다른 사람들을 죽일 적어도 한 가지의 방법을 명령하셨다는 사실은 분명하다. 로마서 13:4에는 국가[권력자]가 "공연히 칼을 가지지 아니하였으니 곧 하나님의 사역자가 되어 악을 행하는 자에게 진노하심을 따라 보응하는 자니라"라고 기록되어 있다. 물론 사형제도를 통해 타인의 생명을 빼앗도록 정권의 권력자에게 주어진 권위와 가나안 사람들을 학살하도록 여호수아에게 임했던 명령이 완전히 맞아떨어지지는 않는다.

추천 도서 _____

Paul Copan, *Is God a Moral Monster? Making Sense of the Old Testament God* (Grand Rapids: Baker Books, 2011).

David T. Lamb, *God Behaving Badly: Is the God of the Old Testament Angry, Sexist and Racist?* (Downers Grove: IVP Books, 2011)(『내겐 여전히 불편한 하나님』, IVP 역간).

Christopher J. H. Wright, *The God I Don't Understand: Reflections on Tough Questions of Faith* (Grand Rapids: Zondervan, 2008)(『크리스토퍼 라이트, 성경의 핵심 난제들에 답하다』, 새물결플러스 역간).

4장
예수는 어떻게 기적을 행하셨는가?

이 책이 답을 찾고 있는 모든 질문 가운데, 많은 이들은 이번 장의 질문이 가장 쉽다고 생각할 것이다. 예수님은 어떻게 기적을 행하셨는가? 몰라서 묻는가? 세상에나, 예수님은 하나님이셨지 않은가? 그분은 전능하시다. 치유가 필요한 병자나 축귀가 필요한 귀신들린 사람이 있었을 때 그런 일들을 다루기 위해 예수님은 자신의 신적 본성 안에 있는 측량할 수 없는 능력을 사용하시기만 하면 됐다. 적어도 나는 그렇게 생각했었다. 하지만 더는 아니다.

이야기를 더 전개하기 전, 예수 그리스도의 위격(person)에 대한 나의 입장에 의심의 여지가 없도록 한 가지를 분명히 해야 할 것 같다. 그분은 하나님이셨고 하나님이시며 언제까지나 하나님이실 것이다. 성자 하나님, 거룩하신 삼위일체의 두 번째 위격은 나사렛 예수라는 사람으로 인간이 되셨으나, 그렇게 되셨기 때문에 온전한 하나님이 되심을 멈추신 적은 한 번도 없다. 이번 장을 읽어가는 동안 내가 그것을 정말로 믿는지 독자들은 궁금해할 수도 있다. 확신하건대 나는 그것을 믿는다. 믿어주시

라. 정말 믿는다.

이제 우리는 위의 질문에 답할 준비가 되었다. 대답은 다음과 같다. 예수가 그가 살았던 삶을 살고 병들고 귀신 들린 자들을 능력 가운데 고칠 수 있었던 주된 이유는 그의 신적 본성 때문이 아니라, 그가 **성령의 능력을 지속적으로 매일같이 더 의존**했기 때문이다. 이런 주장을 뒷받침하는 세 가지가 있는데 그중 첫 번째가 **성령이 예수의 삶에 유례없이 임한** 사실이다. 요한복음 3:34-35은 이렇게 기록한다. "하나님이 보내신 이는 하나님의 말씀을 하나니, 이는 [그가] 성령을 한량없이 주심이니라. 아버지께서 아들을 사랑하사 만물을 다 그의 손에 주셨으니." 성령을 "주시는" 분은 누구이며 그것을 받는 이는 누구인가?

성자 예수가 자신의 증언을 받는 자(32절)에게 성령을 주시는 분이라고 주장하는 사람들도 있다. 하지만 보다 가능성이 높은 것은 "하나님이 보내"시고 "하나님의 말씀을 하"시는 예수께 성령을 한량없이 주시는 분은 성부 하나님이시라는 설명이다. 내가 그렇게 주장하는 데는 다음의 이유가 있다. 첫째로 이러한 견해만이 34절의 전반부와 어울린다. 곧 예수의 말씀이 하나님의 말씀과 동일한 이유가 예수가 성령을 한량없이 받았기 때문이라는 것이다. 예수께 감동을 주고 그로 하여금 다름 아닌 성부의 말씀을 하도록 하시는 이가 성령이시다. 또한 이러한 견해는 34절과 35절을 연결시켜준다. 성부가 성자에게 주신 "것들" 중 가장 우월한 것이 성령이다. 이러한 견해는 예수와 그를 앞선 모든 사람 간에 있는 차이점도 시사한다. 다른 말로 하면 구약의 예언자와 왕 및 제사장들에게 성령이 얼마나 임했든지 간에 예수는 성령으로 충만하셨다. 예수는 자신 전에 있던 사람들과 달리 성령을 "한량없이" 받았다(그러니까 매우 풍부하게 후하게 온전하게 제한 없이 가득 말이다). 마지막으로 예수가 하나님의 말씀을 전한 것이 그가 하나님이었기 때문이라면, 그가 자신의 타고나거나 내재된 신성의 힘으로만 행동하고 섬기며 사역했다면, 성령의 임재가 왜 있었겠는가?(그것도 "한량없이" 말이다) 그럴 필요가 무엇이었겠는가?

나의 대답을 뒷받침하는 세 가지의 원리 중 두 번째는 우리 주님의 "인간적 본성"이라는 실재다. 이것을 당연하게 생각하지 말라. 왜냐하면 많은 복음주의자가 예수의 인간적 본성을 거의 생각하지 않기 때문이다. 이들은 그에게 실제로 육체적 몸이 있었다는 사실을 잊곤 한다. 실제로 예수가 "육체로" 오신 그리스도라는 고백은 정통성의 기준이 되어왔다(요일 1:1; 딤전 3:16; 눅 24:39, 43; 요 20:17, 20, 27 참조). 예수는 주리셨고(마 4:2) 목마르셨으며(요 19:28) 피곤하셨고(요 4:6) 우시며 눈물을 흘리셨고(요 11:35; 눅 19:41) 한숨을 내쉬시며(막 7:34) 탄식하셨고(막 8:12) 노하셨으며(막 3:5) 분함을 느끼셨다(막 10:14).

또한 그에게는 참된 비물질적 "영혼"(soul)이 있었다. 그는 다음과 같이 선언했다. "내 마음(soul)이 매우 고민하여 죽게 되었으니"(마 26:38). 그가 자신의 "뜻"(will, 원)을 복종시키신 것은 하나님의 뜻을 위함이었다(눅 22:42). 자신의 "영혼"(spirit)을 부탁하신 곳도 아버지의 손이었다(눅 23:46). 그리고 때때로 우리는 그의 순수하게 인간적인 감정을 읽게 되는데, 그는 연민(마 9:36; 20:34; 막 1:41; 6:34; 8:2; 눅 7:13)과 사랑(요 11:3; 15:8-12; 막 10:21), 분노(막 3:5; 요 2:13-17) 및 기쁨(눅 7:34; 10:21; 요 15:11; 17:13)을 느끼셨다.

나의 대답을 뒷받침하는 마지막 전제는 **성육신과 낮아짐의 결과**와 관련이 있다. 바울은 빌립보서 2장에 있는 유명한 본문을 통해 이렇게 이야기한다. "그는 근본 하나님의 본체시나 하나님과 동등 됨을 취할 것으로 여기지 아니하시고 오히려 자기를 비워 종의 형체를 가지사 사람들과 같이 되셨고 사람의 모양으로 나타나사 자기를 낮추시고 죽기까지 복종하셨으니 곧 십자가에 죽으심이라"(6-8절). 바울은 하나님의 영원한 아들이 자신의 신성에 속한 속성 중 무엇을 포기했거나 내어주었다고 이야기하지 않는다. 예수가 "자기를 비운" 혹은 "자기를 내어놓은" 것은 그가 하나님이신 것을 멈추었기 때문이 아니라 사람이 되었기 때문이다. 따라서 사람이 되심으로써 "성자는 자신의 신적 능력과 속성 및 특권을 그만 사용하겠다고 선택하셨는데, 이것은 참된 인간이 되는 것에 내재되어 있는 제한 가운데 온전히 거하기 위함이었다."[1] 자신의 신분(신)을 인해 자신이 가진 것(말하자면 모든 신적 속성)을 기꺼이 사용하지 않기로 선택하신 것이다. 따라서 한 인간이 초인적인 일들을 행하는 것을 보며 "어떻게?"라는 질문이 생길 때 그 대답은 다음과 같다. **자신에게 있는 신적 본성의 능력이 아니라 성령의 능력으로부터다.**

성자는 인간의 의식(consciousness)과 인간의 참된 본성이 짐 지우는 제한을 통해 세상을 경험하기로 선택하셨다. 전능하심과 편재하심 및 전지하심의 속성은 상실되거나 중단된 것이 아니라 그의 인간적인 본성의 범주 안에서 "잠재"되거나 "잠복"되어 있었다. 이들은 모두 온전한 상태로 예수 안에 존재했지만 더 이상 사용되지는 않았다.[2] 따라서 성육신의

---

1   Gerald F. Hawthorne, *The Presence & the Power: The Significance of the Holy Spirit in the Life and Ministry of Jesus* (Dallas: Word Publishing, 1991), 208. 다음의 책도 참조하라. Bruce A. Ware, *The Man Christ Jesus: Theological Reflections on the Humanity of Christ* (Wheaton: Crossway, 2013).

2   같은 책.

의미는 예수가 "정상적으로 발달해가고 있는 한 사람의 범주 안에서만 생각하고 행동하며 세상을 보고 시공간적 사건들을 경험하셨다"는 것이다.[3]

따라서 "구약에서 인간적 한계를 초월하는 특별한 능력 주심(은사적 계시, 지혜, 능력)으로 경험되는 '성령'은, 예수가 인간으로서 하나님을 안 것과 그가 받은 계시 그리고 그가 설교하고 역사한 능력의 방편이 되었다. 성령이 유일무이한 방식으로 예수께 임한 것은 사실이지만, 이러한 면에서 예수가 경험한 것은 '그리스도인'이 성령을 경험하는 것의 전형이 된다."[4] 제럴드 호손(Gerald Hawthorne)은 예수의 원제자들과 오늘날 우리에게 이것이 갖는 함의를 다음과 같이 설명했다.

> 예수는 자신의 신분과 성부의 뜻을 향한 온전한 순종으로 그들의 구세주가 되실 뿐 아니라(히 10:5-7 비교), 성령 하나님에 대한 전적인 의존으로 인간의 삶에 무엇이 가능한지를 보여주시는 뛰어난 모범이 된다. 또한 예수는 제자들에게 인간성의 한계를 어떻게 극복해야 할지를 보여주신 산증인이다. 이는 그들 역시 자신처럼 현재의 삶에서 모든 악조건에도 불구하고 성령으로 하나님의 소명을 완수하도록 하기 위함이었다. 하나님이 인간들에게 원하신 삶의 방식 곧 이상적이고 가장 성공적인 삶의 방식은, 하나님과 떨어져 독립적이거나 그분 없이 사는 삶이 아니라, 하나님과 함께 조화를 이루고 그분의 능력을 공급받는 삶이다. 예수가 이

---

3   같은 책, 210.
4   Max Turner, review of *The Presence and the Power*, *The Evangelical Quarterly* 65 (January 1993), 80.

것을 분명하게 보여주셨다. 성령은 예수 안에 계시는 하나님의 임재이자 능력이셨고, 충만하게 그러하셨다.[5]

이것은 하나님이 우리가 어떻게 성령의 임재와 능력을 겸손히 의존하고 신뢰하면서 살기를 원하시는지에 대한 모범이 예수라는 뜻이다. 따라서 그분이 성실하게 의존하셨던 것과 동일한 신적 능력, 곧 성령을 의존하는 만큼만 우리는 예수를 "닮고" 예수"처럼 산다"고 합리적으로 기대할 수 있다.

우리의 질문에 대해 단순히 어떤 대답을 주장하는 것과 그것을 성경적으로 증명하는 일은 별개의 문제다. 이제 예수의 생애와 사역을 간단히 살펴보면서 매 단계에 있었던 성령의 만연하고 강력한 임재 방식에 주목해보도록 하자.

예수의 잉태와 탄생

예수가 태중에 잉태되는 순간에서도 우리는 성령의 임재와 활동을 볼 수 있다. 마리아가 "성령으로 잉태된 것이 나타"난 것이다(마 1:18; 20 참조). 이러한 기적의 근원이나 이유는 성령이다. 마리아의 임신은 성령"으로부터"(from) 혹은 성령"으로"(of) 기인했다. 마리아의 임신을 가능하게 하고 예수의 사람 되심을 시작하게 한 생성의 힘은 요셉이나 어떤 다른 남성이 아니라(이것은 요셉의 자연스러운 두려움을 잠잠케 했다) 성령이 제공

---

5   Hawthorne, *The Presence & the Power*, 234.

한 것이었다. "마리아의 아이가 생겨나는 데 동인이 된 인물로 우리는 어떠한 남성도 생각할 수 없다. 이러한 특별한 잉태와 임신의 전 과정을 시작하신 이는 성령이시다."[6]

누가복음에서도 같은 이야기가 발견된다. 누가복음 1:35은 마리아의 태중에 있는 예수의 잉태를 설명하기 위해 성령이 마리아에게 "임했다"라고 말한다. 구약에서 이런 용어는 자기 백성들 가운데 역사하시는 하나님의 영의 강력한 임재를 묘사하는 데 사용된다. 성령은 때로 특별한 과업을 위한 준비로써 구약의 성인들에게 "임하기도" 했다(수 24:2; 삿 3:10; 대하 15:1과 비교; 특별히 사 32:15 참조). 누가는 예수의 잉태와 탄생이 평범한 인간사의 과정, 즉 결혼과 성관계, 수정과 임신 및 출산이 아니라, 곧 태어날 마리아의 아이가 가장 온전한 의미에서 하나님의 선물일 수 있도록, 기적 곧 하나님이 인간사의 과정에 직접 개입하신 사건이었다고 주장했다.[7]

더욱이 지극히 높으신 이(성령을 지칭함)의 능력이 그녀를 "덮을" 것이었다(35절). 이 단어 역시 구약에서 하나님의 영광이 계시될 때 사용되었다(하나님의 강력한 임재가 드러난 출 40:35; 시 91:4; 140:7과 비교하라. 또한 마 17:5; 눅 9:34을 참조하라). "성막이 쉐키나 영광(곧 하나님의 임재, 출 40:35)으로 충만하고 그것을 품었던 것과 마찬가지로, 마리아 역시 자신 안에 하나님의 아들, 곧 하나님의 백성 된 이스라엘의 영광을 지니게 되었다"(눅 2:28-32, 특별히 32절과 비교).[8] 요약하자면 성령은 신적 창조의

---

6   같은 책, 71.
7   같은 책.
8   같은 책, 72.

요소였고, 이를 통해 우리 주님의 인간적 본성이 빚어지기 시작했다.

또한 우리는 세례 요한이 "모태로부터 성령의 충만함을 받았다"라고 선포한 누가복음 1:15에 주목해야 한다. 요한(쇠해야 할 사람)이 아직 모태에 있었을 때 성령으로 충만했다면 예수(흥해야 할 사람)는 얼마나 더 성령으로 충만했을까? 이것이 예수의 전령에게 사실이었다면(요 3:30; 마. 3:11 참조) 예수 그분께도 사실이어야 한다고 생각하는 것이 합리적이지 않을까? 성령은 마리아에게 "임했고" 마리아를 "덮었으며" 마리아가 잉태하도록 하셨다. 따라서 예수가 그의 길을 예비했던 자에 못지않게 "성령으로 충만"했다는 사실은 당연하다.

예수의 유년과 청년 시절

이와 동일한 원리는 예수의 유년과 청년 시절에도 적용된다. 누가는 "아기가 자라며 강하여지고 지혜가 충만하며 하나님의 은혜가 그의 위에 있더라"라고 말했다(눅 2:40). 이것을 좀 더 문자적으로 해석하자면, 예수가 "지혜로 충만하여져" 강하게 자라갔다고 할 수 있다(이 구절의 후반부는 예수가 어떻게 그리고 무엇으로 강하여졌는지를 알려준다). "충만하여지다"는 현재형으로서 꾸준하고 지속적인 경험을 가리킬 확률이 높다("이전보다 더욱더 지혜로 충만하여져"). 또한 예수는 자신이 아닌 다른 누군가에 의해(의심할 바 없이 성령이시다. 1:35과 비교하라) 충만하여"졌다"(수동태). 예수에게 충만해진 것은 "지혜"였다(아마도 사 11:1-2에 대한 암시일 것이다). 그리고 "하나님의 은혜가 그의 위에 있"었는데 이것은 신적 은혜뿐 아니라 이례적이며 능력을 주는 은사를 가리킨다. 누가는 이러한 단어들을 통해 "하나님이 이때부터 예수에게 메시아 곧 세상의 구주가 되기 위해 필요한 은사들을 허락하셨으며, 그가 구속사에서 수행해야 할 독특한 역할에 필수적인 특별한 권능들을 은혜로 갖추어주고 계셨음"을 의미했을 수 있다.[9] 이런 점에서 우리는 "권능"과 "은혜"가 아마도 동의어로 사용되었고 이 두 표현으로 성령을 가리키는 사도행전 4:33에 주목해야 한다.

바로 이어지는 본문인 누가복음 2:41-52에서는 우리 주님이 성전에서 이스라엘의 선생들을 대면하신 사건이 등장한다. 영적인 것들에 대한 그의 조숙한 지식(47절)을 우리는 어떻게 설명할 수 있을까? 누가는 다시 한번 이사야 11:2("그의 위에 여호와의 영 곧 지혜와 총명의 영이…강림하시리니")을 통해 성령을 암시했을 수 있다. 또한 이들이 예수의 총명에 "놀랐다"는 사실에 주목하라(47절). 누가복음에서 이 동사(*existasthai*)는 신적 능력 곧 성령의 역사가 나타날 때 사람들이 보이는 반응을 묘사하는 데 자주 사용되었다(눅 8:56; 24:22; 행 2:7, 12; 8:13; 9:21; 10:45; 12:16과 비교).

예수의 세례

다음으로는 예수께서 요한에게 세례받으신 요단강의 장면으로 넘어가 보자. 여기에는 몇 가지 주목할 만한 사실이 있다. 요한복음 1:32에 따르면 성령은 예수가 세례받으실 때 그의 위로 내려왔을 뿐 아니라 그 위에

---

9   같은 책, 101

"머무셨"거나 "거하셨"는데, 이것은 성령의 계속적이고 지속적이며 변함 없는 임재를 가리킨다. 성령이 내려와 주어진 임무를 위한 준비가 될 때까지 잠시 동안만 있다가 떠난 구약의 경우들과는 달리(삼상 16:14; 왕하 3:15), 예수의 경우 성령은 영구적·영속적으로 머물며 사역을 위한 준비를 돕고 능력을 제공하셨다.

마가의 기록(1:10)을 보면 성령은 단순히 예수 "위로" 임한 것이 아니라 "안으로" 임했다(*epi*가 아니라 *eis*다). 이것을 통해 마가는 성령이 예수 "안으로 들어왔음"을, 즉 그 관계가 단순히 외부로부터의 능력 주심이 아니라 내면적 친밀함이었음을 이야기하고 싶었던 것 같다. 예수는 이제 성령을 영구적으로 소유하는 자(bearer)였다. 마리아의 태중에 있을 때부터 그는 성령으로 "충만"했지만, 이제는 이전의 앞선 어떤 형태와도 다른 방식으로 성령과의 관계를 유지하게 되었다.

마지막으로 우리가 아는 대로 예수 위로/안으로 성령이 임한 사실에는 "기름 부으심" 혹은 공적 사역을 위한 능력 받으심이 포함된다(사 61:1-2을 성취한 눅 4:18-21 참조).[10] 베드로는 고넬료를 향한 그의 설교에서 동일한 사실을 이야기했다. "하나님이 나사렛 예수에게 성령과 능력을 기름 붓듯 하셨으매 그가 두루 다니시며 선한 일을 행하시고 마귀에게 눌린 모든 사람을 고치셨으니 이는 하나님이 함께 하셨음이라"(행 10:38). 여기서 우리는 성령으로 기름 부음을 받는 것이 곧 능력을 받는 것이며, 이것이 예수가 행하신 "선한" 행위들과 그의 치유 그리고 사탄에게 억압받은 이들을 구원한 일 등을 설명한다는 사실을 알게 된다. 따라

---

10 구약 성경 속 왕과 예언자들의 기름 부음을 위해서는 삼상 10:1-6(1절과 6절 비교); 16:12-13; 왕상 19:16, 19; 그리고 왕하 2:9, 15을 참조하라.

서 그가 행한 일은 기본적으로 능력을 주시는 성령의 임재 안에서 또 임재를 통하여 임재의 도우심으로 "하나님이 그와 함께하셨"기 때문에 가능했다.

예수의 시험

성령과 예수의 이러한 관계를 가장 분명하게 발견할 수 있는 곳은 예수가 시험받으신 사건이다. 예수가 사탄에게 시험받기 위해 광야로 나가신 것은 우연도, 심지어 스스로의 계획도 아니었다. 마가(1:12)는 성령이 예수를 광야로 "몰아냈다고" 혹은 "밀쳐냈다고" 이야기한다. 예수께 어떤 다른 계획이 있었든지 간에, 성령은 그것을 뒤집어엎었거나 다른 방식으로 원수와의 대면을 제안했으며 지휘하셨다. 성령이 어떻게 이것을 예수와 소통하셨는지는 알 수 없지만, 아마도 들리는 음성이나 내면의 인상 혹은 심지어 환상을 사용하셨을 수 있다.

마태(4:1)와 누가(4:1)는 모두 더욱 부드러운 용어(agein, 이끌다 혹은 안내하다)를 사용하면서 예수가 성령의 인도에 기꺼이 복종했다는 사실을 강조한다. 예수는 자신의 사역이 시작하는 이 시점에서도 사실상 "나의 원대로 마옵시고 아버지의 원대로 하옵소서"라고 고백한 것이다.

예수는 성령에 의해 광야"로" 이끌렸을 뿐 아니라(마 4:1) 40일 내내 성령에 의해 광야 "안에서" 이끌림을 받으셨다(눅 4:1, 예수를 금식으로 이끈 이도 분명 성령이었다). "예수가 40일 동안 사탄에게 시험을 받았지만(막 1:13), 동일한 기간에 그는 성령에게 이끌림을 받으셨다(눅 4:1). 이 복음서의 저자들이 예수가 그 자신의 능력만이 아니라 성령의 능력으로 도움을 입어 하나님의 왕위를 찬탈하려는 원수를 만났고 승리했다는 사실, 곧 그를 정복했다는 사실을 독자들이 이해하기 원했다는 결론은 불가피하다."[11] 그는 하나님의 영으로부터 오는 지속적인 신적 능력으로 용기와 힘을 얻었다.

누가의 글을 보면 성령 충만의 결과는 영감을 받은 말이나 신적 동력을 지닌 말이다(행 6:3, 5, 8, 10, 또한 7:55; 11:23-24). 이런 의미에서 예수는 성령으로 충만했고 따라서 그 역시 사탄과의 전쟁에서 적절한 말을 구사할 수 있었을 것이다(예수가 마귀에게 보인 각각의 반응에서 구약이 능수능란하게 사용되었다는 사실을 보라).

누가가 분명히 밝혔고 우리가 간과해서는 안 될 중요한 사실 한 가지가 더 있다. 성령이 예수 위로/안으로 임한 것을 누가가 "성령의 충만함을 입었다"라고 묘사했다는 사실이다(4:1). 이 표현은 놀랍게도 오순절 이후 그리스도인의 경험을 묘사하기 위해 사용된 것과 동일한 표현이다. 예를 들어 스데반이 집사로 뽑힌 것은 콕 집어 말해 다른 무엇보다 그가 "믿음과 성령이 충만한" 사람이었기 때문이었다(행 6:5).

예수의 일반 사역

원수의 시험을 이기신 후 "예수께서 성령의 능력으로 갈릴리에 돌아가시니⋯친히 그 여러 회당에서 가르치시매 뭇사람에게 칭송을 받으시더라"(눅 4:14-15). 예수는 어떠한 "능력"과 자원의 힘으로 가르치고 설교

---

[11] Hawthorne, *The Presence & the Power*, 139.

하고 기적을 행하기 시작하셨는가? 이것은 예수 자신의 계획을 통해서나, 오로지 자신 안에 내재된 기술의 힘으로 된 것이 아니며, 심지어 그가 성육신한 하나님이었기 때문도 아니었다. 오히려 "누가는 예수의 능력을 성령의 능력이라고 정확히 밝히고, 따라서 예수가 행한 일들, 곧 사람들로 하여금 그의 유명세를 널리 퍼뜨리도록 한(4:14b) 일들의 공을 '뒤나미스', 곧 성령의 '능력'으로 돌리고 있다."[12]

이후 누가복음 4:16-21(사 61:1-3; 11:1-5과 비교)을 보면 예수가 자신이 성령의 기름 부음을 받았고, 그것으로 "가난한 자에게 복음을 전하"고 "포로 된 자에게 자유를 눈먼 자에게 다시 보게 함을 전파하"며 "눌린 자를 자유롭게" 할 능력도 받았다는 사실을 자각했음을 알 수 있다. 다시 한번 말하지만, 예수가 이 모든 일을 자신에게 있는 신적 본성의 능력으로 행하셨다면 성령의 기름 부음이 왜 필요했을까?

마지막으로, 성령을 구하라던 예수의 권면(눅 11:13)은 자신이 누린 성령의 경험으로부터 흘러나온 것이 아닐까? 예수가 사역을 지탱해줄 지속적이고 반복적인 기름 부음이나 성령의 임재와 능력의 새로운 물결을 위해 기도하셨고, 지금 자기 제자들에게 동일한 것을 권면하고 계신 것이 아닐까?

예수의 기적들

마태복음 12:22-32에서 예수는 한 귀신 들린 남자를 구하여 그의 눈멀

---

12 같은 책, 148

고 말 못 하는 것을 고쳐주었다. 바리새인들은 예수가 이것을 다름 아닌 사탄의 능력으로 행했다고 그를 고소했다. 이러한 악의적인 고소에 대해 우리 주님은 사탄이 자기 귀신들과 맞서 싸워 자기 왕국이 소멸하는 데 기여한다는 생각은 타당치 않다고 반응했다. 예수는 선언했다. "내가 하나님의 성령을 힘입어 귀신을 쫓아내는 것이면 하나님의 나라가 이미 너희에게 임하였느니라"(28절). 분명한 사실은 예수가 자신의 "치유하고 온전하게 하며 눈먼 자를 보게 하고 말 못 하는 자를 말하게 하며 악의 파괴적인 힘을 전복시키는 능력이 자신과 자신의 위격(person)이 가진 힘에 있지 않고 하나님과 성령을 통해 자신에게 가능해진 하나님의 능력에 있음을 이해하고 계셨다는 것이다. 그의 행위를 통해 하나님이 역사하셨다. 그의 말씀을 통해 하나님이 말씀하셨다. 그의 권위가 하나님의 권위였다."[13] 다른 말로 하면 예수는 자기 능력의 궁극적 근원을 의식적으로 자각하셨다. 그는 자신이 성령의 능력에 의존하고 있음을 아셨다. 성령은 그를 통해 몰래 숨어 역사하시지 않았다.

예수가 이번 사건에서 이들의 죄를 왜 "성령"을 모독하는 것으로 불렀는지 주목하는 것 역시 중요하다. 생각해보라. 예수 "자신"이, "자신"의 신적 본성의 힘을 빌려 이러한 기적을 행하셨다고 한다면, 바리새인들의 죄는 그를 모독한 것이 아닐까? 이들은 "성령"이 역사한 공로를 사탄에게 돌렸고 따라서 성령을 모독했다. 예수가 볼 때 하나님 나라가 임하는 증거는 성령의 능력이 임하여 마귀에게 구속된 자들이 구원을 얻는 데 있었다. 예수는 "자신", 곧 예수가 임했기 때문에 하나님 나라가 임

---

13 같은 책, 169-70.

했다고 이야기하시지 "않았다"(비록 그것은 사실이지만). 이러한 맥락에서 예수는 하나님 나라가 임한 사실을 "성령"의 임재와 능력에 기초해 주장하신 것이다. 하나님 나라의 통치가 세상을 침노했다는 사실은 귀신을 쫓아낸 "그의" 역사가 아니라 그러한 쫓아냄을 가능하게 한 성령의 능력으로 증명되었다. "'내'가 있는 곳에 하나님 나라가 있다"라기보다 "'성령'이 나를 통해 역사하시는 곳에 하나님 나라가 있다"라고 주장한 것이다.[14]

예수의 역사와 말씀을 지칭하기 위해 "능력"이라는 단어가 사용된 일은 종종 있었다. 이것은 중요하다. 누가의 글에서 "능력"과 성령이 동의어를 이루기 때문이다(눅 1:17, 35 참조). "따라서 성령과 능력은 불가분 연결되어 있으며, 이 둘은 세상에 현존하고 인간이 사용할 수 있는 하나님의 창조적이고 효과적인 힘을 구성한다."[15] 우리는 이것을 누가복음 5:17의 "병을 고치는 주(곧 성령)의 능력이 예수와 함께하더라"라는 구절에서 다시 한번 발견한다. 사람들이 예수를 필사적으로 만지고자 한 것은 "능력이 예수께로부터 나와서 모든 사람을 낫게" 했기 때문이었다(눅 6:19; 눅 8:46 참조). 예수의 기적들이 단순히 "권능"이라 일컬어진 경우도 있다(마 11:20; 13:54). 예수의 기적은 "성령"의 능력의 표현이었다(고전 12:10a 참조).

---

14 누가복음 11:20에서 예수는 "하나님의 손"을 힘입어 귀신을 쫓아냈다. 이것은 신인 동형론으로, 하나님의 즉각적이고 효과적인 임재와 능력, 곧 하나님의 영을 가리킨다.

15 Hawthorne, *The Presence & the Power*, 155.

예수의 내적 감정

특별히 흥미로운 본문은 예수가 "성령으로 기뻐하시며"라고 기록한 누가복음 10:21이다. 어떤 면에서 볼 때 예수의 감정과 열정도 성령으로 유발이나 동요 및 자극되었을 뿐 아니라 지속되었다. 여기서 우리는 성령으로 고무된 생동감 넘치는 예수의 기쁨을 엿볼 수 있다. 이것은 예수가 지상에서 살며 경험한 다른 감정에도 마찬가지가 아닐까? 또한 이곳에서 예수가 성부께 "감사"를 한 사실에도 주목하라(21절). 예수는 분명 성령 안에서 또 성령을 통해 예배하셨다(빌 3:3과 비교).

예수의 가르치는 사역

예수는 그의 가르침의 권위와 정확성으로 널리 알려졌을 뿐 아니라 칭송을 받았다. 사도행전 1장을 여는 구절에서 누가는 제자들에게 그가 명하고 지시내린 것이 "성령으로"였다고 선언한다(2절, 눅 24:19과도 비교). 이로부터 우리는 예수가 그의 부활 "이후" 성령으로 충만했음을 그리고 성령이 제공한 지혜와 능력의 저장소로부터 그가 제자들에게 새로운 명령을 내렸음을 알 수 있다. 이것이 그의 부활 "이후"에도 사실이었다면 그 "이전"에는 얼마나 더 그러했겠는가! 하나님의 영은 성부 하나님의 말씀을 성자에게 소통했고 성자는 그것을 자신을 따르던 이들에게로 전달하셨다. 어떤 면에서 예수는 자기 가르침의 핵심을 형성하는 하나님의 마음을 들여다볼 수 있는 지혜와 통찰의 공급을 위해 성령에 의존하신 것이다. 이와 관련해서는 특별히 요한복음 5:19-20, 30-32, 7:16-18,

8:26, 8:38, 12:49, 14:10을 참조하라.

호손에 따르면 "예수의 생애를 기록한 사건 중에는 성령이 전혀 언급되지 않았지만 그의 임재와 능력 및 활동이 추정된 사건들도 있다. 복음서 안에서 예수가 권위(exousia)로써 행하고 능력(dynameis, dynamei)을 통하여 기적을 베풀었으며, 군중이나 가까운 친구들에 의해서 예언자 혹은 성령을 지닌 자로 인식되었고, 더 나아가 스스로를 예언자로 인식했다는 여러 언급은 '성령'이라는 정확한 표현을 사용하지는 않아도 복음서 저자들이 다른 방식으로 예수가 성령의 환경 속에서 살았다고 확신했음을 보여준다."[16]

예수의 죽음

히브리서의 저자는 우리에게 예수가 "흠 없는 자기를 하나님께 드린" 것이 "영원한 성령으로 말미암았"다고 이야기한다(히 9:14). "영원한 성령"은 예수 자신의 영원한 영적 본성이 아니라 성령을 가리켰을 확률이 높다. 저자가 의미한 바가 "인간의 영"이었다면 그는 "'그의' 영원한 영으로 말미암아"라고 이야기했을 것이다(막 2:8; 8:12과 비교). 따라서 예수가 가르치고 기적을 행하고 사탄의 시험에 저항하기 위해 성령의 능력과 힘을 의지하셨듯이, 그는 자신을 죄에 대한 제물로 바칠 용기와 결심을 위해서도 성령의 능력을 의지하셨다.

---

16 같은 책, 114.

예수의 부활

어떠한 능력이 예수를 죽은 자 가운데서 일으킨 것일까? 예수 안에 내재해 있던 신적 본성이나 능력일까? 아니면 성령의 능력일까? 이것을 자신의 능력으로 했다고 함의하는 본문은 두 군데다. 요한복음 2:19에서 예수는 "너희가 이 성전을 헐라, 내가 사흘 동안에 일으키리라"라고 선언하신다. 하지만 우리는 "살아나신"(was raised, 일으켜진)으로 기록한 22절에 주목해야 하는데, 이러한 표현은 그의 부활이 또 다른 능력, 아마도 성령의 능력으로 이뤄졌음을 시사하기 때문이다. 또한 요한복음 10:17-18에서 예수는 그가 자신의 생명을 "버릴" 뿐 아니라 "다시 얻을" 수 있다고 선언했다. 하지만 이것도 18b절에 따르면 "아버지에게서 받은" "계명" 때문이라고 그는 이야기한다. 신약의 다른 부분들을 참고한다면 대부분의 본문은 하나님이 성령의 능력으로 예수를 다시 일으키셨다고 기록한다(고전 15:14-18; 벧전 1:21 참조). 실제로 사도행전과 서신들에서는 하나님이 예수를 다시 살리셨다고 17번이나 말한다(특별히 행 17:31 참조) 성부 하나님이 그렇게 하셨다면, 어떻게 또 무엇으로 그렇게 하셨을까? 아마도 성령을 통해 그렇게 하셨을 것이다(롬 1:1-4; 8:11; 고전 6:14; 딤전 3:16 참조). 예수가 "육신으로 나타난 바 되시고 영으로 의롭다 하심을 받으"셨다는 디모데전서 3:16의 진술에 대해 호손은 다음과 같이 기록했다. "예수는 범죄자로 죽임을 당했고 모함을 받아 십자가 형벌을 당했지만, 그를 죽음에서 살리신 성령으로 말미암아 결국에는 혐의를 벗었고 무죄를 선고받았으며 의롭다고 널리 선포되었다."[17]

결론

따라서 나는 망설이지 않고 예수가 성령의 능력과 임재로 기적을 행하셨을 뿐 아니라, 자신의 메시아 직분과 관련된 폭넓은 책임을 이행하셨다고 말할 수 있다.

이번 장을 마무리하면서 앞부분에서 언급했던 사실을 다시 한번 강조하고 싶다. 우리는 여기에 있는 내용과 인용된 여러 본문을 단순히 역사적 유물, 곧 한 사람의 경험에 국한된 아주 오래 전의 기록으로만 읽어서는 안 된다. **예수 안에 있던 성령이 [실제] 우리 안에도 있기 때문이다!** 우리는 이러한 사실을 여러 곳에서 발견하는데, 특별히 중요한 본문은 요한복음 20:22로서 그것은 예수가 자신의 제자들에게 "숨을 내쉬며 성령을 받으라"라고 말씀한 본문이다. 호손은 이 사건의 중요성을 정확하게 분석했다.

> 죽은 자 가운데서 부활하고 제자들과 조우하자마자 예수가 하신 첫 번째 일은 아버지로부터 온 선물(행 2:23과 비교), 곧 자신이 살고 승리하고 자신의 인간적 한계들을 깰 수 있도록 한 동일한 능력을 전달하는 일이었다. 그가 부활한 바로 그날, 그는 두려움에 갇힌 이들을 찾아와 이들을 향하여 "숨을 내쉬며…성령을 받으라"라고 말씀하셨다(요 20:22).[18]

---

17   같은 책, 194.
18   같은 책, 235.

예수의 임무가 끝나지 않았다는 것이 요한의 핵심이자 호손의 핵심이다. 다만 새로운 국면으로 접어들었을 뿐이다. 예수는 자신이 아버지로부터 받은 임무를 지속하시기 위해 아버지가 자신을 보내실 때 함께하게 하셨던 동일한 능력, 곧 성령의 능력 안에서 자신의 제자들을 보내신다.

바울은 고린도후서 1:21에서 우리의 지위와 능력을 하나님께 부름받은 자로 강조하는 두 개의 단어를 의도적으로 병치함으로써 동일한 견해를 표명한다. "우리를 너희와 함께 그리스도[christon] 안에서 굳건하게 하시고 우리에게 기름을 부으신(anointed 혹은 christed)[chrisas] 이는 하나님이시니." 이 구절은 다음과 같이 번역될 수도 있다. "우리를 너희와 함께 '기름 부음 받은 자' 안에서 굳건하게 하시고 우리에게 '기름을 부으신' 이는 하나님이시니." 따라서 예수가 자신에 대해 말한 "주의 성령이 내게 임하였으니…내게 기름을 부으시고"(눅 4:18)와 같이 그리스도인들 역시 기름 부으심을 받은 자들로 언급될 수 있다. 우리 역시 성령을 받았고 따라서 구별되었으며, 하나님을 섬기도록 능력을 받았고 그분을 대신하여 행동할 권한을 부여받았기 때문이다. 이와 비슷하게 요한은 그의 첫 번째 서신을 통해(요일 2:18-22, 27-28) 우리가 비록 인간이지만(즉 신이 아니지만), 어떤 면에서 하나님의 "그리스도들" 또는 그의 "기름 부음을 받은 자들"로 당당히 불릴 수 있다고 이야기했다. 이것은 유일한 그리스도이신 예수가 받은 것과 동일한 성령을 우리도 받았기 때문이다. 이로부터 우리는 어떤 결론을 내릴 수 있을까? 나는 이런 질문에 대한 답을 제럴드 호손에게 넘겨 이번 장을 그의 대답으로 마무리하려고 한다.

예수의 생애에서 성령의 중요성은 그의 제자들에게로까지 확대되어 이들 존재의 크고 작은 일 전반에 그 영향을 미쳤다. 예수를 도와 시험을 이기도록 하고, 연약함 가운데 그를 강하게 하며, 상처 입은 자들의 상처를 담당하는 어려운 과업을 지원하고, 불가능한 일을 성취하도록 능력을 불어넣어주며, 그로 하여금 하나님이 행하라고 주신 일에 열중하고 또한 그것을 완수할 수 있도록 하며, 그를 죽음으로부터 부활로 이끌어낸 성령은, 부활한 예수가 오늘날 그의 제자가 되려는 이들에게 거저 그리고 풍성히…주시는 성령이다.[19]

추천 도서 _____

John D. Harvey, *Anointed with the Spirit and Power: The Holy Spirit's Empowering Presence* (Phillipsburg: P & R Publishing, 2008)(『성령의 기름부음』, 한국 R&R 역간).

Gerald F. Hawthorne, *The Presence & The Power: The Significance of the Holy Spirit in the Life and Ministry of Jesus* (Dallas: Word Publishing, 1991).

Fred Sanders & Klaus Issler, editors, *Jesus in Trinitarian Perspective: An Introductory Christology* (Nashville: B & H Academic, 2007).

Bruce Ware, *The Man Christ Jesus: Theological Reflections on the Humanity of Christ* (Wheaton: Crossway Books, 2012).

---

19 같은 책, 242.

5장
예수는 지옥으로 내려갔는가?

몇 해 전 존 파이퍼(John Piper)는 미네소타주 미니애폴리스에 위치한 베들레헴 침례교회에서 다소 기이한 설교 한 편을 전했다. 설교의 제목은 "하나님은 왜 어려운 본문을 주시는가"였다.[1] 이 설교를 통해 그가 대답하고자 한 질문은 이것이었다. 만일 하나님이 소통에 완벽하신 분이라면 (물론 완벽하시다), 그분은 왜 성령을 통해 성경을 기록한 이들에게 영감을 주셔서 어려운 본문, 곤란한 본문, 복잡하고 때로는 우리에게 혼란을 주는 본문을 쓰도록 하셨는가? 우리는 이러한 본문들이 존재한다는 사실을 알고 있다. 사도 베드로가 베드로후서 3:15-16에서 사도 바울의 글에 대해 이렇게 언급하기 때문이다.

> 또 우리 주의 오래 참으심이 구원이 될 줄로 여기라. 우리가 사랑하는 형
> 제 바울도 그 받은 지혜대로 너희에게 이같이 썼고 또 그 모든 편지에도

---

1   John Piper, 'Why God Inspires Hard Texts', www.desiringgod.org, March 14, 1999.

이런 일에 관하여 말하였으되, 그중에 알기 어려운 것이 더러 있으니 무식한 자들과 굳세지 못한 자들이 다른 성경과 같이 그것도 억지로 풀다가 스스로 멸망에 이르느니라.

잠시 생각해보라. 여기 성령의 영감을 받은 사도 베드로는 마찬가지로 성령의 영감을 받은 사도 바울이 "알기 어려운 것"을 기록했다고 선언하고 있다. 바울의 서신들을 상당 부분 읽어본 독자는 의심할 바 없이 베드로와 의견을 같이할 것이다. 하지만 베드로의 서신을 상당 부분 읽어본 독자라면 그도 바울만큼이나 잘못이 있음을 분명히 인정할 것이다. 나는 이 본문을 읽는 바울이 이렇게 말하는 장면을 상상할 수 있다. "베드로, 지금 내 이야기를 하시는 겁니까? '내'가 알기 어려운 것들을 썼다고요? 친구여, 거울을 보십시오. 당신도 그러한 글을 몇 개 썼으니 말입니다!"

바울의 말은 옳다. 베드로가 성령의 영감으로 기록한 본문 중에서 가장 어렵고 복잡한 것은 베드로전서 3:18-22일 것이다.

그리스도께서도 단번에 죄를 위하여 죽으사 의인으로서 불의한 자를 대신하셨으니, 이는 우리를 하나님 앞으로 인도하려 하심이라. 육체로는 죽임을 당하시고 영으로는 살리심을 받으셨으니 그가 또한 영으로 가서 옥에 있는 영들에게 선포하시니라. 그들은 전에 노아의 날 방주를 준비할 동안 하나님이 오래 참고 기다리실 때에 복종하지 아니하던 자들이라. 방주에서 물로 말미암아 구원을 얻은 자가 몇 명뿐이니 겨우 여덟 명이라. 물은 예수 그리스도께서 부활하심으로 말미암아 이제 너희를 구원하는 표니 곧 세례라. 이는 육체의 더러운 것을 제하여 버림이 아니요, 하나님을 향한 선한 양심의 간구니라. 그는 하늘에 오르사 하나님 우편에 계시니 천사들과 권세들과 능력들이 그에게 복종하느니라.

마르틴 루터는 이것이 "놀라운 본문"이지만, 아마도 신약에서 가장 "모호한" 본문일 것이라고 말했다. 루터는 결국 "나는 베드로가 무엇을 의미했는지 모르겠다"라고도 했다. 이것이 어떻게 독자들과 나에게 유익이 될 수 있을까? 파이퍼가 전한 설교에서 그는 몇 가지 이유를 제시하는데, 나는 이 중 세 가지를 간단히 언급하고 싶다.

첫 번째로 성경의 어려운 본문들은 우리 안에 하나님의 능력 주심을 전적으로 "의존"하는 마음을 만들어 낸다. 이번 장에서 우리가 살펴보고 있는 것과 같은 본문을 마주할 때 독자들은 "절망"과 그것을 이해하기 위해 하나님의 도우심을 바라는 완벽한 의존을 느끼게 된다. 이것은 좋은 현상이다. 이것이 하나님을 우리에게 깨달음을 주시는, 그리고 그분에 대한 우리의 의존도를 높이시는 유일한 분으로 강조하기 때문이다. 물론 어려운 본문은 우리로 하여금 우리는 모든 것을 알 수 없고 오직 하나님만이 모든 것을 아신다고 고백하게 함으로써 우리의 마음속에 "겸손"을 창조해내기도 한다. 이 책에서 다루는 난제들은 인간의 교만과 오만에 대한 정면 공격일 뿐 아니라 우리 자신의 유한성과 취약점을 지속적으로 상기시켜주기 때문에 나는 이 난제들을 좋아한다.

두 번째로, 이러한 종류의 본문들은 **우리의 기도 생활에 깊이를 더하는 데** 일조한다. "어떠한 본문의 의미를 알기 위해 하나님을 의존한다면 당신은 울부짖어 그분의 도움을 구할 것이다"라고 파이퍼는 지적했다. 우리는 하나님의 말씀을 열어 그것이 한 단어든 구절이든 문장이든 책이든, 먼저 시편 119:18에 기록되었듯이 "내 눈을 열어서 주의 율법에서 놀라운 것을 보게 하소서"라고 기도하지 않고는 그것의 일부분이라도 해석하려 들어서는 안 된다. 시편 119편에서 시편 저자는 7번이나 "주의 율례들을 내게 가르치소서"(119:12, 26, 64, 68, 124, 135, 171)라고 기도했다. 아니면 시편 25:5에서처럼 "주의 진리로 나를 지도하시고 교훈하소서"라고 기도할 수도 있다. 우리가 언제나 이러한 기도를 올려드릴 수 있기를 바란다.

세 번째로, 어려운 본문들은 우리로 하여금 이것들의 의미를 골똘히 "생각"하도록 만든다. 파이퍼는 이런 주장에 대해 다음과 같은 반대가 나올 것을 예측했다. "존 목사님, 뭔가 착각하신 것 같아요. 목사님은 방금 하나님이 우리가 해답을 찾으려고 우리 멋대로 생각하기보다는 이해를 위한 도움을 구하기 원하신다고 말씀하셨잖아요." 하지만 이러한 염려에 대한 답으로 파이퍼는 **기도와 생각이 서로를 대체하지 않는다**는 점을 상기시킨다. 우리는 이것을 특별히 바울이 디모데에게 전한 디모데후서 2:7의 "내가 말하는 것을 생각해보라. 주께서 범사에 네게 총명(understanding, 이해)을 주시리라"라는 말씀을 통해 배울 수 있다. 그렇다. 우리에게 이해를 주시는 분은 주님이시다. 하지만 이것은 기도와 더불어 하나님이 우리에게 주신 생각과 성경이 말한 바에 대해 골똘히 사고하는 우리의 노력을 통해 이루어진다.

하지만 나는 독자들이 이 본문에 있는 대부분의 어려움을 모면하도록 할 계획이다. 주된 이유는 이 본문을 두고 경쟁하는 모든 해석과 이들의 이유 및 각 입장의 반론들을 제시할 만한 공간이 부족하기 때문이다. 따라서 나는 이 어려운 본문을 단순화시켜 이것이 의미한다고 내가 믿는 바를 설명할 것이다. 이를 위한 최선의 방법은 한 번에 한 구절씩 살펴보는 것이다.

베드로전서 3:18-22

18b절에 따르면 예수는 "육체(flesh)로는 죽임을 당하시고 영(spirit)으로는 살리심을 받으셨"다. "육체"와 "영"이라는 단어는 그리스도의 두 가지 본성, 곧 인간의 본성과 신의 본성을 가리키지 않는다. 그것은 십중팔구 그리스도의 "죽음과 부활"에 대한 단순한 언급일 것이다. 그는 십자가에서 처형을 당했으나 다시 일으켜졌다. 육체로는 죽었으나 성령의 역사로 다시 살리심을 받았다(딤전 3:16 참조). 일부는 여기 "영"이라는 단어가 성령을 지칭하기보다 예수가 죽은 자들로부터 다시 살아나 들어선 초자연적이고 영적인 존재의 영역을 지칭한다고 주장한다. 그는 이 땅의 일시적인 영역 곧 육체로 특징지어지는 영역에서는 죽었지만, 하늘의 영원한 영역 곧 영으로 특징지어지는 영역에서는 다시 살아났다는 혹은 일으켜졌다는 것이다. 어느 경우든 베드로가 염두에 둔 것은 그리스도가 죽은 자들로부터 부활했다는 사실이다. 그가 가서 옥에 있는 영들에게 죄와 죽음 및 어두움을 이긴 그의 승리를 선포한 것은 이 영적인 영역 안에서 혹은 성령의 능력으로 이루어진 것이다. 이것은 이해하기에 극도로 어려운 진술이다.

어떤 이들은 베드로가 지칭한 것이 성육신 이전의 그리스도, 곧 삼위일체의 위격이신 성자 하나님이 예수의 인격 안에서 인간의 몸을 입으시기 전, 홍수가 임하기 직전 노아의 때를 살았던 불순종의 사람들에게 성령을 통해 하신 선포였다고 믿는다. 그리스도가 당시 그 자리에 직접 있었던 것은 아니지만 성령의 도움을 받아 노아를 통해 말씀하셨다는 것이다.

또 다른 이들은 이것이 죽음과 부활 사이 삼일이라는 기간에 그리스도가 지옥으로 내려가 노아의 홍수가 있기 전 불순종했던 자들에게 행한 선포였다고 주장한다. 이에 근거하여 일부는 그리스도가 이들이 죽은 이후에도 구원받을 수 있는 두 번째 기회를 주었다고 결론 내리기도 했다.

하지만 나는 베드로가 이야기하는 것이 **그리스도가 죽은 자들로부터 살아난 이후**에 일어난 일이라고 확신한다. 이것은 성육신 이전의 그리스도가 노아의 때에 하신 일이나 일부의 주장대로 죽음과 부활 사이의 중간기에 하신 일에 대한 이야기가 아니다.

18b절의 "영 안에서는(in the spirit)" 혹은 "영으로는(by the Spirit) 살리심을 받으셨으니"라는 말은 분명 그의 육체적 부활에 대한 언급이다. 그가 옥에 있는 영들에게 한 선포는 "그의 부활 이후" 성령 "안에서" 혹은 성령 "으로" 이루어졌다. 베드로가 예수가 "하늘에 오르사 하나님 우편에 계시니"라고 언급한 22절을 보라. 이것은 분명 우리가 예수 그리스도의 "승천"이라고 부르는 것, 곧 부활하신 후 하나님으로부터 높임을 받으시고 하늘로 올라 성부의 오른편에 앉게 된 것을 묘사한다. 그리스도의 승천을 묘사하기 위해 사용된, 22절에서 "가서"라고 번역된 단어는 19절에서 그리스도가 옥에 있는 영들에게 선포하기 위해 간 사실을 묘사하는 데 사용된 단어와 동일하다. 이 단어 자체에는 "내려간다"라는 의미가 없고, 단순히 "간다"는 뜻이다.

내가 이 견해를 확신하는 주된 이유 중 하나는 "영들"(19절)이라는 단어 때문이다. 복수형으로 "영"이라는 단어가 사용될 때 신약의 경우 거의 예외가 없이 사람들이 아닌 천사들을 지칭한다. 유일한 예외는 히브리서 12:23에 기록된 "온전하게 된 의인의 영들"의 경우다. "의인"이라는 단어의 첨가는 저자가 사람을 염두에 두었음을 분명히 시사한다. **성경 어디에도 제한하는 단어나 구절이 없이 사람들이 '영들'로 지칭된 경우는 없다. 제한하는 단어나 구절이 없이 사용된 경우에 이것은 전부 천사들이나 귀신들을 가리킨다.** 더욱이 "옥"이라는 단어 역시 성경 어디에서도 죽은 사람들을 위한 형벌의 장소로 언급된 적이 없다. 그러나 요한계시록 20:7에서 이것은 사탄이 천 년 동안 "갇힌" 장소로 언급되었다.

이 모든 내용을 통해 내가 다다른 결론은 베드로가 그리스도가 죽은 자들로부터 부활한 이후 아마도 하늘로 승천하던 바로 그 순간 타락한 천사들, 곧 자신의 죄로 하나님에 의해 [옥에] 갇힌 귀신들에게 자신의 승리를 선포하신 사건을 묘사하고 있다는 것이다. 그리스도는 이들에게 임한 심판과 파멸을 선언하셨다.

하지만 우리는 여전히 "언제" 그리고 "어떠한 방식으로" 이러한 "영들" 혹은 "귀신들"이 불순종했고 "왜" 예수가 이들에게 자신의 승리를 선포한 것이 중요한지를 알아내야 한다.

먼저 질문의 앞부분을 살펴보자. 언제 이 "영들"이 하나님께 불순종했는가? 이들은 무엇을 했는가? 다행스러운 사실은 신약의 다른 두 본문이 이러한 사건에 대해 언급한다는 사실이다. 먼저는 베드로후서 2:4-5이다.

하나님이 범죄한 천사들을 용서하지 아니하시고 지옥에 던져 어두운 구덩이에 두어 심판 때까지 지키게 하셨으며, 옛 세상을 용서하지 아니하시고 오직 의를 전파하는 노아와 그 일곱 식구를 보존하시고 경건하지 아니한 자들의 세상에 홍수를 내리셨으며.

유다서 6-7절에도 기록되어 있다.

또 자기 지위를 지키지 아니하고 자기 처소를 떠난 천사들을 큰 날의 심판까지 영원한 결박으로 흑암에 가두셨으며, 소돔과 고모라와 그 이웃 도시들도 그들과 같은 행동으로 음란하며 다른 육체를 따라가다가 영원한 불의 형벌을 받음으로 거울이 되었느니라.

이 세 본문은 대체 무엇을 염두에 두고 있는 것일까? 이에 대한 답은 구약에서 모호하고 큰 논란이 되는 본문에서 찾아볼 수 있다. 창세기 6:1-4은 다음과 같이 기록한다.

사람이 땅 위에 번성하기 시작할 때에 그들에게서 딸들이 나니 하나님의 아들들이 사람의 딸들의 아름다움을 보고 자기들이 좋아하는 모든 여자를 아내로 삼는지라. 여호와께서 이르시되, "나의 영이 영원히 사람과 함께하지 아니하리니 이는 그들이 육신이 됨이라. 그러나 그들의 날은 백이십 년이 되리라" 하시니라. 당시에 땅에는 네피림이 있었고 그 후에도 하나님의 아들들이 사람의 딸들에게로 들어와 자식을 낳았으니, 그들은 용사라 고대에 명성이 있는 사람들이었더라.

이것이 베드로전서 3:18-20과 베드로후서 2:4 및 유다서 6절에서 언급된 귀신들의 "죄"다. 이 죄 때문에 그들이 지금 지옥에 갇혀 있는 것이다. 이 "죄"는 이들의 최초의 반란이 아니다. 그랬다면 왜 전부가 아니라 "일부"만 갇혀 있겠는가? 보다 악한 자들만이 영구히 갇힌 것일 수도 없다. 그중 가장 악한 사탄이 여전히 자유 가운데 있기 때문이다. 베드로전서 3장, 베드로후서 2:4, 유다서 6절의 문맥은 이 "죄"를 노아의 홍수와 연관 짓는다. 대부분은 이 본문들이 창세기 6장에 기록된 이 사건을 가리킨다고 믿는다. 이 본문에 대해서는 몇 가지 가능한 해석이 제시되었다.

일부는 "하나님의 아들들"이 인간들 곧 셋의 경건한 남성 자손들이었던 반면, "사람의 딸들"은 가인의 경건하지 못한 여성 자손들이었다는 주장을 펼친다. 이러한 견해가 바람직하지 않은 이유는 여러 가지가 있다. 먼저 이 구절은 "'가인'의 딸들"이 아니라 "'사람'의 딸들", 즉 표면적으로 볼 때 일반적 의미에서 사람의 딸들을 묘사하고 있는 것처럼 보인다. 두 번째로 가인의 모든 딸(여성 자손들)이 이 땅의 다른 여성들보다 특별히 더 악했다고 보기는 어렵다. 세 번째로 "하나님의 아들들"이라는 구절이 나라 전체를 묘사하기 위해 사용된 경우는 있지만, 인류 가운데 경건함으로 잘 알려진 특정 무리를 지칭하기 위해 구약에서 사용된 경우는 없다. 네 번째로 이에 반해 이러한 구절은 천상의 존재들을 지칭하기 위해 특별히 사용되었다.

또 다른 견해는 "하나님의 아들들"이 고귀한 남성들(왕, 지도자, 왕자들)이었다는 것인데 이들이 음욕 때문에 자신의 지위와 신분을 벗어나 한참 못한 여성들과 결혼했다는 것이다(이들의 죄는 일부다처제였다). 하지만 오로페자(Oropeza)가 지적한 대로 "하나님이 왜 온 지구를 홍수로 멸하실 만큼 일부다처제를 혐오하셨는지는⋯정확하지 않다. 홍수가 있고 오랜 시간 후 이스라엘 백성은 하나님의 노여움을 사지 않고도 일부다처제에 참여했다."[2]

가장 그럴듯한 견해는 이러한 본문이 인류의 영역에 대한 악령의 심각한 침범을 묘사한다는 것이다. 아우구스티누스(354-430)가 위의 첫번째 견해를 주장하기까지 이것이 교부 시대의 지배적인 해석이었다. 내가 이러한 견해를 가장 그럴듯하다고 생각하는 이유는 무엇일까? 먼저 "하나님의 아들들"은 천사적 존재를 지칭하기 위해 욥기 1:6, 2:1, 38:7, 시편 29:1, 89:6에서 사용되었고, 이는 신명기 32:8에서도 마찬가지일 것이다.[3] 두 번째로 "'하나님'의 아들들"과 "'사람'의 딸들" 사이의 차이는 전자가 인간과 구별되어야 했다는 데 있다. 이 차이는 사람인 존재와 사람이 아닌 존재 사이의 차이로 가장 자연스럽게 받아들여질 수 있다. 세 번째로 유다서 6-7절은 이 천사들의 죄가 본질상 성적인 것이었음을 암시한다.

이러한 견해에 대해 가장 많이 제기되는 반대 의견은 천사들/귀신들은 결혼하지도 자녀를 낳지도 않기 때문에(마 22:30) 귀신들이 사람과 어떤 형식으로든 성관계를 맺는다는 것을 상상할 수 없다는 것이다. 하지만 마태복음 22장에서 예수가 묘사한 것은 "거룩한" 천사들의 "천상

---

2   B. J. Oropeza, *99 Answers to Questions about Angels, Demons, & Spiritual Warfare* (Downers Grove: InterVarsity Press, 1997), 61.

3   지나치게 무게를 두어서는 안 되겠지만 "하나님의 아들들"이라는 구절이 창세기 6장에 대한 최초의 주해로 알려진 에녹1서 6-11에서 천사들을 지칭한다고 이해되었다는 사실은 짚고 넘어갈 필요가 있다.

적" 행위이지, "악한" 천사들의 "세속적" 부정행위가 아니다. 또한 마태복음 22장의 핵심은 천사들이 "서로" 결혼하지 않는다는, 곧 이들이 스스로 번식하는 존재가 아니라는 것이다. 하지만 이들은 여전히 "사람들" 과 일종의 성적 상호작용을 추구할 수 있다. 또한 우리는 창세기 18-19 장에서 천사들이 인간의 모습으로 나타났고 음식을 먹었으며 소돔과 고모라에 있던 동성애 공동체가 이들을 좇았다는 사실을 기억해야 한다. 분명 "천사가 성적인 활동에 관여한다는 생각은 모세오경이 사고하는 세상에서 낯설지 않았다."[4] 신약에는 귀신들이 사람의 몸에 거하기를 바란다는 사실이 묘사되어 있다. 이것을 함께 고려할 때 창세기 6장이 귀신들 자체가 아니라 귀신 들린 사람, 그러니까 귀신이 그 안에 거하고 있던 사람들을 묘사하고 있음이 드러난다. 페이지(Page)는 다음과 같이 요약했다.

이 죄는 성적인 성격을 지녔지만 단순히 성적인 죄는 아니었다. 보다 근본적으로 이것은 **하나님이 창조하신 질서를 거절하고 그가 만드신 모든 종류의 피조물 사이에 두신 구분을 위반하는 죄**였다. 야웨가 정하신 한도 안에서 사는 것에 만족하지 못한 천사들은 인간 여성들과 비정상적인 연합을 맺었다. 고대 이스라엘 사람들은 이러한 이야기에서 신과 인간 사이의 신성시되는 결혼을 가르치는 풍요의 종교에 대한 경고를 발견했기에 이 이야기를 보존한 것은 당연하다.[5]

---

4   Sydney H. T. Page, *Powers of Evil: A Biblical Study of Satan and Demons* (Grand Rapids: Baker Books, 1995), 49.
5   같은 책, 53(강조는 덧붙여진 것임).

오로페자는 이들이 사실은 귀신 들린 사람들이 아니라 "인간의 모습을 한 귀신들"(incarnated demons, 보다 나은 표현을 찾을 수 없었다)이었다고 주장한다. 그가 이어서 던진 질문은 다음과 같다. "정말로 천사들이 인간의 형체로 나타났다면 이들은 어떻게 후손을 낳는 데 꼭 필요한 인간의 DNA 구조를 복제할 수 있었을까(현재 우리가 가진 인간 구조에 대한 이해가 정확하다면 말이다)? 천사들이 초자연적이고 이들에게 그렇게 할 수 있을 만큼의 지능이 있다고 해도 인간의 생명을 창조하는 일은 오직 하나님께만 가능한 것으로 보이기 때문이다."[6] 오로페자는 이어서 말했다. "하나님의 아들들이 인간의 악함을 목격했고 이 땅에 내려와 인간들에게 율법과 도덕을 가르쳐줄 수 있도록 인간의 몸을 입고자 하나님께 요청했을 수 있다.…이때 천사들이 하늘에서 땅으로 내려온 것이다. 하지만 인간의 육체를 입은 후 이들은 여느 인간들과 다름없이 동일한 욕정에 사로잡혔고 땅 위의 여성들을 욕망하면서 자신을 육신의 정욕에 내어주었다."[7]

요약하자면 나는 창세기 6장이 베드로전서 3장과 베드로후서 2:4 및 유다서 6절에 언급된 "죄"를 묘사한다고 믿는다. 이들이 하늘로부터 떨어진 이후 또한 이들의 "도덕적 타락"에 대한 표현으로, 불특정한 수의 귀신들이 인간의 몸에 깃들었고(그 안에 거주했고) "사람의 딸들"과 결혼

---

6   Oropeza, *99 Answers to Questions about Angels, Demons, & Spiritual Warfare*, 64.
7   같은 책, 64-65. 많은 이의 추측과는 달리 본문은 네피림을 하나님의 아들들과 사람의 딸들이 결혼해 낳은 자손으로 정확히 이야기하지 않는다. 네피림이라는 단어는 여호수아 13:33에서 이스라엘이 언약의 땅으로 들어오지 못하도록 이스라엘 백성들을 위협한 가나안 거인들로 다시 한번 등장한다.

관계를 맺었다. 따라서 우리가 읽는 것은 귀신 들린 남성이 여성과 혼인하여 이 땅의 부패와 타락이 증가하는 데 크게 기여한 사건이다(창 6:5-7). 나중에 이 귀신들은 마지막 심판의 날이 이르기까지 영구적으로 감금된다.

따라서 베드로전서에 기록된 우리 본문의 핵심은 예수가 그의 부활 이후 성령의 능력으로 이러한 "영들" 혹은 귀신들이 잡혀 있는 옥으로 갔고, 이들에게 자신이 십자가에서 죽고 죽은 자들로부터 다시 살아나 성취하게 된 승리를 선언했다는 것이다.

21절의 결론과 22절 전체를 다시 한번 살펴보라. 여기서 베드로는 부활하신 그리스도가 하늘로 오르셨고 천사들과 권세들과 능력들이 그에게 복종했다고 이야기한다. 신약에서 이러한 용어들은 보통 타락한 천사들이나 귀신들을 지칭하는 데 사용된다. 따라서 노아의 때에 불복종했고 옥에 던져진 19절의 "영들"은 그리스도의 주권에 복종하게 된 22절의 "천사들과 권세들과 능력들"과 동일하다.

하지만 우리에게는 여전히 대답해야 할 두 가지 질문이 남아 있다. 먼저 노아와 홍수 및 기독교 세례에 대한 20-21절은 왜 언급되었을까? 보다 더 구체적으로 베드로는 21절에서 "이제 너희를 구원하는…세례"를 이야기하는데 이것은 무슨 의미일까? 두 번째로 전체 본문의 핵심은 무엇일까? 성령은 왜 베드로에게 영감을 주어 이것을 기록하게 하셨을까? 이것은 1세기 사람들에게 어떠한 도움을 주었고 오늘날 우리에게는 또 어떠한 유익을 끼칠까?

먼저 베드로는 창세기 6장이 묘사한 대로 대홍수 직전 불순종했던 "영들" 혹은 귀신들을 언급하는데, 이것은 그가 노아와 방주를 만든 것에 대해 언급한 내용과 연결된다. 베드로는 노아 및 그와 함께 있었던 다른 일곱 명의 경험을 통해 자기와 같은 시대(오늘날도 마찬가지다)를 살아가는 그리스도인들의 경험을 예시하거나 그것의 전조가 되어주는 모형 내지 표본을 발견한다.

- ◆ 적은 수(8명)의 사람들/베드로가 서신을 보낸 소수의 사람들
- ◆ 박해와 비방을 당한 노아와 그의 가족/박해와 비방을 당한 베드로의 독자들
- ◆ 하나님은 노아와 그의 가족을 방주 안으로 구별하셨다/하나님은 1세기와 오늘날의 그리스도인들을 세례로 구별하셨다

그렇다면 베드로는 어떠한 의미에서 "세례"가 우리를 구원한다고 이야기한 것일까? 우리는 그가 의미하지 않은 것에 주목해야 한다. 세례의 물리적인 활동, 곧 물이 몸에서 먼지를 제거하거나 씻어내는 것에는 구원하는 능력이 없다. 물세례에는 내재적인 구원의 능력이 없다. 물속에 잠기는 것과 죄를 용서받는 것 사이에는 기계적인 연관이 없다. 세례의 물리적 차원은 몸을 씻는 것에는 유용하지만, 영혼을 씻는 것에는 그렇지 않다. 물에도, 의식 자체에도 마법적 특성은 없다. 내가 볼 때 베드로가 이보다 더 분명했을 수는 없다. 세례는 외적·물리적 의식으로서 영원한 생명과 관련하여 그 자체로는 아무것도 성취할 수 없다.

세례가 우리를 구원한다는 말과 관련하여 베드로는 다만 그것이 "하나님을 향한 선한 양심의 간구"라는 기회를 제공하는 한에서라고 밝힌다. 다른 말로 하자면, 세례를 받을 때 우리는 하나님께 그리스도의 죽음

과 부활을 기초로 우리의 양심을 깨끗하게 하시고 죄를 용서해주시기를 간구하거나 요청한다. 세례는 신자들이 영적 정결함을 위해 하나님께 부르짖는 의식이다. 구원으로 귀결되는 것은 믿음의 요청이지, 물이 아니다.

"하나님을 향한 선한 양심의 맹세"라는 번역을 보다 선호하는 사람들도 있다. 이 경우 신자는 세례를 통해 다음과 같은 질문에 대답한다. "당신은 당신의 구원을 위해 그리스도를 신뢰하며 그분을 따르고 그분의 주권에 복종하기로 맹세합니까?" "네"라는 대답은 신자의 "맹세" 혹은 약속이고 하나님은 이에 대한 반응으로 구원을 베푸신다. 따라서 베드로가 이야기하는 세례는 오직 그것이 하나님에 대한 내적 헌신의 외적 표현일 경우에만 구원한다. 세례는 내적 회개의 외적 표현이다. 영적 실재의 육적 상징이다. 구원하는 것은 물 자체나 몸을 씻는 효과가 아니다. 베드로는 이에 대해 오해의 여지가 없을 만큼 분명하다. 세례는 믿는 영혼의 헌신과 회개를 공적으로 표현한 것일 때 그 영혼을 구원한다. 세례는 하나님을 향한 우리의 간구나 맹세의 수단 혹은 매개체다.

두 번째로 전체 단락의 핵심은 무엇일까? 베드로의 독자들은 그들 원수의 손에서 상당히 큰 고통을 당하고 있었다. 전체 서신은 이들에게 인내하라고 독려하고 이들이 자신의 신앙을 떠나거나 버리지 않도록 격려하기 위한 것이었다. 따라서 베드로가 전하고자 한 핵심은 다음 두 가지다. 먼저 베드로는 이들의 믿지 않는 원수들, 특별히 이 원수들의 배후에 있는 악의 영적인 능력이 승리할 수 없음을 재확인해주었다. 이들은 승리할 수 없다. 이들 역시 그리스도의 주권 혹은 통제 아래 있기 때문이다. 사실 이들은 그리스도의 십자가와 부활을 통해 완전히 패배했다(특별히 2:14-15 참조). 그리스도가 이들을 이겼다. 그리스도는 이들이 감금된 곳까지 찾아가 자신의 주권을 선언해 이들의 패배에 말하자면 느낌표를 찍어주기까지 하셨다.

또한 베드로는 이들이 받은 세례가 의미하는 바를 상기시켜줌으로써 그들로 하여금 인내하도록 독려했다. 이들은 세례를 받음으로써 하나님이 택하신 소수로 구별되었고, 이들을 둘러싼 모든 사람이 이들을 조롱하고 비방할 때에도 노아와 그의 가족처럼 구원받을 것이다. 이들이 받는 세례는 이들로 하여금 결과에 상관없이 하나님께 변함없이 충성하도록 할 것이다. 세례는 그리스도가 귀신의 무리를 이기셨다는 사실과, 그리스도인들이 그리스도의 부활 안에서 그와 연합했다는 사실을 상징한다. 우리의 세례는 우리가 그 안에 서 있는 승리, 곧 그리스도가 그의 죽음과 부활, 그리고 모든 정사와 권세들 위로의 승귀를 통해 성취하신 승리를 상기시킨다.

맞다, 이것은 매우 어렵고 곤란한 성경 본문이다. 하지만 동시에 영광스러운 본문이다. 이 본문에 대한 주의 깊은 연구와 기도는 우리가 적대적인 사탄의 무리를 마주하게 될 때 풍성한 유익을 제공해줄 것이다. 이들은 패했다. 우리가 승리했다. 우리가 승리한 것은 그리스도가 승리하셨기 때문이다. 그리고 이 놀라운 승리는 우리가 이전의 삶을 회개하고 그의 은혜로 우리 자신을 새로운 삶으로 헌신하는 물세례를 통해 아름답게 표현된다.

에베소서 4:9에 덧붙여

일부는 사도 바울이 에베소서 4:9에서 그리스도가 그의 죽음과 부활 사이의 시간에 음부 혹은 지옥으로 "내려간 사실"을 언급했다고 주장한다. 본문은 이렇게 말한다. "올라가셨다 하였은즉 낮은 곳 곧 땅으로 내리셨던 것이 아니면 무엇이냐." 다른 번역본은 이것을 "땅의 낮은 곳"으로 번역한다.

한 가지 소수 견해는 이것이 예수가 마리아의 태중에 잉태된 사건을 가리킨다는 것이다(시 139:15 참조). 아리마대 요셉의 무덤에 그가 장사된 사건을 가리킨다는 주장도 있다.

이미 언급된 대로 한 가지 오래된 해석은 이것이 그리스도가 그의 장사와 부활의 중간 사이 음부로의 강하 혹은 여정을 묘사한다는 것이다. 하지만 이 구절에서의 대조점은 하늘로 올라간 것과 하늘로부터 내려온 것이지, 땅으로부터 지하 세계나 죽은 자들의 왕국으로 내려간 것이 아니다. 앤드류 링컨(Andrew Lincoln)은 만일 바울이 "세 개의 층을 염두에 두었고 그리스도가 가장 높은 곳에 오른 것과 마찬가지로 가장 깊은 층에 내려갔다는 사실을 의미하고자 했다면, 그는 비교급[더욱]보다는 최상급[가장 낮은]을 사용했을 것이다"라고 주장했다.[8] 또한 바울은 에베소서에서 하늘과 땅 및 땅 아래를 의미하는 "삼층적" 우주론이 아니라, 하늘과 땅을 뜻하는 "이층적" 우주론을 지속적으로 언급했다. 링컨은 "결국 여기서 주장되는 내용의 의미로 보이듯이", 그리스도가 하늘로 올라가셨다는 사실로부터 그가 음부로 내려가셨다는 점이 어떻게 논리적으로 추론될 수 있는지 의문한다.[9]

---

8   Andrew T. Lincoln, *Ephesians*, Word Biblical Commentary (Dallas: Word Books, 1990), 245(『에베소서』, 솔로몬 역간).

9   같은 책.

이 본문을 둘러싼 혼란은 바울이 염두에 둔 것이 땅의 아래 혹은 내부의 영역인 것처럼 "땅의 낮은 곳(lower parts of the earth)"으로 구절을 오역했기 때문이다. 보다 나은 번역은 "낮은 곳 곧 땅(lower parts which are the earth)"이다(여기서 "땅의[of the earth]"는 동격 소유격으로 앞서 등장한 명사를 정의하거나 설명한다). "이 견해에 따르면 낮은 곳은 이 땅의 더 낮은 곳이 아니라 오히려 우주보다 더 낮은 곳 곧 땅이며, 저자는 이 땅으로 내려옴에 대해 이야기하고 있는 것이다."[10] 다른 말로 하면, 바울의 대조는 이 땅의 한 부분과 보다 낮은 또 다른 부분 간의 대조가 아니라, 온 땅과 하늘 간의 대조다. 이것이 사실이라면 두 가지 선택이 가능하다.

한편으로는 바울이 성육신 자체를 언급한 것일 수 있다. 내려오심과 올라가심으로 표현된 그리스도의 성육신과 높아지심의 개념은 요한복음에서도 찾아볼 수 있다(3:13; 6:62 참조). 다른 이들은 빌립보서 2:5-11에서처럼 그리스도의 낮아지심이 그의 높아지심과 대조를 이룬 부분에 특별히 집중한다.

보다 최근에 등장해 지지받고 있는 해석은 문제의 내려오심이 그리스도가 오순절 성령의 임재와 역사를 통해 내려오신 사건이라는 것이다. 따라서 내려오심은 올라가심을 뒤잇는 사건이 된다. 이러한 주장에 대한 호소는 그 자체로 오순절과 연관 지어 생각되는 시편 86편에 의존한다(어떤 이들은 여기서 율법을 "준" 모세에 대한 언급을 발견하기도 한다). 이러한 견해는 분명히 성령의 은사 주심이나 분배에 대한 7절과 11절의 강조와 잘 연결된다. 하지만 주된 반대 의견은 오순절이 보통은 그리스도가 아

---

10 같은 책.

닌 성령이 내려오신 사건으로 생각된다는 것이다. 지지자들은 그리스도와 성령이 밀접하게 관련된 수많은 본문을 지목하는 것으로 대답한다(롬 8:9; 고후 3:18 등을 비교). 이러한 견해에 반하는 것으로는 "내리셨던" 그를 분명하게 예수로 언급한 10절을 들 수 있다.

추천 도서 _____

Daniel R. Hyde, *In Defense of the Descent: A Response to Contemporary Critics* (Grand Rapids: Reformation Heritage Books, 2010).

R. T. France, 'Exegesis in Practice: Two Examples', in *New Testament Interpretation: Essays on Principles and Methods*, edited by I. Howard Marshall (Grand Rapids: Eerdmans, 1977), 252-81.

Wayne A. Grudem, *The First Epistle of Peter: An Introduction and Commentary* (Grand Rapids: Eerdmans, 1988), 203-39(『베드로전서』, CLC 역간).

6장
그리스도인은 사망에 이르는 죄를 범할 수 있는가?

누구든지 형제가 사망에 이르지 아니하는 죄 범하는 것을 보거든 구하라. 그리하면 사망에 이르지 아니하는 범죄자들을 위하여 그에게 생명을 주시리라. 사망에 이르는 죄가 있으니 이에 관하여 나는 구하라 하지 않노라(요일 5:16).

"사망에 이르는 죄가 있으니"와 같은 말씀을 들을 때마다 우리는 본능적으로 생각한다. "나도 그런 죄를 지었을까?" 솔직해지자. 성경 속 이런 문장들은 무섭고 때로는 사람들을 깊은 두려움과 걱정, 심지어는 우울증으로 빠뜨린다. 이러한 사람들에게는 사실상 인생의 모든 실수와 모든 방종한 생각 및 모든 우유부단한 순간들이 하나님 나라에 참여할 수 없는 근거가 된다. 이들에게는 성경이 그리스도인의 삶에 필수적인 것으로 묘사하는 "기쁨"이 거의 없다. 이들을 사로잡는 것은 단순히 가장 먼저 떠오르는 보다 일반적인 질문, "'그리스도인'은 사망에 이르는 죄를 지을 수 있는가?"일 뿐 아니라, 보다 구체적이고 개인적인 염려의 질문, "'나는' 사망에 이르는 죄를 지었는가?"이다. 독자들이 상상할 수 있듯 이 본문이 제시하는 문제들은 수없이 많고 이에 대한 해석들도 마찬가지다. 다음은 보다 설득력 있는 견해들과 각각에 해당하는 나의 비평적 대답이다.

사망에 이르는 죄는 배교다

이 본문에 대한 첫 번째 해석은 다수의 아르미니우스주의자가 제시하는 것인데, 그들은 그리스도인이 신앙을 버리고(곧 은혜로부터 떨어지고) 그의 구원을 잃어버릴 수 있다고 믿는다. 하워드 마셜(I. Howard Marshall)이 이 입장을 대표한다. 그가 설명하는 본문의 주요 요소들은 다음과 같다.

요한이 이야기하고 있는 "형제"는 참되고 거듭난 신자이며, 요한1서가 그 용어를 사용한 방식은 이런 해석을 요구하는 듯하다(요일 2:9; 10, 11; 3:10, 12[2번], 13, 14, 15, 16, 17; 4:20[2번], 21; 5:16 참조). 요한이 염두에 둔 "사망"의 종류는 그것이 대조된 "생명"과 마찬가지로 영원한 영적 사망이다.

사망에 이르게 하는 혹은 사망으로 귀결되는 "죄"는 하나님의 자녀됨과 양립할 수 없는 모든 죄를 가리킨다. 어떠한 죄들이 여기에 해당할까? 요한1서에 따르면 "사망에 이르는 죄는 예수 그리스도를 믿고 하나님의 명령을 따르며 형제를 사랑하는 것을 의도적으로 거절하는 것이다. 이것은 홀로 생명을 주시는 분인 하나님의 아들 예수 그리스도를 믿는 것에 대한 의도적 거절을 포함하기에 사망에 이르도록 한다."[1]

반면 사망에 이르게 하지 않는 죄(들)은 "부지불식간 행해진 죄와 하

---

1 I. Howard Marshall, *The Epistles of John* (Grand Rapids: Eerdmans, 1978), 248.

나님과 그분의 구원 방식에 대한 거절을 포함하지 않는 죄다. 이 죄인은 자신의 의지를 거스르는 시험에 압도된다. 그는 여전히 하나님과 이웃을 사랑하기 원하고 여전히 예수님을 믿으며 여전히 죄로부터 자유롭기를 갈망한다."[2] 마셜은 의도적인 배교("사망에 이르는 죄")와 부지불식간의 범죄("사망에 이르지 않는 죄") 간에 이러한 차별을 두었는데, 그것은 속죄가 가능한 "비의도적" 혹은 "부지불식간의" 죄와 레위기의 제사 제도가 용서를 허용하지 않은 "의도적" 혹은 "고압적인" 죄 사이에 구약이 두었던 차별을 기초로 했다(레 4:2, 13, 22, 27; 5:15, 17-18; 수 15:27-31; 신 17:12 참조).

그리스도인들은 이 두 가지 종류의 죄를 모두 지을 수 있다. 형제가 사망에 이르지 않는 죄를 범하는 것을 보거든 우리는 그를 위해 기도해야 하고, 하나님은 그에게 생명을 주시고자 우리의 기도를 사용하실 것이다. 하지만 어떤 그리스도인 형제가 회개하고 믿는 것을 노골적으로 거절하고 있다면, 그는 사망으로 향하고 있는 것이다. 요한은 그를 위해 기도하라고 요구하지 않았다(하지만 금하지도 않았다). 결과적으로 그리스도인들은 영원한 사망에 이르는 죄를 범하여 사실상 신앙을 버릴 수도 있다. 영원한 보증의 교리는 이러한 견해에 명백히 위배된다.

이런 해석에 대해서는 몇 가지 언급이 이뤄져야 한다. 먼저 본문은 "형제"가 사망에 이르는 죄를 범한다고 이야기하지 않는다. 요한은 오직 사망에 이르지 않는 죄에 한해서만 형제를 언급한다. 두 번째로 그리스도인 형제의 죄가 사망에 이르는 종류의 죄가 아니라면 우리는 왜 하나

---

2   같은 책.

님이 그에게 생명을 주시도록 기도해야 할까? 마셜의 대답은 다음과 같다. "무의식적으로나 부지불식간에 죄를 짓는 사람에게는 언제나 의도적으로 죄를 짓고 이어서 하나님과 용서의 길로부터 완전히 등을 돌릴 위험이 도사리고 있기 때문이다. 이러한 위험 때문에 그리스도인들이 서로를 위해 기도하는 것은 필수적인데, 그렇지 않으면 이들 중 누구라도 선을 넘어 노골적이고 의도적으로 생명의 길을 거절할 수 있기 때문이다. 우리가 죄를 회개한다면 용서 받지 못할 종류의 죄는 없다. 우리는 우리 형제들이 이들의 모든 죄를 회개하도록 기도해야 한다. 우리가 그렇게 할 때 하나님은 우리의 기도를 들으시겠다고 약속하셨다."[3] 하지만 요한은 이 형제가 그러한 선을 곧 "넘게 될" 것이라고 이야기하지 않았다. 사실 그 반대다. 하나님이 생명을 주시겠다고 약속한 사람은 사망에 이르는 죄를 범하지 "않는" 형제다.

더욱이 신약의 저자들 중 사도 요한만큼 영원한 보증에 대한 강한 확신을 가지고 그것을 자주 긍정했던 인물을 떠올리기는 어렵다(요 6:37-44; 10:11-18, 27-30; 17:1-2, 7-12; 요일 5:18). 다른 본문들 역시 마셜의 주장을 부인한다(롬 8:29-39; 고전 1:4-9; 빌 1:6; 살전 5:23-24; 살후 2:13-15; 딤후 2:19; 벧전 1:5; 유 24). 마지막으로 요한은 왜 우리에게 배도자를 위해 기도할 것을 요구하지 않았을까? 마셜은 "어떠한 사람이 자기 스스로 구원과 용서를 위해 구하지 않을 때 다른 사람이 그를 위하여 기도하는 것에는 별 의미가 없"기 때문이라고 말했다.[4] 하지만 이것은 그리스도인을 제외한 세상의 모든 사람에게 적용되는 설명이 아닐까? 우

---

3   같은 책, 248-49.
4   같은 책, 249.

리는 불신자들을 위해 전혀 기도할 필요가 없을까?

로마 가톨릭 학자인 레이먼드 브라운(Raymond Brown)은 마셜과 비슷한 견해를 주장한 것 같다. 그에 따르면 사망에 이르는 죄를 범하는 자들은 "빛보다 어두움을 선호하는 세상에 나아가 마귀의 자녀가 되기로 선택한 이전의 형제자매들이다. 예수는 이러한 세상을 위해 기도하기를 거절했고(요 17:9) 따라서 요한 서신을 기록한 저자를 지지하는 사람들 역시 세상에 속한 자들을 위해 기도해서는 안 되었다(요일 4:5). 저자의 독자들이 믿음으로 나아와 사도 요한의 '형제' 공동체에 합류했을 때 이들은 사망에서 생명으로 옮겨졌다(요일 3:14). 그 공동체를 떠나온 자들은 자신들이 이 '형제들'을 미워한다는 사실을 증명했고 과정을 뒤집어 생명에서 사망으로 옮겨갔다. 이런 의미에서 이들의 죄는 사망에 이르는 죄다."[5] 하지만 이후 각주에서 브라운은 멈칫거리며 "저자가 이들에게 애초에 생명이 있었다고 인정했는지는" 분명치 않다고 말했다. "그에 따르면 그 공동체를 떠난 자들이 처음부터 정말로 그곳에 속해 있었던 것은 아니기 때문이다(요일 2:19)."[6] 스티븐 스몰리(Stephen Smalley)는 여러 가지 면에서 마셜과 동일한 입장을 주장했다. 요한이 "그의 독자들이 하나님의 아들들로서 빛 가운데 걸어갈 것을 기대했지만…지금 믿고는 있지만 이단적 성향을 띤 일부 공동체 구성원들의 배교 가능성을 무시한 것은 아니다.…우리는 요한이 '사망에 이르지 않는 죄'의 가능성은 신자들에게 두었고, '사망에 이르게 하는 죄'는 **반(反)그리스도인**인 비신자

---

5   Raymond E. Brown, *The Epistles of John*, The Anchor Bible (Garden City, NY: Doubleday & Company, 1982), 636(『앵커바이블 요한복음』, CLC 역간).

6   같은 책, 636 n. 17.

들이나 **반그리스도인이 되어버린 신자들**과 결부시켰다고 결론 내릴 수 있다."[7]

성령 모독죄

"사망에 이르는 죄"가 성령 모독죄라고 이야기하는 사람들도 있다. 이러한 견해의 가장 유능한 지지자는 존 스토트(John Stott)다. 그의 주장은 다음과 같다.

요한이 이야기하는 형제는 남성 그리스도인이 아니다. 형제라는 용어는 "넓은 의미에서 '이웃'이나 명목상의 그리스도인, 또는 '형제'임을 자처하지만 실제로는 가짜에 지나지 않는 교회 구성원"이라는 의미로 사용되었다.[8] 그는 이 용어가 이렇게 폭넓게 사용된 예로 요한1서 2:9-11에 호소한다. 또한 이미 영원한 "생명"이 있는 그리스도인에게(요일 3:14) 어떻게 요한이 주장하는 것처럼 "생명"이 주어질 수 있다는 걸까? "어떻게 살아있는 사람에게 생명을 줄 수 있을까? 이 사람은 그리스도인이 아니다. 그리스도인들은 죄에 빠져도 사망으로는 떨어지지 않기 때문이다."[9] 스토트는 요한이 이야기하는 "생명"과 "죽음" 모두가 본질상 영적이고 영원하다는 데에는 마셜과 입장을 같이했다. 하지만 16절에 등장하는 사람은 둘 다 그리스도인이 아니다. 16절 후반에 등장하는 "사망

---

7 Stephen S. Smalley, *1, 2, 3 John*, Word Biblical Commentary (Waco: Word Books, 1984), 299(강조는 덧붙여진 것임).

8 John R. W. Stott, *The Epistles of John: An Introduction and Commentary* (Grand Rapids: Eerdmans, 1976), 190.

9 같은 책, 189.

에 이르는 죄"를 범하는 사람은 16절 상반부의 "형제"와 마찬가지로 신자가 아니다. 그는 요한이 독자들에게 이제껏 경고해 온 거짓 교사들, 곧 종국에는 교회를 떠나는 가짜 그리스도인들 중 하나일 확률이 높다(요일 2:19). "사망에 이르는" 죄는 성령 모독죄(마 12:22-32)로서 의도적·고의적·지속적으로 예수 그리스도를 거절하는 것이다. 따라서 사망에 이르는 죄는 단 한 번의 죄가 아니라 죄의 굳어진 상태다. 이것은 복음서가 알려주는 그리스도의 주장들을 고압적으로 완강하게 거절하는 것이다. 요한이 성령을 모독하는 자를 위해 기도하는 것을 금한 것은 아니지만, 권하지도 않았다. 하나님께서 그 기도를 들으실지 확신할 수 없었기 때문이다.

여기서도 논해야 할 문제가 몇 가지 있다. 먼저 불가능한 것은 아니지만 나는 여기서 요한이 비그리스도인을 "형제"로 칭했을 확률은 거의 없다고 생각한다. 대부분의 주석가 역시 동의하는 바다. 두 번째로 16절의 두 사람 모두가 비그리스도인, 곧 예수 그리스도의 복음을 거절하고 믿지 않은 사람들이었다면, 우리는 어떻게 누가 사망에 이르지 않는 죄를 범했고 누가 사망에 "이르는" 죄를 범했는지 알 수 있는가? 비신자와 이른바 "마음이 굳어진" 비신자를 어떻게 구분하여 후자가 아닌 전자를 위해 기도할 수 있겠는가? 요한이 언제 기도하고 언제 기도하지 말아야 할지에 대해 우리에게 지침을 주고자 했더라도, 그는 평소와 달리 그 점에 대해서는 분명하게 말하지 못했다.

세 번째로 스토트의 견해는 모든 해석에 걸림돌이 되는 한 가지 문제에 직면한다. 16절을 바로 앞의 문맥(14-15절)을 고려하여 읽으면 우리는 요한이 언제나 응답된다고 여겨지는 특정한 종류의 기도를 묘사하고 있다는 인상을 받는다. 다른 말로 하면, 사망에 이르지 않는 죄를 지은 형제를 위한 기도는 언제나 하나님의 뜻에 합하다는 것이다. 결과적으로 요한은 하나님이 이러한 기도에 응답하셔서 정도를 벗어난 형제에게 생명을 주신다고 확신한다. 이것이 사실이라면 이것은 믿기 어려운 사실을 암시한다. 우리가 위하여 기도하는 모든 비그리스도인이 사망에 이르는 죄를 짓지 않았다고 가정할 경우 그들이 구원받고 영원한 생명을 얻을 것이기 때문이다. "형제"가 그리스도인을 지칭한다고 해석할 때도 문제는 여전히 남아 있다. 이 경우에는 죄를 범한 그리스도인을 위해 우리가 기도한다면 그가 회복되고 새로워질 것을 암시하기 때문이다. 하지만 이것은 기도에 성경의 나머지 부분이 허용하는 것보다 더 많은 능력을 부여한다. 경험이 최종 권위일 수는 없지만 경험에 비추어보아도 우리가 중보하는 모든 신자가 다 반응하고 회개하는 것은 아니다. 또한 사망에 이르는 죄를 범한 사람은 어떤가? 스토트의 견해에 따르면 요한은 그를 위해 기도할 것을 권하지 않는데 그러한 기도가 응답된다고 확신할 수 없었기 때문이다. 스토트가 주장하는 대로 "사망에 이르는 죄"가 성령 모독죄라면 이런 죄를 범한 사람은 그가 누구든 절대 구원받지 못할 것이다. 하지만 사망에 이르는 죄를 범한 사람에게 생명을 주는 것이 결코 하나님의 뜻이 아니라면, 요한은 왜 그를 위한 기도를 더욱 분명하게 금하지 않은 것일까? 실제로 요한은 그를 위한 기도를 요구하지 않았지만 그러한 기도를 금하지도 않았다. 하지만 만일 그가 범한 죄가 정의상(스토트의 견해에서) 용서받을 수 없는 것이었다면 그는 왜 기도를 금하지 않은 것일까?

도널드 버딕(Donald Burdick)은 모든 구체적인 내용에 있어 스토트와 동의하는 것은 아니지만(그는 "형제"를 신자로 보았다), 하나님이 사망에 이르는 죄를 범한 이를 위한 기도를 들어주시지 않는 이유로 다음을 제시했다. "죄인의 완강한 의지는 꺾이지 않을 수도 있다. 하나님은 주권적이시지만, 그러한 의지를 강제하지 않기로, 따라서 자신의 형상대로 창조한 인격의 온전함을 해치지 않기로 선택하신다."[10]

하지만 죄인이 회심하도록 하는 하나님의 효과적인 은혜는 강제하지 않고 설득한다. 여전히 더 중요한 질문은 만일 버딕의 주장이 유효하다면 이것이 왜 사망에 이르지 않는 죄를 범한 형제에게는 적용되지 않느냐 하는 것이다. 우리는 왜 사망에 이르지 않는 죄를 범한 형제에 대한 하나님의 역사가 사망에 이르는 죄를 범한 사람에 대한 하나님의 역사보다 덜 "강제적"이거나 그의 인격의 온전함을 덜 "해친다고" 생각해야 할까? 죄는 사람이 그의 의지로 행하는 완강하고 반항적인 행위이며, 이는 신자와 비신자를 불문하고 죄를 범하는 모든 사람에게 사실이다. 버딕이 염려한 이른바 강제 혹은 해침은 그것의 정도나 강도와 상관없이 여전히 강제와 해침이다.

이러한 문제를 피하는 한 가지 방법은 요한이 사망에 이르는 죄를 범하지 않은 형제들에게 생명을 주시는 것이 하나님이 보통 원하시는 일이라고 이야기했다고 이해하는 것이다. 따라서 우리는 그러한 목적을 위해 기도해야 한다. 16a절의 언어는 무조건적인 듯하지만, 그런 기도에 응답하는 것이 언제나 하나님의 뜻이라는 보장은 없다. 하지만 이것도 왜 요한이 정의상(스토트의 견해에서) 결코 죄 사함을 받을 수 없는 이들을 위

---

10 Donald W. Burdick, *The Letters of John the Apostle: An In-Depth Commentary* (Chicago: Moody Press, 1985), 408.

한 기도를 금하지 않았는지는 설명하지 못한다(예수가 성령 모독죄를 "사함 받을 수 없는" 죄로 이야기한 사실을 기억하라).

마지막으로 사망에 이르는 죄를 범한 사람이 비그리스도인이라면 그는 이미 죽어 있다. 그렇다면 그가 의도적이고 지속적으로 죄를 짓는다면, 곧 성령을 모독한다면 "죽을" 것이라는 요한의 말은 어떤 의미일까? 스토트는 이 사람이 이미 죽어 있지만 계속해서 믿지 않음으로 "둘째 사망"(계 20:11-15)을 당할 것이라는 데 동의한다. "영적으로 이미 죽어 있지만 그는 영원히 죽게 될 것이다."[11]

내부의 죄와 외부의 죄

이 세 번째 견해는 이름을 붙이기가 어렵다. 마셜과 스토트의 견해 사이의 중간 정도의 입장이라 볼 수 있다. 가장 설득력 있는 옹호자는 데이비드 숄러(David M. Scholer)이다. 숄러는 "형제"가 남성 그리스도인이고 "사망"이 본질상 영적이고 영원하다는 데에는 마셜과 입장을 같이한다. 또한 그는 "사망에 이르는 죄"가 요한1서 자체로부터 파악되고 정의되어야 한다는 데에도 마셜과 동의한다. 그 죄는 주로 형제를 미워하고 예수가 그리스도임을 부인하는 것을 포함한다.

하지만 마셜과 달리 그는 "신자들"은 사망에 이르는 죄를 짓지 "않는다"라고 주장한다. 숄러는 본문 어디에도 참된 신자, 곧 "형제"가 사망에 이르는 죄를 범한다는 이야기가 전혀 없음을 강력히 주장한다. 신자들은

---

11   Stott, *The Epistles of John*, 190.

죄를 짓지만 그 죄는 사망에 이르지 않는 죄이고(요일 1:8; 2:1) 기독교 공동체는 그들을 위해 중보해야 한다. 하나님은 이런 죄를 범한 그리스도인들을 위한 기도를 사용하셔서 이들이 그리스도 안에서 이미 가지고 있는 "생명"을 새롭게 하시고 재확인해 주실 것이다(요일 3:14).

요한의 주된 관심은 믿지 않는 외부인들의 죄 곧 사망에 이르는 죄가 아니다. 따라서 이 말씀의 목적은 그것을 위해 누군가 기도할 수 있도록 하기 위함이 아니다. 숄러에 따르면 "이러한 문제에 관해 기도가 전적으로 금지된 것은 아니며 '사망에 이르는 죄'를 범한 사람이 영원히 믿음의 공동체의 일원이 될 수 없다는 이야기도 아니다. 하지만 요한1서 전반에 걸쳐 믿음의 공동체와 믿지 않는 세상 사이에는 철저한 분리가 존재하고, 따라서 믿지 않는 세상을 위한 기도는 '일반적'이거나 '효과적'인 실천일 수 없다."[12] 이어서 숄러는 요한1서 3:6, 9, 5:18을 5:16-17에 비추어 해석한다. 간단히 말해 그리스도인이 범할 수 없는 "죄"는 일반적 의미에서의 죄의 실천이나 죄의 지속을 지칭하지 않는다. 신자가 범할 수 없는 죄는 정확히 말해 "사망에 이르는 죄" 곧 신자들을 미워하고 예수를 부인하는 죄다.

이 견해를 뒷받침하기 위해서는 16절의 마지막 문장을 다르게 표현해야 한다. New American Standard Bible과 New International Version은 이 구절을 "이에 관하여 나는 구하라 하지 않노라"라고 번역했다("I do not say that he should make request for this." "I am not saying

---

12   David Scholer, 'Sins Within and Sins Without: An Interpretation of 1 John 5:16-18', in *Current Issues in Biblical and Patristic Interpretation*, ed. Gerald Hawthorne (Grand Rapids: Eerdmans, 1975), 243.

that he should pray about that"). 이러한 번역을 보아서는 요한이 사망에 이르는 죄에 대하여 혹은 그런 죄를 범한 이를 위해 기도할 것을 권하지 않은 것처럼 보인다. 숄러는 이 구절을 다르게 번역한다. "내가 그것(곧 사망에 이르는 죄)에 대해 이야기하는 것은 너희가 기도하도록 하기 위해서가 아니다." 다른 말로 하면 요한의 목적은 사망에 이르는 죄와 그 죄를 범한 사람에 대한 기도를 요청하는 것이 아니다. 그런 기도가 다른 정황과 다른 때에는 합당할 수도 있다. 하지만 그가 여기서 이야기하고 독자들에게 기도를 부탁하는 것은 신자들의 죄 곧 사망에 이르지 않는 죄에 대해서다.

요약하자면 "사망에 이르는 죄"는 주로 신자들을 미워하는 것(요한이 "살인"이라고 부른 것)과 예수를 고백하지 않는 것(요한이 "거짓말"로 부른 것)을 포함한다. 신자들은 이 죄를 범할 수 없다. 정의상 이것이 그를 불신자로 만든다는 단순한 이유 때문이다. 신자들은 사망에 이르지 않는 죄를 범하는데, 그 죄는 "형제를 미워하거나 예수를 부인하지 않으면서 하나님과의 사귐을 깨는 것(1:62:1)"이다.[13] 사망에 이르는 죄는 "파괴적이고 이단적인 외부인들"의 죄다.[14] 결과적으로 요한이 여기서 염두에 둔 것은 이들이나 이들의 죄가 아니다. 그의 관심은 "내부인들" 곧 믿음의 공동체에 속한 신자들의 죄에 있었다.

이 견해에는 추천할 내용이 많다. 먼저 이 견해가 "사망에 이르는 죄"의 의미를 요한1서 자체에서 찾을 뿐 아니라, "형제"와 "사망"을 이 용어들이 이 서신에서 사용된 방식에 어울리게 해석한다는 점이다. 두 번째

---

13 같은 책, 242.
14 같은 책.

로 이 견해에는 사망에 이르는 죄를 불신자들에게로 제한하는 이점이 있다. 스토트의 해석과 비슷하게 이 불신자들의 죄의 결과인 "사망"은 두 번째 사망 곧 영원한 사망이다. 세 번째로 숄러의 해석은 요한1서 내에서 문제가 되는 다른 본문들, 곧 하나님으로부터 난 자는 죄를 범할 수 없다고 주장하는 본문들에 대해서도 설득력 있는 해결책을 제공한다. 요한1서 5:16-17에 비추어 5:18(문자적으로는, "하나님으로부터 난 자는 죄 짓지 않는다")을 읽을 때 18절을 "하나님으로부터 난 자는 누구도 사망에 이르는 죄를 지을 수 없다"라는 뜻으로 무리 없이 받아들일 수 있다. 이 견해에 있을 수 있는 유일한 문제는 "[하나님이] 그에게 생명을 주시리라"라는 구절이다. 이것의 의미가 "그에게 이미 있는 생명을 새롭게 하고 재확인해 주실 것"이라고 이야기하는 것은 요한1서 내에서 분명한 병행이 부족할 뿐 아니라, 내가 알기로 신약의 다른 부분에서 바로 이렇게 표현한 경우는 없다. 하지만 다른 해석들이 직면하는 여러 어려움을 고려할 때 이 한 가지 문제는 비교적 미미하다.[15]

육체적 사망

벤자민 워필드(Benjamin B. Warfield)의 해석에는 세심한 관심을 기울일

---

[15] 이 본문에 대한 Scholer의 견해와 매우 흡사하고 유익한 토의는 Robert W. Yarbrough, Baker Exegetical Commentary on the New Testament, *1-3 John* (Grand Rapids: Baker Academic, 2008), 305-14이다. Yarbrough에 따르면 "사망에 이르는 죄"는 "빛 되신 하나님(1:5)을 안다는 누군가의 주장을 거짓으로 밝히는 교리적 확신과 윤리적 양식, 관계적 경향 혹은 이 세 가지들의 조합을 지칭할 수 있다"(310). 따라서 "사망에 이르는 죄"는 "예수 그리스도가 중재자가 되어 주시는 하나님과의 관계의 근본적인 조건들을 훼손하는 것"이다(310).

만한 가치가 있다. 워필드는 두 가지 부분에서 마셜과 의견을 같이한다. 이 "형제"는 그리스도인이고 그가 "사망에 이르는 죄"를 범하는 것은 가능하다. 워필드가 마셜과 의견을 달리하는 부분(마셜은 부인하는 영원한 보증을 그가 긍정하는 것 외에도)은 **문제의 사망이 영적이지 않고 육체적이다**라는 그의 믿음에서다. 신약은 지속적이며 회개하지 않는 죄 때문에 신자들이 질병이나 때로는 육체적 죽음의 고통을 당한다고 말한다(행 5:1-11; 고전 5:5[?]; 11:29-30; 약 5:14-15, 19-20 참조).

워필드의 해석에 따르면 이 형제는 자신의 육체적 생명을 위험에 빠뜨릴 만한 방식으로 죄를 짓고 있지 않았고, 또한 그리스도인이었기 때문에 이미 영적인 생명을 가지고 있었다. 그렇다면 우리의 기도에 응답하여 하나님이 그에게 "생명"을 주신다고 요한이 말한 것은 어떤 의미에서일까? 워필드는 다음과 같이 기록했다.

생명을 준다는 것은 생명의 시작보다는 생명을 유지하거나 온전하게 하는 것이라고 볼 수 있다. 자신의 특권에 미치지 못한 상태로 살고 있는, 곧 이미 받은 생명이 힘이 없거나 연약하게 나타나는 사람이 우리의 기도로 새로운 생명의 자극이나 능력을 받아 그리스도인으로서 마땅히 살아야 할 삶을 살게 되는 것이다. 지금까지는 비록 영원한 죄인은 아니더라도 죄인의 것으로밖에 표현될 수 없는 수준에서 살던 사람이 우리의 기도를 통해 생명의 새로움을 얻게 되는 것이다.[16]

---

16   Benjamin B. Warfield, 'Praying for the Erring', *Expository Times* XXX (Summer 1919), 537.

어떤 죄가 사망으로 인도하고 어떤 죄는 그렇지 않다는 사실을 이야기하면서 요한은 우리가 그것을 위해 기도해야 하는지를 결정짓기 위해 다른 신자들의 삶을 평가하는 기준은 제공하지 않는다. 그는 이 두 가지 종류의 죄를 구분하는데, 이것은 단순히 우리의 어떤 기도가 응답되고 어떤 기도는 응답되지 않는지에 대한 이유를 설명하기 위해서다. 다음은 워필드의 설명이다.

> 그는 단순히 우리가 보는 바 공동체 안에서 죄를 짓는 사람들 중에는 사실 사망에 이르는 죄를 짓는 이들도 있고 그렇지 않은 이들도 있으며, 우리의 기도가 사실은 한쪽에는 유익이 되지만 다른 한쪽에는 그렇지 않다는 사실을 이야기하고 있다. 사망에 이르는 죄를 짓는 이들이 누구인지 우리는 어떠한 경우에도 알 수 없다. 요한은 우리가 그것을 안다고 생각하지 않았다. 다만 죄를 범한 형제들을 위해 기도할 것을 촉구하고 우리의 기도에 대한 응답, 곧 이들을 위한 생명의 선물을 약속하면서 그는 우리의 간구가 도움이 되지 못할 사람들도 있음을 경고해준다. 하지만 이것을 경고하는 이유는 우리가 이 불행한 자들을 위해 기도하지 말아야 하기 때문이 아니라, 이들을 위한 우리의 기도가 실패할 경우에 대해 준비시키기 위함이다.[17]

워필드에 따르면 어떤 죄인도 우리의 기도에서 제외되어서는 안 된다는 점은 16절에서 요한이 사용한 두 개의 그리스어 사이의 차이점을 주

---

17   같은 책, 539.

목할 때 증명된다(NIV는 두 단어를 모두 하나의 영어 단어 "기도하라"[pray]로 번역했지만, ESV는 첫 번째 단어를 "구하라"[ask]로 두 번째 단어를 "기도하라"[pray]로 번역했다). "구하라"(he should pray, *aiteo*)로 번역된 16절 상반절의 단어는 진실한 그리스도인의 기도를 지칭한다. 하지만 마찬가지로 "구하라"(he should pray)라고 번역된 16절 하반절의 단어(*erotao*)는 중보기도를 가리키지 않는다. 오히려 그 단어는 토론이나 토의를 목적으로 한 질문과 정보 요청을 의미한다. 두 단어에 대한 이러한 이해가 정확하다면,

> 이제 이 본문에는 우리의 기도로부터 한 종류의 죄인들을 제외해야 한다는 표면적 의미조차 남아 있지 않다…반대로 이 본문은 사망에 이르는 죄가 존재하지만, 이것이 우리가 기도하기에 앞서 염려하며 질문해야 하는 문제가 아니라, 이것을 하나님께 맡기고 우리 자신은 우리가 볼 때 죄악 된 삶을 살고 있는 모든 형제를 위해 기도해야 함을 분명히 요구한다.[18]

따라서 이 본문의 목적은 우리에게 사망에 이르는 죄가 무엇인지, 누가 그 죄를 범했는지 혹은 범하지 않았는지를 결정지을 임무를 지우는 것이 아니다. 이 사도의 메시지는 죄가 치명적이기에 우리에게 생명이 있다면 그것을 피해야만 한다는 것이다. 그러므로 서로를 위해 기도함으로써 형제들을 돕자. 우리가 중보하는 그 형제의 죄가 사실상 사망에 이르는 죄

---

18 같은 책.

라면 우리의 기도는 응답되지 않을 것이다. 그의 죄가 그를 우리의 기도로 회복될 수 있는 지점 너머로 데려갔기 때문이다. 하지만 그의 죄가 사망에 이르는 죄인지 우리는 기도에 앞서 알 수 없다. 반대로 우리가 중보하는 형제의 죄가 사실상 그의 육체적 생명을 위험에 빠뜨릴 정도로 충분히 심각하고 지속적인 것이 아니라면 하나님은 우리의 기도를 들으셔서 이 형제에게 일상의 삶에서 그리스도와 함께하는 온전한 기쁨과 영적 활력을 회복시켜주실 것이다. 하지만 다시 한번 말하지만 우리는 그의 죄가 사망에 이르는 죄가 아니라는 것을 우리가 기도하기 전에는 알 수는 없다.

워필드의 해석은 흥미롭지만 다른 해석들과 마찬가지로 몇 가지 반대에 부딪힌다. 먼저 "사망"이 육체적 사망, 곧 정도를 벗어난 신자에 대한 하나님의 징계를 의미할 확률은 낮다. 숄러는 요한1서에서의 "사망"이 신자가 되기 전 즉 생명으로 옮겨지기 전의 상태임을 우리에게 상기시킨다(3:14; 요 5:24 참조). 형제들(곧 신자들)을 사랑하지 않는 자는 사망에 머물러 있다(3:14). 사랑하지 않는 자들(비신자들, 3:9-10; 4:7-8 참조)은 하나님께 속하지 않고(3:10) 어둠에 있으며(2:11; 1:5 참조) 하나님을 알지 못한다(4:8; 4:7 참조). 따라서 "사망에 이르는 죄"는 하나님과의 사귐이 완벽히 결여되었음을 의미한다.[19] 물론 그렇다고 해서 요한이 그의 초점을 영적인 사망에서 육체적인 사망으로 옮겼다는 견해가 불가능하다는 말은 아니지만 그렇게 했을 개연성은 낮아 보인다.

두 번째로 워필드에 따르면 우리가 기도하기 전 형제의 죄가 사망에

---

19 David Scholer, 'Sins Within and Sins Without', 240.

이르는 것인지 아닌지를 알 수 있다고 이야기하는 것은 요한의 의도가 아니었다. 우리는 기도해야 하고, 만일 그의 죄가 사망에 이르는 것이 아니라면 하나님은 우리의 기도에 응답하실 것이다. 만일 사망에 이르는 것이라면 우리의 기도는 실패할 것이다. 하지만 이것은 완전히 애매모호한 표현은 아니라고 해도 너무나도 미묘한 표현처럼 들린다. 16절을 있는 그대로 읽는다면 우리가 중보해야 하는 형제는 사망에 이르지 않는 죄를 범하고 있는 것으로 "보이는" 형제다. 만일 요한이 그의 죄가 사망에 이르는 것인지를 우리가 알 수 있을 것으로 기대하지 않았다면 그가 이렇게 표현한 방식에는 분명 문제가 있다.

마지막으로 헬라어 *aiteo*(16a절에서 사용됨)와 *erotao*(16b절에서 사용됨)를 뚜렷하게 구별하는 것이 유효한지에 대해 의구심을 갖는 이들도 있다. 요한복음에서 이러한 차이가 적용되는 것으로 보이는 몇몇 구절이 있기는 하다(요 14:14; 16:19, 23). 하지만 요한1서에 대해서 대부분의 현대 주석가는 이 단어들이 동의어이며 사도가 이것에서 저것으로 옮겨간 것은 다만 문체적인 이유라고 주장한다. 이 두 가지 용어 사이의 차이를 유효한 것으로 받아들인다고 해도 "사망"이 꼭 육체적인 것일 필요는 없다는 사실 역시 주목해야 한다. 이제껏 살펴본 모든 견해도 두 용어를 구분하는 관점과 어울릴 수 있다고 충분히 생각할 수 있다.

결론

이 본문에 대해 어떠한 결론이든 내리기가 약간은 주저된다. 하지만 대안이 없다면, 그리고 추측하기로 독자들은 나의 대답을 기다리고 있을 것이기에, 나는 (이 관점을 지지하는 많은 이들 중에서도) 숄러와 야브로우의 견해를 지지해야 할 것 같다. 따라서 이번 장의 제목이 제시한 질문에 대한 나의 대답은 "아니다, 그리스도인은 사망에 이르는 죄를 범할 수 없다. 그런 죄가 바로 비그리스도인을 식별하고 정의하는 것이기 때문이다"이다. 좌우지간 그리스도가 다시 오셔서 우리의 모든 실수를 바로잡기까지 이 본문이 신약을 통틀어 가장 난해한 본문들 중 하나라는 악명 높은 주장은 지속될 것이다. 그때까지 우리가 추구해야 할 현명한 방향은 해석학적 겸손일 것이다.

추천 도서

David Scholer, 'Sins Within and Sins Without: An Interpretation of 1 John 5:16-18', in *Current Issues in Biblical and Patristic Interpretation*, ed. Gerald Hawthorne (Grand Rapids: Eerdmans 1975).

John R. W. Stott, *The Epistles of John: An Introduction and Commentary* (Grand Rapids: Eerdmans, 1976).

Robert W. Yarbrough, *1-3 John*, Baker Exegetical Commentary on the New Testament (Grand Rapids: Baker Academic, 2008), 305-14.

자살은 용서받을 수 없는 죄인가?

내가 이번 장을 쓴 것은 릭 워렌(Rick Warren)의 27살 된 아들 매튜 (Matthew)의 비극적 죽음이 있고 몇 주가 채 지나지 않아서였다. 아마도 이전까지는 적어도 기독교 공동체 안에서 누군가의 죽음이 이처럼 감정 적 혼란과 성경이 자살에 대해 무엇을 가르치는지에 대해 알고자 하는 열정적 관심을 불러일으킨 적은 없었을 것이다. "자살은 용서받을 수 없 는 죄인가?"라는 질문을 던짐으로 이 문제와 정면으로 싸워보자. 통계는 우리를 속이기도 하고 거의 모든 것을 증명하는 데 사용되기도 한다. 하 지만 아래의 통계는 거짓말하지 않는다. 이것들은 우리의 정신을 번쩍 들게 하며 심각하다.[1]

◆ 한 명의 여성 당 네 명의 남성이 자살한다. 하지만 자살 시도에서는 여 성이 남성을 적어도 두 배나 앞선다.

---

1   Associated Press, Public Health Service

- 자살하는 사람 중 60%는 총을 사용한다.

- 오늘날 총은 살인보다 자살을 위해 더욱 많이 사용된다.

- 여성들은 폭력적인 방법보다는 약물이나 독극물을 사용할 확률이 높다. 남성들은 총이나 목을 매다는 것과 같이 빠르고 폭력적인 자살 방법을 사용하는 경향이 있다.

- 매년 50만 명의 미국인들이 자살 시도에서 살아남는다.

- 자살하는 이들 중 정신적 질환이 있었다고 판단되는 사람은 25%뿐이다.

- 자살하는 이들 중 80%는 누군가에게 자신이 자살을 생각하고 있음을 미리 이야기한다.

- 가장 자살률이 높은 연령대는 35-49세와 65세 이상이다.

- 미국의 인디언 보호구역의 자살률은 전미 평균의 5배에 달한다.

성경은 사람이 자신의 생명을 취한 6번의 사건을 기록한 것 외에 자살에 대해 많은 이야기를 하지 않는다. 다음 사건 중 어디에도 분명한 도덕적 평가나 판단이 제공되어 있지 않다. 사사기 9:50-57의 아비멜렉과 사사기 16:28-30의 삼손(엄밀하게 볼 때 이것을 자살로 확신하지 않는 이들도 있다), 사무엘상 31:1-6(삼하 1:1-15; 대상 10:1-13)의 사울과 그의 무기 가진 자, 사무엘하 17:23의 아히도벨, 열왕기상 16:18-19의 시므리, 그리고 마태복음 27:5의 가룟 유다가 그들이다. 주목할 만한 사실은 위의 모든 경우에서 자살이 하나님이 인정하지 않으신 삶(적어도 그 후반에서는)의 종말이었다는 점이다. 성경이 기록한 자살의 예들이 모두 하나님에 대한 도덕적·영적 저항을 예시한다는 사실에는 중요한 의미가 있을까?

세 가지 질문을 던지는 것으로 문제에 접근해보자. 먼저 자살은 무엇일까? 어떤 행위가 자살이 되기 위해서는 꼭 자신의 손에 직접 죽을 필요는 없다. 죽이는 행위를 대신해주도록 다른 사람을 설득할 수 있고, 이것은 여전히 자살이 될 것이다. 떠오르는 사람이 하나 있는데, 자신은 죽기를 원하지만 남은 가족들을 위해 생명 보험의 혜택은 보존하고 싶어 하는 사람이다("자신의 손"에 사망할 경우 이 혜택은 박탈된다). 따라서 대리인을 통한 "살인"이 가능한 것처럼 대리인을 통한 "자살" 역시 가능한 것으로 보인다.

또한 "수동적" 자살과 "능동적" 자살의 차이점을 구별하는 것도 가능하다. 다음의 경우를 생각해보라.

우울증 상태에 있는 한 여성이 우연히 치사량의 독극물이 함유된 음료를 받아 들었다. 그 여성은 내용물을 모른 채 음료를 들이켰다. 어떠한 일이 일어났는지를 듣게 된 여성은 안전하고 효과적인 해독제를 제공받았지만 그 해독제를 거절했고 결국 죽고 말았다. 죽기를 원했기 때문에 해독제를 거절했다고 한다면 우리는 이 여성이 자살했다고 결론지을 수 있다. 따라서 자살이 능동적으로는 물론 수동적으로도 이루어질 수 있다는 결론은 정당한 것으로 보인다.[2]

대부분의 사람은 "자연적 요인"에 의한 사망은 자살이 될 수 없다고

---

2 Robert Wennberg, *Terminal Choices: Euthanasia, Suicide, and the Right to Die* (Grand Rapids: Eerdmans, 1989), 20. 이 장과 관련하여 나는 Wennberg의 책에서 큰 도움을 받았다.

생각한다. 하지만 당뇨병 말고는 건강이 양호한 환자가 절망에 빠져 자신의 생명을 끊기 위해 인슐린을 끊기로 했다면 어떨까? 그는 곧 당뇨병성 혼수에 빠져 발견되기 전 숨을 거둘 것이다. 분명히 그는 자연적 요인으로 사망했으나 이것은 분명 자살이다.

자살의 가장 기본적인 정의는 "의도적인" 죽음이다. 혹은 보다 구체적으로 표현하자면 자살을 범하는 사람은 **죽고자 하는 [자신의] 바람을 따라 행동**하는 사람이다. 이 사람은 생의 마감이라는 분명한 목적을 위한 행동 방침을 추구한다. 따라서 예를 들어 전쟁 시 자신이 죽을 확률이 높다는 것을 알면서도 적군을 향해 돌격하는 군인은 자살하는 것이 아니다. 적군을 향해 돌격하는 것은 죽고자 하는 그의 바람에서 나온 행위가 아니기 때문이다. 그는 죽음을 위한 방편으로 이런 행위를 선택한 것이 아니라, "자신의 행위에 따르는 예견되지만 달갑지 않은 결과를 받아들이고 있는 것이다."[3] 그렇다고 할 때 어떤 의미에서 이 군인은 "죽음을 초래하는 행위"에는 참여하고 있다고 할 수 있지만, "자살하고 있다"고는 할 수 없다. **생의 마감이라는 분명한 목적을 위해** (이것이 자살의 필수 요건이다) 그의 임무를 떠맡지 않았기 때문이다.

우리의 두 번째 질문은 "자살이 살인 금지법에 영향을 받는가?"이다. 대답은 "그렇다"로 보인다. 우리가 본능적으로 자살을 이렇게 생각하지는 않지만, 자신의 생명을 불법적으로 취하는 것은 다른 사람의 생명을 취하는 것과 도덕적으로 다르지 않다.

세 번째는 자살이 "용서받을 수 없는 죄"이냐는 것이다. 자살은 회개

---

3 같은 책, 23.

할 기회를 남기지 않기에, 사람들은 이 질문에 종종 "그렇다"라고 대답했다. 자백하지 못한, 따라서 용서받지 못한 죄를 들고 영원으로 들어간다는 것이다. 하지만 성경 어디에서도 자살을 용서나 사함을 받을 수 없는 죄로 묘사하지 않는다. 더욱이 성경은 과거와 현재와 "미래"의 모든 죄가 예수 그리스도의 속죄하는 죽음과 부활을 믿는 것으로 용서받는다고 가르친다. 우리를 의롭다 하시는 믿음을 가질 때 우리의 영원한 운명은 결정되고 확정된다. 우리가 매일의 죄를 자백하고 회개하지 않을 때, 친밀함과 사귐 및 기쁨의 깊이는 분명히 부정적인 영향 아래 놓인다. 하지만 우리의 영원한 운명은 이미 그리고 영원히 결정되었다. 우리는 우리가 믿음 안에서 예수를 받아들이는 순간 우리의 것이 되는 죄의 영원한 용서와 성부와의 친밀함에서 오는 행복을 경험할 수 있도록 일상 속에서 받는 일시적인 죄 용서를 구분해야 한다.

마지막으로 많은 경우에 그리스도인들은 갑작스러운 죽음으로 인해 자백과 회개의 기회를 얻기 전 영원으로 들어갈 수 있다. "어떤 사람이 아내에게 잔인하게 대하다가 혹은 한창 불륜의 관계를 맺고 있을 때 심장마비로 죽는다면 어떻게 되는가? 이생에서 회개하지 못한 그의 실패는 다음 생에서 용서받을 수 있는 가능성을 영원히 제거해버리는가? 다음 생에서는 절대로 용서받지 못하거나 하나님과 화목하지 못할 수도 있기에, 우리는 자백하지 못하고 회개하지 못한 죄를 가지고 이생을 마감해서는 안 되는가?"[4] 상식적으로만 보아도 우리 중 대부분이나 많은 사람은 미처 회개하지 못한 죄를 가지고 죽음을 맞이하게 될 것이다.

---

4   같은 책, 55.

자살이 도덕적으로 허용되는 경우는 없는가?

이 질문에 즉각적으로 떠오르는 사람들이 몇몇 있다. 예컨대 친구의 목숨을 구하기 위해 곧 터질 수류탄 위로 자신의 몸을 던진 군인의 경우 우리는 어떤 도덕적 판단을 내릴 수 있는가? 자신의 아이가 살 수 있도록 하기 위해 얼마 남지 않은 음식을 먹지 않는 궁핍한 어머니에 대해 우리는 어떠한 도덕적 판단을 내릴 수 있는가? 자신에게 있는 얼마 되지 않은 재정 자원을 축내다가 결국에는 병약한 아내에게 아무런 수입도 남겨줄 수 없을 상황에 부닥치게 될 불치병에 걸린 한 남편을 생각해보라. 그는 자신의 머리에 총을 쏘았고 그렇게 아내의 미래를 보장해주는 것(적어도 그의 "의도"는 그랬다)으로 자신의 생을 마감한다. 그의 동기는 숭고하고 이타적으로 비친다. 그는 자기 자신의 고통이나 우울증 때문에 생을 마감한 것이 아니라 다른 사람을 향한 사랑 때문에 그렇게 했다. 그는 분명히 자살했지만, 그가 그렇게 한 것은 도덕적으로 잘못된 일이었을까?

세뇌와 고문으로 자신이 자기 동포들에게 피해와 죽음을 가져다줄 수도 있는 중요한 정보를 누설할 것을 염려하여 청산가리 캡슐을 집어삼킨 전쟁 포로에 대해서 우리는 어떤 도덕적 판단을 내릴 수 있을까?

불치병을 오래 앓아온 한 남편이 노년의 아내가 앞으로의 안녕을 위해 의존해야만 하는 빈약한 재정적 자원을 자신의 의료비로 축내지 않도록 하기 위해 스스로 목숨을 끊은 경우, 우리는 어떠한 도덕적 판단을 내릴 수 있을까?

자신이 갇힌 맹렬한 불길 속에서 더욱 고통스러운 죽음을 맞이하게 될 것을 알고 자신에게 총을 겨눈 다윗파(Branch Davidians)에 대해 우리는 어떠한 도덕적 판단을 내릴 수 있을까? 이것은 보통 종결 자살(surcease suicide)로 알려져 있는데, 이는 말하자면 심각한 개인적 고통을 피하기 위해 행하는 자살이다(극단적이기는 하지만). 이와 어느 정도 흡사한 예로 불타는 탱크에 갇혀 탈출할 소망이 전혀 없는 군인을 들 수 있다. 맹렬한 불길 속에서 고통 가운데 죽느니 자신의 머리에 총을 쏴 생을 마감했다면 그것은 도덕적으로 허용 가능할까? 앞서 언급한 이들이 그러한 상황에 부닥친 것이 자발적·범죄적(부도덕한) 결정 때문이고, 이 군인이 그렇게 된 것은 칭찬할 만한 용기 있는 행위 때문이었다면, 이러한 차이는 이들의 사망의 도덕적 상태에 대한 "우리의" 결정에 영향을 미치는가? 예수를 부인하든지 사자들에게로 던져지든지 둘 중 하나를 선택해야만 했던 3세기 그리스도인은 어떠한가? 예수를 부인하지 않기로 하면서 이 신자는 자신이 "알기에" 죽음으로 귀결될 행동을 선택한다. 이것은 분명히 자살이 아니다. "그렇게 어려운 상황 속에서 자신의 신앙을 지키기로 한 그녀의 결정이 죽음을 자초하기 '위해' 내려진 것은 아니기 때문이다.…다른 말로 하면, 비록 자신의 죽음을 예측했으나 그것을 의도한 것은 아니다."[5] 하지만 만일 동일한 여성이 강간이나 노예의 신분(초기 교회에서는 드문 사건이 아니었다)을 피하기 위해 스스로 목숨을 끊었다면 어떨까? 그렇다면 그녀에게는 자살의 죄책이 있었을 텐데, 그것이 노예 신분이나 강간의 고통과 굴욕을 피하기 위한 "의도적" 방편이었을 것이기 때문이다.

이 사건을 조금 더 복잡하게 만들어보자. 이 여성이 사는 것보다 죽는

---

5   같은 책, 24.

것을 "원했다는" 사실은 예수를 부인하지 않기로 한 그녀의 결정을 자살로 바꾸어버리는가? 다른 말로 하면 그녀는 빌립보서 1:19 이하의 사도 바울처럼 사는 것보다 죽는 것을 더 선호했는데, 죽음이 자신을 그리스도의 임재로 인도할 것이기 때문이었다. 하지만 "그녀가 바랐던 죽음이 자신의 신앙을 버리지 않기로 한 거절의 '의도치 않은 부작용에 불과'한 이상, 그녀의 죽음은 여전히 자살이 될 수 없다. 그러니까 그녀가 죽고자 하는 자신의 바람을 따라 행동하지 않고, 죽음을 자초하기 '위하여' 신앙을 자백한 것이 아닌 이상 말이다."[6] 불치병에 걸린 사람이 통증을 제어하기 위해 꼭 필요한 모르핀을 다량 투약하기로 선택하는 것도 이와 비슷한 경우다. 그러나 동시에 이러한 모르핀은 사망의 과정을 가속하고, 환자는 그것을 반긴다. 하지만 이런 치료가 사망을 가속하는 것이 아니라 고통을 줄이기 위해서 선택되었다면, 전자는 비록 "바라던" 부작용이었다고 해도 "의도하지 않은" 부작용이다. 그렇다면 이 사람에게는 자살을 범한 죄책이 없지 않을까? 아니면 있을까?

예기치 않게 강도에게 총을 맞은 후 종교적 신념을 이유로 목숨을 구하기 위해 꼭 필요한 수혈을 거절한 여호와의 증인은 어떠한가? 그녀의 죽음은 스스로 내린 의도적 선택 때문이다. 대부분의 사람들은 그녀가 자신의 죽음을 "의도하지 않았고" 따라서 이것은 자살이 아니라고 주장한다. 다른 말로 하면 "그녀가 수혈을 거절한 것은 자신의 죽음을 야기하기 위해서가 아니라, 자신이 진심으로 믿는 신적 금기, 곧 사람의 피를 '먹지' 말라[레 3:17; 7:26, 27; 17:14; 신 12:16, 23; 15:23]는 금기를

---

6   같은 책 28.

존중하기 때문이라는 것이다. 수혈을 받지 않고도 목숨을 부지했다면 그녀의 목적은 좌절되지 "않았을" 것이다. 또한 이것은 단순히 종교적 원칙을 위해 죽는 것의 문제가 아니라 의도의 문제이기도 하다. 이 여성이 자신에게 강요되는 수혈을 피하기 위해 권총을 꺼내 의도적으로 스스로의 목숨을 끊었다면 이것은 그녀의 종교적 동기에도 불구하고 자살이 될 텐데, 이 경우 그녀가 자신을 쏜 것에는 죽음을 야기하려는 분명한 목적이 담겨 있었기 때문이다."[7]

여전히 고려해야 할 다른 예들이 있다. "영희"는 치료과정이 길고 비용이 많이 드는 불치병에 걸린 말기 환자다. 그녀는 (기껏해야) 몇 개월 정도 자신의 생명을 연장해줄 새로운 치료법을 제안받았지만, 여기에는 고통스러운 수술과 수술 후 수반될 부담스러운 결과들이 있을 것이었다. 비록 자신의 생명을 몇 개월 정도 단축하겠지만 그녀는 그런 치료를 받지 않기로 선택했다. 이것은 자살인가? 아마도 아닐 것이다. 이런 결정의 동기가 더 빨리 죽고자 하는 바람이 아니라, 덜 고통스럽게 죽고자 하는 바람에서 나왔기 때문이다.

하지만 같은 병실에서 "영희"의 옆자리에 있는 "순이"는 어떠한가? 순이 역시 치료과정이 길고 비용이 많이 드는 불치병에 걸린 말기 환자다. 그녀도 몇 개월 정도 자신의 생명을 연장해줄 치료법을 제안받았는데, 영희의 경우와는 달리 이 치료에는 고통과 비용이 따르지 않는다. 하지만 이것은 이미 고통스러운 죽음의 과정을 연장할 것이다. 자신의 죽음을 연장하고 싶지 않았던 순이는 이 치료를 거절했다.

---

7   같은 책, 25.

"순이"의 경우 치료를 거절한 것은 바로 그것이 생명을 연장할 것이기 때문이었다. "영희"의 경우 치료를 거절한 것은 그것이 고통스럽기 때문이었다. "순이"는 그것이 자기 죽음을 더 힘들게 하기 때문이 아니라, 죽음의 과정을 더 길어지도록 할 것이기에 치료를 거부했다. 다음과 같은 차이에 주목하라. 순이는 자신의 생명을 단축하기 위해, 그러므로 자신의 고통을 경감하기 위해 치료를 거절했다. 반면 영희는 이것이 생명을 연장하지 않고 직접적으로 고통을 야기할 것이기에 치료를 거절했다. 그렇다면 순이는 천천히 죽기보다 빨리 죽고자 하는 분명한 목적을 가지고 치료를 거절한 것이다. 영희는 보다 힘들게 죽지 않고 더 잘 죽고자 하는 분명한 목적을 가지고 치료를 거절했다.

영희에게는 없는 자살의 죄책이 순이에게는 있는 걸까? 다음을 기억하라. 어쨌든 순이는 죽음을 향해 달려가고 있었다. 무엇을 하든 그녀는 곧 죽을 것이었고, 다만 돌이킬 수 없는 결과를 묵인했을 뿐이다. 이 결과는 그녀가 스스로 만들어낸 것이 아니었다. 우리는 이렇게 질문할 수 있다. "어떤 사람이 더 이상 회피할 수 없는 죽음의 상태가 전개되는 것을 단순히 지연하지 않기로 하면서 자신의 생명을 단축하고자 했다면 그것은 자살일까?"

결론

이 질문들은 성경이 직접적으로 다루지 않는 분명히 어렵고 도전이 되는 질문들이다. 하지만 한 가지는 확실하다. 자살이 생명의 존엄성에 대해 하나님이 드러내신 뜻을 위반하는 중대한 죄인 것은 분명하지만, 그리스

도의 십자가에서 우리를 위해 성취된 용서가 미치지 못할 만한 죄로 결론
내릴 만한 증거는 없다. 따라서 자살은 용서받을 수 없는 죄가 "아니다."

추천 도서 _____

John S. Feinberg & Paul D. Feinberg, *Ethics for a Brave New World* (Wheaton:
  Crossway Books, 1993).
Robert Wennberg, *Terminal Choices: Euthanasia, Suicide, and the Right to
  Die* (Grand Rapids: Eerdmans, 1989).

8장
세상의 모든 종교는 동일한 하나님을 향하는 길인가?

우리는 종교 배타주의에 대해 점점 더 불편함을 느끼는 세상에서 살고 있다. 예수 그리스도가 "길이요 진리요 생명"(요 14:6)이시며 그를 의식적으로 믿는 이들에게만 구원이 가능하다는 기독교의 전통적 주장이 이제는 교만하고 불쾌한 것으로 취급된다. 보통 "특수성의 스캔들"(scandal of particularity)이라고 불리는 이 문제는 21세기 교회가 마주한 가장 예측이 불가하고 긴급한 문제일 것이다. 이것을 설명하는 데 도움이 될 만한 근거에는 여러 가지가 있다.

이 문제를 부추기는 한 가지 중요한 요인은 "세계화"의 증가다. 누구도 이제는 주변 세상으로부터 고립되어 홀로 살 수 없다. 텔레비전, 여행의 용이함, 그리고 특별히 인터넷의 발달은 모든 사람과 문화들 간의 상호 연결성에 기여해왔다. 세상이 축소된 것이다. 한때는 이국적이고 낯설었던 문화와 종교 및 사람들이 이제는 마우스 클릭 한 번이면 우리의 거실로 걸어 들어올 수 있다. 전통적인 국가적·문화적·인종적 경계들은 현대 통신과 기술의 집단적인 힘 아래 약화되고 있다. 이민의 영향에도 주목해야 한다. 예를 들어 시카고에는 현재 10만 명의 힌두교도와 15만 명의 불교도 그리고 25만 명의 이슬람교도가 있다. 이들은 더 이상 이국적이거나 낯설지 않고 오히려 미국 생활의 주류를 이루는 구성원들이다. 이들은 우리 옆집에 살고 있는 이웃들로서 자기 주변 사람들과 "더불어 살아가야" 한다는 문제에 봉착한 이들에게 기독교의 배타적 주장들을 덜 매력적인 것으로 만든다. "관용"을 구성하는 것에 대한 재정의도 있다. "관용"에 대한 전통적 정의는 "그럴 만한 힘이 있다고 해도 자신이 반대하는 행위[혹은 믿음]를 금지 또는 방해하거나 강압적으로 훼방하는 것을 삼가려는 의도적 결정"을 포함했었다.[1] 하지만 "정치적 정당성"(politically correct)을 추구하는 우리 사회에서 이러한 정의는 다른 종교의 믿음이나 실천에 대해 어떠한 부정적인 것도 절대로 표현해서는 안 된다는, 다른 사람이나 종교가 불쾌히 여길 만한 것은 무엇이든 절대 표현하거나 행동해서는 안 된다는 개념을 포함하는 것으로 바뀌었다. 어떠한 종교적 믿음이 거짓이라거나 부적절하다고 이야기하는 것은 불쾌하고 따라서 편협하다는 것이다. 누군가 진심으로 믿는 것에 조금이라는 동의하지 않는 것은 필연적으로 편협하다. 해롤드 네틀런드(Harold Netland)는 다음과 같이 기록했다.

대중의 의식 속에서 관용과 다원주의는 서로 연결되어 있다. 특수주의(particularism, 하나의 종교만이 유일하게 진리이고 따라서 모든 사람에게 규범적이라는 견해)는 다른 신앙들에 대해 본질적으로 편협한 반

---

1   John Horton, 'Toleration' in *Routledge Encyclopedia of Philosophy*, ed. Edward Craig (London: Routledge, 1998), 9:429-30.

면, 모든 종교가 종교적 궁극에 있어 동일하게 적법한 반응이 된다고 주장하는 다원주의는 적절히 관대하다는 관점에서 그렇다.[2]

한 가지 관련이 있는 요인은 진리보다 "진정성"이 더 중요하다는 신념, 곧 진리가 결핍되어 있어도 진정성만으로 충분하다는 만연하고 "더 사랑이 있어" 보이는 신념이다. 열정적으로 믿기만 한다면, 그것이 진리인지는 그다지 중요하지 않다는 것이다. 오늘날에는 헌신된 모습이 올바른 것보다 더 중요하게 인식된다.

또한 우리는 종교에 대한 "실용적" 견해의 증가를 목격하고 있다. 사람들은 보편적인 진리 주장보다는 효과가 있고 좋은 느낌을 주며 자기 성장과 행복감을 가능하게 하는 것에 관심을 갖는다. 당신의 믿음 체계가 삶을 편안하게 해주는 한, 그것이 진리인지 아니면 그야말로 말도 안 되는 이야기인지에 대한 문제는 기껏해야 부차적 고려사항으로 강등된다.

네틀런드는 또한 "포스트식민주의적 죄책"(postcolonialist guilt)의 증가를 지적한다. 오늘날 다음과 같이 믿는 사람들이 있다. "식민주의라는 과거의 죄에 대해 속죄하기 위한 한 가지 방법은 비서구사회의 신앙과 실천에 대해 부정적 판단을 거부하고 이들의 문화와 종교를 무비판적으로 수용하는 것인데, 이러한 정서가 종교 다원주의를 매력적으로 느끼는 것은 당연하다."[3] 이것은 식민주의를 옹호(혹은 비판)하기 위해서가 아니라 많은 사람이 서구의 점령 혹은 외국의 정치 체제 아래 고통을 받아온

---

2 Harold, Netland, *Encountering Religious Pluralism: The Challenge to Christian Faith & Mission* (Downers Grove: IVP, 2001), 142.

3 같은 책, 30.

사람들의 종교적 신념이 잘못되었고 서구의 "진리"를 위해 그것을 폐기해야 한다고 주장하는 것을 어렵게 느낀다는 사실을 지적하기 위해서다.

또한 비기독교 종교들에 대한 이른바 "성취"적 견해에도 주목할 필요가 있다. 이 관점은 다른 종교들 안에도 진리와 아름다움이 있음을 부인하기 어렵다고 인정하는 것에서 출발하며, 그 종교들이 그리스도 안에서 이미 분명하게 드러난 것에 대한 불완전한 기대라고 믿는다. 즉 다른 종교들 안에서 불완전하며 부분적으로만 드러난 것이 기독교 안에서 완벽하고 온전하게 드러나게 된다는 말이다. 따라서 다른 종교들은 기독교 안에서의 온전한 성취를 향하여 조금씩 움직여가고 있다. 기독교는 다른 종교에 있는 선하고 진리인 것을 대체하지 않고 성취한다.

네틀런드의 주장에 따르면 아무래도 가장 큰 영향은 전통적 기독교에 대해 만연해진 "자신감의 상실"일 것이다. 이것은 대체로 성경(특별히는 사복음서)의 내용이 객관적 사실이라는 것에 대한 우리의 자신감을 약화시킨 성서비평으로부터 영향받았다. 이 현상은 포스트모더니즘과 연관되기도 하는 인식론적 회의주의의 성장과도 관련이 있다. 어떤 것이든 우리가 절대적이고 객관적으로 알 수 있다는 확신에 대해 자신해서는 안 된다는 의견이 지금은 대세다. 우리의 "앎"에 대해 이러한 자신감이 없이, 종교와 영적이고 영원한 세계의 문제에 대해 우리가 옳고 다른 사람들이 그르다고 감히 이야기할 수 없다는 것이다.

역사 속 대부분의 인류가 한 번도 예수의 이름을 들어보지 못한 채 생을 마감했다는 사실 역시 기억할 필요가 있다. 이 수백만 영혼들의 영원한 운명에 대해 우리는 무엇을 이야기할 수 있을까? 이들은 영원히 지옥으로 떨어졌는가? 그리스도의 복음이 선포된 장소나 시대에 살았던 사람들에게는 제공된 이점이나 기회를 얻지 못한 채로 이들이 영원으로 들어갔다면 어떻게 이것이 공정하거나 신적 정의의 표현이 될 수 있을까?[4] 신학자들의 대답은 보통 네 가지 중 하나다.

특수주의(particularism)나 배타주의(exclusivism) 혹은 제한주의(restrictivism)를 주장하는 사람들은 예수를 개인의 주인과 구세주로 의식적·의지적으로 받아들이지 않고는 구원받을 수 없다고 주장한다. 구원은 예수를 믿어 그리스도인이 되기를 고백한 이들에게만 주어지는 것이다. 하지만 대부분의 특수주의자들이 사망한 영아들의 구원을 믿는다는 사실은 짚고 넘어갈 필요가 있다.

더글러스 가이벳(Douglas Geivett)과 윌리엄 크레이그(William Craig) 같은 일부 특수주의자들은 하나님이 어떻게 예수의 이름을 듣고 그를 믿을 기회를 단 한 번도 얻지 못한 이들에게 구원을 주시지 않는 것이 공정할 수 있느냐라는 도덕적 문제를 논하기 위해 이른바 하나님의 "중간 지식"(middle knowledge)에 호소한다. 중간 지식에 따르면 하나님은 실제로 일어날 모든 일을 아실 뿐 아니라 모든 가능한 가설적 상황 속에서 "일어날 수 있었던" 일에 대한 지식을 가지고 계시다. 따라서,

> 비기독교 지역에 있는 어떤 사람이 실제로는 그러지 못했지만 만일 예수 그리스도의 복음을 듣게 되었다면 그가 자의로 내렸을 결정을 전지하신 하나님이 왜 모르시겠는가? 중간 지식을 받아들이는 사람 중 일부는, 복음을 한 번도 듣지 못했지만 만일 듣게 되었다면 복음을 믿었을 개인들

---

4   『터프 토픽스』에서 한 장을 할애하여 이 질문에 답했다.

이 있고, 하나님이 이러한 사실에 대한 자신의 예지를 토대로 그들을 구원하신다고 주장한다. 그러나 또한 철학적으로 개연성이 있는 사실은 복음을 한 번도 듣지 못한 사람들이 만일 복음을 듣게 된다 하더라도 그들이 전부 그것을 믿지 않을 사람임을 하나님께서 아신다는 것이다.[5]

다른 말로 하면, 이러한 견해의 주창자들은 **만일 복음을 들었다고 해도 그것을 믿지 않았을** 모든 사람이 역사적 사실의 관점에서 복음을 듣지 "못한" 바로 그 사람이 되도록 하나님이 섭리 가운데 세상의 질서를 잡으셨다고 주장한다. **복음을 들은 이들의 반응이 거절일 것**을 아시고 하나님이 사실상 이들을 "그것을 들을 수 없는" 시간과 장소로 주권적으로 배치하셨다는 것이다.

알리스터 맥그라스(Alister McGrath)는 다음과 같은 주장을 펼치는 것으로 특수주의와 포괄주의(inclusivism) 사이의 입장을 취한다. "말씀이 인간 대리인에 의해 선포되지도 않고 선포될 수도 없는 곳에서 하나님은 사람들을 인도해 자신을 믿는 믿음으로 나아오도록 하실 수 있다. 비록 이러한 소망과 신뢰의 행위가 우리에게 알려진 기독교 신앙의 온전한 특징들을 두루 갖추고 있지는 못한다고 해도 그렇다."[6] 그의 주장에 따르면 "복음의 자유로운 선포가 불가능하고 기독교로의 회심이 감금이나 죽음의 형벌을 가져올 수도 있는 매우 너그럽지 못한 다수 이슬람국가의 문

---

5 *Four Views on Salvation in a Pluralistic World*, edited by Dennis L. Okholm and Timothy R. Phillips (Grand Rapids: Zondervan, 1996), 270(『다원주의 논쟁』, CLC 역간)에 있는 결론.

6 Alister McGrath, 'A Particularist View' in *Four Views on Salvation*, 179.

화적 분위기 속에서 많은 이슬람교도는 부활한 예수가 나타나는 꿈과 환상을 통해 그리스도인이 된다."[7]

포괄주의적인 주창자들은 구원을 위해 예수가 "존재론적으로는" 꼭 필요하지만 "인식론적으로는" 꼭 그런 것은 아니라고 주장한다. 다시 말해 구원이 가능해진 것은 오로지 예수가 그의 생애와 죽음과 부활을 통해 이룬 일 때문이라는 것이다. 그가 행한 일을 떠나서는 모든 사람이 영원한 죽음에 떨어지게 될 것이다. 하지만 구원받기 위해 예수의 이름을 믿는 믿음을 의식적으로 고백할 필요는 없다는 것이다. 자연과 양심을 통해 자신을 드러내신 하나님의 계시에 믿음으로 긍정적 반응을 보이기만 한다면 구원은 "예수"라는 이름을 한 번도 들어보지 못한 이들에게도 가능하다. 클락 피녹(Clark Pinnock)에 따르면 "성부에 이르기 위해 모든 사람은 궁극적으로는 예수를 통과해야 하지만, 이러한 장소에 도착하는 데에는 한 가지 이상의 길이 있다.…하나님께로 인도하는 모든 길은 예수로 귀결되나 이들이 모두 예수로부터 시작하는 것은 아니다."[8] 피녹은 비기독교 종교 안에도 진정한 "신앙"이 존재한다면 구원이 가능하다고 주장한다.

마지막으로 다원주의자들은 구원에 이르는 여러 방법이나 길이 존재하며 그중 하나가 인격적인 예수를 믿는 개인적 믿음이라고 주장한다. 또한 부처와 무함마드 등 다른 구세주에 의해서도 구원을 받을 수 있다고 한다. 우주의 중심과 지식과 신앙의 대상은 예수가 아니라 "하나님"이라는 것이다. 예수(혹은 기독교)는 태양(하나님)을 도는 많은 행성 중 하나

---

7   같은 책.

8   Clark Pinnock, 'An Inclusivist View' in *Four Views on Salvation*, 119.

인 지구와 같다. 구원은 다른 행성들을 제외한 어떤 한 행성에만 있는 것이 아니라 태양에 있다. 존 힉(John Hick)의 말을 빌리자면 "천문학의 코페르니쿠스적 혁명은 태양이 태양계의 중심에 있다는 사실과 지구가 그것을 도는 행성 중 하나에 불과하다는 사실을 발견한 것이었다. 이것에 비교할 만한 신학적 혁명은 우리가 하나님이라고 부르는 궁극적 실재가 중심이며 기독교는 그 신적 중심을 도는 신앙 세계 중 하나라는 사실을 인정하는 것이다."[9] 힉은 언어와 문화, 개념 및 전례의 차이에도 불구하고 기본적으로는 모든 종교 안에서 다음과 같은 일이 동일하게 일어난다고 주장한다.

> 사람들은 고대의 고도로 발달된 전통적 틀 안에서 "정의를 행하며 인자를 사랑하며 겸손하게 네 하나님과 함께 행하"라는 예언자의 말씀(미 6:8)을 통해 이들이 믿는 바 이들의 삶을 전적으로 주장하시고 요구하시는 하나님께로 이들의 생각과 마음을 열고 나아온다. 하나님은 유대교 회당에서는 아브라함과 이삭과 야곱의 하나님이신 아도나이(Adonai)로, 이슬람 사원에서는 은혜로우시고 자비로우신 알라 라흐만 라힘(Allah rahman rahim)으로, 시크 신전에서는 와헤구루(Waheguru)라고 일컬어지며 아버지·연인·주인·위대한 시여자(Great Giver)이신 하나님으로, 힌두교 성전에서는 비슈누(Vishnu), 크리슈나(Krishna, 비슈누의 성육신), 라마(Rama), 시바(Shiva), 그리고 브라만이라는 궁극적 실체(Krishna)를 표현하는 것으로 간주되는 수많은 다른 신과 여신들로, 또

---

9 John Hick, 'A Pluralist View' in *Four Views on Salvation*, 82-83.

한 기독교회에서는 아버지와 아들과 성령의 삼위일체 하나님으로 알려져 있다. 그럼에도 불구하고 이 모든 공동체는 궁극적으로 오직 하나의 하나님이 계신다는 데 동의한다.[10]

힉에 따르면 모든 종교에 있는 다양한 "구원" 개념은 "자기중심성을 벗어나 궁극적 실재를 중심으로 재배열되는 동일한 인간 변화의 형태에 불과하다."[11] 다른 말로 하면 이들은 "궁극적이고 실재적이며['하나님'에 대한 힉의 묘사]" 모든 것의 최종적 근거이자 출처가 되는 존재에 대한 인간의 인식과 반응으로서 모두 참되다."[12] 힉이 믿는 것은 보편 구원이다. 모든 사람이 이생에서의 종교적 혹은 비종교적 성향과는 무관하게 아마도 여러 세계나 여러 생을 지나 궁극적으로는 구원을 "얻게" 된다는 것이다.[13]

사도 바울에 귀 기울이다

불교와 힌두교, 도교, 이슬람교, 유교, 다양한 형태의 원시 정령 신앙, 그리고 다른 종교적 "주의들"(isms)에 대해 바울은 어떻게 말하는가? 대부분의 복음주의자는 로마서 1:16-32을 영적 깨달음의 사다리를 오르는 인간의 점차적 진화가 아니라 죄와 반항의 심연으로 향하는 심각한 퇴보

---

10   같은 책, 38.
11   같은 책, 44.
12   같은 책.
13   같은 책, 45.

라는 관점으로 해석한다. 이것은 상승이 아니라 하락이고, 진보가 아니라 퇴보다. 다른 말로 하면 비기독교 종교들은 하나님을 아는 지식이 부족하여 생겨난 인류 발달 과정의 단계들이 아니라는 것이다. 오히려 그런 것들은 하나님을 의도적으로 부인하고 하나님으로 하여금 그분을 영광스럽게 하거나 예배하기를 거절한 것의 결과다. **우상숭배와 비기독교 종교들은 인간이 진리를 찾고 있다는 표시가 아니라, 인간이 진리를 원하지 않는다는 증거다.** R. C. 스프라울은 이 견해를 묘사하며 다음과 같이 기록했다.

> 바울에 따르면 종교는 하나님을 열성적으로 좇은 열매가 아니라 하나님으로부터 열정적으로 달아난 결과물이다. 하나님의 영광이 우상과 맞바꿔진 것이다. 우상은 종교적 열정의 기념물이 아니라 어떤 사람이 하나님을 영광을 처음 마주하고 그것으로부터 달아난 것의 기념물이다.[14]

모든 형태의 이른바 비기독교 종교들은 그것이 얼마나 세련되거나 원시적이든 하나님을 "발견하려는" 인간의 몸부림보다는 그분을 "부인하려는" 필사적 시도를 가리킨다. 세상의 많은 종교와 철학은 하나님께 닿으려는 노력이 아니라, 그분으로부터 도망하려는 의도적이고 부자연스러우며 냉담한 시도다. 바울의 핵심은 인류가 하나님에 대한 무지에서 시작해 하나님에 대한 지식으로 애써 움직여간다는 것이 아니다. 인류는 지식에서 시작해 완악하게도 무지와 우상숭배로 나아간다. 사람들은 종

---

14 R. C. Sproul, *The Psychology of Atheism* (Minneapolis: Bethany Fellowship, 1974), 69.

종 비기독교 종교들을 그리스도를 믿는 신앙의 준비 단계로 주장하기도 하는데, 진리에 굶주린 이들이 처음에는 어둠 속에서 진리를 모색한다는 것이다. 하지만 이 견해에 따르면 사실상 그런 종교들은 진리에 대한 거절로서 그리스도에 대한 뿌리 깊은 미움의 표현일 뿐이다. 세계 종교의 연구는 하나님을 향한 인간의 진척이 아니라 그분에 반하는 인간의 저항에 대한 연구다.[15]

존 힉에 답하다

위에서 인용된 존 힉은 아마도 오늘날 세상에서 가장 유명한 종교 다원주의자일 것이다. 한때는 복음주의자였다고 자처하는 힉은 현재 예수 그리스도의 배타성을 부인하는 데 그의 목소리를 드높이고 수많은 글을 쓰고 있다. 자신의 주장을 펼치기 위해 힉이 사용한 한 가지 주장이 유독 많은 그리스도인에게 골칫거리가 되었다. 그것을 먼저 인용하고 이어서 짧은 대답을 제시하고 싶다.

나는 세계의 다른 종교에 속한 사람들이 일반적으로 도덕적·영적 수준에 있어 그리스도인들과 다르지 않음을 보았다. 그들은 일반적으로 그리

---

15 그리스도의 구원에 이르게 하는 지식을 떠나서는 구원이 없다는 사실에 동의하는 또 다른 견해가 있다. 하지만 이 견해는 비기독교 종교 안에도 계시적 진리의 지표들이 있으며 그리스도인들이 이들로부터 많은 것을 배울 수 있다고 이야기한다. 이 견해는 로마서 1장의 비기독교 "종교"에 대한 바울의 평가에 대해 조금은 덜 비판적인 해석을 주장할 것이다. 이 견해에 대해서는 근래 출간된 다음의 책을 특별히 참조하라. Gerald R. McDermott, *Can Evangelicals Learn From World Religions? Jesus, Revelation & Religious Traditions* (Downers Grove: IVP, 2000).

스도인들보다 더 좋지도 나쁘지도 않은 보통 수준인 것처럼 보인다. 이렇게 말할 때 분명히 나는 어떤 공통적인 기준, 즉 하나님과의 올바른 관계를 반영하는 인간의 선이라는 말로 우리가 의미하는 것들의 일반적 인식을 전제로 하고 있다. 이것은 타인에 대한 관심·친절·사랑·긍휼·정직·신실성 등에 들어 있는 선에 대한 보편적 인식이다.[16]

하지만 비기독교 종교에 속한 이들의 도덕성은 정말로 "도덕적"일까? 힉은 어떤 기준으로 비그리스도인들을 "선하다"고 판단한 것일까? 그는 자신이 선의 "공통적인 기준"에 호소하고 있다고 주장하지만 나는 그렇게 생각하지 않는다. 이런 판단이 대체로 이들 자신의 기준에 의해 이루어진다고 생각하기 때문이다. 이들이 윤리적으로 여겨지는 것은 이들 자신의 윤리적 규범에 충실할 경우에 한해서다. 하지만 성경적 기준의 도덕성으로 판단할 때 이들의 규범과 행위는 다른 순위를 갖게 될 것이다.

또한 우리는 이들의 "동기"에 대해서도 질문해야 한다. 이들의 마음의 동기나 의도가 한 분이신 참된 하나님을 영광스럽게 하는 것이 아니었다면 이들 행동의 궁극적 "도덕성"에 대해 우리는 어떤 말을 할 수 있을까? 또한 자신을 그리스도인으로 일컫는 모든 사람이 다 거듭난 그리스도인은 아니라는 사실도 잊어서는 안 된다. 힉은 비기독교에 속한 사람들을 "자칭" 그리스도인들(대개는 서구의 "문화적 그리스도인들")과 비교하고 있는데 이들 중 다수가 사실은 비교되고 있는 비그리스도인들만큼이나 이교도적이다. 일반 은총을 통해서도 이른바 비그리스도인들의

---

16 John Hick, 'A Pluralist View' in *Four Views on Salvation*, 39.

"도덕성"을 잘 설명할 수 있다. 즉 비그리스도인들에게서 어떠한 "선"이 실제로 발견되었다면 이것은 이들의 종교가 가지고 있다고 스스로 주장하는 이른바 "구원의 능력" 때문이 아니라 성령의 은혜로운(그러나 구원하지는 않는) 역사 때문이다. 다른 말로 한다면 이들의 "선"은 이들의 종교적(그리고 우상숭배적) 믿음 때문이 아니라 그것에도 불구하고 존재하는 것이다.

그리고 적절한 비교는 그리스도인과 비그리스도인 사이의 도덕성에 있지 않고, 그리스도인이 회심하기 "전"과 "후" 사이 도덕성의 변화에 있다는 중요한 사실을 간과해서는 안 된다. 분명 우리가 할 수 있는 가장 "도덕적"인 일은 한 분이신 참 하나님께 우리가 지은 죄를 회개하고 우리를 자신과 화목하게 하기 위해 이 분이 정하신 방법을 믿음으로 겸손히 따르는 것이다. 다른 말로 하면, 그의 아들 예수 그리스도 안에서 자신을 계시하신 것은 말할 것도 없고 창조와 양심 속에 드러난 하나님의 계시(바울은 "핑계하지 못할 것"으로 여겼다)를 거절하는 것은 그 자체로 의도적인 교만과 냉담한 저항의 행위다. 하나님을 "영화롭게" 하지 않고(롬 1:21) 하나님께 "감사하지"도 않으며(롬 1:21) "썩어지지 아니하는 하나님의 영광을" 스스로 만든 종교적 대체물과 "맞바꾸는" 것(롬 1:23)보다 더 "비도덕적"인 일을 찾기란 어렵다. 그 대체물이 "도덕성"에 대한 자기 자신만의 개념일 때도 마찬가지다. 창조 안에서 자신을 드러내신 하나님의 "진리를 막는" 것(롬 1:18)도 그 자체로 죽는 것이 마땅한 "불의"다. "하나님의 진리를 거짓 것으로 바꾸"고 "피조물을 조물주보다 더 경배하고 섬기"는 것(롬 1:25)은 그가 다른 사람들에게 얼마나 친절히 대하며 그의 행동이 얼마나 인격적인지와는 무관하게 비도덕성을 이루는 중요한 본질이다.

결론

비기독교 종교 안에서 구원의 효력을 얼마라도 찾으려는 많은 이의 노력에도 불구하고 베드로 사도의 평결은 강경하다. "다른 이로써는 구원을 받을 수 없나니, 천하 사람 중에 구원을 받을 만한 다른 이름을 우리에게 주신 일이 없음이라"(행 4:12). 하지만 예수를 의식적·자발적으로 주인과 구세주로 받아들이지 않고는 죄의 용서를 받을 수 없다고 한다면, 그의 이름을 한 번도 들어보지 못한 사람들은 어떻게 되는가? 이 질문에 대한 답은『터프 토픽스』9장, "예수님의 이름을 들어보지 못한 사람도 그분을 믿지 않는다는 이유로 정죄받을까?"를 참조하라.[17]

추천 도서 _____

Harold, Netland, *Encountering Religious Pluralism: The Challenge to Christian Faith & Mission* (Downers Grove: IVP, 2001).

John Piper, *Let the Nations be Glad! The Supremacy of God in Missions*, Second Edition, Revised and Expanded (Grand Rapids: Baker Academic, 2003)(『열방을 향해 가라』, 좋은씨앗 역간).

Dennis L. Okholm and Timothy R. Phillips, editors, *Four Views on Salvation in a Pluralistic World* (Grand Rapids: Zondervan, 1996)(『다원주의 논쟁』, 기독교문서선교회 역간).

---

17 Sam Storms, *Tough Topics: Biblical Answers to 25 Challenging Questions* (Wheaton: Crossway, 2013)(『터프 토픽스』, 새물결플러스 역간).

9장
무신론자들은 사실상 하나님의 존재를 믿는가?

정직한 무신론자들은 존재하는가? "정직한"이라고 할 때 내가 의미하는 것은 세금을 내고 약속을 지키며 도둑질이나 거짓말을 하지 않기로 결심하는 것이 아니다. 무신론자임을 자처하면서도 매우 정중하고 법을 준수하며 약속을 잘 지키는 이들을 나는 알고 있다. 여기서는 하나님이 없다고 "정직하게" 믿는 무신론자가 있는지를 물은 것이다.

의심의 여지 없이 스스로를 무신론자로 "주장"하는 이들은 많다. 이들은 때로 목소리를 높이고 성을 내면서까지 하나님은 존재하지 않고 사실상 종교가 모든 인간의 고통과 괴로움의 근원이 된다고 주장한다. 이들에 따르면, 유일한 궁극적 실재는 물질이다. 그것이 헬륨이든 호르몬이든 물이든 불이든, 물리적 실체가 존재하는 것의 전부다. 모든 것은 이런저런 물질적 실체의 존재와 상호작용으로 설명되거나 해명될 수 있다. 다른 말로 하면 영적인 영역은 없다. 천사도 없다. 인간의 내면에는 비물질적인 영혼도 없으며, 무엇보다 "하나님"이나 신, 신성, 혹은 어떠한 종류의 초자연적 존재도 없다. 다시 한번 질문해보자. 정직한 무신론자들은 존재할까? 예를 들어 최근 자신들을 무신론자로 공언해온 리처드 도킨스(Richard Dawkins)와 샘 해리스(Sam Harris), 크리스토퍼 히친스(Christopher Hitchens) 같은 유명 인사들의 인지도를 생각할 때 이것은 어리석은 질문처럼 들린다. 하지만 여기서 중요한 단어는 "공언"(professing)이라는 단어다. 그렇다. 많은 사람이 자신을 무신론자로 "공언"하고 그것에 대해 책을 쓰거나 토크쇼에 출연하거나 대학에서 가르치는 것으로 꽤나 큰 수입을 올리고 있다. 하지만 다시 한번 내가 묻고 싶은 것은 이들이 자신의 마음 깊고 고요한 곳으로부터 정직하게 하나님이 없다고 믿느냐는 것이다.

나는 그렇지 않다고 주장하고 싶다. 이들은 스스로 진리라고 알고 있는 것을 부인하는 가운데 살아가며 이야기한다. 자신의 마음속에 영원히 피할 수 없도록 새겨진 것, 곧 하나님이 존재하시고 자신이 그 하나님에 대해 도덕적 책임을 진다는 사실을 단념하도록 스스로를 애써 설득하고 있는 것이다. 16세기 스위스의 종교 개혁가 장 칼뱅보다 분명하고 강력하게 정직한 무신론자들이 존재하지 않는다고 주장한 사람은 없다. 그는 다음과 같이 말했다. "인간의 마음속에 타고난 본능으로 하나님을 알 수 있는 지각이 있음은 확실하다.…아무도 무지를 구실로 삼아 도피하지 못하도록 하기 위해 하나님께서는 자신의 신성한 위엄을 어느 정도나마 깨달아 알 수 있는 이해력을 모든 사람에게 심어주셨다."[1]

"모든 사람은 한 분 하나님이 존재하신다는 것과 이 하나님이 바로

---

1   John Calvin, *Institutes of the Christian Religion*, edited by John T. McNeill and translated by Ford Lewis Battles (Philadelphia: The Westminster Press, 1975), I.3.1(『기독교 강요』, CH북스 역간).

그들의 창조주라는 사실을 깨닫고 있다"라고 칼뱅은 이야기한다.[2] "시대에 뒤떨어지고 문명과는 거리가 먼 사람들"조차 하나님의 존재를 부인할 수 없다.[3] 칼뱅은 "하나님의 존재에 대한 뿌리 깊은 확신을 갖지 못할 만큼 미개한 국민이나 야만적인 종족은 없다"라고도 말했다.[4] 그렇다. 이들은 자신의 말로 그분의 존재를 "부인"하고 그런 주장을 뒷받침하기 위해 정교한 철학적 논쟁을 전개할 수 있지만, 자신의 논증에 설득된 이는 아무도 없다. 그는 "하나님에 대한 어떤 관념이 모든 사람의 마음속에 새겨져 있다"라고 주장했다.[5]

이 진리에 대한 칼뱅의 성경적 변호를 살펴보기 전, 그가 주장하는 핵심에 다시 한번 귀 기울여보자. 절대로 지워질 수 없는 하나님에 대한 이러한 인식 혹은 인지는 "인간의 마음에…새겨져 있"고 "태어나면서부터 고유"하며 "선천적으로 모든 사람의 골수에까지 깊이 박혀 있다."[6] 이들이 얼마나 강경하게 부인하거나 이들의 웃음이 얼마나 냉소적이든 혹은 이들의 조롱이 얼마나 시끄럽든지 간에 "양심이라는 벌레[는] 쇠를 부식시키는 어떤 것보다도 더 예리하게 그 속을 파먹는다."[7] 많은 사람이 "전력을 다해" 이러한 진리를 잊고자 할지라도 "이것은 학교에서 배워야 하는 교리가 아니라…우리 각자가 모태에서부터 터득하며 본성적으로 결코 잊어버리지 못하는 것이다."[8]

---

2   같은 책.
3   같은 책.
4   같은 책.
5   같은 책.
6   같은 책, I.3.3.
7   같은 책.
8   같은 책.

그러나 이같이 피할 수 없는 하나님의 "지식"이 우리를 구원하는 것은 아니다. 하나님의 존재를 인식하는 것과 그것을 즐거워하는 것 사이의 차이를 구분할 필요가 있다는 말이다. 신이 존재한다는 사실을 인정하는 것과 그분께 회개하고 그분을 구하며 그분의 은혜를 겸손히 의존하여 자신을 맡기고 예수 그리스도 안에서 생명의 선물을 믿음으로 받는 것은 서로 다르다. 그리스도와 성경을 통해 우리에게 가능해진 하나님의 구원하는 지식을 떠나서는 모든 이들이 "고의로 자신을 무감각하게" 하며 온갖 종류의 미신과 우상들을 향하게 된다.[9] 아니면 칼뱅이 반복하여 인용한 바울의 말을 빌리자면, 이들은 "하나님을 알되 하나님을 영화롭게도 아니하며 감사하지도 아니하고 오히려 그 생각이 허망하여지며… 썩어지지 아니하는 하나님의 영광을 썩어질 사람과 새와 짐승과 기어 다니는 동물 모양의 우상으로 바"꾼다. 이들은 "하나님의 진리"를 벗어날 수 없었고, 따라서 그것을 "거짓 것으로" 바꾸어 "피조물을 조물주보다" 더 경배하고 섬겼다(롬 1:25).

하지만 우리는 어떻게 모든 사람이 하나님의 존재를 안다고 말할 수 있을까? 어떤 근거로 우리는 무신론자라는 이들의 주장을 존중하지 않아도 되는 걸까? 칼뱅이 우리를 인도하는 방향은 두 가지다. 하나님이 "인간의 마음속에" 우리가 종종 "양심"으로 지칭하는 "종교의 씨앗을 심어 주셨"을 뿐 아니라[10] "자기를 계시하셨으며 창조된 우주의 모습 속에 매일 자신을 나타내[신다는 것이다]. 그 결과 인간은 눈을 뜨기만 하면

---

9   같은 책, I.4.2.
10   같은 책, I.5.1. 롬 2:12-16을 보라.

하나님을 볼 수 있도록 되어 있다."[11] 그분은 창조의 자연 질서 내에 있는 자신의 모든 역사 위에 "영광의 명백한 표적을 새겨 놓으셨으며, 그것은 너무나 뚜렷하고 분명하기 때문에 아무리 무식하고 어리석은 사람이라 해도 무지를 구실로 삼을 수 없다."[12]

또한 "눈을 어디로 돌리든지 이 세계에는 하나님의 영광의 섬광이 어느 정도 빛나지 않는 곳은 하나도 없다. 우리는 가장 거대하고 아름다우며 광대한 이 우주의 구조를 그 광채의 무한한 힘에 완전히 압도당하지 않고는 잠시라도 바라볼 수 없다."[13] 천문학이든 해부학이든 식물학이든 아니면 번개와 바람과 폭풍우의 강력함이든 하나님은 그것들을 통해 자신을 알리신다. 나라들에 대한 그분의 섭리에서든 창조에 대한 그분의 주인 되심에서든 아니면 인간 생명에 대한 그분의 주권적 지배에서든, 하나님의 영광과 장엄함은 그것을 통해 빛을 발한다. 하지만 우리는 모두 한결같이 "기이하고 어리석은 것들을 위[해] 유일하신 참된 하나님을 버린다."[14]

이러한 지식은 회피할 수 없지만 영원한 생명이나 죄의 용서를 전하기에는 역부족이라는 사실은 아무리 강조해도 지나침이 없다. "비록 그 광선이 우리를 둘러 비춘다고 하더라도 그것은 결코 우리를 바른길로 인도하지는 못한다."[15] 하나님의 존재와 영원한 능력 및 신적 본성은 모든 사람에게 "분명"히 드러났고 이것은 "핑계"할 수 "없다"(롬 1:20). 하지

---

11 같은 책, I.5.1.
12 같은 책.
13 같은 책.
14 같은 책, I.5.11.
15 같은 책, I.5.14.

만 "하나님의 내적 계시에 의해 믿음으로 조명되지 않는 한"[16] 우리에게는 그의 "구원의" 광채를 볼 수 있는 "눈"이 없다.

잘못은 하나님이 계시하신 것에 있지 않다. 그의 손으로 하신 일에는 결점이나 결핍이 없다. 실패는 우리 안에 있다. 둔감함과 우둔함과 망상은 전적으로 우리의 몫이다. 문제는 인류에게 하나님의 존재에 대한 충분한 증거가 없다는 것이 아니다. 문제는 그 증거가 명료성이나 아름다움에 있어 부족하다거나 그것의 설득력이 충분치 못하다는 데 있지 않다.

문제는 인류가 그리스도와 새 생명을 주시는 그의 은혜를 떠나, 자신이 바라보는 것을 경멸한다는 것이다. 우리가 아는 것을 우리가 미워한다는 것이다. 문제는 사람들이 창조 세계를 바라보며 양심이 자신의 죄를 깨닫게 할 때 다음과 같이 말하며 등을 돌린다는 데 있지 않다. "부족해. 증거가 충분치 않아. 말이 안 되잖아. 신은 존재하지 않아." 문제는 이들이 의지적·이기적·고의적으로 자신이 바라보고 존재한다고 알고 있는 하나님을 혐오하며 영광스러운 그분을 경배하고 그분께 감사드리기보다 오히려 자신의 육체적 정욕을 만끽하고 자기 영혼을 숭배한다는 것이다(롬 1:21-25과 비교).

칼뱅은 바울을 제대로 읽었다. 그러므로 그의 결론은 정확하다. 정직한 무신론자 같은 것은 없다. 허다한 사람이 자신의 입으로 하나님이라는 개념을 비웃고 그분이 존재하지 않음을 "증명"하기 위한 논쟁을 만들어낸다. 이들 중에는 수년 동안의 고집 센 저항과 스스로 자초한 마음의 강퍅함으로 하나님의 강력한 임재에 대해 그 영혼이 마비된 이들도 있

---

16 같은 책.

을 것이다. 하나님이 자신들의 망상에 빠지도록 단순히 "내버려두신"(롬 1:24, 26, 28) 이들도 일부(많이?) 있을 수 있고, 가장 분명하고 설득력 넘치는 증거에도 자신은 끄덕하지 않는다고 생각할 만큼 타락한 이들도 일부(많이?) 있을 수 있다. 하지만 어떤 경우든 이들은 여전히 "핑계할 수 없다"(롬 1:20). 마지막 심판의 때 무지에 대한 호소로는 충분치 않을 것이다.

정직한 무신론자를 찾아 나서지 말라. 찾지 못할 것이다. 대신 시선을 돌려 "하나님의 영광을" 선포하는 하늘을 바라보라(시 19:1a). 대신 "그의 손으로 하신 일을 나타내는" 궁창을 바라보라(시 19:1b). "눈을 높이 들어" 셀 수 없이 많은 별을 바라보고 "수효대로 만상을 이끌어 내시"고 "그들의 모든 이름을 부르시"며 홀로 이들을 지키사 "하나도 빠짐이 없"도록 하는 능력을 가지신 그분을 예배하라(사 40:26).

그리고 예배하라!

그런 후에는 이 영광스러운 진리를 스스로를 무신론자로 "공언"하는 사람과 나누고 성경 속 그리스도의 계시로 그를 인도하며 "어두운 데에 빛이 비치라 말씀하셨던" 그 하나님이 그의 마음에 "예수 그리스도의 얼굴에 있는 하나님의 영광을 아는 빛"을 비추어주시도록 기도하라(고후 4:6).

추천 도서 _____

J. Budziszewski, *What We Can't Not Know: A Guide* (Dallas: Spence Publishing Company, 2003).

John Calvin, *Institutes of the Christian Religion*, edited by John T. McNeill and translated by Ford Lewis Battles (Philadelphia: The Westminster Press, 1975), I.3.1 (『기독교 강요』, CH북스 역간).

Alister McGrath, *The Twilight of Atheism: The Rise and Fall of Disbelief in the Modern World* (New York: Doubleday, 2004).

10장
그리스도인은 구원받지 못한 이들을
구원하시도록 하나님께 기도할 수 있는가?[1]

나는 이번 장을 출간과 동시에 복음주의의 고전이 된 제임스 패커(James Packer)의 『복음전도란 무엇인가』(*Evangelism and the Sovereignty of God*, 생명의말씀사 역간)가 처음 모습을 드러낸 1961년, 그러니까 약 50여 년 전으로 독자의 시선을 돌리며 시작하고 싶다. 이 책은 1959년 10월 24일 패커가 런던 교직원 기독교 연합(The London Inter-Faculty Christian Union, LIFCU)을 위해 웨스트민스터 채플에서 강연했던 내용을 보충한 것이다.[2] 패커의 책이 오늘날 우리에게 유익한 이유는 2002년 오늘날에는 그 영향이 광범위하고 만연한 신학적 견해가 1961년 그의 입

---

1   이번 장은 상당 부분 나의 논문을 각색해 작성했다. 'Prayer and the Power of Contrary Choice' in *Journal of Reformation & Revival*, Volume 12, Number 2, Spring 2003, 53-67. 허락을 받고 여기에 사용했다.

2   *Evangelism and the Sovereignty of God*의 역사와 광범위한 영향은 다음의 책에 연대순으로 잘 기록되어 있다. Alister McGrath, *J. I. Packer: A Biography* (Grand Rapids: Baker Books, 1997), 89-96.

장에서는 믿기 힘들 정도로 너무 충격적이었기 때문이다.

구원에 있어서 신적 주권을 옹호하기 위해 패커는 기도의 실천에 관해 그가 믿기로 복음주의 안에서는 의견의 일치를 이룬 혹은 적어도 그래야 한다고 생각하는 바에 호소했다. 그는 성경에 대한 높은 견해를 가진 사람이라면 누구도 이와 다르게 생각할 수 없다고 추측한 것으로 보인다. 그가 믿기로 인간의 영혼을 구원하는 문제에 개입된 하나님의 역할에 대한 그의 이해를 뒷받침하는 것은 단지 우리가 기도한다는 "사실" 뿐만 아니라, 또한 우리가 어떻게 그리고 "무엇"을 하나님이 행하시도록 구체적으로 요청하느냐 하는 것이다. 다음은 그가 이야기한 내용이다.

우리는 다른 사람들의 회심을 위해 기도한다. 우리는 어떤 말로 그들을 위해 중보하는가? 그들이 하나님과 상관없이 스스로를 구원할 수 있도록 인도해 달라고 기도하는가? 그렇지 않다. 우리는 하나님이 그들을 구원해 주시리라 굳게 확신하고 기도한다. 하나님이 그들에게 깨달음을 주시고, 강퍅한 마음을 부드럽게 하시고, 본성을 새롭게 하시고, 의지를 움직이시어 구세주를 영접할 수 있게 해달라고 기도한다. 하나님이 그들 안에서 구원에 필요한 모든 것을 이루어주시기를 간구한다. 하나님이 실제로 그들을 구원하실 수 없다고 믿기 때문에 그들에게 믿음을 허락하지 말아 달라고 기도하지는 않을 것이다. 그런 일은 절대 없다. 비신자들을 위해 기도할 때는 하나님이 그들에게 능히 믿음을 주실 것이라는 확신을 전제로 한다. 우리는 하나님께 그런 은혜를 베풀어달라고 간청한다. 그와 같이 담대하게 기도할 수 있는 이유는 하나님이 우리가 구하는 것을 능히 이루어주시리라고 확신하기 때문이다. 하나님은 진실로 그런 능력이 있으시다. 우리의 중보기도에 힘을 불어넣는 이런 확신은 성령께서 우리의 마음에 새겨 넣으신 하나님의 진리다. 건전하고 지혜로운 신자는 기도할 때 사람들을 구원하시는 분이 바로 하나님이시라는 사실을 결코 잊지 않는다. 사람들이 하나님께로 돌아오는 것은 그들을 친히 자신에게로 이끄시는 하나님의 은혜로운 사역의 결과다. 우리가 드리는 기도의 내용은 바로 그런 지식에 근거한다. 이처럼 중보기도를 드리는 것은 우리의 회심에 감사하는 것과 마찬가지로 하나님의 은혜로운 주권을 인정하고 고백하는 행위다. 이는 세계 어느 곳에 사는 그리스도인이나 다 마찬가지다.[3]

그는 그가 믿기로 우리가 감사할 때 신학적으로 상정하는 근본적인 것에도 호소한다. 그는 묻는다. 우리는 우리의 회심에 대하여 왜 하나님께 "감사"하는가? 그에 따르면 이것은 우리가 "하나님이 **전적으로 우리의 회심을 이끄셨다는 사실**을 마음으로부터 알고 있기 때문이다."[4] 우리가 하나님께 감사하는 것은 "우리의 회개와 믿음을 스스로의 지혜나 신중함, 또는 건전한 판단이나 분별력의 결과로 여기지 않기" 때문이다.[5] 다음의 이야기를 할 때 패커는 자신이 모든 그리스도인을 대변한다고 믿었다.

우리는 단 한 순간도 우리 자신이 우리의 구원에 결정적으로 기여했다고 생각하지 않는다. 또한 하나님이 은혜의 수단과 기회를 주신 것은 감사

---

3   J. I. Packer, *Evangelism and the Sovereignty of God* (Downers Grove: IVP, 1971 [third American printing]), 15-16.
4   같은 책, 12(강조는 덧붙여진 것임)
5   같은 책.

하지만 그 부르심에 우리 스스로 응했으니 결국 감사는 하나님이 아니라 우리가 받아야 마땅하다고 감히 주장하지도 않는다. 우리의 마음은 하나님께 감히 그런 주장을 늘어놓는 생각만 해도 즉시 강하게 반발한다. 사실 우리는 우리가 믿고 영접할 수 있는 그리스도를 선물로 주신 것 못지 않게 믿음과 회심의 은혜를 주신 것에 진정으로 감사한다.[6]

물론 패커가 "결단코 있을 수 없"다던 바로 그 일을 기쁨으로 행하고 있는 자칭 복음주의자들의 수는 오늘날 계속해서 증가하고 있다. 패커가 회의적이었던 "당치도 않은 그것"이 오늘날의 "정통"이 된 것이다. 인간의 의지로는 절대 그 공을 돌릴 수 없다고 패커가 주장했던 바가 자유의지론적 자유를 주창하는 이들이 내세우는 주장의 핵심이다. 패커에 따르면 우리가 절대로 하나님께 이야기할 수 없는 것, 사실 그러한 생각만으로도 우리의 마음이 역겨움을 느끼는 것이 2014년에는 아찔한 속도로 선포되고 출간되고 있다.

패커를 공정하게 바라본다면, 이러한 언어는 의도적 과장 곧 저자가 자신이 반대하는 신학적 시스템의 수용 불가능한 함의들을 독자들이 숙고할 수 있도록 사용한 일종의 충격 요법일 수 있다. 하지만 여전히 유효한 사실은 패커의 주장에 따르면 생각이 있는 그리스도인의 의식적 의도가 절대로 될 수 없는(혹은 돼서는 안될) 그것이 전부 혹은 대부분의 열린 유신론자들의 의식적 의도라는 점이다. 자유의지론적 자유의지에 대한 열린 유신론자들의 강조를 볼 때 패커가 주장하는 바 우리가 하나님

---

6 같은 책, 13.

께 절대 요구하지 않는 그것이 바로 열린 유신론자들이 중보기도의 본질로 갈채를 보내는 것인 셈이다.[7]

나는 기도로부터 많은 주장을 끌어내지 않은 열린 유신론자의 글을 아직까지 읽어보지 못했다. 어떤 이들은 이러한 신학적 틀만이 중보기도에 가치와 효력을 부여하여 기도의 실천을 보장한다는 이유로 그런 신학적 틀을 수용하는 것처럼 보일 정도다. 전통적 유신론이 철저하게 신적 예지를 긍정함으로써 기도의 기초를 파괴했다거나 그렇지 않다면 하나님과의 의미 있는 대화일 수 있는 기도를 가식으로 바꾸어버렸다고 주장하는 일부 열린 유신론자들도 있다. 그레그 보이드(Greg Boyd)는 대부분의 열린 유신론자들을 대표해 다음과 같은 말을 남겼다. "많은 그리스도인이 할 수 있는 만큼 열정적으로 기도하지 않는 이유는 자신의 기도로 중요한 변화를 이루어낼 수 있다고 생각하지 않기 때문이다."[8] 다시 그는 다음과 같이 기록했다. "나는 하나님에 대한 다른 어떤 견해보다 열린 견해가 기도의 능력과 긴급성을 적절히 설명한다고 확신하고 우리의 마음이 정신의 영향을 받기 때문에 열린 견해보다 열정적이고 긴급한 기도를 강력히 고무시킬 수 있는 견해는 없다고 생각한다."[9] 우리는 데이비드 베이싱어(David Basinger)에게서도 동일한 정서를 발견할 수 있는데, 그는 하나님에 대한 열린 견해의 실질적 효과라는 보다 큰 관심사의 일부분으

---

7 짚고 넘어가야 할 사실은 자유의지론적 자유를 주창하는 이들에게는 이들의 신학적 경향과 무관하게 이러한 사실이 동일하게 적용된다는 것이다. 열린 유신론이 익숙하지 않은 독자들은 이들이 믿는 바에 대한 설명과 나의 반응을 기록한 『터프 토픽스』의 두 번째 장을 읽어보라.

8 Gregory A. Boyd, *God of the Possible: A Biblical Introduction to the Open View of God* (Grand Rapids: Baker Books, 2000), 95.

9 같은 책, 98.

로 기도를 다루었다.[10]

열린 유신론자들은 이들의 시스템이 그리스도인들의 기도 생활에 활력을 주고 그리스도의 몸 가운데 너무나도 만연해 있는 무기력함과 무관심을 회복시킬 수 있다고 분명히 확신한다. 나의 초점은 기도의 한 가지 구체적인 요소, 곧 구원받지 못한 영혼들을 위한 중보에 있다. 열린 유신론자들은 구원받지 못한 영혼들을 위한 기도에 의미와 효력을 부여하는 틀이 오직 자신들에게 있다고 우리가 믿기를 원한다. 나는 이러한 개념에 정면으로 도전하고 싶다. 열린 유신론자들이 구원받지 못한 영혼들을 위하여 기도하지 "않는다"고 말하려는 의도는 추호도 없다. 이들 중 다수가 (바라기로는 모두가) 신실하고 열정적인 중보자들이다. 이들이 구원받지 못한 영혼들을 위해 기도해서는 "안 된다"고 말하려는 것도 아니다. 내가 말하고자 하는 것은 이들이 어떠한 사람의 영혼을 실제로 구원해 주시도록 하나님께 간구하면서 자신들의 신학적 체계를 일관되게 유지할 수 없다는 것이다. 또 내가 말하고자 하는 것은 열린 유신론자들이 인간의 자유와 의지적인 자기 결정에 대해 긍정한 것이, 하나님이 어떤 사람의 영혼에 효과적으로 개입하시고 예수 그리스도 안에 있는 구원의 믿음으로 그를 불러 주시도록 요구하는 것을 배제한다는 것이다. 이에 대해 열린 유신론자들은 즉각 동의할 것이다. 다음과 같이 이야기하는 이들도 있을 것이다. "맞습니다. 당신의 말이 옳습니다. 우리는 당신과 패커가 구원받지 못한 영혼들을 위한 우리의 요청의 핵심이라고 주장하는 것

---

10 그가 쓴 *The Openness of God: A Biblical Challenge to the Traditional Understanding of God* (Downers Grove: IVP, 1994)의 'Practical Implications'이라는 장을 참조하라(특히 156-62).

을 부정합니다. 우리는 이들을 위하여 기도하지만 당신들이 표현하는 방식으로는 아닙니다." 그럼에도 불구하고 내가 의구심을 갖는 것은 열린 유신론자들이 모든 그리스도인이 그래야 한다고 패커가 주장하는 것과 동일하게 기도하지만, 그들의 신학적 계획에 기초적인 것 곧 자유의지론적 자유 혹은 자기 결정의 자유를 훼손하면서 그렇게 한다는 것이다. 나의 목적은 다만 두 번째의 주장을 분명히 하는 데 있다. 결국 인간의 영혼을 구원하시도록 하나님께 구하는 것을 거절한 열린 유신론자들이 옳다고 결론 내리는 사람도 있을 것이다. 그것은 내가 염려하는 바가 아니다. 내가 유일하게 집중하고자 하는 것은 바로 이것이 그들이 해야 하는 일이라는 사실이다. 이것에 대한 이유는 이들의 자유의지론적 자유라는 개념에서 찾아볼 수 있는데 이제 우리의 시선을 그곳으로 돌려보자.

자유의지론적 자유: 용어 정의

클락 피녹은 "인간의 경험 자체와 마찬가지로 성경 역시 자유의지론적 자유, 즉 어떤 행동을 하거나 삼갈 수 있는 자유를 사실로 추정한다"고 믿는다.[11] 자유의지론적 자유는 피녹에 따르면 성경의 이야기가 그야말로 "전제로 삼는" 것이다.[12] 해스커(Hasker)는 다음과 같은 정의를 제공했다. "자유의지에 대한 자유의지론적(혹은 "양립불가론적") 이해에 따르면 **특정한 시간이나 특정한 행위에 대해 어떤 행위자가 자유롭기 위해서**

---

11 Clark Pinnock, *Most Moved Mover: A Theology of God's Openness* (Grand Rapids: Baker Academic, 2001), 41.
12 같은 책.

는 당시 그런 행위를 행할 능력은 물론 그런 행위를 삼갈 능력이 그 행위자 안에 있어야 한다."[13] 그의 주장에 따르면 그 행위가 "'누군가의 능력 안에' 있다는 것은 존재하는 것 중 어떤 것도 문제의 그 능력이 행사되는 것을 방해할 수 없다는 의미다. 이런 의미에서 만일 내가 자유롭다면 어떤 행위를 하는 것은 나에게 달려 있다. 그것을 행하기로 결정함으로써 나는 특정한 방식으로 일어날 일들을 초래하는데, 그런 방식은 만일 그 행동을 삼가기로 결정했다면 일어났을 동일하게 가능한 다른 방식들과는 분명하게 다르다."[14] 이러한 사실을 기초로 존 샌더스(John Sanders)는 다음과 같이 주장했다. "우리는 우리의 가장 강력한 바람을 좇아 행동할 필요가 없다. 자신의 바람을 바꾸는 것 역시 행위자의 자기 결정 능력 안에 있기 때문이다."[15] 따라서 어떤 사람이 자유롭기 위해서는 "어떠한 상황에서든 그가 행한 것과는 다르게 행할 수 있어야만" 한다.[16]

데이비드 베이싱어에 따르면 어떤 사람이 자유롭기 위해서는 그에게 "A라는 행동을 하기로 혹은 하지 않기로 선택할" 능력이 있어야 한다. "A와 A가 아닌 것 모두가 일어날 수 있다. 어떠한 일이 실제로 일어날지는 아직 결정되지 않았다."[17] 피녹은 다음과 같이 명쾌하게 요약했다.

---

13 William Hasker, 'A Philosophical Perspective' in *The Openness of God*, 136-37.

14 같은 책, 137

15 John Sanders, *The God Who Risks: A Theology of Providence* (DownersGrove: IVP, 1998), 221.

16 같은 책.

17 David Basinger, 'Middle Knowledge and Classical Christian Thought' *Religious Studies* 22 (1986), 416. 자유의지론적 자유의 옹호자가 아닌 것이 분명한 R. K. McGregor Wright는 이것을 다음과 같이 비슷하게 정의했다. "[이것은] 인간의 의지가 여러 대안 중 무엇이든 똑같이 선택할 수 있는 내재적 능력을 가진다는 믿음 [이다.] 이것은 보통 '정반대를 선택할 능력'(contrary choice) 혹은 '무차별성의 자

내가 "진짜 자유"라고 부르는 것은 자유의지론적 자유 혹은 반인과론적 자유라고도 불린다. 이것이 보는 자유 행위는 어떠한 행동을 하거나 삼 갈 자유가 행위자에게 있으며 기존의 영향력, 곧 유전(nature)이나 환경 (nurture) 또는 심지어 하나님도 이것을 전적으로 결정짓지 못한다. 자 유의지론적 자유는 정반대를 선택할 능력을 인정한다. 어떤 사람이 어떤 상황에서 자유로이 행동하기 위해서는 그것과 다른 것을 행할 수 있어야 한다. 자유로운 선택은 그보다 앞선 다른 상황들에 의해 인과적으로 결 정되지 않는 선택이다. 이것은 자기 결정의 자유로서 그러한 선택에 영 향을 미치는 다양한 동기와 영향력이 존재하지만, 그러한 선택 자체에 충분한 원인이 되지는 못한다. 행위자는 자기 결정적 방식으로 그런 선 택을 한다. 행위자에게는 여러 선택권이 있고 다른 여러 요인이 이들 가 운데 무엇을 결정해야 할지 영향력을 행사하지만, 행위자의 결정은 전혀 무작위적이지 않은 그 자신만의 이유로부터 나온다.[18]

유'(the liberty of indifference)로 불린다. 이 믿음이 주장하는 바는 그런 의지에 그 무엇도 영향력을 행사할 수 없다는 것은 아니지만, 의지는 보통 이런 요인들을 극복 할 수 있고 이 요인들에도 불구하고 선택할 수 있다는 것이다. 결과적으로 의지는 어 떠한 필수적인 인과관계로부터도 자유롭다. 다른 말로 하면, 그것은 외부의 결정으 로부터 자율적이다"(*No Place for Sovereignty* [Downers Grove: IVP, 1996], 43-44). 존 프레임(John Frame)은 다음과 같이 기록했다. "자유의지론적 견해에서 우리 의 인격은 우리의 즉각적 욕구와 마찬가지로 우리의 결정에 영향을 미칠 수 있다. 하 지만 그것이 얼마나 강력하든지 간에 우리에게는 늘 우리의 인격과 욕구에 반대되는 것을 선택할 자유가 있다. 이 입장은 인간 본성의 일부에는 우리가 의지라고 부르는 것 곧 우리 존재의 다른 모든 측면으로부터 독립적이고 따라서 모든 동기에 반하는 결정을 내릴 수 있는 것이 있다고 추정한다"(*No Other God: A Response to Open Theism* [Phillipsburg, N.J.: P & R Publishing, 2001], 120-21).

18 Pinnock, *Most Moved Mover*, 127.

주목해야 할 점은 자유의지론자들의 주장이 인간의 선택에는 원인이 없다는 것이 아니라 "이들 중 어떤 것도 의지를 어느 한 방향으로 결정적으로 기울이기에는 '충분'하지 않다는 것이다."[19] "자기 결정적" 존재라는 개념에 따르면 "여러 대안 가운데 무엇을 선택하는 능력, 곧 가능한 행동을 실제 행동으로 바꾸는 능력은 최종적으로 그 자신 안에 있어야만 한다."[20] 자기 결정의 의미가 다음과 같은 까닭이다. "참으로 자유로운 행위에 있어 여러 가지 '가능한' 행위들을 하나의 '실제' 행위로 종국에 바꾸는 것은 자유로운 행위자 자신들이다.…그들은 '이것 혹은 저것이 가능한' 상태로부터 '분명히 이것이고 저것은 분명히 아닌' 상태로 옮겨가는 **궁극적 원인과 설명**이 된다."[21] 적어도 이번 장의 목적을 고려할 때 가장 중요한 사실은 자유의지론에 따르면 누군가의 행동을 위한 **궁극적 출처와 설명**이 그 자신 안에 있어야 한다는 것이다.[22]

---

19 Stephen J. Wellum, 'Divine Sovereignty-Omniscience, Inerrancy, and Open Theism: An Evaluation' in *Journal of the Evangelical Society* 45 (June 2002), 259.

20 Gregory Boyd, *Satan and the Problem of Evil* (Downers Grove: IVP, 2001), 60.

21 같은 책, 375(강조는 덧붙여진 것임).

22 같은 책, 60(강조는 덧붙여진 것임). 예수 그리스도를 받아들이는 행위의 궁극적인 출처나 원인 혹은 설명으로 인간의 의지를 긍정하는 것이 그 자체로 구원으로 인해 하나님께 감사하는 것을 방해하지는 않는다고 주장하는 사람들도 있다. 그런 토의를 위해서는 다음을 참조하라. Terrance Tiessen, *Providence & Prayer: How Does God Work in the World?* (Downers Grove: IVP, 2000), 91-93.

"무엇"을 위하여 하나님께 간구하는가?[23]

이것은 나에게 다음의 질문을 제기한다. **자유의지론적 자유가 존재한다면 열린 유신론자는 중생하지 못한 사람을 위해 하나님이 정확히 무엇을 해주시도록 기도할 것인가?** 그가 구하지 **않을** 것 같은 한 가지는 하나님이 충분한 능력과 설득력으로 역사하셔서 믿지 않는 그의 마음이 믿게 되는 것이다. 왜 나는 이런 이야기를 할까? 존 파이퍼가 설명했듯이 정반대를 선택할 능력을 긍정하는 사람들은 "어떠한 사람의 저항에 개입하여 저항하지 못하도록 제압하며 실제로 그를 믿음과 구원으로 이끌 권리가 하나님께 있다고 믿지 않기 때문이다. 이들은 마음이 강퍅해진 죄인의 모든 저항을 제압할 만큼 자신을 은혜 안에서 강력히 강요할 권리가 하나님께 있다고 믿지 않는다. 대신 하나님을 향한 자기 마음의 선택과 감정을 최종적으로 결정할 유일한 권리가 그 사람에게 있다고 믿는다. 이들에 따르면 자기 마음의 강퍅함을 극복하고 그리스도께로 나아올 것

---

23 누군가를 구원하시도록 하나님께 요청할 때 무엇을 행하시도록 요청해야 할지 성경 자체는 분명한 지침을 제공하지 못한다. 우리가 기도해야 한다는 사실에는 반박의 여지가 없다. 구원받지 못한 이들이 구원받도록 기도해야 한다는 사실 역시 부인할 수 없다. 예수는 사람들이 믿도록 기도하지 않았고 이미 믿은 자들의 복음 전도를 통해 앞으로 믿게 될 자들이 하나가 되도록 기도했을 뿐이다(요 17:20-21 참조). 구원받지 못한 영혼들을 향한 바울의 슬픔에는 대단한 진정성이 느껴지고(롬 9:1-5), 그의 "마음이 원하는 바"와 이들을 위해 그가 "하나님께 구하는 바"는 이들의 "구원"이었다(롬 10:1, "모든 사람들"을 위해 "간구"와 "기도"를 하라는 딤전 2:1-2에서 주어진 그의 충고도 참조하라). 거역하는 자를 "온유함으로" 훈계하라는 디모데를 향한 그의 충고는 "혹 하나님이 그들에게 회개함을 주…실까" 하는 이유에서였다(딤후 2:25). 문제는 이 구절들 중 어디에도 불신자의 마음속에 하나님이 무엇을 해주시도록 기도하거나 간구해야 할지 명시된 바가 없다는 점이다.

인지에 대한 최종적 자기 결정은 각 사람에게 있다."[24]

자유의지론에 따르면 하나님이 하실 수 있는 최선은 타락한 사람들 안에 어느 정도의 가능하게 하는 은혜(enabling grace)를 회복시키시는 것이다. (아래에서 내가 지적한 대로, 열린 유신론자들은 하나님이 그렇게 행하시도록 지속적으로 요청할 수 없다.) 그렇다고 할 때 어떤 사람은 회개하고 어떤 사람은 회개하지 않는 궁극적 이유는 하나님이 아니라 그들에게 있다. 나의 질문은 이것이다. **가능하게 하는 은혜가 실질적이고 효과적으로 구원할 수 있는가?** 대답은 물론 "아니오"이다. 각각의 영혼이 믿을 수 있는 가능성을 열어놓을 뿐이다. 그렇다면 열린 유신론자가 구원받지 못한 영혼을 위해 기도할 때에 그가 기도하는 것은 하나님이 그들의 영혼에 역사하시거나 이들의 의지에 영향력을 행사하셔서 실질적이고 효과적으로 이들을 구원의 믿음과 회개로 이끌어 오시도록 하는 것이 아니라, 다만 "그 영혼 자체가" 구원으로 귀결될 수 있는 방식으로 행동하는 것이 "가능하게" 해달라는 것이다. 피녹이 묘사한 인간의 영혼에 대한 하나님의 영향은 이런 주장을 긍정한다. 피녹은 다음과 같이 말했다. "하나님은 우리에게 물으시고 우리의 동의를 얻기 위해 가능한 모든 일을 하시지만…마지막 결정 곧 거절의 최종적 권리는 우리 안에 귀속시키셨고 우리의 대답에 대해 책임을 지는 것은 하나님이 아니라 우리 자신이다."[25]

따라서 피녹에 따르면 어떤 사람을 믿음으로 이끌기 위해 하나님은 "가능한 모든 일을 하시"지만 실제로 그를 믿음으로 이끄시지는 않는

---

24   John Piper, *The Pleasures of God: Meditations on God's Delight in Being God* (Sisters: Multnomah, 2000), 217.

25   Pinnock, *Most Moved Mover*, 163.

다. 하나님은 설득하시고 동기를 부여하시며 성령을 통하여 영감을 주시고 그렇게 할 수 있도록 하시며 준비시키시고 은혜로 능력을 베푸신다. 피녹은 중생하지 못한 영혼을, 복음의 진리에 "설득되지 못했고" 믿어야 할 동기가 부족하며 죄 안에 머물고자 하는 그의 바람을 고려할 때 회개로 "고무되지 못한", 즉 복음에 "반대하는" 영혼으로 상상했는데(그의 "동의"를 "얻어내는" 것이 정말로 필요하다고 한다면), 이는 적절한 상상이다. 그렇다면 피녹이 하나님께 하시도록 요청하는 것은 정확하게 무엇일까? 이러한 의지에 대해 조금이라도 역사하시도록 요청하는 것은 의지가 선호하는 것에 반하여 그것을 움직이는 것이 된다. 그런데 그러한 의지로부터 그것이 선호하는 것에 대한 "궁극적 책임"을 빼앗지 않고도 그렇게 하시는 것이 가능할까? 만일 현재 선호하는 모든 것에 대한 궁극적 "결정"을 행사해야만 하는 존재가 "자아"라면 하나님은 그렇게 하실 수 없다. 그리고 만일 하나님이 그렇게 하실 수 없다면 우리가 그렇게 하시도록 요구하는 것은 전혀 소용이 없는 일이다. 피녹의 주장에 따르면 우리는 하나님께 그 의지를 "움직이시도록" 요청하는 것이 전혀 아니며, 다만 그 의지가 스스로 선택하여 움직일 만큼의 충분한 이유를 주시도록 요청하는 것이다. 하지만 그것이 사실이라면 우리는 하나님께 구원하거나 회심하게 하거나 중생하게 하는 영향력을 그 영혼에 행사하시도록 요청하지 "않는" 것이고, 그것이 바로 내가 말하는 핵심이다.

보이드는 하나님이 영혼에 행하시는 역사의 본질에 대해 의견을 같이했다. 자유의지론적 혹은 자기 결정적 자유가 요구하는 것은 특정한 의지의 행위의 경우 그 궁극적 책임이 하나님께 있지 "않다는" 것이다. 오직 자유로운 도덕적 행위자 개인에게만 그 책임이 있다. 하지만 또다시 말하지만 만일 그렇다면 우리가 불신자들의 구원을 위해 중보할 때 하나님이 이들의 영혼의 내면에서 하시도록 우리가 간구하는 것은 무엇일까? 이 영혼이 믿지 않음에서 믿음으로 옮겨가는 것의 "궁극적인 책임"이 하나님께 있지 않다면 우리는 왜 기도해야 하는 걸까? 우리는 하나님이 이 영혼을 효과적으로 구원하시도록 기도할 수 없다. 만일 구원하신다면 "궁극적 책임"이 그 개인에서 하나님으로 옮겨갈 것이고, 이것은 자기 결정이라는 개념을 거스르기 때문이다. 보이드는 우리의 행위가 이루어지는 "한계를 지정"하는 데 사용되는 "원인적 조건들"(causal conditions)이라는 개념을 고수하기 원했다.[26] 하지만 "이러한 원인적 조건들은 (우리의 근거와 바람을 포함하여) 우리의 특정한 행동을 세세히 '결정'짓지 못한다. 정확히 일치하는 조건들을 가지고도 우리는 다르게 행동할 수 있다. 행동은 자유 행위자인 우리가 어떻게 결정할지에 '달려 있다.'"[27]

이 "원인적 조건"들 중에 인간의 영혼을 향한 하나님의 영의 역사가 포함된다고 생각하는 사람도 있다. 하나님은 계시 혹은 조명을 통해 기독교가 진리인 이유를 소통하실 수도 있고 섭리 가운데 기독교의 진리를 확증해주는 만남이나 경험 혹은 광경을 지휘하실 수도 있다. 하지만 "얼마만큼의" 소통이 허용되는 것일까? 이것은 "얼마나 분명"할 수 있을까? 이 증거는 "얼마나 인상적"일 수 있을까? 이 만남은 "얼마나 강력"할 수 있을까? 자유의지론에 따르면 이러한 유인책이나 조명하는 행위 및 섭리적 만남 일체는 궁극적으로는 효력이 없고 실제로 불신앙에서 신앙으

---

26   Boyd, *Satan and the Problem of Evil*, 72.
27   같은 책.

로 옮겨가기에 역부족이어야만 한다. 간단히 말해 자유의지론에 따르면 여기에는 완벽한 한계가 있어서 하나님은 그것을 넘어 사람들이 생각하고 느끼고 선택하는 방식에 영향을 끼치실 수가 없다. 어느 순간에도 하나님은 어떠한 개인의 의지에 이러한 영향력, 곧 반드시 신앙의 결과를 낳도록 하는 영향력을 행사하실 수 없다. 하나님은 그의 조명의 역사가 "지나치게" 분명하지 않고 그의 논쟁이 "지나치게" 설득력이 넘치지 않으며 그의 추론이 "지나치게" 논리적이지 않고 그의 사랑이 "지나치게" 매력적이지 않으며 그의 죄를 깨닫게 하심이 "지나치게" 괴롭지 않고 외부의 상황에 대한 그의 섭리적 감독이 "지나치게" 놀랍지 않도록 철저하고 용의주도하게 주의하셔야만 한다.

예상대로 열린 유신론자들은 불가항력적 은혜를 부인한다. 보이드의 주장에 따르면 "하나님은 우리가 믿는 것을 은혜로 '가능하게' 하신다. 하지만 우리가 믿는 것을 '필연적으로' 만드시지는 않는다."[28] 하지만 어떻게 하나님은 믿지 않으려는 우리의 의지적 결심을 효과적으로 압도하시지도 않고 우리가 믿는 것을 "가능하게" 하실 수 있는가? 또는 하나님의 은혜가 지금은 효과적으로 상쇄해버린 불가능성은 어떤 의지적 결심으로 설명될 수 있는가? 하나님이 타락으로 상실된 의지적인 능력을 회복하신다고 한다면, 곧 [우리의] 믿는 능력에 대해 "궁극적 책임"을 지신다면, 믿지 못하는 무능 곧 **불신자가 의지적으로 선호하는 무능**을 극복하여 행동하신다는 의미다. 모든 인류가 믿는 것이 "불가능"한 상태에 있고 하나님이 영향력을 행사하셔서 사실상 이제는 믿는 것이 "가능한" 상

---

28 같은 책, 83.

태로 움직이신다면, 이 의지적 전환에 대한 "궁극적 책임"은 하나님께 있고, 이것은 다시 이후의 모든 자유의지의 근원과 원천이 된다.[29] 하지만 그렇다면 이러한 자유의지론적 설계 안에서 인간의 자유의지는 어떻게 도덕적으로 유의미하게 되는가?

자유의지론적 자유를 주창하는 사람들은 기도를 다음의 것으로 전락시킨 듯하다. "오 하나님, 존의 영혼 가운데 효과적이지 않게 역사하셔서 현재 그가 가진 신념에 반하여 행동하지 않도록 하소서." 하지만 우리는 하나님께 "구원받지 못한 영혼 가운데 내면의 불안과 그리스도를 향한 갈망을 심어 주소서"라고 기도할 수는 없을까? 이 질문에 대해 두 가지를 말고 싶다.

먼저 우리의 기도에 대한 반응으로, 중생하지 못한 영혼이 "불안"과 "갈망"을 경험하도록 하나님이 하실 수 있다는 것은, 사실상 그 영혼이 자신의 의지와 선호와 선택에 따라 그리스도가 없이 "평안"하고 **믿지 않는 상태에 머물기를 "갈망"**한다는 것을 암시한다. 따라서 하나님이 우리의 기도에 응답하여 취하실 수 있는 행위가 무엇이든, 그것은 그 영혼이 그리스도에 대하여 "아니오"라고 대답할 수 있는 자기 결정을 방해하는 것이 된다. 즉 우리는 스스로에게 이렇게 질문해야 한다. "중생하지 못한 영혼 가운데 불안과 갈망을 심어달라고 하나님께 요청할 때 우리는 하나님께 정확히 무엇을 하시도록 요청하는 것인가?" 믿지 않던 마음이 믿고 원하지 않던 마음이 원하게 하려고 하나님이 **얼마만큼이든** 흔들고 영향

---

29 아르미니우스주의적 견해에서 선행적 은총이나 가능하게 하시는 은혜의 개념을 가장 잘 다룬 작품은 아마도 다음일 것이다. H. Orton Wiley, *Christian Theology*, 3 vols. (Kansas City: Beacon Hill, 1952), 2:344-57.

력을 **행사하시는 것**은, 그 영혼이 스스로 결정할 이른바 권리를 방해하거나 침해하는 일이 될 것이다. 그 의지에 영향력을 행사해 그것이 현재 선택한 것에 반하여 다른 무엇을 선택하도록 하는 것은 절대적인 자유의지와 자기 결정에 모순이 된다.

두 번째로 이 첫 번째 문제를 어떻게든 극복하고 사실상 하나님이 중생하지 못한 사람의 마음에 "갈망을 심으시는" 것이 적절하다는 결론에 다다른 사람이 있다면, 대답이 필요한 또 다른 질문이 있다. "당신이 하나님께 그의 마음 가운데 심어 달라고 기도하는 그 갈망은 얼마나 확실하고 강력하며 설득력이 넘칠 수 있는가?" 파이퍼는 다음과 같이 기록했다. "하나님이 불신자의 마음에 심으실 수 있는 갈망에는 두 가지가 있다. 한 가지 갈망은 너무나도 강력해 그 사람이 하나님을 좇고 수용하도록 한다. 또 다른 갈망은 그리스도를 수용하도록 할 만큼은 강력하지 않다. 우리는 어떠한 갈망을 구해야 하는가? 강력한 갈망을 위해 기도한다면 우리는 주님이 효과적으로 일하시고 그 사람을 구원해주시도록 기도하는 것이다. 약한 갈망을 위하여 기도한다면 우리는 그 사람을 죄 가운데 남겨 두는(하지만 그의 자기 결정은 보존하는) 효과적이지 못한 갈망을 위하여 기도하는 것이다."[30]

이것은 사람이 자기 결정의 최종적 능력을 갖춰야만 한다고 정말로 믿는 사람들의 경우 하나님이 믿지 않는 죄인들을 회심시켜 주시도록 지속해서 기도할 수 없다는 뜻으로 보인다. 왜일까? "왜냐하면 이들이 죄인의 삶에 신적 영향력이 임하도록 기도한다고 할 때 이들은 둘 중 하나

---

30 Piper, *The Pleasures of God*, 219.

곧 성공적인 영향력을 위하여 기도하거나(이것은 그 죄인으로부터 최종적 "자기" 결정을 빼앗는다) 성공적이지 못한 영향력을 위하여 기도하기(이것은 "하나님"이 그 죄인을 회심시키시도록 기도하지 않는다) 때문이다. 따라서 이들은 하나님이 죄인들을 회심시키시도록 기도하는 것을 포기하거나 인간의 최종적 자기 결정을 포기해야 한다."[31] 열린 유신론자들은 전자를 선택해야만 하는 것으로 보인다.

기억해야 할 것은 회심이 필요한 사람은 "허물과 죄로 죽은"(엡 2:1) 존재라는 사실이다. 그는 "죄의 종이"다(롬 6:17; 요 8:34). "이 세상의 신이 [그의] 마음을 혼미하게 하여 그리스도의 영광의 복음의 광채가 비치지 못하게" 되었다(고후 4:4). "[그의] 마음이 [하나님에 대하여] 굳어"져 있어(엡 4:18) 그는 "하나님과 원수가 [되고] 하나님의 법에 굴복하지 아니"한다(롬 8:7). 만일 그 사람에게 자기 결정의 최종적 책임이 있다면 우리는 하나님께 그를 살려 달라거나 그의 의지를 속박으로부터 풀어 달라거나 그의 정신을 깨우치거나 마음을 부드럽게 해주셔서 그의 적대감을 애정으로 바꾸어 주시고 저항이 복종으로 뒤바뀔 수 있도록 간구할 수 없다. 그렇지만 하나님이 인간의 영혼 안에서 이러한 일들을 행하실 수 없다면, 우리는 어떠한 참된 의미에서 하나님이 그 영혼을 위한 우리의 기도에 응답하셔서 그를 구원하신다고 이야기할 수 있을까?

오로지 인간의 자유의지를 거절하는 사람만이 하나님께 구원받지 못한 자를 구원해 주시도록 지속적인 기도를 올려드릴 수 있다. 불신자들을 위한 나의 기도는 하나님이 루디아에게 행하신 일을 이들에게도 행하

---

31 같은 책.

여 주시는 것이다. 하나님은 그녀의 마음을 열어(그렇지 않았다면 여전히 "닫혀 있었을") 바울의 말을 따르게 하셨다(행 16:14). "빛이 있으라"라고 말씀하신 하나님이 그와 동일한 창조의 능력으로 불신의 어두움을 완전히 그리고 효과적으로 쫓아내 주시기를, 그리고 "예수 그리스도의 얼굴에 있는 하나님의 영광을 아는 빛을 [그들의] 마음에 비추"어 주시길(고후 4:6) 나는 기도할 것이다. 나는 그분이 이들의 "굳은 마음을 제거하고 부드러운 마음을" 주시기를(겔 36:26) 기도할 것이다. 나는 이들이 "육정으로나 사람의 뜻으로 나지 아니하고 오직 하나님께로부터" 나기를(요 1:13) 또한 기도할 것이다. 그리고 이러한 모든 기도와 더불어 혹 하나님이 그들에게 회개함을 주사 마귀의 올무에서 벗어나게 하실까 하여 온유하며 가르치기를 잘하며 참으며 거역하는 자를 온유함으로 훈계하고자 노력할 것이다(딤후 2:24-26). 이에 대한 유일한 대안은 피녹의 말을 빌리자면, 죄인의 동의를 얻기 위해 "가능한 모든 것"을 행하시는 일에 대해 하나님의 성공을 구하지 "않는" 것이다. 우리는 하나님이 그리스도의 아름다운 매력을 약화 혹은 완화하시도록 구해야 하는데, 그렇지 않다면 불신 가운데 머물고자 하는 죄인의 자기 결정이 불가항력적으로 압도될 것이기 때문이다.[32]

---

32 중보기도에 대한 이러한 이해는 구원받지 못한 자들을 위한 기도 외 다른 영역에서도 찾아볼 수 있다. Tiessen은 한 가지 모형을 제안했는데, 그 모형 안에서 "우리는 다스리는 자들의 마음 가운데 하나님의 은혜로운 설득이 승리하도록 기도할 수 있다. 복음이 사회로 퍼져 나가도록 기도할 수도 있고 하나님이 지도자들의 마음과 정신에 직접적으로 역사하셔서 이들에게 선한 일을 하고자 하는 충동과 자신이 다스리는 자들을 향한 공의와 긍휼을 구하고자 하는 갈망을 주시도록 기도할 수도 있다. 하나님은 이들에게 훌륭한 조언자들을 보내주실 수 있고 이들의 훌륭한 조언들을 받아들이도록 격려해 주실 수도 있다"(*Providence & Prayer*, 356). 우리는 "효과적인" 신

결론

이번 장에서의 나의 목적은 자유의지론적 자유나 정반대를 선택하는 능력에 대한 비평을 제공하는 것이 아니었다.[33] 열린 유신론의 신학적 혹은 성경적 기초에 도전하려는 의도도 아니었다. 나의 주된 목적은 중보기도에 있어 자유의지론적 자유가 갖는 결과에 대해 경고를 던지는 것뿐이었다. 따라서 나는 내가 전적으로 동의하는 브루스 웨어(Bruce Ware)의 다음과 같은 발언으로 이번 장을 마무리하려고 한다.

> 만일 우리가 아는 바 하나님이 어떤 개인의 완고한 마음에 파고드실 수 없고 또 다른 사람의 자유의지를 부드럽게 하시거나 그것을 결정적으로 움직이실 수 없다면 우리는 그야말로 그분이 하실 수 없는 것을 행하시도록 요구하고 있는 것이 아닐까? 아니면 우리가 믿는 대로 하나님은 모두를 완벽히 사랑하셔서 이미 이들의 유익을 위해 자신이 할 수 있는 다

적 영향을 위해서도 기도할 수 있는데, 그가 자유를 다음과 같이 정의했기 때문이다. "[자유는] 정반대를 선택할 수 있는 능력(자유의지론적 자유의지)이라기보다는 강요받지 않고 자신의 바람을 좇아 행동할 수 있는 능력"이다(338).

33 자유의지론적 자유에 대해 가장 광범위하고 내가 생각할 때 설득력 있는 비평은 조나단 에드워즈의 대표작 『자유의지』(*The Freedom of the Will*, 새물결플러스 역간)이다. 열린 유신론자들이 에드워즈의 작품을 종종 언급하면서도 내가 알기로 한 사람도 그의 논쟁에 실제 깊숙이 발을 들이거나 반응하지 않았다는 사실은 흥미롭다. 솔직히 얼마나 많은 열린 유신론자들이 그의 글을 실제로 읽어 보았을지 의구심이 들 정도다. 또한 'Jonathan Edwards on the Freedom of the Will', *Trinity Journal* 3 NS (1982):131-169 에 담긴 나의 분석을 참조하라. 보다 최근에는 존 프레임이 그의 책 *No Other God: A Response to Open Theism* (Phillipsburg.: P & R Publishing, 2001)에서 자유의지론적 자유에 대한 날카로운 반응을 제공한 바 있다.

양한 방편들을 동원해 역사하고 계신다면 우리는 우리가 왜 기도해야 하는지 궁금해할 수 있다. 하나님이 이미 행하고 계시지 않은 일에 대해 우리는 무엇을 요청하고 있는 것일까? 내가 하나님보다 이 사람에 대해 더 염려하는가? 물론 대답은 "아니오"이다. 그렇다면 하나님은 자신의 목적을 성취하시기 위해 내가 생각할 수 있는 모든 것보다 훨씬 더 나은 방식으로 이미 역사하고 계시지 않을까? 그렇다고 하더라도 만일 하나님이 자유를 가진 도덕적 피조물들의 완강함과 무관심 및 오해를 결국 돌파하실 수 없다고 한다면, 이는 다음과 같은 질문을 야기할 수 있다. "그렇다면 정말로 우리는 왜 기도해야 하는가?"[34]

추천 도서 _____

J. I. Packer, *Evangelism and The Sovereignty of God* (Downers Grove: IVP, 1961) (『복음전도란 무엇인가』, 생명의말씀사 역간).

J. I. Packer and Carolyn Nystrom, *Praying: Finding Our Way through Duty to Delight* (Downers Grove: IVP, 2006)(『제임스 패커의 기도』, IVP 역간).

Bruce A. Ware, 'Prayer and the Sovereignty of God' in *For the Fame of God's Name: Essays in Honor of John Piper*, edited by Sam Storms and Justin Taylor (Wheaton: Crossway Books, 2010), 126-143.

_____

34 Bruce Ware, *God's Lesser Glory: The Diminished God of Open Theism* (Wheaton: Crossway Books, 2000), 174-5.

11장
구원을 위해 물세례는 꼭 필요한가?

모든 사람이 대위임령(마 28:19)의 중요성과 성부와 성자와 성령의 이름으로 제자들에게 "세례"를 베풀 책임을 즉각적으로 인정한다. 하지만 "그리스도의 명령 중 이것만큼 많은 논란과 분열, 비통과 불신을 야기한 명령은 없을 것이라는 사실이 우리를 불안하게 한다. 실제로…이 명령은 그리스도인들로 하여금 때로 서로를 흉포함과 잔인함 및 증오를 품고 멸망시키도록 했는데, 이것은 이상하게도 자신의 제자들에게 '서로 사랑' 할 것을 끊임없이 강조한 그와 대치를 이룬다"(요 15:12, 17).[1]

애석하게도 세례는 분열을 초래하는 문제다. 세례의 양식(물을 뿌리는 것이나 물에 담그는 것), 의미, 특별히 대상(유아 세례 대 신자의 세례)에 대한 논쟁은 맹렬하다. 그러나 보다 골칫거리인 것은 세례와 중생 혹은 새로 남(new birth), 그리고 세례와 죄 용서와의 관계다. 이번 장에서 나는 종종 이러한 논쟁의 중심이 되는 두 가지 본문(행 2:38과 요 3:5)을 살펴

---

1   Donald Bridge and David Phypers, *The Water that Divides: The Baptism Debate* (Downers Grove: IVP, 1977), 7.

보고자 한다.

사도행전 2:38

오순절에 사도 베드로가 그의 설교에 대한 반응으로 "우리가 어찌할꼬"
라는 질문을 받았을 때 그는 다음과 같이 대답했다. "너희가 회개하여 각
각 예수 그리스도의 이름으로 세례를 받고 죄 사함을 받으라. 그리하면
성령의 선물을 받으리니"(행 2:38). 보통 이 본문은 요한복음 3:5과 함께
새 새명과 죄 용서를 받기 위해서는 물로 세례를 받아야 한다는 증거로
가장 많이 인용된다. 우리는 이러한 주장을 어떻게 이해해야 할까?

그리스도의 이름으로 세례를 받는다는 것은 그 의식을 집행하시는
분이 그리스도 자신인 양 우리가 그분의 권위로 세례를 받는다는 의미
다. 또한 이것은 신자가 예수께 헌신하고 그와 하나가 되겠다는 의도를
표시하는 것이기도 하다. 사실상 그리스도인이 영적 충성을 맹세하는 것
이다. 그런데 베드로는 이것에 덧붙여 물세례가 죄 용서를 위해 꼭 필요
하다고 이야기하고 있는가? 독자들이 상상하듯 여기에는 몇 가지 다른
대답이 있었다.

일부는 단순히 긍정으로 반응한다. 이들은 물세례가 실제로 구원과
죄 용서를 위해 꼭 필요하다고 주장한다. 이것이 사실이라면 오직 믿음
으로, 오직 은혜로(*sola fide, sola gratia*) 이루어진다는 구원의 모든 개념
은 약화될 것이다.

다른 이들은 38절에서 "~를 위해"(그리스어로는 *eis*)로 번역된 전치사
가 "~때문에"로도 번역될 수 있음을 지적한다(이것은 마 3:11에서 이러한

방식으로 사용되었을 것이다. 마 10:41; 12:41과도 비교). 따라서 어떤 사람이 세례를 받는 것은 구원받고 죄 용서를 얻기 위해서가 아니라 이미 받은 구원과 죄의 용서 "때문"이라는 것이다. 이것은 문법적으로는 일리가 있지만 드물고 개연성이 적다.

사도행전 2장에 등장하는 사람들이 이미 구원받았다고 주장하는 이들도 몇몇 있다. 이들이 구하는 "용서"는 구원을 위한 것이 아니라 메시아를 십자가에 못 박은 이들의 죄로 무너진 하나님과의 관계를 회복하기 위한 것이었다는 주장이다. 이것을 설명해줄 문법적 특징이 본문에 담겨 있다는 주장도 있다. "회개하라"는 권면의 대상은 이인칭 복수다. 하지만 "세례를 받으라"는 명령을 받은 대상은 삼인칭 단수다. [성령의 선물을] "받는" 대상은 다시금 이인칭 복수다. 이는 전치사 *eis*로 소개되는 절이 "세례를 받"으라는 명령보다는 "회개하"라는 명령에 종속되어 있다는 주장이다. 다른 말로 하면 "죄 용서"는 세례가 아니라 회개를 뒤따른다는 것이다. 이것은 그 자체만으로도 충분히 사실이지만 분명히 문법을 너무 교묘하게 읽어낸 주장이다.

신약의 다른 곳에 기록된 것과 가장 일치하는 견해는 사도행전 2:38이 세례와 죄 용서 사이의 관계에 대해서는 함구하지만 세례와 회개 사이의 관계에 대해서는 많은 것을 이야기해준다는 견해다. 증거 구절 세 가지를 살펴보자.

먼저 요한복음은 명백히 복음 전도의 책이다(요 20:30-31과 비교). 하지만 여기에는 그리스도인의 세례에 대한 언급이 전혀 없다(심지어 요 3:5도 언급하지 않는다. 아래를 보라). 요한복음 6장 한 장만 연구해 봐도 신앙 혹은 믿음이 우리가 구원을 받는 유일한 조건으로 명시되어 있다는 사실은 분명해진다(요 1:7, 12; 3:16, 18, 36; 5:24; 6:40, 47 참조. 요한복음에 이러한 진리를 긍정하는 본문이 수없이 많다는 사실은 언급할 필요도 없다). 신약의 나머지 부분들과 함께 칭의와 죄 용서를 위한 유일한 조건으로 신앙이나 회개를 이야기하는 본문은 거의 150개에 달한다. 구원을 위해 물세례가 절대적으로 필요하다면 이와 같이 수많은 본문으로부터 그것이 누락되었다는 사실을 우리는 어떻게 설명할 것인가?

두 번째로 고린도전서 1:17 전반부에서 바울은 실제로 물세례와 복음을 대조했다. "그리스도께서 나를 보내심은 세례를 베풀게 하려 하심이 아니요, 오직 복음을 전하게 하려 하심이로되." 물세례가 복음에 필수적이어서 구원에 필수적이었다면 바울은 그렇게 말하지 않았을 것이다. 세례는 복음이 아니다. 그리스도의 십자가의 피를 믿는 것이 복음이다(고전 1:18). 세 번째로 사도행전 자체 내에서 주목해야 할 사실 두 가지가 있다. 초기 교회에서 물세례는 신앙에 대한 평범하고 일상적인 반응이었다. 사실 세례를 통해 신앙이 표현의 절정을 찾는 것으로 보일 정도였다. 이것은 죄인이 주님을 부르고 주님께 자신을 헌신하는 계기였다(특별히 행 2:41; 8:12-13, 36-38; 9:17-18; 10:44-48; 16:14-15, 30-33; 18:8 참조). 따라서 신약에서 세례를 받지 않은 그리스도인이라는 개념은 그야말로 상상조차 되지 않았다. 만일 신자이면서 세례를 받지 않은 사람이 있었다면, 그는 구원은 받았지만 동시에 죄 가운데 있는 것이었다. 더욱이 사도행전 어디에도(또는 신약 어디에도) 세례가 용서와 칭의를 위한 유일한 전제나 조건으로 제시된 경우는 없다. 그러나 신앙/회개는 자주 그렇게 제시되었다(눅 24:47; 행 2:21; 3:19; 4:4; 5:31; 9:42; 10:43-48[15:8-9과 비교]; 11:21; 13:38-39; 14:1; 16:31; 17:12, 30, 34 참조).

사도행전의 이러한 증거는 우리에게 무엇을 말해주는가? 용서와 칭의가 믿는 자들에게 주시는 하나님의 선물이라는 것이다. 우리는 믿음으로만 의롭다 하심을 얻는다. 또한 믿는 자가 모두 세례를 받는 것이 평범하고 일상적이며 사실상 무언의 기대였다는 것을 말해준다. 왜일까? 물세례가 내적 믿음의 외적인 표현이었기 때문이다. 세례가 없는 믿음은 미소가 없는 기쁨과도 같다. 세례는 믿음이 보증한 모든 것을 상징했다. 세례는 신앙이 비가시적·사적으로 성취한 모든 것을 가시적·공적으로 선포했다. **용서는 세례를 받는 모든 이에게 약속되었는데 세례가 용서를 보증했기 때문이 아니라 세례가 믿음을 상징했기 때문이다.** 따라서 베드로가 사도행전 2:38에 세례를 포함한 것은 세례가 용서와 관련되었기 때문이 아니라 세례가 회개와 관련되었기 때문이다. 세례는 용서가 아니라 믿음에 매우 중요했다.

요한복음 3:5

요한복음 3:5에서 예수는 니고데모에게 다음과 같이 말씀하셨다. "진실로 진실로 네게 이르노니 사람이 물과 성령으로 나지 아니하면 하나님의 나라에 들어갈 수 없느니라." 많은 사람에게 이 구절은 물세례를 떠나서는 구원이 없다는 사실을 명백하게 선언한 것이다. 나의 임무는 이 진술을 살펴 예수가 의미하신 바와 이것이 구원하는 은혜의 경험에 대해 이야기하는 바를 결론짓는 것이다.

먼저 3절과 7절에서 "거듭"(*anothen*)으로 번역된 단어의 의미를 파악할 필요가 있다. 이것이 시간("다시")을 의미한다고 주장하는 이들도 있고 위치("위로부터")를 의미한다고 말하는 이들도 있다. 몇 가지 사실이 후자의 번역을 선호한다. 먼저 이 단어가 신약에서 13번 사용되었고(마 27:51; 막 15:38; 눅 1:3; 요 3:3, 7, 31; 19:11, 23; 행 26:5; 갈 4:9; 약 1:17; 3:15, 17) 그중 명확하게 "다시"라는 의미를 띤 경우는 갈라디아서 4:9뿐이다(하지만 여기에서도 "다시"를 의미하는 *palin*과 함께 사용되었다). 따라서 가장 자주 사용된 의미는 "위로부터"다(특별히 요 3:31에서 사용된 예를 참조). 두 번째로 요한이 보통은 중생을 반복이 아니라 하나님 안에 그 원천 혹은 근원을 두는 신성한 탄생(divine birth)으로 보았다는 사실이다. 이것은 하늘의 하나님으로부터 나는 것이지, 이 땅의 사람으로부터 나는 것이 아니다(요 1:13; 요일 2:29; 3:9; 4:7; 5:1, 4, 18과 비교).

"거듭"이라는 번역을 옹호하는 주요 논거는 니모데모가 이 단어를 그렇게 이해한 것으로 보이는 정황이다. 4절에서의 그의 반응, 곧 "두 번째 모태에 들어갔다가 날 수 있사옵나이까"라는 질문에 주목하라. 하지만 예수와 니고데모 사이에서 이뤄진 대화의 상당 부분은 후자의 오해를 바로잡는 데 사용되었다. 특별히 10절에서 예수가 본질적으로 여긴 문제들에 대해 그가 무지했다는 사실을 주목하라.[2] 또한 우리는 5절이 3절을 부연한다는 사실에도 주목해야 하는데, 마치 설명이나 해설처럼 "물과 성령"(5절)이 "위로부터"("다시", 3절)로 대체되었다. 세례 요한은 하나님으로부터 보냄을 받았고(요 1:6) 그리스도인의 세례는 "신성한" 규례임에도 불구하고, *anothen*의 효력은 단순한 근원 그 이상을 수반한다. 거기에는 본질이나 성격이라는 개념도 분명히 포함된다. 다시 말해 이것

---

2 이것에 관해서는 다음의 논쟁을 참조하라. John Murray, *Collected Writings of John Murray* (Carlisle: The Banner of Truth Trust, 1977), II:176-7.

은 본질상 세속적이거나 육적인 것 혹은 자연적인 것이 아니라 하늘의 것 곧 영적인 것이다(특별히 3:6에 주목).

5절이 3절을 설명한 것과 마찬가지로 6-8절은 5절에서 제시된 개념을 보다 발전시킨다. 하지만 6-8절에서는 "물"이 눈에 띄게 누락되었고 성령만이 언급되었음에 주목해야 한다. 요한이 "물과 성령으로 나"는 것을 대신하여 "영으로 나"는 것을 묘사한 6절과 8절 하반부에도 주목하라. 이것의 이유는 "성령"이 필수적이며 물은 그것의 의미가 무엇이든 중생을 위해 역사하시는 성령의 능력에 포함되거나 그것의 기본 요소로 정의되어야 하기 때문이다. 만일 우리 주님이 중생에 있어 "물"을 독립적 매개이자 그 자체로 중요하다고(성령이라는 매개와는 별개로) 여기셨다면 그분은 분명 그것을 다시 언급하시고 그것에 중요성을 더욱 부여하셨을 것이다. 대신 주님은 "위로부터" 나는 것을 성령이 홀로 그 결과를 가져오시고 야기하시며 전적으로 "육"(6절)의 영역을 벗어난 것으로 묘사하신다.

예수가 이야기하는 "남"(begetting) 혹은 중생은 단일 사건으로서 각각의 매개체(하나는 물, 다른 하나는 성령)을 통한 두 가지 탄생의 경험이 아니라, "물과 성령으로" 이루어지는 한 번의 태어남이다. 여기서 우세한 요인은 성령이다. 본문은 "물'로'와 성령'으로'"라고 표현하지 않고 "물과 성령'으로'"라고 표현했다. 하나의 전치사(ek)가 두 개의 명사를 거느린 것이다. 이것은 "물과 성령으로" 이루어지는 하나의 탄생이다.[3] 따라

---

3 논의되고 있는 두 개의 명사가 만일 독립적이고 서로 별개였다면, 각각의 명사 앞에 전치사가 반복되는 것이 더 자연스러웠을 것이다. 한 개의 전치사가 두 개의 명사를 거느린다는 사실은 두 명사가 단일 부류 안에서 동급의 조화로운 것들이었음을 나타

서 "물"은 "성령"으로부터 독립적이거나 대조되는 것이 아니라 오히려 성령과 잘 어울리는 것으로 이해되어야 한다.

6-8절은 중생이 어떻게 일어나는지에 대해 많은 것을 말해 준다. 먼저 6절에서 예수는 태어남에는 두 종류가 있으며 "각각은 그 결과물의 성격을 완벽히 좌우한다"는 사실을 보여주신다. 자연적인 것은 자연적인 것 말고는 아무것도 만들어낼 수 없고 불변의 법칙을 따라 실제 자연적인 것을 만들어낸다. 초자연적인 것만이 초자연적인 것을 만들어내고 이 것은 그 결과물의 초자연적 특성을 틀림없이 보장한다. 영으로 난 것이 영이며 "오로지" 영으로 난 것이 영이다."[4] 다시 한번 머레이가 지적했듯이 "인간의 본성은 인간의 본성을 번식시키고 자신이 처한 상태를 초월하는 다른 무엇을 만들어내지 못한다. 콩 심은 곳에 콩 나는 법이다."[5] 핵심은 중생에 있어서 인간의 본성이 전적으로 무력하며 절망적으로 무익하다는 것이다. 간단히 말해 육적(곧 인간적) 원인으로부터 영적 혹은 구원의 효력을 얻을 수는 없다.

특이하게도 예수는 8절에서 자연 현상과 영적 진리 사이에서 한 가지 비유를 끌어내고 있다. 다음 몇 가지 중요한 요인에 주목해야 한다.

a) 중생 가운데 나타나는 **눈에 보이지 않고 신비한** 성령의 역사의 본질. "어디서 와서 어디로 가는지 알지 못하나니."

b) 중생의 **저항할 수 없고 효과적인** 본질. "바람이 불매." 우리는 바람에

낸다.

4   Murray, *Collected Writings*, II:185-6.
5   같은 책, II:184.

저항하지도 그것의 방향을 바꿀 수도 없다.

c) 성령의 **주권적** 역사—"임의로." 인간의 장치나 규례로 이것을 잡아 세울 수 없다.

그리고

d) 그것이 활동한다는 **필연적이고 식별 가능한** 열매—"네가 그 소리는 들어도." 머레이는 다음과 같이 말했다. "바람은 눈에 보이지 않고 저항할 수 없으며 우리의 뜻에 조금도 굴복하지 않지만 있는 곳에서 자신의 존재를 드러낸다. 우리는 그것의 효과를 듣는다. 중생도 마찬가지다. 이것은 성령의 열매로 자신을 드러낸다. '영으로 난 것은 영이다.' 성령은 자신이 기뻐하시는 때와 장소와 방식으로 비밀하고 불가해한 방식으로 역사하셔서 생명을 낳고 주신다. 이러한 탄생은 그것의 본질과 목적에 합당한 열매로 드러나게 된다."[6]

이제 우리는 "물"에 대한 몇 가지 해석에 주목할 텐데, 이는 혹시 있다면 이들 중 어떤 해석이 우리가 앞서 주목한 증거들을 가장 잘 설명하는지를 판단하기 위해서다.[7]

---

6   같은 책, II:187-8.
7   여기서 논하지 못한 다른 견해들도 있지만 주목할 만한 견해 중 누락된 것은 없다. 한 가지 기이한 견해로는 Herman Olhausen, *Biblical Commentary on the New Testament*, translated by A. C. Kendrick (New York: Sheldon, Blakeman and Company, 1858), II:354이 있는데, 그는 "물"이 사랑 가운데 자신을 굴복하는 참회하는 영혼을 상징하지만 "성령"은 남성적 힘이며 그의 협력을 통해 중생이 이루어진다고 주장했다.

세례로서의 물

이 본문이 염두에 둔 것이 좌우지간 세례라고 주장하는 해석이 몇몇 있다. 말할 나위 없이 여기 요한복음 3장에 기록된 물이 기독교 세례를 지칭한다고 주장하는 사람들도 있다. 비슬리 머레이는 다음과 같이 말했다. "인자의 몸을 먹고 그의 피를 마시는 것에 대한 요한복음 5:51 이하의 설명은 우리에게 다름 아닌 성찬을 상기시킨다. 따라서 물과 성령으로 이루어지는 중생에 대한 언급이 우리의 이목을 기독교 세례로 이끄는 것은 당연하다."[8] 이러한 견해는 다음 세 가지 중 한 가지의 형태를 띤다. 1) 세례에 의한 중생(ex opere operato, 문자적으로는 "실행되는 것의 효력으로"이다). 세례의 물이 중생이 성취되는 데 필수적이며 언제나 효과적 수단이 된다는 견해다(이것은 로마 가톨릭의 견해다). 2) 다음은 중재적 견해로서 이 견해에 따르면 중생하게 하는 것은 오직 성령이지만, 이 성령은 그가 역사하도록 하나님이 정하신 때 혹은 하나님이 정하신 방편인 세례의 물로 그리고 그것을 통해서만 그렇게 하신다. 그리고 3) 물세례가 성령이 이루시는 내적 중생의 외적 표상이자 확인이라는 견해도 있다.

여기서 물세례를 염두에 두었다는 주장에 대한 반응으로 몇 가지 언급할 것이 있다. 먼저 신약 어디에서도 중생과 물세례를 불가분한 것으로 보지 않았다는 점이다.[9] 다시 한번 8절의 핵심은 성령이 바람처럼 자

---

8   G. R. Beasley-Murray, *Baptism in the New Testament* (Grand Rapids: Eerdmans, 1974), 228-9.
9   특별히 다음의 연구를 참조하라. James D. G. Dunn, *Baptism in the Holy Spirit: A Re-examination of the New Testament Teaching on the Gift of the Spirit in relation to Pentecostalism today* (Philadelphia: Westminster Press, 1970).

유롭고 주권적으로 역사하신다는 것인데, 만일 중생이 물세례에 불가분 묶여 있다면 이것은 매우 부적절한 비유가 된다. 두 번째로 물이 세례를 지칭한다면, 물세례가 중생의 필수 방편이든 성령이 역사하시는 기회이든 간에, 그것은 왜 6-8절에서 생략되었는가? 던(Dunn)은 다음과 같이 말했다. "요한이 물을 그 자체로 중요하고 거듭남이라는 개념에 필수적인 것으로 보았다면 그는 분명 그것을 다시 언급하고 그것에 보다 큰 중요성을 부여했을 것이다. 그가 그렇게 하지 않았다는 사실, 물을 성령과 함께 단일한 개념의 일부로서만 언급했다는 사실, 그리고 계속해서 '물과 성령으로'(ex hydatos kai pneumatos) 태어남을 성령이 가져오시는 출생 곧 온전히 '영'(pneuma)의 영역에 속하고 '육'(sarx)의 영역을 벗어난 태어남으로 강조했다는 사실은, 그가 그의 독자들(세례 요한의 세례를 여전히 과대평가하는 요한의 제자이든 기독교의 성례를 과대평가하는 그리스도인들이든)에게 다음과 같이 말했음을 의미한다. 당신이 가치를 두는 물은 생명을 주는 성령의 능력을 상징할 뿐이다. 효력은 물세례에 있지 않고 생명을 주시는 성령에 있다.'"[10]

세 번째로 여기서 기독교의 세례를 떠올리는 것은 시대착오적이다. 그것이 아직은 제정되지 않았기 때문이다. 니고데모가 예수께 책망받은 것은 아직 언급된 바 없는 어떤 규례를 몰랐기 때문이었을까? 네 번째로 만일 예수가 기독교 세례를 구원을 위해 필수적인 것으로 말씀하셨다면, 그가 복음을 선포할 때 그것을 한 번도 언급하시지 않은 사실은 이상하며, 이러한 성례를 직접 집행하지 않으셨다는 사실은 더더욱 그렇다(요

---

10   Dunn, *Baptism in the Holy Spirit*, 193-4.

4:2과 비교). 만일 세례가 구원에 없어서는 안 되는 것이었다면 우리 주님은 그것을 행하심으로써 모범을 보이셔야만 했다(고전 1:10-17과도 비교). 다섯 번째이자 마지막으로 다시 한번 던은 다음과 같이 적절하게 말했다. 새로 태어남은 "사람에게는 불가능한 것으로서(4절) 사람은 그것을 꾀하거나 성사시키거나 성취할 수 없다. 이것은 온전히 성령이 주시는 것이다. 그리고 이것은 신비롭게 주어지기에 우리는 성령의 임하심을 정확한 시간과 정확한 방법으로 한정할 수 없고 그 임하심의 효과를 측정할 수도 없다. 다만 신자 안에 그가 임재하시는 것을 인지할 뿐이다(8절). 이것은 요한이 기독교 세례의 물을 통해서는 고사하고 그 세례를 통해 성령이 주어진다고 생각했다는 주장과는 전혀 어울리지 않는다."[11]

다음으로는 여기의 "물"이 요한의 세례를 암시한다고 믿는 사람들에게로 넘어가보자. 요한의 세례는 요한복음의 첫 세 장에서 자주 언급되었다(1:6-8, 15, 19-34; 3:22-36). 요한의 물세례는 그리스도의 성령 세례를 위한 상징적 준비로 선명하게 묘사되었고, 따라서 3:5에서 이 두 가지를 조화시킨다는 사실은 놀랍지 않다. 요한의 사역은 회개하는 이들을 불러 곧 오실 메시아를 위해 자신을 준비하도록 하기 위함이었고, 그의 물세례는 이런 내적 결심의 구체적·외적 표현이었다. 따라서 요한의 세례에는 다음과 같이 두 가지 초점이 있다. 그것은 죄 용서와 죄로부터의 깨끗해짐을 보장하면서 회심한 개인의 삶이 새로이 시작되었음을 알렸고, 성령을 통한 메시아적 세례를 예측했다.

따라서 누구든 물세례를 따르는 사람은 그렇게 함으로써 자신의 죄

---

11 같은 책, 191.

를 고백하며 이전 삶의 방식을 버리겠다고 결심한 사실을 가시적으로 증언한다. 누가의 말에 따르면(7:30) 니고데모가 속한 바리새파는 요한의 세례를 따르지 않았다. 이방인들과 동일한 의식을 따르고 자신이 유대인으로 난 것이 불충분하다는 사실을 인정하는 것이 이들에게는 참을 수 없는 모욕이었기 때문이다. 메시아로부터 성령 받은 것은 모욕이 아니다. 반대로 영광스러운 특권이다. 하지만 기이하게 여기는 군중을 앞에 두고 요단강으로 걸어 들어가 자신이 깨끗해지고 새로 나야 한다는 사실을 인정하는 것은 지나치게 버거운 일이었다.[12] 우리 주님은 다만 이러한 바리새인 니고데모를 향해 하나님 나라에 들어가려면 성령으로 나야 할 뿐 아니라 죄로부터 돌아서고 이전 것에 대해 죽어야 한다는 것을 선언하셨을 뿐인데, 이 모든 것을 상징적으로 묘사하는 것이 요한의 물세례였다. 따라서 물과 성령으로 난다는 것은 예수가 니고데모에게 그에게 죄로부터의 깨끗해짐, 그러니까 요한의 물세례로 상징되고 성령으로부터의 중생으로 가능해지는 깨끗해짐이 필요함을 이야기한 방식이었다.[13]

이러한 견해에서 "물"은 우리가 중생하는 수단이나 매개체가 아니라 요한의 세례와 그 세례가 상징적으로 묘사하는 죄로부터의 회개와 용서를 지칭한다. 만일 그렇다면 이것은 요한의 세례가 이루어졌던 기간으로 본문의 관련성을 한정 지을 것이다.

본문에서 염두에 둔 것이 기독교 세례라는 견해에 반하여 앞서 언

---

12 Marcus Dods, *The Gospel of St. John* in The Expositor's Greek Testament (Grand Rapids: Eerdmans, 1974), I:713.

13 이런 견해에 대한 조심스럽고 조리 정연한 옹호를 위해서는 다음을 참조하라. John Reid, 'Born of Water and Spirit - John iii.5', *The Expository Times* III (October 1891 - September 1892): 318-19.

급된 몇몇 주장은 여기서도 동일하게 적용될 수 있다. 더욱이 요한이 물로 이루어지는 자신의 세례를 성령으로 이루어지는 메시아의 세례와 한결같이 대조했지만, 이 본문은 물과 성령을 분명히 조화시키고 있다(마 3:11과 비교). 하지만 보다 나은 대안이 없었다면, 이러한 견해를 주장할 수는 있을 것이다.[14]

생리학적 혹은 출산과 관련된 견해

"물"에 대한 흥미롭지만 다소 기이한 해석은 물이 육체가 태어날 때 흘러나오는 액체(양수)를 가리킨다는 것이다. 이 견해를 대표하는 두 사람의 설명은 다음과 같다.

> 자, "물로 난다는" 것은…육체적으로 나는 것에 대한 참되고 적절한 묘사다. 태아는 다량의 액체(물)를 담은 막 안에 둘러싸여 있기에 태아가 나는 것은 물로부터 나오는 것이다. 우리는 모두 "물로부터 나왔"지만 하나님 나라에 들어가기 위해서는 "성령으로부터 나오는" 또 다른 탄생이 필요하다.[15]

---

14 루터교 학자인 R. C. H. Lenski는 여기서의 "물"이 요한의 세례와 기독교의 세례 "모두"를 지칭한다고 주장한다. 그의 주장에 따르면 "여기서 예수가 어떤 세례를 염두에 두었는지 혹은 자신이 세운 미래의 성례를 지칭했는지에 대해 우리는 의문을 제기할…필요가 없다. 이것은 하나님이 명하신 하나의 성례로서 세례 요한이 사용했고 이후에는 예수가 사용했으며, 마지막으로는 모든 사람을 위해 제정된 것이다."

15 Russell Fowler, 'Born of water and the Spirit (John3:5)', *The Expository Times* 82 (1971), 159.

인간의 출생은 태중에서 자라는 동안 태아를 두르고 있던 태포가 파열되면서 이루어진다. 따라서 모든 자연적 출생은 "물로부터 나는" 것이다. 이 해석은 다른 제안들에 따르는 반대 의견을 빗겨갈 뿐 아니라 태에 대한 니고데모의 언급과 가깝게 연결된다.[16]

이 모든 내용은 어떤 주석가가 표현한 대로 "의심스러울 만큼 현대적"이며 지나치게 "임상적"이다. 1세기의 사람들이 육체적인 출생을 이런 용어로 이야기했다는 사실에는 증거가 부족하다. 또한 예수가 이렇게나 명백하리만큼 자명한 사실을 두고 자신의 말을 낭비했을까? 그가 사람이 두 번 나기 전에 한 번 나야만 한다는 사실을 확인했다는 것은 그의 탁월함에 걸맞지 않다.

예수가 "물과 피로 임했"다고 이야기하는 요한1서 5:6-7에 호소하는 이들도 있다. 이들의 주장에 따르면 "물"은 예수의 육체적인 출생을 지칭한다. 훨씬 더 그럴듯한 설명은 물과 피가 각각 예수의 "세례"와 "죽음"을 지칭한다는 것인데, 전자를 통해 예수는 그의 사역을 위한 보냄과 능력을 받았으며 후자를 통해서는 그의 사역이 완성되었다. 이것은 예수가 세례를 받기 이전과 세례를 받는 동안 그리고 십자가에 달리는 동안과 십자가 이후 "그리스도"였다는 사실을 보여주므로 (영지주의적 성향을 띤) 거짓 선지자들을 반박한다. 물(세례)을 통해 예수가 그리스도가 "되신" 것이 아니라 그리스도"이신" 예수가 물을 통해 임한 것이다. 5절의 후반부는 요한에 의한 반복적이고 단호한 선언인데, 이것은 "그리스도"

---

16 D. G. Spriggs, 'Meaning of Water in John 3:5', *The Expository Times* 85 (1974), 150.

가 십자가 사건 이전에 예수를 떠났거나 그로부터 벗어났다는 영지주의적 개념 때문에 요구되는 선언이었다. 요한은 그렇지 않다고 이야기한다. 피 흘린 분은 단순히 예수가 아니라 예수 "그리스도"였다.

휴고 오드버그(Hugo Odeberg)는 생리학/출산과 관련된 모형만큼이나 흥미롭고 기이한 변형을 제시했다. 특정 고대 자료들(랍비와 유대 신비주의, 필론, 만다이즘, 헤르메스)의 연구를 통해 "물", "비", "이슬", "[물]방울"과 같은 단어들이 정액을 암시할 가능성을 제시한 것이다. 따라서 "물"은 육체적 과정 속 정액이나 남성의 씨에 상응하는 영적 과정에 속한 어떤 것이 된다. 그렇다면 우리는 물과 성령을 매우 긴밀히 하나로 묶어 "영적 씨"(벧전 1:23과 비교)와 같은 것으로 번역해야 할 것이다. 오드버그 자신은 이것을 "천상의 정액"(celestial semen)으로 지칭했다.[17]

그것이 남성의 정액이든 태중의 물이든 이러한 "물"이 사람의 태어남을 상징한다는 생각에 있어 주된 어려움은 "물과 성령으로"라는 표현의 의도가 사람이 "위로부터" 나는 방식을 정의하기 위함이었다는 사실에 있다. 즉 "물과 성령"은 마치 이들 중 한 가지는 육체적인 것, 다른 한 가지는 영적인 것을 묘사하는 양 서로 다른 두 가지의 태어남으로 대조되지 않았고, 대신 위로부터 이루어지는 한 가지의 태어남, 곧 일체의 인간적 남(begetting)의 영역을 전적으로 벗어난 탄생(birth)을 묘사하여 서로 조화를 이루었다. "물과 성령으로"라는 구절은 니고데모에게 수수께끼였던 "위로부터의"(anothen) 태어남의 본질과 의미를 분명히 하기 위

---

17 Hugo Odeberg, *The Fourth Gospel interpreted in its relation to Contemporaneous Religious Currents in Palestine and the Hellenistic Oriental World* (Chicago: Argonaut, Inc., 1968), 48-71.

한 목적으로 사용되었다. 하지만 예수가 오히려 이해하기 어려운 랍비적 개념에 호소하셨다면, 이것은 핵심을 더욱 흐리는 결과를 낳지 않았을까? 니고데모 혹은 이 복음서의 독자 중 누구도 이러한 세부사항을 알고 있었을 것으로 보기는 어렵다.

말씀으로서의 물

다소 인기가 있는 이 견해에 따르면 "물"은 하나님의 말씀을 상징하는 것으로 볼 수 있다(엡 5:26; 약 1:18; 벧전 1:23-25과 비교). 이 견해는 중생의 본질과 방편에서는 나머지 성경과 잘 어울리지만, 요한복음 3장의 문맥과 논쟁에 대해서는 그럴듯한 답변을 내놓지 못한다. 우리 주님은 왜 중생을 염두에 둔 다른 본문들에서처럼 단순히 "말씀과 성령으로"라고 말씀하시지 않은 걸까? 또한 말씀의 수단은 분명 성령의 것과는 다른데, 만일 말씀이 염두에 있다면 그것이 왜 6-8절의 이야기에서 누락된 걸까? 그리고 마지막으로 우리 주님이 니고데모를 책망하신 것은 그가 이러한 진리, 곧 구약에서 상당히 뚜렷하게 드러나는 것으로 보이는 진리를 몰랐기 때문이다. 하지만 구약에서 말씀은 살리는 것과는 연관이 있지만(시 119:50) "물"과는 연관되어 있지 않다.

물과 바람

제인 하지스(Zane Hodges)에 따르면 이 구절은 "물과 바람으로" 번역되어야 하고 두 단어는 모두 물리적 요소인 물과 바람을 지칭하는 것으로 생각되어야 한다. 이것으로써 "주님은 하늘로부터 비롯되지만 이 땅에 필수적이고 선명한 효과를 내는 자연 현상으로 우리의 주의를 돌리신다. 실제 중동의 반 건조 환경 속에서 사람들은 하늘로부터 내려오는 물, 곧 하늘에서 부는 바람이 실어 나르는 물을 간절히 갈망했으며, 이 물은 사람의 생명에 분명 없어서는 안 되는 것이었다. 따라서 3:5에서 못 미더워하는 니고데모의 대꾸에 대한 예수의 이런 반응은 묘사되고 있는 현상이 이 땅에 속한 태로부터 비롯되는 것이 아니라 물과 바람과 같이 위로부터 오는 것임을 이야기한 것이었다."[18]

하지스는 이사야 44:3-5에 호소했는데 여기서 성령의 활동은 위로부터 내려오는 물이다. 그것이 임하는 이들에게는 물을 갓 머금은 초목과 같이 소생케 되는 효과가 나타난다. 그는 에스겔 37:9-10도 언급했다. 여기서의 "바람" 역시 생명을 주시는 하나님의 성령의 역사를 상징하는 구약의 비유다. 따라서 물과 바람은 성령의 역사에 대한 이중 은유이며, 이러한 역사는 구약에서도 드러난 바 있다. 이러한 해석에 대해 근본적으로 부적절한 점은 없다. 만일 본문의 내용을 이만큼이라도 적절히 다루는 다른 견해가 없다면 우리는 이 해석에 주의를 기울일 수 있다. 하지만 그러한 견해가 있다(아래 참조). 또 이 견해가 옳은 해석이 되기 위해서는 5절 pneuma가 "바람"으로 번역되어야 하는데, 이 단어가 5절에서처럼 6절과 8절에서도 gennao라는 동사와 함께 등장하고 이 구절들에서는 분명히 성령을 지칭한다는 사실을 고려하면, 그 견해는 개연성이 낮다. 또한 아래에도 언급되었듯이, 하나님 나라에 들어가는 것에 대

---

18 Zane Hodges, 'Water and Spirit John 3:5', *Bibliotheca Sacra* 135 (July-September 1978), 216-17.

한 니고데모의 생각에 있어서는 에스겔 36장이 이사야 44장이나 에스겔 37장보다 더 중요했을 것이다.

성령으로서의 물

이 견해에 대한 지지는 요한복음 4:7-15과 7:37-39에서 찾을 수 있는데, 여기서 "물"은 의심의 여지 없이 성령에 대한 은유다. 그렇다면 이것의 번역은 "물 곧 성령으로"가 된다. 연결어 "그리고"(kai)는 설명적 보족 혹은 동격으로 볼 수 있는데 후자로 보는 것이 더 나을 것이다. 다시 말하면 상징되는 것은 상징을 곧바로 뒤따른다. 이것은 왜 "물"이라는 단어가 6-8절의 논의로부터 누락되었는지에 대한 탁월한 설명이 된다. 만일 "물"=성령이라면 그것을 한 번 이상 언급할 필요가 없는 것이다.

하지만 "물"이 성령을 의미할 뿐이라면 예수는 왜 이것을 언급했을까? 이것은 불필요한 반복을 낳는 유의어의 반복으로 비칠 뿐이다. 핵심은 다음과 같다. 물이 성령이나 중생의 경험에서 특정한 성령의 역사를 상징하는 것이 아니라면, "물"이라는 단어가 애초에 언급된 이유에 대한 설득력 있는 설명은 없다. "성령"이라는 단어로 이미 제공되지 못한 어떤 내용을 이 단어가 이야기에 더할 수 있겠는가? 결과적으로 "물"이 성령에 대한 단순한 동의어 그 이상이며 생명을 주시는 성령의 작용을 상징적으로 가리킨다고 말하는 이들도 있다(4:7-15과 7:37-39의 경우에서와 마찬가지로). 이것은 전적으로 가능하지만 최선의 답은 아니다.

영적 씻음 혹은 죄로부터의 정결을 상징하는 물

이제 우리는 내가 가장 설득력 있다고 여기는 견해에 도달했다. 이 해석에 따르면 니고데모는 "물"이라는 단어를 들었을 때 물이 구약에서 갖는 종교적 중요성을 곧바로 떠올릴 수 있었다(보다 적절하게는 그것을 떠올렸"어야 했다." 그렇게 하지 못했기 때문에 예수의 책망을 받은 것이다). 물이 구약에서 종교적으로 사용된 사실 혹은 더 정확히 이야기하면 물이 종교적으로 갖는 상징적 의미는 한 가지, 곧 정결을 가리켰다. 니고데모가 가장 먼저 떠올려야 했던 것은 하나님 나라에 들어가기 위해서는 정결함이 꼭 필요하다는 사실이었다.

구약의 "물"이 죄의 오염으로부터의 씻음과 정결을 상징하기도 했다는 사실은 다음 본문들에서 명백히 드러난다. 시편 51:2-3, 이사야 1:16, 예레미야 33:8, 스가랴 13:1, 출애굽기 40:12, 30:20-21, 레위기 14:8-9, 15:5-27, 열왕기하 5:10, 여호수아 19장 등이다. 따라서 니고데모에게 "물로" 난다는 것은 하나님 나라에 들어가는 것이 오직 죄의 오염과 더러움으로부터의 영적 정화를 통해 이루어진다는 사실을 의미했다(덧붙이자면 이것은 당시 바리새인 중 다수에게 불쾌한 생각이었음이 틀림없다).

이 주제를 다루는 구약의 모든 본문 중 가장 근본적인 본문은 분명 에스겔 36:25-26이다. 머레이는 이 본문을 "요한복음 3:5에 병행하는 구약의 본문으로 보는" 것이 적절하다고 여겼고, "'물로 나는' 것에 대해 에스겔 36:25의 해석 외에 다른 해석을 시도할 이유나 근거가 없"음을 지적했다.[19] 다음은 에스겔서 본문이다.

> 맑은 물을 너희에게 뿌려서 너희로 정결하게 하되 곧 너희 모든 더러운 것에서와 모든 우상숭배에서 너희를 정결하게 할 것이며, 또 새 영을 너희 속에 두고 새 마음을 너희에게 주되 너희 육신에서 굳은 마음을 제거하고 부드러운 마음을 줄 것이며(36:25-26)

요한복음 3:5의 두 가지 요소("'물'과 '성령'으로 남")는 구약의 대응 본문에 있는 두 가지 요소와 일치한다. 두 본문에서 물은 정화에 대해 이야기한다. 두 본문에서 성령은 갱신 혹은 회복에 대해 말한다. 그러나 이들은 분리될 수 없고 우리는 이들을 중생이라는 단일 경험과 관련된 영역으로 간주해야 한다. 이것은 곧 죄로부터 깨끗해지는 것이며 영적 생명의 전가다. 머레이는 다음과 같이 탁월하게 요약했다.

> 하나님 나라에 대한 이해와 그곳으로 들어가는 것, 그것의 의미를 분별하고 그것의 특권과 권리와 축복을 즐거워하는 것은 주권적이고 신비하며 효과적인 활동에 의존한다. 이러한 활동에서 성령은 구체적인 행위자가 되시고 인간은 그 대상이 된다. 그 활동은 죄의 오염으로부터 깨끗해지거나 정화되는 것과 사람을 새롭게 하는 것으로 이루어진다. 이 사람 안에 성령이 내주하시고 통제하시며 인도하신다. 그 사람의 태어남이 어떻게 작용하는지에 대해서는 알 수 없지만, 그것은 식별 가능한 성령의

---

19 Murray, *Collected Writings*, II:184.

열매로 드러난다. 그러한 성령의 열매는 하나님 나라의 일원이 된 사실과 어울리고 그것을 입증한다.[20]

결론

이번 장에서 제기된 질문은 물세례가 죄의 용서를 위해 그리고 중생이나 새로 태어남을 위해 필수적인가였다. 우리가 고려해본 두 가지 본문을 통한 대답은 "아니오"이다. 하지만 그리스도인에게 있는 물세례의 중요성은 전혀 축소되지 않는다. 앞서 언급했듯이 신약 어느 곳에서도 "세례를 받지 않은" 그리스도인이라는 개념은 상상되지 않는다. 하지만 그리스도인이 받는 세례 그 자체가 그 사람의 새로 태어남 내지 구원에 기여하거나 그것을 조금이라도 야기하는 것은 아니다. 이것은 오로지 믿음의 열매이기 때문이다.

---

20 같은 책, II:188.

추천 도서 _____

John H. Armstrong, editor, *Understanding Four Views on Baptism* (Grand
Rapids: Zondervan, 2007).

Donald Bridge & David Phypers, *The Water that Divides: The Baptism Debate*
(Downers Grove: InterVarsity Press, 1977).

G. R. Beasley-Murray, *Baptism in the New Testament* (Grand Rapids: Eerdmans,
1974).

James D. G. Dunn, *Baptism in the Holy Spirit: A Re-examination of the
New Testament Teaching on the Gift of the Spirit in relation to
Pentecostalism today* (Philadelphia: Westminster Press, 1970).

David F. Wright, editor, *Baptism: Three Views* (Downers Grove: IVP Academic,
2009).

12장
지옥은 영원히 지속될 것인가?

나는 이번 장을 논란이 일었던 랍 벨(Rob Bell)의 책 『사랑이 이긴다』(*Love Wins*, 포이에마 역간)가 출간되고 2년여가 지나서 썼다. 이 책에서 저자는 지옥과 영원한 의식적 형벌에 대한 전통적인 기독교적 이해에 도전장을 내밀었다. 이러한 특정 서적을 두고 더 왈가왈부하려는 의도는 없지만, 이번 장의 핵심은 다름 아닌 지옥과 하나님의 은혜의 복음을 거절한 이들의 영원한 운명이라는 문제가 될 것이다. 조악한 말장난에 대해서는 미안하지만 이 문제는 지옥불처럼 "사그라들" 기미를 보이지 않는다! 여전히 울화통이 치밀고 감정은 미친 듯이 날뛴다. 그리고 교회는 나누어졌다. 독자들과 내가 무엇을 선호하든 그것에 상관없이 지옥에 관해 유일하게 적절한 질문은 이것이다. "성경은 무엇을 이야기하는가?"

게헨나

신약에서 가장 많이 "지옥"으로 번역된 단어는 "게헨나"인데, 이는 "힌놈의 골짜기"를 뜻하는 그리스어다. 이 계곡은 감람산에서 여전히 보일 만큼 예루살렘 바로 남서쪽에 위치해 있다. 이스라엘의 역사에서 한때 이곳에서는 이방신 몰렉을 위한 인신 제사가 이루어졌다(왕하 23:10; 대하 28:3; 33:6; 렘 7:31; 19:5 이하와 비교). 요시아 왕이 그 나라에 종교 개혁을 일으켰을 때 게헨나는 저주를 받았고 일부에 따르면 예루살렘 성을 위한 쓰레기 처리장으로 사용되기에 이르렀다.[1] 이곳에는 공용 쓰레기는 물론, 장사되는 것이 합당치 않다고 여겨진 범죄자들의 시체도 버려졌다. 게헨나의 그을린 불꽃은 결코 수그러들지 못했는데 쓰레기들이 지속적으로 들어와 불꽃을 부추기고 끝도 없이 불을 피워댔기 때문이다. 예수님 당시 게헨나는 지옥에 대한 가시적인 표현이었다(막 9:47-48과 비교). 게헨나는 공관 복음서에서 11번 사용되었는데, 어떤 이들에게는 놀랍게도 그 단어는 늘 예수의 입을 통해서 언급되었다.

지옥에 대한 성경의 가장 분명한 진술

지옥에 대한 가장 분명한 묘사는 요한계시록 14:9-11에서 찾아볼 수 있

---

1   힌놈의 골짜기가 실제로 예루살렘의 "도시 매립지" 혹은 "쓰레기더미"였는지에 대해서는 학자들 간에 지속적 논쟁이 있다. 이것은 증거로 볼 때 결론을 내리기 어렵기에 이런 사실에 대해 독단적이어서는 안 된다. 하지만 이 지역이 한때 아이를 제물로 바친 이방 제사의 현장이었다는 사실만큼은 누구도 부인하지 않는다. 따라서 이것이 영원한 고통의 장소를 지칭하기 위한 방식으로 사용되었다는 사실은 이해할 만하다. 예수 당시 게헨나가 쓰레기 처리장이었다는 개념에 반해서는 다음의 훌륭한 논의를 참조하라. Francis Chan & Preston Sprinkle, *Erasing Hell: What God Said about Eternity, and the Things We Made Up* (Colorado Springs: David C. Cook, 2011), 56-67(『지옥은 없다』, 두란노 역간).

다. 내가 처음 이 본문을 마주한 것은 달라스 신학교에서 요한계시록 그리스어 주해 과정을 들었을 때였다. 내 교수님이자 신학적 멘토인 루이스 존슨(S. Lewis Johnson)은 우리에게 한 단락씩을 주고 그것을 주된 집필 과제를 위한 초점으로 삼도록 했다. 요한계시록 14:9-11이 나에게 떨어졌다. 그 뒤로 나는 백팔십도 달라졌다. 이전에는 지옥을 두고 던졌을 법한 어떤 농담이나 비웃음은 갑작스레 중단되었다. 이전에는 이 주제에 대한 나의 토론을 특징지었을 법한 경박함이나 경솔함 역시 즉각 멈췄다. 이것은 정신이 번쩍 들도록 하는 끔찍한 본문으로서 우리에게 하나님의 구원하시는 은혜에 대해서는 깊은 감사를, 끈질긴 불신앙의 위험 가운데 구원받지 못하고 죽어가는 세상에 경고를 던지는 복음 전도에 대해서는 강렬한 열정을 갖도록 할 것이다. 우리는 이것을 한 줄 한 줄, 한 단어 한 단어 곱씹어 보아야 한다.

> 또 다른 천사 곧 셋째가 그 뒤를 따라 큰 음성으로 이르되, "만일 누구든지 짐승과 그의 우상에게 경배하고 이마에나 손에 표를 받으면 그도 하나님의 진노의 포도주를 마시리니, 그 진노의 잔에 섞인 것이 없이 부은 포도주라. 거룩한 천사들 앞과 어린 양 앞에서 불과 유황으로 고난을 받으리니, 그 고난의 연기가 세세토록 올라가리로다. 짐승과 그의 우상에게 경배하고 그의 이름표를 받는 자는 누구든지 밤낮 쉼을 얻지 못하리라" 하더라.

신적 심판의 끔찍한 본질은 세 가지 구절을 통해 묘사된다. 먼저 "[바벨론의] 음행으로 말미암아 진노의 포도주를 먹기로"(8절) 선택한 이들은

"하나님의 진노의 포도주를 먹도록"(10절, 곧 "그의 진노인 포도주") 강요될 것인데, 그것은 합당한 보응이다. 취하게 하는 포도주가 잔에서 부어지는 비유는 신적 진노의 경험과 그것이 필연적으로 가져오는 고통을 가리킨다(시 60:3; 75:8; 사 51:17, 21-23; 63:6; 렘 25:15-18; 51:7; 애 4:21; 겔 23:31-33; 합 2:16; 슥 12:2 참조). 바벨론의 포도주를 마심으로써 취하게 되는 효과는 다만 일시적이며 이것은 시간을 두고 사라질 것이다. 하지만 하나님의 진노의 포도주를 마시면 그 효과는 영원하다. 문자적으로 말해 이 포도주는 "섞인 것이 없이 부어진"(mixed unmixed) 포도주다(10절). 여기에는 두 가지 해석이 따른다. 이것은 보통의 관습과는 달리 준비된("mixed") 포도주가 물로 전혀 희석되지 않았음을(따라서 "섞인 것이 없"음을) 의미할 수 있다. 즉 하나님의 진노가 전혀 희석되지 않고 순수하고 순전하여 긍휼이나 오래 참음과 섞이지 않은 채 부어진다는 것이다. 아니면 요한이 시편 75:8을 암시했을 수도 있는데, 여기서 포도주는 그것의 강도를 높이기 위해 섞인 것이 가득했다(mixed with spices). 따라서 "부어진"(mixed)이라는 표현은 포도주의 효능을 높이기 위해 흥취(spices)를 "첨가"한 것을 가리키며, "섞인 것이 없이"(unmixed)라는 표현은 이것이 물로 희석되지 않았음을 가리킨다. 어떻게 읽든 하나님의 진노는 형벌적이지 교정적이지 않다. 오래 참음과 인내는 약속된 심판의 날이 절정에 이르렀을 때 그 자리를 내주었다.

두 번째로 이들은 "불과 유황[sulphur 혹은 brimstone]으로 고난을 받"을 것이다(10절 하반부). "불과 유황"의 형벌은 창세기 19:24(소돔과 고모라), 시편 11:6, 이사야 30:33, 욥기 18:15에서도 찾아볼 수 있다. 고난의 수단으로 불과 유황이 함께 등장한 것은 요한계시록에서 총 4회에 달한다(14:10; 19:20; 20:10; 21:8). 이 "고난"의 본질은 대개 영적이고 심리적인 것이므로(계 9:5-6; 18:7, 10, 15; 20:10과 비교) "불과 유황"은 비유적 표현일 수 있다. 다른 말로 하면 실제로 불과 유황이 몸에 육적 불쾌감과 고통을 야기할 수 있듯, 불신자들에게 임하는 신적 심판이 이들의 영혼에 영적·심리적 괴로움을 야기할 것이라는 뜻이다. 하지만 영원한 형벌에 "육체적" 차원이 있을 수도 있는가?(특별히 요 5:28-29 참조) 일부는 유황의 추가가 이런 경험을 매우 강화시킬 것이라고 주장하는데, 유황은 이미 맹렬히 타오르고 있는 불의 냄새를 역겹게 만들 뿐 아니라 숨쉬기 힘들어하는 이를 실제로 질식하게 하기 때문이다.

세 번째로 우리가 읽는 바에 따르면 이 악한 자들의 형벌은 거룩한 천사들과 예수가 있는 곳에서 이루어질 것이고, 이러한 공적인 노출은 이들이 받는 고난에 모욕을 더할 것이다(계 19:1-10과 비교). 우리는 다음 질문을 할 수밖에 없다. 천사들과 예수는 이때 무슨 생각을 하고 무슨 감정을 느낄까?

계속해서 요한은 11절에 있는 두 가지 진술을 통해 이 형벌의 지속 기간을 묘사한다. 먼저 이들이 당하는 고난의 "연기" 곧 불과 유황의 연기(10절)는 "세세토록 올라갈 것"이다(구약의 배경을 위해서는 사 34:9-10 참조). 이것은 마치 죄의 결과와 하나님의 진노하시는 공의에 대해 타오르는 증거와 같은 역할을 한다. 이러한 현상이 지속되는 기간은 문자 그대로 "영원히"이다. 이 용어는 요한계시록에서 13번 등장하는데, 이 중 3번은 하나님께 올려드리는 찬송과 영광 및 권세의 지속 기간을 가리키며(1:6; 5:13; 7:12), 5번은 하나님 혹은 그리스도가 살아 계시는 기간을 가리킨다(1:18; 4:9, 10; 10:6; 15:7). 한 번은 그리스도 안에서 하나님이

다스리시는 것을 가리키고(11:15), 또 한 번은 성도가 다스리는 기간을 가리킨다(22:5). 또한 바벨론을 무너뜨리는 연기가 올라오는 장면에서 한 번(19:3), 마귀와 짐승과 거짓 선지자가 고난받는 기간을 언급하면서 한 번(20:10), 그리고 마지막으로 여기 14:11에서도 한 번 등장한다. 두 번째로 이들은 "밤낮 쉼을 얻지 못"할 것이다("밤낮"이라는 구절은 "세세토록"과 병행을 이룬다). 이와 동일한 표현이 요한계시록 4:8에서 네 생물이 올려드리는 예배의 기간과 관련해 등장한다. 짐작하기로 이들이 "쉼을 얻지 못하는" 것은 불과 유황으로 야기되는 고난 때문일 것이다.

영원한 형벌에서 영원한 것은 무엇인가?

이것은 성경에서 가장 어렵고 해결하기 어려운 교리 중 하나다. 이 질문에 대한 복음주의 내 신학 논쟁은 격렬하다. 본문이 이야기하는 것은 영원한 "처벌"(punishing, 심판하는 "행위"에 초점을 둠)인가, 아니면 영원한 "형벌"(punishment, 심판의 "효과"에 초점을 둠)인가? 다른 말로 하면 영원하고 끝이 없는 것은 불신자들을 처벌하는 "행위"인가 아니면 이러한 형벌의 "효과"인가? 구원받지 못한 이들의 고난은 끝이 없는 의식적 경험인가? 아니면 이러한 형벌은 일종의 소멸로서 이들이 범한 죄에 완벽히 준하여 얼마 동안만 고통받고 난 후 그 영혼은 더 이상 존재하지 않게 되는 것인가? 이들의 고난의 연기가 올라가는 것은 이들이 당하는 고통의 끝이 없는 의식적 "경험"을 가리키는가? 아니면 형벌의 지속적이고 돌이킬 수 없는 "효과", 곧 그것을 통한 소멸을 상징하는가? 후자의 견해를 옹호하는 이들은 "그것이 계속되는 동안" 혹은 "지속되는 한"은 고난으로부터 "밤낮" 쉼을 얻지 못할 것이라고 주장한다. 하지만 그것이 영원히 혹은 끊임없이 지속될지에 대한 판단 근거는 다른 것들이 되어야 한다.[2]

영혼멸절설을 긍정하는 이들 중 모두는 아니지만 다수는 "조건주의 자들"이기도 하다. 다시 말해 그들은 어떤 영혼이 내재적 혹은 자연적으로 불멸적인 존재라는 것은 부인하며 하나님이 영생(대부분은 구원이라는 선물의 구성 요소로서)을 수여하실 때만 그 영혼이 불멸성을 획득한다는 사실은 긍정한다. 조건주의를 거절하는 영혼멸절론자들은 하나님이 처벌의 행위로서 마지막 심판을 행하시고 이후 어느 순간 불신자로부터 불

---

2   영원한 의식적 형벌을 부인하는 두 권의 책은 Edward Fudge가 쓴 *The Fire that Consumes* (Houston: Providential Press, 1982)와 Jan Bonda가 쓴 *The One Purpose of God: An Answer to the Doctrine of Eternal Punishment* (Grand Rapids: Eerdmans, 1998)이다. Bonda의 책은 보편 구원의 "소망" 역시 인정한다. 일종의 영혼멸절설(annihilationism)을 옹호하는 이들에는 John Stott, 잠정적으로 Phillip E. Hughes, John Wenham, Stephen Travis, Stephen Davis, 그리고 Clark Pinnock이 있다. 영원한 의식적 형벌을 긍정하는 책들로는 Larry Dixon의 *The Other Side of the Good News* (Wheaton: BridgePoint, 1992), John Blanchard의 *Whatever Happened to Hell* (Durham: Evangelical Press, 1993), Robert Peterson의 *Hell on Trial: The Case for Eternal Punishment* (Phillipsburg: P & R Publishing, 1995), *Repent or Perish*, by John Gerstner (Ligonier: SDG Publications, 1990), 그리고 W. G. T. Shedd의 *The Doctrine of Endless Punishment* (Carlisle: Banner of Truth, 1986 [1885])가 있다. 특별히 추천하고 싶은 것은 D. A. Carson의 *The Gagging of God* (Zondervan, 1996), 515-36에 포함된 'On Banishing the Lake of Fire'라는 제목의 장이다. 다양한 견해들을 제시하는 한 권의 책으로는 William Crockett이 편집한 *Four Views on Hell* (Grand Rapids: Zondervan, 1992)이 있다. Robert Peterson과 Edward Fudge의 *Two Views of Hell* (IVP, 2000)과 *The Nature of Hell: A Report by the Evangelical Alliance Commission on Unity and Truth Among Evangelicals* (London: Acute, 2000) 역시 참조하라. 전통적인 견해를 최근 가장 탁월하게 옹호한 작품으로는 *Hell Under Fire: Modern Scholarship Reinvents Eternal Punishment*, General Editors, Christopher W. Morgan and Robert A. Peterson (Grand Rapids: Zondervan, 2004)를 꼽을 수 있을 것이다.

멸성을 제거하신다고 단순히 주장한다. 대부분의 전통주의자는 하나님만이 내재적으로 영원한 존재이시지만 창조의 때에 인간에게 번복할 수 없는 불멸성을 수여하신다고 주장한다.

영혼멸절설을 옹호하는 주장

영원한 의식적 형벌을 부인하고 영혼멸절설(혹은 "조건적 불멸성"으로 불리기도 하는 것)을 긍정하기 위해 어떤 근거들이 제시되는가? 많은 사람이 지옥에 대한 성경의 언어에 호소하는데 주로 "멸망하다", "멸망", "멸하다"에 호소한다(빌 3:19; 살전 5:3; 살후 1:9; 벧후 3:7 참조). 이들의 주장에 따르면 지옥의 "불"은 아무것도 남기지 않고 그 대상을 전소시키고 소멸하며 완전히 "멸한다"(마 10:28 참조). 따라서 이들은 "멸망하다"를 생명과 존재를 박탈하는, 따라서 존재가 소멸되는 것으로 해석한다. 또한 영혼멸절론자들은 "영원히"(aion)로 번역되는 그리스어를 지목하기도 하는데, 이 단어의 보다 문자적인 의미는 "세대"(age)이고 이것이 길지만 제한된 기간을 의미한다는 것이다. 다음과 같이 정의의 요구에 호소하는 이도 있다. "공정한" 형벌은 이루어진 범행이나 죄에 준하여 이루어져야 한다. 유한한 피조물에 의해 시간 안에서 이루어진 죄가 어떻게 영원하고 끝이 없는 고난을 가져온다는 것인가?

지옥이 영원히 지속된다고 말하는 것은 하나님이 사실상 죄와 악에 대해 승리하지 못하신다고 말하는 것이라고 보는 이들도 있다. 하나님의 대적들이 영원토록 계속해서 존재한다면 우리는 어떻게 하나님이 "승리"하셨다고 이야기할 수 있는가? 영원한 형벌에는 영원한 우주적 이원론이 수반되지 않겠는가? 지옥이 영원토록 계속해서 존재한다는 사실과 거기에 거하는 사람들이 있다는 사실은 천국의 아름다움과 기쁨을 해치지 않겠는가? 감정적으로 가장 격렬한 주장은 아마도 지옥에서의 영원한 의식적 형벌이 지각과 양심을 가진 모든 사람에게 도덕적 불쾌감을 안겨준다는 주장일 것이다. 사랑과 긍휼과 친절의 하나님이 지옥에서 어떤 이들을 영원토록 "고문"(이들의 말로 하면)하신다는 주장은 감정적 혐오를 느끼게 한다. 그 죄가 얼마나 대단하든지 간에 끔찍한 고통이(영적이든 육적이든 아니면 모두이든) 수십억 년이 지나고 또 다른 수십억 년이 지나도록 무한히 지속된다는 사실은 용납되기 어렵다. 존 스토트는 이렇게 표현했다.

> 저는 그 개념[지옥에서의 영원한 의식적 형벌]을 견딜 수 없습니다. 그뿐만 아니라 사람들이 자신들의 감정을 마비시키거나 극도의 긴장으로 인해 맥이 풀리지 않고서야 어떻게 그런 개념을 갖고 살아갈 수 있는지 저로서는 이해할 수 없습니다. 우리의 감성은 진리의 안내자가 되기에는 기복이 심하고 믿을 수 없습니다. 따라서 진리를 결정할 때 우리의 감성을 최고의 권위자로 격상시켜서는 안 됩니다. 헌신된 복음주의자로서 저의 질문은, "내 마음이 나에게 무엇을 말하는가"가 아니라, "하나님의 말씀이 무엇을 말하는가"이며, 또 그렇게 질문해야만 합니다.[3]

---

3   David L. Edwards, with a response from John Stott, *Essentials: A Liberal-Evangelical Dialogue* (London: Hodder & Stoughton, 1988), 314-15(『복음주의가 자유주의에 답하다』, 포이에마 역간).

영원한 의식적 형벌을 옹호하는 주장

영원한 의식적 형벌로서의 지옥이라는 전통적 개념을 옹호하는 사람들은 "멸망하다"와 그 단어의 동의어들을 포함한 단어 군이 다양한 방식으로 사용되었고, 그중에는 존재의 중단을 요구하거나 심지어 암시하지도 않은 채 사용된 경우를 지목하면서 그들의 주장을 시작한다. 그러니까 그 단어의 사용을 세심히 검토해 보았을 때 "멸망은 존재의 소멸이 없이도 일어날 수 있다"는 사실을 알 수 있다는 것이다.[4] 지옥의 "불"이라는 이미지와 비슷하게 우리는 이 표현이 "은유"임을 인정해야 하고, 따라서 이러한 용어를 그것의 원래 의도와는 전혀 달리 지옥의 기간에 대한 사실을 증명하기 위해 몰아붙여서는 안 된다. 신약에서 지옥이 한 번은 "흑암"으로 또 한 번은 "불 못"으로 묘사된 사실을 떠올려보라. 둘 다 엄격하게 문자적으로 읽는다면 이 둘은 어떻게 공존하겠는가? 따라서 우리는 지옥 불의 이른바 "역할"에 대해 엄격한 교리적 결론을 도출하는 데 주의를 기울여야 한다. 누군가는 "영원한" 불로 던져지는 이들을 언급한 마태복음 18:8이 궁금해질 것이다. 카슨(Carson)이 말한 대로 "만일 불의 목적이 다했다면, 우리는 왜 불이 꺼지지 않고 구더기는 죽지 않는지 [막 9:47-48과 비교] 질문해 볼 수 있다."[5]

그리스어 "아이온"(aion)에 대해 이야기하자면 이 단어가 영원을 의미한 본문이 있는 만큼이나 제한된 기간을 지칭한 본문들도 있다. 이러

---

4   William Mounce at www.billmounce.com ('*Apollumi*, "destroy," and Annihilationism')은 이러한 핵심을 탁월하게 다루었다.

5   Carson, *The Gagging of God*, 525.

한 논쟁은 양편 모두로부터 뚜렷한 결론을 얻지 못한다. 정의를 기반으로 한 주장에 대해 이야기하자면, 우리 인간은 우리 죄의 거대함을 평가할 만한 존재일 수 없다. "우리 죄의 규모를 결정짓는 것은 우리 자신의 신분인가? 아니면 주권적이고 초월적이신 하나님에 대해 이루어진 범죄의 정도인가?"[6] 존 파이퍼가 지적한 것처럼 "본질적인 것은 책임의 정도가 얼마나 오랫동안 당신이 존엄성을 거슬렀는지가 아니라 당신이 거스른 존엄성이 얼마나 높은지에서 나온다는 사실이다."[7] 다른 말로 하면 우리의 죄는 무한한 형벌을 받아 마땅하다. 우리가 거스른 그분의 영광이 무한하기 때문이다. 이것을 조나단 에드워즈(Jonathan Edwards)만큼 분명히 표현한 이는 없다.

어떠한 존재가 다른 존재를 경멸하고 멸시하는 죄는 그 사람이 상대에 대해 복종해야 할 의무의 크고 작음에 비례하여 더 흉악하거나 덜 흉악하다. 따라서 우리가 사랑과 영광과 복종을 돌려야 할 무한한 의무를 띠는 존재가 있다면 그에 대하여 그렇게 하지 못하는 것은 무한한 잘못이 된다.

어떠한 존재에게 사랑과 영광과 복종을 돌려야 할 우리의 의무는 그 존재의 사랑스러움과 영광스러움과 권위에 비례한다.…하지만 하나님은 무한히 사랑스러운 존재이시다. 그에게는 무한한 탁월함과 아름다움이

---

6 같은 책, 534.
7 John Piper, *Let the Nations Be Glad! The Supremacy of God in Missions* (Grand Rapids: Baker Books, 1993), 127(『열방을 향해 가라』, 좋은씨앗 역간).

있기 때문이다.

따라서 하나님께 대한 죄, 곧 무한한 의무를 지키지 못한 죄는 무한히 흉
악한 범죄가 되고 이것에는 무한한 형벌이 마땅하다.…불경건한 이들이
받는 형벌의 영원성은 그것을 무한한 것으로 만든다.…따라서 형벌은 이
들에게 그 책임이 있는 흉악함에 비례할 뿐이다.[8]

정의가 실패하고 하나님의 목적이 좌절되는 것은 오로지 죄가 "처벌받
지 않을" 경우다. 지속되는 지옥의 존재와 그곳에 거주하는 사람들은 악
에 반하는 하나님의 거룩하심과 의로우심의 영광을 잘 반영해준다. 끝이
없는 처벌이라는 개념은 끝이 없이 이뤄지는 죄지음이라는 개념을 고려
할 때 그 불쾌감이 덜하다. 다시 말해 지옥에 머무는 자들이 죄짓는 것을
멈추지 않는데 왜 고통이 멈추어야 할까? 이 지점에서 많은 사람은 우리
의 시선을 요한계시록 22:11 곧 천사가 사도 요한에게 다음과 같이 이
야기하는 장면으로 돌린다. "불의를 행하는 자는 그대로 불의를 행하고
더러운 자는 그대로 더럽고 의로운 자는 그대로 의를 행하고 거룩한 자
는 그대로 거룩하게 하라." 이 본문에 대해 카슨은 다음과 같이 말했다.
"거룩하며 올바른 일을 행하는 사람들이 **완벽한 거룩함과 올바름이 영
원히 유지되고 실천될 것을 기대하여** 지속적으로 거룩함과 올바른 일을
행한다면 악한 자들 역시 **영원토록 악을 유지하고 실천할 것을 기대하여**

---

8   Jonathan Edwards, 'The Justice of God in the Damnation of Sinners', *The Works
     of Jonathan Edwards* (Carlisle: Banner of Truth, 1979), 1:669.

지속적으로 이들의 악 가운데 살 것이라고 결론 내릴 수 있지 않을까?"[9]
이러한 개념을 거절한 채 사람들이 지옥에서 자신의 죗값을 치른 후 어느 순간에는 죄짓기를 그만둘 것이라고 주장하는 사람이 있다면, 이들은 왜 다시 천국으로 옮겨갈 수 없는 걸까?(그렇게 지옥을 연옥으로 바꾼다) 이들의 죗값이 지옥에서 온전히 치러지지 "못했다면" 어떤 근거로 공의는 이들의 소멸을 허용할 것인가?[10]

마지막으로 마태복음 25:46과 요한계시록 20:10-15에 대한 설명이 필요하다. 짐승과 거짓 예언자의 정체에 대한 생각이 어떠하든 사탄이 "지각이 있는" 존재임을 부인하는 복음주의자는 단 한 사람도 없다. 따라서 영원한 의식적 고난을 받게 될 "인물"이 적어도 한 명은 확보되는 셈이다. "우리는 사탄에 대해 다른 동료 인간들에 대해서만큼 동정심을 느끼지 못할 것이고 그가 다른 어떤 인간들보다 더 악하다는 사실을 흔쾌히 인정할 것이지만, 그렇다고 해도 죄인이 받게 될 영원한 의식적 고통이라는 개념에 반대하여 제시되는 주장이 악마에 대해 사용될 때 그 설득력이 조금이라도 떨어질 것으로 기대하기는 어렵다."[11]

---

9 Carson, *The Gagging of God*, 533.

10 이 마지막 사실에 대해 내가 의구심을 갖는 것은 영혼멸절론자가 존재의 소멸이 그 자체로 죗값을 치르는 것이라고 반응할 수 있느냐다. 영혼의 궁극적인 멸망 곧 소멸은 그 자체로 죄에 대한 온전하고 최종적인 사법적 결과로 볼 수 있다. 즉 죄에 대한 법적 책임은 그 사람이 소멸되기 전까지는 온전히 지불된 것으로 생각될 수 없다는 것이다. 하지만 구원받지 못한 사람은 소멸을 죄에 대한 형벌로 생각할까, 아니면 죄로부터의 놓임으로 생각할까? 소멸을 통한 의식적 형벌의 종료는 공의보다는 긍휼의 표현이지 않을까?

11 Carson, *The Gagging of God*, 527. 특별히 20:15(짐승과 거짓 선지자뿐 아니라 "누구든지")과 21:8을 참조하라.

결론

지옥의 존재와 본질 및 지속 기간을 포함하는 지옥에 대한 문제를 놓고 계속 논의하는 가운데 내가 종종 듣게 되는 것은 "우리가 어떻게 느끼는가"에 대한 호소다. 실제로 한 대화에서 영원한 의식적 형벌의 실재를 부인하는 사람에게 다음의 질문이 던져졌다. "선생님은 하나님이 결국에는 모든 인간의 저항과 불신을 극복하시고 인류 전체를 자신과 화목하게 하실 것으로 믿으시나요?" "대답"은 다음과 같았다(물론 질문의 형태로 나타났다). "당신은 하나님이 그렇게 하시기를 **원하시나요?**"

내가 이 인터뷰를 진행하고 있었다면 나의 즉각적인 반응은 다음과 같았을 것이다. "제가 무엇을 '원하는'지는 전적으로 또 절대적으로 무관합니다. 하나님은 제가 무엇을 '선호하는'지에 기초해 그분의 영원한 의제를 세우지 않으십니다. 제가 무엇이 사실이기를 '소망'하는지는 그야말로 중요하지 않습니다. 무엇이 저에게 '편안함'을 주거나 주지 못하는지는 이 문제의 진위와 상관이 없습니다. 이 점에 대해서는 선생님도 마찬가지이시고, 따라서 우리에게 '공정'이나 '정의'를 떠올리게 하는 직관적 감각이 있다는 사실도 영원한 지옥이 존재하는지를 결론 내리는 데 전혀 일조하지 못합니다. 제가 영원한 의식적 형벌이라는 개념을 좋아하지 않는다는 사실이 그것을 사라지도록 할 수 없습니다. 지옥의 존재가 선생님이 가지고 계신 하나님에 대한 개념과 일치하지 않는다고 "느끼"신다고 지옥이 없는 것은 아닙니다. 우리가 '원하'거나 '소망'하거나 '바라'는 것은 지금의 토론과 전혀 상관이 없습니다. 유일하게 중요한 질문은 '성경이 이것을 가르치는가?'입니다. 그리고 성경이 그것을 가르친다면(다른 수많은 본문과 더불어 계 14장은 그렇다고 말합니다), 우리의 책임은 그것을 믿고 열정과 신실함으로 예수 그리스도의 복음을 지금과 영원토록 죄인들에게 있는 유일한 소망으로 선포하는 것입니다."

그렇다고 영원한 의식적 형벌이라는 개념에 대해 내게 "직감적" 반응이라고 불리는 그것이 없다는 뜻은 아니다. 이런 주제에 대해 어느 한쪽으로든 "감정"을 가져서는 안 된다거나, 그것을 생각하여 얼마의 감정적 스트레스를 받게 되거나 혹은 받지 않게 될 것이라는 뜻도 아니다. 단순히 이러한 "감정"이 결국 지옥의 실재를 믿고 그것의 존재를 구원받지 못한 자들과 벼랑 끝에서 위험천만하게 죽어가고 있는 세상에 알리는 데 어떠한 역할도 하지 못한다는 뜻이다. 어떠한 경우든 지옥은 웃어넘길 문제가 아니다. 우리 중 아무도 그곳에 가지 않는 유일한 이유는 그리스도 예수 안에서 받는 주권적이고 값이나 공로 없이 주어진 하나님의 친절 때문임을 우리는 모두 늘 기억해야 한다.

부록

랍 벨의 『사랑이 이긴다』를 언급하지 않겠다고 말했지만 짚고 넘어가야 할 것 같다. 영원한 의식적 형벌의 성경적 교리를 약화시키기 위해 벨은 신약에서 "영원"으로 종종 번역되는 어떤 그리스어의 추정적 의미에 상당 부분 의존한다. 이것을 눈치챈 그레그 길버트(Greg Gilbert)는[12] 다음과 같이 응대했다.

---

12 Greg Gilbert, 'Two Cents, and Not a Penny More, on *Love Wins*', www.9marks. org/blog, 3-23-11.

벨은 어근을 *aion*에 둔 그리스 단어 군에 대한 그의 이해에 상당히 큰 무게를 두었는데, 성경의 영어 번역은 이 단어를 "영원"으로 번역하곤 한다. 벨은 *aion*이 실제로는 두 가지 의미를 갖는데 하나는 기간을 의미하는 "세대"이고 또 다른 하나는 "어떠한 경험의 특정 강도"라고 주장했다. 그에 따르면 이것의 결과는 우리가 성경에서 *aion*이라는 단어를 읽게 되더라도 "1년 365일이 지나고, 또 1년 365일이 지나고, 또 1년 365일 지나는 영원"이라는 의미가 아니다. 대신 이것은 제한된 기간 혹은 "특별히 강렬한 경험" 중 하나를 가리킨다.

이 단어가 때로는 이러한 것들을(아니면 이와 비슷한 것들을) 의미한다고 이야기한 벨의 주장은 옳다. 때로 *aion*은 "한 세대"를 지칭하기도 하고, 요한이 "영생"이라는 표현에서 사용한 *aionios*는 "결코 끝이 없는 삶"이라는 의미를 훨씬 넘어선다(하지만 나는 요한이 이야기한 것이 경험의 강도였다기보다 "다가오는 세대에서의 삶"이었다고 생각한다. 이것은 주관적이지 않고 객관적이다). 하여튼 진짜 문제는 *aion*에 어근을 둔 이 단어 군이 오로지 이러한 의미만을 전달한다는, 따라서 "영원한, 끝이 없는"이라는 의미를 전달할 수 없고 그렇게 하지 않는다는 벨의 고집에 있다. 하지만 신약에서 이러한 군에 속한 단어들은 이런 의미를 전달하며 실제로 그 수는 많다. 다음을 생각해 보라.

예로 고린도후서 4:18에서 *aionios*는 구체적으로 "잠깐"을 의미하는 *proskairos*라는 단어와 대조되었다. 벨이 한 것처럼 그 단어의 어근으로 이야기를 풀어가자면, 여기 *aion*은 일시적이고 지나가며 끝이 있는 것에 반대되는 "영구적"이고 "영원"하며 "끝이 없는" 것을 의미한다.

누가복음 1:33에서 천사는 예수가 다윗의 왕위에서 "영원히"(*eis tous aionas*) 다스릴 것을 이야기하면서 그것을 그의 나라가 "무궁하리라"(*estai ouk telos*)라고 표현하여 설명한다.

히브리서 1:8-12도 마찬가지다. 하나님의 보좌는 "영영"(*eis ton aiona tou aionos*)한데, 이것을 다른 말로 하면 하나님의 보좌가 *ekleipo*, 곧 "마치고 중단되며 멈추고 그 존재를 다하지" 않는다는 것이다.

한 가지 더 언급하자면 로마서 16:26에서 하나님은 "영원하신(*aioniou*) 하나님"으로 표현된다. 만일 이 단어가 벨이 그렇다고 주장한 의미만을 갖는다면 우리는 이 표현을 어떻게 이해할 수 있을까? "한 기간의 하나님?" "특별히 강렬하신 하나님?" 아니다. 이것은 그리스 문헌 곳곳에서 이것이 의미한 것, 곧 "끝이 없고 변함이 없으며 일시적이지 않고 영원하신" 어제나 오늘이나 영원토록 동일하신 "하나님"을 가리킨다.

이 외에도 언급할 수 있는 다른 예들이 있지만 논지를 전달하기에는 충분했을 것이다. *Aion* 및 *aion*과 연결된 다른 단어들은 단순히 "제한된 기간" 혹은 "경험의 강도"만을 의미하지 않는다. 이들 중 일부는 우리가 그것을 끝이 없는 시간으로 이해하든 아니면 시간을 벗어난 시간으로 이해하든 분명히 "영원"을 의미한다. 좌우지간 이들은 절대로 멈추지 않는 것, 절대로 끝나지 않는 무엇을 가리킨다.

Aion 단어 군에 대한 벨의 실수는 그가 마태복음 25:46에서 예수가 말씀하신 것을 이해한 방식과도 직접적인 연관을 갖는다. 다음은 그 본

문에 대해 그가 이야기한 바다.

> 염소들이 보내지는 곳은 그리스어로 *kolazo*의 *aion*이다. *Aion*은 알다시피 몇 가지 의미를 가지고 있다. 하나는 "세대" 혹은 "시간"이고, 또 하나는 경험의 강렬함을 의미한다. *Kolazo*라는 단어는 원예학에서 사용하는 용어인데, 식물이 잘 자라도록 그 가지를 치고 다듬는다는 뜻이다.

> *Kolazo*의 *aion*. *Aion*과 *kolazo*를 어떻게 번역하느냐에 따라서 이 말은 "가지치기의 기간" 혹은 "다듬는 시간" 혹은 강렬한 교정의 체험을 의미할 수 있다.

> 상당히 많은 영어 번역 성경이 이 *kolazo*의 *aion*을 "영원한 형벌"로 번역하는데, 많은 사람이 이 말을 결코 끝나지 않는다는 의미의 "끝없는 형벌"로 해석한다.

> 그러나 성경 저자들은 "끝없는"이라는 의미의 말을 쓰지 않는다.…예수는 우리가 생각하는 영원이라는 의미로 영원을 말씀하지 않으신다.

간략히 짚고 넘어가고 싶은 세 가지가 있다. 첫 번째는 다시 반복하지만, 성경의 저자들은 "끝없는"이라는 의미의 말을 사용했다. 이들은 이것을 "일시적"이고 "끝이 있는" 것의 반대로 이해했다. 예수의 나라는 영원하다. 하나님의 보좌는 영원하다. 다가오는 세대가 있으며 이것은 끝이 없는 세대가 될 것이다.

두 번째로 본문은 어떠한 것의 *aion*이라고 말하지 않는다. 명사 *aion*을 사용하지 않고, 대신 형용사 *aionios*를 사용한다. 본문이 말하는 것은 *aion*스러운 *kolazo*다. 사실 이 *kolazo*는 고린도후서 4:18의 "보이지 않은 것"만큼이나 *aion*스럽다. 그것은 일시적인 것에 반대되는 의미를 지닌 동일한 단어다.

세 번째로 *kolazo* 자체에 대해 이야기하자면, 이것은 어떤 단어의 어원을 보고 그것으로부터 의미를 이끌어낼 수 있다고 생각한 해석상의 기초적 실수에 지나지 않는다. 이 단어가 "쳐내다" 혹은 "잘라내다"를 의미한 원예적 세계로부터 유래되었을 수는 있다. 하지만 단어들이 보통 그렇듯이 이 단어의 의미 역시 시간을 두고 발전해왔다. 결과적으로 이것은 "잘라내"거나 "쳐내는" 것을 포함하는 꽤나 폭력적인 행위를 함축하게 되었고, 따라서 "벌하다, 꾸짖다"를 의미하기에 이른 것이다. 벨이 "잘자라도록"과 같은 구절을 포함한 사실은 그가 가진 지옥의 개념을 형성하는 데는 도움이 되었겠지만, 이러한 생각은 *kolazo*가 코이네 그리스어에서 보통 사용되었던 방식을 고려할 때 그 단어 자체에는 존재하지 않는 의미였다. 이것은 형벌을 의미했다. 예수는 양들이 "일시적이지 않고 끝이 없으며 영원한 생명"을 향하여 가는 것과 마찬가지로 염소들 역시 "일시적이지 않고 끝이 없으며 영구적인 징벌"을 향해 간다고 말씀하신 것이다.[13]

---

13 Chan과 Sprinkle(*Erasing Hell*, 80-94) 역시 *aion*과 마 25:46의 의미에 대한 벨의 오해에 탁월하게 대응한다.

추천 도서 _____

D. A. Carson, 'On Banishing the Lake of Fire', in *The Gagging of God* (Zondervan, 1996), 515-36.

Francis Chan & Preston Sprinkle, *Erasing Hell: what God said about eternity, and the things we've made up* (Colorado Springs: David C. Cook, 2011).

Four Views on Hell, edited by William Crockett (Grand Rapids: Zondervan, 1992).

Christopher W. Morgan and Robert A. Peterson, General Editors, *Hell Under Fire: Modern Scholarship Reinvents Eternal Punishment* (Grand Rapids: Zondervan, 2004).

Robert Peterson, *Hell on Trial: The Case for Eternal Punishment* (Phillipsburg: P & R Publishing, 1995).

Robert Peterson and Edward Fudge, *Two Views of Hell* (Downers Grove: IVP, 2000).

13장
지옥의 공포는 천국의 행복을 망가뜨릴까?

나는 2005년 10월 휘튼 칼리지(Wheaton College)에서 열린 연례 철학 컨퍼런스에 참석했다. 그해의 주제는 "철학자들이여, 천국과 지옥에 대하여 생각하라"였다. 세부적인 이야기는 생략하겠지만, 그 자리에서 관련된 모든 견해, 예를 들어 영혼멸절설과 영원한 의식적 형벌 및 만인구원론 등이 제시되었다.

영원한 의식적 형벌이라는 지옥에 대한 전통적 교리에 반대되는 한 가지 주장이 여러 번에 걸쳐 언급되었는데 다음과 같았다.

1. 천국은 영원하고 방해받지 않으며 훼손되지 않는 기쁨의 경험이다.
2. 천국에 있는 사람들이 사랑하는 이들이 지옥에서 당하는 영원한 고통을 바라보거나 인지한다면, 그것은 이런 기쁨을 망가뜨리거나 적어도 심각하게 약화시킬 것이다. 구원을 받지 못한 친구들과 가족들의 표현할 수 없는 고통을 지켜보거나 생각하면서 영원을 보내야만 하는 이들에게 천국은 "지옥"이지 않을까?

3. 따라서 지옥은 존재하지 않든지 아니면 존재하더라도 영원하지 않다. 그곳에 가는 사람들은 궁극적으로는 소멸되든지 아니면 하나님과 화목하게 될 것이다(만인구원론 교리).

나는 이런 논거에 호소하는 이들이 이것이 논리적으로 빈틈이 없는 것으로서 지옥의 존재를 "필연적으로" 천국의 기쁨을 불가능하게 만든다고 주장하지는 않는다고 생각한다. 이것의 힘은 본질상 보다 감정적이고 본능적이다. 이 주장이 많은 사람에게 설득력을 발휘하는 것은 누군가는 가장 비참한 경험을 하는 바로 그때 다른 누군가는 가장 기쁜 경험을 하고 있다는 생각이 그야말로 상상할 수 없기 때문이다. 따라서 후자가 정말로 존재한다면 전자는 존재하지 않는다(혹은 존재해서는 안 된다).

위의 첫 번째 전제를 긍정하는 성경의 본문은 수도 없이 많다. 실제로 이것은 천국을 천국답게 하는 요인이기도 하다. 이러한 전제를 전적으로 부정하는 사람은 없겠지만, 중요한 방식으로 이것에 단서를 다는 사람은 있을 수 있다. 천국에 있는 이들이 지옥에 있는 이들을 실제로 알겠지만 천국에 거하는 기쁨이 누군가 지옥에 있다는 사실을 아는 고통보다 클 것이라고 주장하는 이도 있을 것으로 추측해볼 수 있다. 다시 말해 천국의 기쁨이 우리가 믿도록 인도되어온 것만큼 절대적이고 온전하지 않을 수도 있다는 뜻이다. 우리의 영원한 경험은 아마도 구원받지 못한 이들에 대한 불쾌하고 불편한 기억을 포함할 것이고, 이러한 지식은 비록 무겁고 부담스러운 것이나 하나님이 계획하신 천국의 본질적 기쁨을 약화시키지는 못할 것이다. 위에서 언급한 대로 이런 주장을 펼치는 사람도 있을 것으로 추측해볼 수 있다. 하지만 실제로 그런 사람을 만나본 적은 없다.

지옥에서의 영원한 의식적 형벌이라는 전통적 교리를 믿는 사람들은 위에서 언급된 것 중 세 번째의 전제를 받아들일 수 없다. 영혼멸절설과 만인구원론 모두 내세에 대한 성경의 기록에 위배된다. 따라서 우리에게 남은 것은 두 번째 전제를 다시 한번 살펴보는 일이다. 천국에서 하나님이 지옥에 있는 이들에 대한 우리의 지식을 희미하게 하시거나 제거하신다고 주장하고 싶은 이들도 있을 것이다. 나는 이것이 경험적으로 실현 가능하다거나 성경적 근거가 있다고 생각하지 않는다(이것은 뒤에서 보다 분명해질 것이다). 이 땅에서 자신과 오십 년을 산 아내가 그곳에 없다는 사실을 모른 채 남편이 천국에서 영원을 보낸다는 생각은 기이하기 짝이 없다. 자녀들의 부재를 인지하지 못하는 부모도 마찬가지다. 셀 수 없이 많은 다른 예시가 있고, 그런 예시들은 이런 주장을 믿기 어렵게 만들 뿐 아니라, 천국을 순수하고 직접적이지만 하나님이 그리스도 안에서 모든 것을 완성하시는 영광스러운 실재(엡 1:10)가 아닌 한편의 "동화"로 탈바꿈시킨다.

또한 그것은 천국에 성경도(아니면 적어도 성경이 포함하는 것에 대한 어떠한 기억도) 없어야 함을 요구한다. 하지만 우리는 분명 영원의 상당 부분(아마도 전부)을 인간의 역사를 통한 하나님의 구원 역사의 영광과 신비를 알아가는 데 사용하게 될 것이다. 어떻게 우리는 모든 사람이 우리와 함께하는 것은 아니라는 사실을 모른 채 그리스도의 영광스러운 사역을 묵상할 수 있겠는가? 그것도 영원토록 말이다? 신적 진노의 존재와 신적 심판의 확실성은 무심코 간과하거나 쉽게 잊어버리기에는 하나님의 말씀에서 너무나도 만연히 드러나는 주제다. 더불어 천국 기쁨의 상당 부분은 우리가 그곳에 있는 것이 합당하지 않다는 사실을 생각할 때 오는 감사와 즐거움 및 흥분이 아닌가? 바꾸어 말하면 영원한 지복의 상태에서 한 가지 필수 요소는, 다른 곳에 있는 것이 마땅한 우리가 그렇지 않다는 사실은 오로지 주권적이고 구원하시는 은혜 때문이라는 강력한 깨달음이다.

천국에 있는 이들이 하나님의 아름다움과 영광에 전적으로 몰두되어 지옥에 대한 이러한 생각이 이들의 마음을 절대로 비집고 들어올 수 없을 것이라고 주장하는 이들도 있다. 천국에 있는 동안 우리가 지옥을 생각"할 수 없는" 것이 아니라 그렇게 하지 "않는다는" 것이다. 일부는 요한계시록 4-5장에 나타난 거의 설명이 불가능한 아름다움과 압도적인 화려함을 지목한다. 이것은 우리의 마음과 정신을 높임을 받으신 어린 양에게로 집중시켜 지옥의 실재에 주목하지 못하도록 하기에 충분하지 않을까? 아니다. 심지어 요한계시록 5:9-10에서 불린 새 노래조차 그리스도가 "각 족속과 방언과 백성과 나라 가운데에서 사람들을…사서 하나님께 드리시고"라고 말한다. 주목할 것은 그가 모든 족속과 방언과 백성과 나라에 있는 모든 사람을 사신 것이 아니라(만인구원론이라는 비성경적 교리), 이들"로부터"(from) 혹은 이들 "가운데서"(out of) 사셨다는 것이다. 다른 말로 하면 천국에 있는 사람들은 지금도 모든 이들이 그리스도의 피로 구속되지 못했다는 사실을 분명히 인지하고 있지만, 이들의 기쁨과 열정과 예배는 그것에 영향을 받지 않는 듯하다.

이것은 우리가 하나님의 찬란하심과 장엄하심에 전적이고 온전하게 매혹되지 못할 것이라는 말이 아니다. 다만 이러한 사실이 지옥이 존재한다는 사실에 위배되지 않으며 그것에 대한 우리의 인지를 꼭 제거할 필요는 없다는 뜻이다. 중요한 것은 천국의 행복이 지옥의 공포를 무색하게 하여 천국의 경험이 지옥에 대한 지식을 불가능하게 한다는 생각이 심각하게 비성경적일 뿐 아니라 "심리학적으로" 기이하다는 것이다.

이 외 다른 선택들과 위에서 언급한 내용의 함의를 검토하기 위해 얼마간 시간을 들일 수도 있겠지만 그것이 유익할지는 모르겠다. 적어도 내가 볼 때 변하지 않는 한 가지 사실은 천국에 있는 이들이 지옥에 있는 이들의 경험을 불가피하고 어쩔 수 없이 알고 있을 것이라는(혹은 심지어 목격할 수도 있다는) 사실이다. 또한 변하지 않는 사실은 성경에서 천국이 완전무결하고 영원한 기쁨으로 묘사되었다는 사실이다. 그렇다면 우리는 이 두 가지 사실을 어떻게 조화시킬 수 있을까? 아니 그렇게 할 필요가 있을까?

이러한 문제를 생각하면서 나는 다시 한번 조나단 에드워즈를 살펴보게 되었다. 그의 모든 설교 중 가장 흥미롭고 도전이 되는 것은 그가 1733년에 전한 설교로서, 제목은 "의로운 자들이 생각하는 악한 자들의 최후, 악한 자들이 지옥에서 고난당하는 것은 하늘에 있는 성도들에게 슬픔의 이유가 될 수 없다"이다. 이 설교는 또 다른 제목으로 불리기도 하는데, 바로 "영광 가운데 있는 성도들이 하나님의 진노가 불경건한 자들에게 쏟아지는 장면을 볼 때 이것은 이들에게 슬픔의 이유가 아닌 기쁨의 이유가 될 것이다"이다. 이 설교의 본문은 요한계시록 18:20이다. 내가 알기로 이 설교는 예일 대학교 출판부에서 펴낸 에드워즈의 전집에는(현재 26권까지 완성되었다) 실리지 않았고 Banner of Truth Trust 출판

사에서 펴낸 에드워즈 전집 2권에 실렸다.[1]

이 문제를 논하는 동안 나는 에드워즈를 나의 대화상대로 삼으려고 한다. 이것을 논한 다른 사람들, 예를 들어 「크리스채너티 투데이」에 "지옥의 마지막 수수께끼"(Hell's Final Enigma)라는 제목의 매우 간략한 칼럼을 기고한 제임스 패커와 같은 이들에게도 때로 호소할 것이다. 하지만 우리의 주된 초점은 에드워즈가 될 것이다. 심오하고 때로는 어려울 수도 있는 사고를 위한 준비를 하시라. 예를 들어 에드워즈가 주장하는 한 가지는 지옥에서의 고통에 대한 지식이 실제로는 성도들의 영원한 슬픔이 아니라 기쁨이 될 것이라는 주장이다. 이것이 처음에는 삐딱하게 들릴 수도 있지만, 그만큼 에드워즈의 주장에 귀 기울일 필요가 있다. 그래야만 그것에 긍정 혹은 부정으로 반응할 수 있기 때문이다.

요한계시록 18:20

> 하늘과 성도들과 사도들과 선지자들아, 그로 말미암아 즐거워하라. 하나님이 너희를 위하여 그에게 심판을 행하셨음이라(계 18:20).

조나단 에드워즈는 하늘에 있는 성도들이 지옥에 있는 불의한 자들의 심판을 인지할 뿐 아니라 그것을 "기뻐하도록" 부름을 받게 될 것이라는 증거로 요한계시록 18:20에 호소한다. 요한계시록 18장에서 바벨론의

---

1   Jonathan Edwards, *The Works of Jonathan Edwards* (Carlisle: Banner of Truth Trust, 1979 [1834]), 2:207-12. 나는 이번 장을 수없이 많은 각주로 채우지 않기 위해 에드워즈의 설교에서 가져온 내용에 매번 그 쪽수를 밝히지는 않을 것이다.

정체는 요한계시록 연구에서 가장 논란이 되는 문제 중 하나다. 내 생각에 바벨론은 하나님을 대적하여 위풍 당당히 조직된 인간의 문명을 상징한다. 이것은 이교 문화, 곧 사회적·지성적·상업적·정치적·종교적 문화의 총체다. 이것은 악의 본질, 이교의 핵심, 온갖 형태로 하나님에 대적하는 집단적 저항의 상징이다. 이것은 하나님의 백성들을 대적하고 박해하는 불신과 우상숭배 및 배교의 보편적 혹은 세상적 제도다. 우리가 여기에서 주목해야 할 가장 중요한 사실은 바벨론의 심판과 형벌에는 긍휼이 없다는 점이다. 하나님의 진노는 종교적·철학적 우상숭배와 회개가 없는 부도덕(18:1-19을 읽어보라)으로 만연하고 하나님의 백성들을 박해한(18:24; 16:6과 비교) 바벨론 위로 온전히 부어진다.

지금 "하늘"(20절)에 있는 "성도들과 사도들과 선지자들"이 바벨론의 심판을 두고 "기뻐하도록" 부름을 받았다는 사실에는 오해의 여지가 없다. 예레미야 51:48은 "하늘과 땅과 그 안에 있는 모든 것이 바벨론으로 말미암아 기뻐 노래하리니, 이는 파멸시키는 자가 북쪽에서 그에게 옴이라. 여호와의 말씀이니라"라고 말한다. 역사 속 고대 바벨론 심판이 축하의 이유였던 것처럼 바벨론에 대한 종말론적 심판 역시 그러할 것이다. 이러한 축하의 이유는 20절을 마무리하는 까다로운 진술에서 찾아볼 수 있다. 여러 번역이 가능하겠지만 가장 그럴듯한 번역은 (1) "하나님이 너희를 위하여 그에게 심판을 주셨다" 혹은 (2) "그가 너희에게 선고했던 심판을 하나님이 그에게 선포하셨다"일 것이다. 19:1-5과 더불어 이 본문은 요한계시록 6:10에서 순교당한 성도들의 기도에 대한 하나님의 반응이 성취된 것으로 볼 수 있다. 하나님의 행동은 진실로 자기 이름의 명예와 예수를 증언하다가 죽임을 당한 이들의 의로움을 입증하기 위함이었다.

요한계시록 18:20의 논쟁은 19:1-5에서도 계속된다. 19:1-2은 하늘에서 하나님을 향해 크게 찬송하는 "허다한 무리"를 언급한다. 어떤 사람들은 이들을 끊임없는 찬송을 위해 모인 천사의 무리로 본다. 이들을 이십사 장로로만 제한하는 이들도 있는데, 이런 견해는 고작 24명의 존재를 "허다한 무리"로 표현했다는 점에서 특이하다. 다른 가능한 후보는 요한계시록 4-5장의 네 생물이다. 요한계시록 6장의 순교한 성도들 역시 가능하다. 하지만 가장 그럴듯한 설명은 그 표현이 천사와 인간을 포함하여 하늘에 거하는 세대를 불문한 모든 거주자를 염두에 두었다는 것이다. 이들이 선포한 찬송은 의심할 바 없이 18장에서 묘사된 심판에 대한 반응이다. 2절이 이것을 확인해준다("왜냐하면"이라는 연결어에 주목하라). 하나님은 찬송을 받으시고 모든 능력과 영광이 그에게 속한 것은 **다름이 아니라 그가 "큰 음녀를 심판"(2절)하셨기 때문이다. 진노를 부으시고 대적을 멸망하신 것은 하나님의 성품에 손상을 입히거나 그것으로 모욕을 받으시거나 그의 사랑과 친절을 의심할 이유가 아니라(불신자들이 종종 그렇게 보는 것처럼) 오히려 예배해야 할 이유가 된다.**

15:3-4과 16:5-7에서도 긍정하듯이, 믿지 않는 세상의 제도와 그것을 따르는 자들에 대한 하나님의 심판은 "참되고 의"롭다. 그것이 의로운 이유는 음녀가 "자신의 부도덕성으로 이 땅을 타락하도록" 했고(17:1-5; 18:3, 7-9과 비교) 따라서 신적 보응이 마땅해졌기 때문이다.

한 번으로는 충분하지 못하다는 듯이 이제 19:3-4에서도 "두 번째" 할렐루야의 외침이 들려온다. 한 "음성"이 다시 한번 보좌로부터 모든 하나님의 종에게 들려와 바벨론과 그의 모든 원수를 심판하신 것을 두고 그분을 찬송하도록 한다(계 19:5-6). 찬송하는 이들은 하나님을 두려워하는 종들, 큰 자(강하고 중요한 자)와 작은 자(약하고 눈에 띄지 않는 자)를 모두 포함한다. 그의 진노가 표현된 것을 두고 하나님을 예배하는 것은 우리 모두의 의무이며, 이는 이 땅에서의 지위나 평판 혹은 성취와는 무관하다.

다시 한번 "허다한 무리"가 크게 찬송한다(6절). 이들이 누구든 이들은 분명 1절에서 이러한 예배를 시작한 무리와 동일한 무리다. 여기에 이르러 이들의 음성은 보다 커졌는데("많은 물소리", "큰 우렛소리"와 같이), 이것은 이들이 하나님이 찬송을 받으시기에 합당한 이유를 더욱 깊이 묵상(2절과 18장 전체에서 설명된 것처럼)하면서 소리가 증폭되었기 때문이다.

그의 설교에서 에드워즈는 천국에 있는 성도들이 지옥에 있는 불의한 자들에게 임하는 심판을 인지하고 있음을 보여준다고 그가 믿는 다른 본문들도 제시했다. 하지만 이들 중 두 본문만 언급하려고 한다. 하나는 누가복음 16장으로서 나사로와 부자에 대한 이야기다. 이 사건의 세부 사항 중 얼마만큼을 강조할 수 있을지에 대해서는 이견이 상당하다. 상당 부분은 이 이야기가 비유인지에 달렸다. 에드워즈는 이것이 지옥에 있는 불의한 자들(부자의 경험을 통해 볼 수 있듯이)과 천국에 있는 구원받은 자들(아브라함과 나사로의 경험을 통해 볼 수 있듯이)이 모두 상대의 상태를 인지할 것을 증명해준다고 믿었다.

두 번째 중요한 본문은 요한계시록 14:9-11이다. 여기서 분명히 언급되는 바에 따르면 지옥에 있는 자들은 "거룩한 천사들 앞과 어린 양 앞에서"(10절) 고난당한다. 이들의 고통을 목도하는 다른 이들에 대한 언급은 없다. 하지만 이 본문에는 중요한 사실이 담겨 있다. 예수("어린 양")

는 분명 이들의 영원한 심판에 대해 자세히 인지하고 계시지만, 구원받은 자들과 더불어 천국의 지복과 기쁨 가운데 영원히 사신다는 사실이다. 예수로 하여금 지옥의 존재를 인지하는 동시에 천국을 누리도록 한 관점이 어떤 방식으로든 우리에게 전가될 수는 없을까?

요한계시록 14장과 18장 및 19장과 더불어 이제껏 우리가 배운 사실들을 고려해 내가 내린 결론은 천국에 있는 의로운 자들이 지옥에 있는 불의한 자들의 고통을 인지할 것이라는 사실은 피해갈 수 없다는 것이다. 에드워즈의 도움을 받아 우리가 완수해야 할 다음 임무는 이것이 어떻게 천국을 망가뜨리거나 그것의 기쁨을 약화시키지 않고 여전히 사실일 수 있을지를 결론짓는 것이다.

성경의 권위

조나단 에드워즈에 대한 흥미로운 점 중 하나는 그가 생각하는 방식이다. 그가 사고하는 과정에서 성경의 권위는 그리스도인으로 자처하는 다른 많은 이에게서보다 훨씬 더 결정적인 역할을 수행한다. 이렇게 설명해보겠다.

내가 이번 장을 시작한 것은 영원한 의식적 형벌에 대해 많은 사람이 문제로 인식한 것 때문이었다. 이들은 지옥이 영원히 존재한다면 그것이 천국의 기쁨을 망가뜨릴 것이라고 말한다. 따라서 지옥은 전혀 존재하지 않거나 일시적으로만 존재한다. 다른 말로 하면 사람들의 주장의 시작점이 성경의 무오한 진리가 아니라 이들이 "공정"하거나 "공평"하거나 "옳거"나 "사실"이라고 믿는 다른 이유들이라는 것이다. 이들의 정서나 감정 혹은 개인적 편애에 성경 자체보다 큰 무게가 실린다. 이러한 이전의 신념이나 성향이 성경과 분명한 갈등을 보일 때 이들은 이 둘을 화목시키기 위해 애를 쓴다. 애석하게도 일부는 그 "해결책"을 성경이 분명히 가르치는 것을 수정하거나 그것을 전면적으로 부인하는 것에서 찾는다. 아니면 성경을 따르지만 하나님의 선하심이나 지혜 혹은 둘 모두에 대해 끊임없는 의심을 품고 살아간다.

에드워즈는 이런 문제에 대해 다른 접근을 보인다. 그에게는 풀어내야 할 문제도 헤아려야 할 신비도 없었다. 그는 지옥이 존재한다는 사실을 한 번도 의심한 적이 없다. 성경이 그렇다고 말했기 때문이다. 그는 천국이 영원한 기쁨의 경험인 것 역시 한 번도 의심한 적이 없다. 성경이 그렇다고 말했기 때문이다. 그에게는 해결해야 할 갈등이 없었다. 물론 에드워즈는 왜 천국에 있는 이들이 지옥에 있는 이들을 알면서도 자신의 기쁨과 행복을 순전하게 유지할 수 있었는지에 대해 최선을 다해 설명한다. 하지만 지옥의 고통이나 천국의 지복이 주장되는 것처럼 양립할 수 없기 때문에 둘을 최소화하려는 유혹을 느꼈다는 암시는 전혀 없다. 성경은 이 둘을 가르친다. 에드워즈는 그것으로 충분했다. 모든 이에게 그러하기를 바란다! 이에 대한 이야기는 여기서 그만하고 이제 에드워즈의 주장으로 넘어가 보자.

에드워즈는 천국에 있는 의로운 자들의 기쁨이 지옥에 있는 자들을 향한 악의적이거나 혹은 복수심에 불타는 성향 때문은 아니라고 주장한다. 그의 말에 따르면 "마귀는 잔인함과 질투심과 복수심 때문에 인간의 고통을 기뻐하는데, 이것은 그가 자신의 악의적인 성향으로부터 고통을 그 자체로 기뻐하기 때문이다." 다른 말로 하면 마귀는 다른 사람의 고통을 다름이 아니라 타인이 고통받는 것을 바라보는 것으로부터 오는 만족 감 때문에 즐거워한다는 것이다.

악한 자들의 심판은 성도들이 기뻐하는 원인이 될 텐데 "당연하게 생 각되는 것처럼 이들이 다른 사람들의 고통을 바라보는 것을 기뻐하기 때 문이 아니다. 지옥에 떨어져 신적 보응을 당하는 자들이 성도들에게 기 쁨의 원인이 되는 것은 이것이 단순히 타인의 고통이기 때문이거나 타인 의 고통을 바라보는 것이 그 자체로 즐거운 일이기 때문이 아니다." 정확 히 말하자면 하나님의 공의가 그의 원수들에게 행사되었기 때문에 기뻐 하는 것이다.

에드워즈가 다음으로 주장하는 내용을 받아들이기 어려운 이들도 있 을 수 있다. 그는 구원받지 못한 이들의 고통이 의로운 이들에게 슬픔의 이유가 될 수 없는 까닭이 후자가 더 이상 전자에 대해 사랑이나 동정을 품지 않을 것이라는 데 있다고 주장했다. 이들은 "자신이 그들을 사랑하 는 것이 적절하지 못함을 알게 될 텐데, 이때 하나님이 그들을 사랑하지 도 불쌍히 여기지도 않으신다"는 사실을 깨닫게 될 것이기 때문이다. 하 늘에 있는 성도들은 이들의 의지와 감정에 있어 하나님과 완벽하게 일치 되어 그분이 사랑하시는 것을 사랑하고 미워하시는 것을 미워하게 될 것 이고, 따라서 이들은 지옥에 있는 구원받지 못한 자들을 하나님과 같은 방식으로 바라보게 된다는 것이다. 또한 에드워즈는 하나님이 지옥에 있 는 구원받지 못한 자들을 사랑하지 않으신다고 확신했다.

이것이 현대 복음주의자들에게 얼마나 불쾌하게 들릴지 알고 있다. 우리는 하나님이 모두를 동일하게 영원히 사랑하신다는 생각에 압도되 어 있다. 반면 에드워즈는 성경이 하나님의 사랑을 주권적이고 구별하는 것으로 보며, 사람 중 일부는 그 사랑의 대상으로서 생명과 행복으로 영원히 선택되지만 심판으로 마땅히 넘겨지는 이들도 있음을 가르친다고 주장한다.

천국에 있는 성도들은 에드워즈에 따르면 "하나님을 향한 이들의 사랑에 있어 온전해질 것이다. 이들의 마음은 하나님을 향한 사랑의 불꽃으로 한데 모일 것이기에 이들은 하나님의 영광에 큰 가치를 부여할 것이며 그분의 영화로워지심을 매우 기뻐하는 가운데 바라볼 것이다." 하나님의 백성들은 천국에서 지금 이 땅에서보다 훨씬 더 "그러한 영광에 기여하는 모든 일을 크게 기뻐하게 될 것"이고, 이렇게 기여하는 일 중 하나가 죄인들에 대한 그분의 공의롭고 영원한 진노가 온전하게 드러나는 것이다. 다시 한번 우리는 이 문제에 대해 생각하면서 눈살을 찌푸릴 수 있지만, 성경은 지옥에 있는 불의한 자들의 고통을 "공의가 요구하는 것"으로 가르친다. 지금의 세대에서 이것은 불분명하고 모호할 수 있지만, 다가오는 세대에서 우리는 "이들의 형벌이 얼마나 완벽히 공의롭고 의로운지를, 따라서 가장 높은 곳에서 세상을 다스리시는 분에 의해 이것이 얼마나 적절하게 이루어졌는지"를 알게 될 것이다. 사실 "하나님의 엄격하고 불변하는 공의의 광경은 이들의 눈에 그분을 다정하고 사랑스러운 분으로 비치도록 할 것이다."

이때 악한 자들을 멸망하게 하는 신적 공의는 "어두움이 없는 빛처럼 비칠 것이고 구름이 끼지 않은 태양처럼 빛날 것이며, 이것으로 이들[천국에서 구원받은 자들]은 하나님께 즐거운 찬송의 노래를 올려드릴 것이다." 성경에서 하나님의 권능이 심판을 통해 나타나는 것은 흔히 영광스럽게 표현된다. 출애굽기 15:6에서 우리는 다음과 같은 모세의 노래를 읽는다. "여호와여, 주의 오른손이 권능으로 영광을 나타내시니이다. 여호와여, 주의 오른손이 원수를 부수시니이다." 모세는 "하나님이 바로와 그의 군대를 홍해에서 멸하심으로써 그의 권능을 나타내시는 것을 보고 기뻐했고 찬송했다. 그렇다면 하나님이 그의 모든 원수를 영원히 몰락시키시고 영광스럽게 이기시는 것을 보게 될 때 성도들은 얼마나 더 영광 가운데 기뻐할 것인가!"

에드워즈는 다음과 같이 생각한 것으로 보인다. 하나님이 이생에서 그분의 원수들을 패하게 하시고 자신의 권능과 이름을 높이며 이들을 물리치실 때 그분을 예배하고 찬송하는 것이 선하고 올바르며 하나님을 높이는 일이라면, 다가오는 생에서 이런 일이 영원토록 일어나는 것을 보고 얼마나 더 기뻐하겠는가! 그뿐 아니라 성도들은 하나님의 공의가 악한 자들의 형벌을 통해 만족되는 것을 볼 때 그분의 은혜를 언제나 소중히 여기게 될 것이다. "이들은 자신이 그분의 사랑의 대상이 된 것을 얼마나 기뻐하겠는가! 그분이 이들을 자신의 자녀로 선택하셨으니 이들은 그분을 얼마나 더 기뻐 찬양하고 그분을 즐거워하는 가운데 살겠는가!"

성도들이 구원받지 못한 자들의 받아 마땅한 고통을 생각할 때, 이것은 받아 마땅치 못한 자신의 지복에 대한 감사를 증폭시키는 역할을 한다. 아마도 우리의 문제는 우리가 구원받지 못한 자들의 고통이 받아 마땅한 것임을, 또한 이것이 공의와 의로움과 거룩함의 표현임을 실제로 믿지 못하는 것일 수 있다. 또한 우리는 우리의 지복이 절대로 합당치 못한 것임을 그리고 이것이 우리 자신에게 근거한 무엇 때문이 아니라 전적으로 그리스도가 행하신 일에 근거한 순전한 은혜의 표현임을 실제로 믿지 못한다.

만일 우리가 지옥의 완벽한 공의와 천국의 완벽한 긍휼을 온전히 이해한다면, 우리는 전자 때문에 동요하거나 후자 때문에 감사의 부족을 경험하지 않을 것이다. 에드워즈는 이렇게 표현했다.

이들[천국에 있는 성도들이]이 지옥으로 떨어진 자들의 끔찍한 고통을 보면서 자신들이 동일한 고통을 받아 마땅하다는 사실과 오로지 주권적인 은혜로만 자신들이 지옥으로 떨어진 자들과는 지극히 달라졌다는 사실, 그것이 아니었다면 이들 역시 동일한 상태에 머물렀을 것이라는 사실, 그러나 영원 전부터 하나님이 자신의 사랑을 이들 위에 두기를 기뻐하셔서 이들을 영광스러운 행복으로 영원히 인도하셨다는 사실을 생각한다면, 오 생명 주신 그리스도의 사랑, 곧 그들을 큰 고통으로부터 구속하시고 그들을 위해 큰 행복을 얻으셨으며 그들을 다른 동료 피조물들로부터 구별하신 그 사랑을 그들은 얼마나 감탄하여 바라볼 것인가! 이것을 바라볼 때 하나님과 어린 양을 향해 그들은 얼마나 기쁘게 찬송할 것인가!

에드워즈는 이러한 어려운 주제에 대한 그의 관점에 이견들이 있음을 정확히 인지했다. 예를 들어 그는 지금 이생에서 우리는 믿지 않는 자들의 영원한 운명에 대해 두려움과 염려를 갖는다고 말했다. 우리는 이들의 영적 곤경에 대해 애통함을 느끼고 눈물을 흘린다. 다른 사람의 구원받지 못한 상태를 보고도 슬픔을 느끼지 못하는 것은 "영혼의 분별없음과 악함"의 증거라고 그는 기록했다.

이것을 가장 정확히 보여주는 것은 로마서 9:1-3로서, 여기서 바울은 자신의 동료 유대인들의 구원받지 못한 상태에 대해 그가 느낀 "큰 근심과 그치지 않는 고통"(2절)을 묘사한다. 사정이 그렇다면 에드워즈는 어떻게 천국에서 이러한 슬픔과 비통이 사라질 것으로 이야기할 수 있을까? 에드워즈는 다섯 가지 대답을 제공하는데 나는 그중 세 가지만 언급하려고 한다.

가장 먼저, 지금 이생에서의 우리의 의무는 모든 사람을 사랑하는 것이지만, 다가오는 세대에서 악한 자들을 사랑하는 것은 더 이상 우리의 의무가 아니다. 우리는 원수를 사랑하고 우리를 박해하고 비방하는 자들에게 선을 행하도록 반복적으로 명령받는다. 하지만 그의 주장에 따르면 "이와 같은 명령은 지옥에 떨어진 자들에 관해 영광 가운데 있는 성도들에게까지 확대되지 않는다." 지금 우리가 모든 사람을 사랑해야 하는 것은 "하나님이 이들을 사랑하신다는 것 외에는 우리가 아는 것이 없기 때문이다." 이생에서 어떤 사람이 얼마나 악하든지 "우리는 하나님이 그를 영원 전부터 사랑하셨다는 것 외에는 아는 것이 없고, 그리스도가 생명을 주시는 사랑으로 그를 사랑하셨다는 것과 세상이 있기도 전 그의 이름을 그 마음에 새기셨다는 것, 그리고 십자가에서 격렬한 고통을 당하셨을 때 그를 중시했다는 것 외에는 아는 것이 없다. 우리는 그가 영원토록 영광 가운데 우리의 동반자가 되어야 한다는 것 외에는 아무것도 알지 못한다."

하지만 천국에서는 그렇지 않다. 그때 그곳에서 우리는 하나님이 그분의 선택하시고 구속하시는 사랑을 그들 위에 두지 않으셨음을 알게 될 것이다. 그때 그곳에서 우리는 이들이 하나님의 영원한 진노의 대상임을 보게 될 것이다. 에드워즈에 따르면 하늘에 있는 성도들이 "하나님이 행하시는 일에 어떠한 영적 망설임이나 반대가 없이 온전하고 완벽하게 동의하는 것은" 당연하다. "그렇다, 하나님이 이루어지는 것이 합당하다고 보시는 모든 일을 즐거워하는 것은 이들에게 당연해질 것이다." 에드워즈의 요점은 이것이다. 만일 구원받지 못한 자들의 곤경으로 인해 우리가 하늘에서 슬픔과 애통을 경험할 것으로 지금 생각하고 있다면, 그것은 하나님과 의견을 달리하고 그분의 태도 및 감정과 조화를 이루지 못하며 우리에게 그분의 거룩하심과 진노 및 공의의 속성이 드러나는 것을 방해할 의도가 있음을 고백하는 것이다. 천국의 지복이 지옥의 고통으로 훼손될 것이라고 성급히 결론 내리기 전 이것만으로도 우리는 주저하게 된다.

두 번째로, 구원받지 못한 이들은 이생에서 구원받을 수 있기에 지금 우리는 이들을 사랑하고 이들에게 친절을 베풀어야 한다. 그리스도는 이들이 자신의 죄로부터 돌이켜 그분을 온전히 신뢰할 수 있도록 여전히 "이들을 부르시고 초청하시며 구애하신다."

하지만 다른 세상에서는 그렇지 않을 것이다. 그곳의 악한 자들은 더 이상 긍휼의 대상일 수 없다. 성도들은 그 악한 자들이 영원토록 고통당하는 것이 하나님의 뜻임을 알게 될 것이다. 따라서 이들의 구원을 구하거나 이들의 고통을 염려하는 것은 더 이상 이들의 의무가 될 수 없다. 반면 이들의 의무는 하나님의 뜻과 영광 안에서 기뻐하는 것이 된다.

마지막으로 지옥의 구원받지 못한 자들에게 임하는 보응은 구원받은 자들을 향한 "하나님의 사랑의 표현이 될 것이다." 다른 말로 하면 "하나님은 성도들의 원수를 멸망시키심으로써 이들에게 자신의 사랑을 보여주신다"는 것이다. 예수 자신도 하나님이 자신의 택하신 자들의 원한을 풀어주시며(눅 18:7) 작은 자 중 하나를 실족하게 하면 차라리 연자 맷돌이 그 목에 달려서 깊은 바다에 빠뜨려지는 것이 낫다(마 18:6)고 선언하셨다. 따라서 "영광 중에 있는 성도들은 자신을 상하게 하고 박해했던 이들 위로 부어지는 끔찍한 보응을 통해 자신을 향한 하나님의 크신 사랑을 보게 될 것이다. 자신을 향한 하나님의 이러한 사랑을 바라보는 것은 이들이 기뻐하는 정당한 이유가 될 것이다."

이것은 데살로니가후서 1:6-9에 언급된 바울의 진술에 반영되어 있다. 여기서 바울은 이렇게 기록한다. "너희로 환난을 받게 하는 자들에게는 환난으로 갚으시고 환난을 받는 너희에게는 우리와 함께 안식으로 갚으시는 것이 하나님의 공의시니, 주 예수께서 자기의 능력의 천사들과 함께 하늘로부터 불꽃 가운데에 나타나실 때에 하나님을 모르는 자들과 우리 주 예수의 복음에 복종하지 않는 자들에게 형벌을 내리시리니 이런 자들은 주의 얼굴과 그의 힘의 영광을 떠나 영원한 멸망의 형벌을 받으리로다."

요한계시록 6:9-11에서 제단 아래에 있는 순교자들 역시 자신을 죽인 자들에게 그 피를 "갚아주시"도록 하나님께 기도하고 있다. 요한계시록의 많고 다양한 심판(인, 나팔, 대접)은 상당 부분 이러한 기도에 대한 하나님의 응답이다. 이런 주제에 대해 이미 살펴본 바와 같이 요한계시록 18장에서 묘사한 불신자들에 대한 심판은 "너희를 위한" 것으로서, 믿는 자들을 대신한 것이며 하나님의 자녀들의 피를 흘린 악인들에 대한 의로운 반응이다.

에드워즈는 구원받지 못한 자들에게 회개하고 복음을 믿을 것을 장황히 호소하며 그의 설교를 마무리 짓는다. 계속해서 믿기를 거부한다면 그 누구도, 그러니까 부모도 친구도 하나님마저도 이들을 동정하지 않게 될 날이 다가오고 있음을 생각할 것을 촉구한다. 에드워즈는 다음과 같이 기록한다. "이곳에서 이들은 당신을 사랑했었고 당신을 염려했지만, 이제는 당신을 심판하기 위해 봉기할 것이고 당신이 죄를 버리고 덕을 실천하며 하나님을 구하고 섬길 수 있도록 당신을 돌이키고자 헛되이 사용한 이들의 노력 때문에 당신의 죄가 얼마나 더 가중되었는지를 선언할 것이다. 하지만 당신은 이 모든 것들에도 불구하고 당신의 고집을 꺾지 않았고 이들의 말에 귀를 기울이지 않았다. 이들은 이것을 이유로 당신이 얼마나 평계할 수 없는지를 선언할 것이다."

결론

오늘날 우리에게 에드워즈의 언어와 이미지가 다소 가혹하게 느껴진다면, 그것은 단지 우리가 영원한 형벌이라는 성경적 실재를 진지하게 받아들이는 데 실패했기 때문이다. 지옥에 대한 성경의 본문을 두고 우리는 머뭇거린다. 죄의 심각성과 끔찍함에 대해 우리는 눈을 감는다. 우리는 하나님을 사람처럼 만들었고, 따라서 그분에 대한 저항을 대수롭지 않은 것으로 격하했다. 에드워즈는 아니다. 그의 수사법이 강하고 확고하며 정치적으로 "옳지 못한" 것은 오로지 하나님에 대한 그의 견해가 높고 분명하며 신학적으로 "옳기" 때문이다.

당신은 여전히 이 문제와 씨름할 수 있다. 그렇다면 다가오는 세대에서는 우리의 마음이 구원받고 모든 잘못된 생각을 버리고 모든 이기적인 동기가 씻길 것을 믿고 안심하라. 이때 우리는 온전히 그리고 완성된 표현으로 그리스도의 마음을 갖게 될 것이다. 우리는 그가 보는 것을 보고, 그가 느끼는 것을 느끼며, 그가 사랑하는 것을 사랑하고, 그가 미워하는 것을 미워하며, 그에게 가장 큰 영광을 돌리는 것은 무엇이든 기뻐할 것이다. 아멘.

추천 도서 _____

Jonathan Edwards, 'Heaven is a World of Love' in *Charity and Its Fruits*, Ethical Writings, edited by Paul Ramsey (New Haven: Yale University Press, 1989), 366-97(『천국은 사랑의 나라입니다』, 부흥과개혁사 역간).

Jonathan Edwards, 'When the Saints in Glory shall see the Wrath of God Executed on ungodly Men, it will be no Occasion of Grief to 'em, but of Rejoicing' in *The Works of Jonathan Edwards* (Carlisle: Banner of Truth), 2:207-12.

John H. Gerstner, *Jonathan Edwards on Heaven and Hell* (Grand Rapids: Baker Book House, 1980).

Stephen J. Nichols, *Heaven on Earth: Capturing Jonathan Edwards's Vision of Living in Between* (Wheaton: Crossway Books, 2006).

14장
여호수아는 정말로 태양을 멈추었는가?

도널드 그레이 반하우스(Donald Grey Barnhouse) 박사는 펜실베이니아주 필라델피아에 위치한 제10 장로교회(Tenth Presbyterian Church)에서 여러 해 동안 목회를 했다. 그는 특별히 나중에 나의 영적·신학적 멘토가 된 두 명의 인물에게 큰 영향을 미쳤다. 따라서 내가 이분을 마음속에 특별히 간직하고 있다는 것은 언급할 필요도 없는 사실이다. 반하우스 박사는 프린스턴 신학교를 졸업하고 12년 정도가 지나 채플 설교자로 초청받았다. 그에게 구약을 가르쳤던 로버트 딕 윌슨(Robert Dick Wilson) 교수는 맨 앞자리에 앉아 그의 설교를 경청했다.[1] 반하우스가 설교를 마친 후 윌슨은 그에게 다가와 이렇게 말했다.

자네가 다시 한번 학교를 방문한다면 나는 자네의 설교를 들으러 오지

---

1   내가 이 이야기를 어디에서 혹은 누구로부터 들었는지 정확히 기억은 나지 않는다. 출처가 불분명한 이야기일 수도 있다. 하지만 그렇더라도 그것은 중요한 내용을 전달해준다.

않을 걸세. 한 번이면 족해. 자네가 크신 하나님을 섬기는 사람인 것을 나는 기쁘게 생각하네. 내 제자들이 신학교를 다시 찾아올 때 나는 이들이 크신 하나님을 섬기는 사람인지 아니면 작은 하나님을 섬기는 사람인지를 보기 위해 이곳에, 오는데 그것을 통해 이들이 어떠한 사역을 하게 될지를 알게 되지.

그의 말뜻을 이해하지 못한 반하우스는 다시 한번 설명을 부탁했다.

로버트 딕 윌슨은 이렇게 말했다. "그러니까, 어떤 사람들의 하나님은 작고 이들은 언제나 그 하나님과 마찰을 경험하지. 그분은 기적을 행하실 수 없고, 성경에 영감을 주고 그것을 보존하고 우리에게 전달하는 일은 그분이 감당하실 수 없는 일이라고 생각하니까 말이야. 이들의 하나님은 작기 때문에 나는 이들을 작은 하나님을 섬기는 사람들이라고 부르네. 하지만 자신의 하나님을 크게 보는 이들도 있다네. 그들은 "그분이 말씀하시면 그 일은 이루어진다. 그분이 명령하시면 어떤 것도 방해할 수 없다. 자신을 두려워하는 이들을 위해 자신을 분명하게 드러내시는 방법 역시 알고 계신다"고 생각한다네. 자네의 하나님은 크시고 그분은 자네의 사역을 축복하실 것이네. 자네는 크신 하나님을 섬기는 사람이야."

당신의 하나님은 얼마나 크신가? 우주를 창조하시고 그것을 자신의 능력의 말씀으로 지키시며 그것의 방향을 섭리 가운데 다스리시고 자신이 계획한 바로 그 방식대로 모든 것을 완성하실 만큼 그분은 크신가? 아니면 당신이 예배하고 사랑하고 섬기는 하나님은 당신의 뒷주머니나 당신이 손수 만든 상자에 쏙 들어갈 만큼 자그마하고 축소된 귀여운 하나님, 즉 자신에 대한 확신이 없고 자신이 성취하고자 하는 바가 궁극적으로 이루어질 것을 보증하지 못하는 이름뿐인 신에 불과한가?

한 가지 내가 확신하는 것은 "여호수아는 크신 하나님을 섬긴 인물이었다"는 사실이다. 여호수아 9장에 묘사된 기브온 사람들에 대한 자신의 실패에도 불구하고 여호수아는 자신의 하나님이 모든 것을 협력하여 선을 이루실 만큼 크시다는 것을 알았다. 그는 하나님이 이스라엘의 대적을 멸망시키시고 약속된 땅의 기업을 주실 만큼 크시다는 것을 확신했다. 또한 자신의 목적을 성취하시기 위해 필요한 모든 기적을 행하실 만큼 강력한 분이신 것을 알았다.

크신 하나님을 섬기는 사람이 아니라면 여호수아 10장을 읽고 이해하는 것은 믿기 어려울 만큼 힘겨울 것이다. 작은 하나님을 섬기는 사람에게 이 장의 사건들은 괴롭고 혼란스러울 것이다. 애석하게도 10장에서 읽는 사건들이 정말로 일어나기는 했던 일인지 의심하는 지경에 이를 수도 있다. 그러나 크신 하나님을 섬기는 사람은 여호수아 10장을 사랑한다. 이렇게 설명해 보자.

독자들은 여호수아 9장에서 이스라엘이 기브온 사람들과 평화의 조약을 맺은 사실을 기억할 것이다. 기브온 사람들이 여호수아와 다른 지도자들을 속였다고 해도 여호수아가 이들을 보호하고 멸망하지 않겠다고 이들과 합의한 사실은 유효했다. 주변 가나안 왕들이 이스라엘과 기브온 사람들 사이의 이러한 조약이 체결된 것을 들었을 때 이들은 이것을 그냥 지나칠 수 없는 위험하고 위협적인 동향으로 이해했다. 이들의 해결책은 군사력을 연합하여 기드온에 반하는 총공격을 시작하는 것이었다. 이즈음에서 우리는 잠시 멈추어 어떤 일이 일어났는지 실제로 읽어 볼 필요가 있다.

그때에 여호수아가 아이를 빼앗아 진멸하되, 여리고와 그 왕에게 행한 것같이 아이와 그 왕에게 행한 것과 또 기브온 주민이 이스라엘과 화친하여 그중에 있다 함을 예루살렘 왕 아도니세덱이 듣고 크게 두려워하였으니, 이는 기브온은 왕도와 같은 큰 성임이요, 아이보다 크고 그 사람들은 다 강함이라. 예루살렘 왕 아도니세덱이 헤브론 왕 호함과 야르뭇 왕 비람과 라기스 왕 야비아와 에글론 왕 드빌에게 보내어 이르되, "내게로 올라와 나를 도우라. 우리가 기브온을 치자. 이는 기브온이 여호수아와 이스라엘 자손과 더불어 화친하였음이니라" 하매, 아모리 족속의 다섯 왕들 곧 예루살렘 왕과 헤브론 왕과 야르뭇 왕과 라기스 왕과 에글론 왕이 함께 모여 자기들의 모든 군대를 거느리고 올라와 기브온에 대진하고 싸우니라.

기브온 사람들이 길갈 진영에 사람을 보내어 여호수아에게 전하되, "당신의 종들 돕기를 더디게 하지 마시고 속히 우리에게 올라와 우리를 구하소서. 산지에 거주하는 아모리 사람의 왕들이 다 모여 우리를 치나이다" 하매, 여호수아가 모든 군사와 용사와 더불어 길갈에서 올라가니라. 그때에 여호와께서 여호수아에게 이르시되, "그들을 두려워하지 말라. 내가 그들을 네 손에 넘겨주었으니 그들 중에서 한 사람도 너를 당할 자 없으리라" 하신지라. 여호수아가 길갈에서 밤새도록 올라가 갑자기 그들에게 이르니, 여호와께서 그들을 이스라엘 앞에서 패하게 하시므로 여호수아가 그들을 기브온에서 크게 살륙하고 벧호론에 올라가는 비탈에서 추격하여 아세가와 막게다까지 이르니라. 그들이 이스라엘 앞에서 도망하여 벧호론의 비탈에서 내려갈 때에 여호와께서 하늘에서 큰 우박 덩이를 아세가에 이르기까지 내리시매 그들이 죽었으니, 이스라엘 자손의 칼에 죽은 자보다 우박에 죽은 자가 더 많았더라.

여호와께서 아모리 사람을 이스라엘 자손에게 넘겨주시던 날에 여호수아가 여호와께 아뢰어 이스라엘의 목전에서 이르되,

"태양아, 너는 기브온 위에 머무르라. 달아, 너도 아얄론 골짜기에서 그리할지어다" 하매, 태양이 머물고 달이 멈추기를 백성이 그 대적에게 원수를 갚기까지 하였느니라.

야살의 책에 태양이 중천에 머물러서 거의 종일토록 속히 내려가지 아니하였다고 기록되지 아니하였느냐. 여호와께서 사람의 목소리를 들으신 이러한 날은 전에도 없었고 후에도 없었나니, 이는 여호와께서 이스라엘을 위하여 싸우셨음이니라. 여호수아가 온 이스라엘과 더불어 길갈 진영으로 돌아왔더라(수 10:1-15).

기브온 사람들이 도움을 청하기 위해 여호수아를 찾아와 호소했던 내용을 다시 한번 살펴보라. 6절에 다음과 같은 내용이 있다. "기브온 사람들이 길갈 진영에 사람을 보내어 여호수아에게 전하되 '당신의 종들 돕기를 더디게 하지 마시고 속히 우리에게 올라와 우리를 구하소서. 산지에

거주하는 아모리 사람의 왕들이 다 모여 우리를 치나이다' 하매." 도움을 구하는 이들의 울부짖음을 무시하는 것은 여호수아에게 쉽고 심지어 이해할 수 있는 일이었다. 추측하건대 이들의 호소를 무시하고 싶은 유혹이 상당했을 것이다. 어쨌든 기브온 사람들 때문에 여호수아와 이스라엘의 모든 지도자가 웃음거리가 되지 않았던가. 여호수아는 사람들 앞에서 창피를 당했다. 지도자로서의 그의 신뢰도는 훼손되었다. 덜 명예롭고 더 교만한 사람이었다면 기브온 사람들의 곤경을 즐거워했을 것이고 그들을 당하도록 내버려 두었을 것이다.

하지만 여호수아는 약속했다. 기브온 사람들과 맹세를 한 것이다 (9:15 참조). 그는 자신에게 기브온 사람들에 대한 도덕적 의무가 있음을 정확히 알았다. 어쨌든 이들은 이스라엘의 종이었고, 이들이 위협받고 있는 지금 이들을 보호하는 것은 지극히 옳은 일이었다.

시편 15편에 등장하는 한 가지 원칙이 이곳에서 묘사되고 있다. 4절에 따르면 온전한 사람은 "그의 마음에 서원한 것은 해로울지라도 변하지 아니"한다. NIV는 "그것 때문에 해를 입을지라도 자신의 맹세를 지킨다"라고 번역하고 있다. 다른 말로 하면 명예가 지갑보다 중요하다는 것이다. 무엇을 약속했을 때 자신의 명예에 어떤 일이 생기거나 자신의 삶이 얼마나 불편해지든지 간에 그는 자신의 약속을 지킨다는 것이다. 이런 사람에게 진실성은 가격을 매길 수 없는 것이다. 정직을 위해 그는 기꺼이 비용을 지불하고 육체적 희생을 감수한다. 상실의 위험이나 고통스러운 결과가 따르지 않는다면 그 사람이 진실한지를 결코 알 수 없다. 그 사람에게 동기를 부여하는 것이 "도덕적 신념"인지 아니면 "도덕적 편이"인지는 자신의 주장을 유지하거나 약속을 지키는 것으로 손해를 강요받기 전까지는 결코 알 수 없다.

우리의 이야기로 돌아가서 10장은 우리에게 여호수아와 그의 군대가 40km에 달하는 고된 오르막의 여정에 올랐음을 이야기해 준다. 이들은 가파르고 어려운 지형을 따라 1km를 걸어 올랐다. 8절에 따르면 하나님은 여호수아에게 다가올 승리를 약속하신다. "여호수아야, 두려워 말라. 내가 그들을 네 손에 넘겨주었으니." **하나님이 주신 승리에 대한 재확신이 인간의 독창성과 활동을 억누르지 않고 오히려 활발하게 한** 사실에 주목하라. 하나님의 약속은 여호수아로 하여금 가만히 앉아 다가오는 승리를 소극적으로 바라보도록 하지 않았다. 오히려 그는 혼신의 힘을 다해 보다 열정적으로 그것을 좇았다(9절). 하나님의 주권은 우리의 노력을 절대로 약화시키지 않고 오히려 새로워진 확신과 함께 동력을 부여한다.

10절은 "여호와께서 그들을 이스라엘 앞에서 혼란에 빠지게 하시니"라고 말한다. 분명 하나님은 사람의 마음을 조종하고 그것에 영향력을 행사하실 수 있을 뿐 아니라 실제로 그렇게 하신다. 하나님은 이스라엘의 군대가 이들을 이기고 승리할 수 있도록 하시기 위해 이들의 마음에 두려움과 혼란을 집어넣으셨다.

11절은 충격적이다. 독자들이 이제껏 보아온 어떠한 우박도 그날 하나님이 가나안 왕들에게 퍼부으신 우박의 파괴적인 힘과는 비교될 수 없을 것이다. 이것은 결코 예사롭지 않고 평범하지 않은 우박이었다. 단순히 이스라엘에게 유리한 것으로 드러난 자연 현상도 아니었다. 기념비적 규모의 기적이었다. 크신 하나님을 섬기는 사람들에게 이것은 이해하기 어렵지 않다.

몇 가지 주목해야 할 사실이 있는데 이 사실들은 이러한 기적의 중요성을 추가로 강조해준다. (1) 이것의 원인으로 유일하게 지목되는 대상은 주님이시다. "'여호와'께서 하늘에서 큰 우박 덩이를…[이들에게] 내리시매"(11a절). (2) 이스라엘의 원수들만이 이 우박으로 고통을 받았다. 이것은 분명 가나안 왕들과 이들의 군대가 있던 곳으로만 제한된 우박이었다. (3) 이스라엘 군인들의 칼에 죽은 사람들보다 우박으로 죽은 사람들이 더 많았을 만큼 우박은 거대하고 컸다(11b절). (4) 이 지역에서 한여름에 우박이 내리는 일은 흔하지 않았다. 데이비드 하워드(David Howard)는 "해안 평야에서 우박은 일 년에 고작 5일에서 8일 동안 내리는데 대부분은 겨울 중반에 내린다"라고 지적했다.[2] 설사 그렇다고 해도 우박이 이렇게 엄청난 힘을 갖는 것은 흔한 일이 아니다.

물론 뒤이어 일어난 일은 성경을 통틀어 가장 유명한 이야기 중 하나다. 12a절을 함께 자세히 살펴보도록 하자.

> 여호와께서 아모리 사람[곧 가나안 사람]을 이스라엘 자손에게 넘겨주시던 날에 여호수아가 여호와께 아뢰어 이스라엘의 목전에서 이르되…

우리가 대답해야 하는 질문은 단순히 이것이다. 이스라엘의 목전에서 이야기한 인물은 누구인가? 여호수아가 태양과 달에게 이야기했는가? 아니면 그는 하나님께 기도했고 기도를 들으신 하나님이 태양과 달에 말씀하셨는가? 본문의 문법은 두 가지 해석을 다 허용하고 궁극적으로 우리가 이에 대해 대답할 수 있는 방법은 없다. 좌우지간 실제로는 어떠한 일

---

2 David Howard, *Joshua*, The New American Commentary (Nashville: Broadman & Holman, 1998), 237 n. 189.

이 일어난 걸까? 지나치게 자세한 내용으로 들어가기보다 나는 가장 설득력 있는 세 가지 해석을 제시하려고 한다.

많은 복음주의 학자가 이것을 **비유적 언어**로만 본다. 이들은 본문 속 시적 구조를 지목하면서 태양과 달의 빛이 문자적·물질적으로 변화했거나 혹은 지구의 회전에 변화가 있었던 것은 아니라고 주장한다. 더 정확히 말하자면 이것은 구약에서 종종 발견되는 비유적 언어로 **가나안 사람들에 대한 하나님의 온전한 승리와 하나님이 자신의 백성들을 대신하여 싸우신 그날의 놀라운 광경**을 묘사하거나 강조한다는 것이다. 따라서 해와 달을 겨냥한 단어들은 이스라엘 전장에서의 승리를 시적으로 묘사하고 있을 뿐, 태양과 달 그 자체의 기적적인 위치의 전환이나 움직임의 변화에 대해서는 전혀 이야기하고 있지 않다는 것이다.

이러한 견해를 취하는 사람들은 하나님이 위대한 기적들을 행하실 수 있다는 사실을 부인하지는 않는다. 다만 그들은 여기서 태양과 달이 마치 하나님의 능력으로 경외감과 놀라움에 휩싸여 하늘에 멈춰 선 사람들인 양 이들을 의인화하여 묘사하는 하박국 3:11의 또 다른 예를 찾을 뿐이다(시 96:12, 98:8; 그리고 사 55:12도 참조). 이 견해에는 장점이 있으나 설득될 만큼은 아니다. 내 생각에는 보다 나은 선택들이 있다.

두 번째이자 아마도 가장 대중적인 선택은 "하나님이" 여호수아와 이스라엘에게 가나안 사람들의 패배를 완성으로 이끌어갈 기회를 주시기 위해 "기적적으로 낮의 빛을 연장해주셨다"는 것이다. 그러니까 전쟁은 종일토록 맹렬했고 여호수아는 이제 밤이 시작되어 자신의 원수들이 재정비와 회복의 기회를 얻는 것을 바라지 않았다. 따라서 그는 태양이 서쪽으로 저물지 않고 "멈추어" 그 빛을 통해 이스라엘이 가나안 사람들을 끝낼 수 있도록 기도했다.

기억해야 할 중요한 사실은 여호수아서의 저자가 어떠한 형태로든 태양이 문자적으로 지구를 돌아 움직이거나 회전했다고 주장하고 있지 않다는 점이다. 성경의 저자들은 오늘날 우리가 하는 대로 했는데, 바로 "현상학적" 언어라고 불리는 것을 사용한다. 즉 어떤 사건을 묘사할 때 육안에 "보이는" 대로 했을 뿐 그것이 실제 "일어난" 대로 묘사하지는 않았다는 것이다. 이것은 우리에게도 항상 있는 일이다. 오늘 밤 텔레비전에서 기상 캐스터는 다음과 같이 이야기할 것이다. "오늘 저녁 일몰은 8시 13분, 내일 아침 일출은 6시 42분이 되겠습니다." 우리가 모두 아는 대로 태양은 지거나 뜨지 않지만 분명히 그런 것처럼 "보인다."

따라서 여호수아가 태양이 "머물고" 달이 "멈추"었다고 이야기한 것은 잘못이 아니다. 우리가 잘못으로 인정할 수 있는 유일한 경우는 성경이 어떤 일들이 그렇게 **보였다**고 가르치지만 실상은 그렇지 않은 경우나, 성경이 어떤 일들이 **실제로 그렇다**고 가르치지만 실상은 전혀 그렇지 않은 경우다. 하지만 성경이 어떠한 사건이 실제로는 그렇지 않은데 특정한 방식, 그러니까 맨눈으로 그리고 인간의 관점에서 볼 때 특정한 방식으로 비친다고 이야기하는 것은 잘못이 아니다.

이 두 번째 견해가 옳다면 하나님은 어떻게 이것을 행하셨는가?

많은 사람이 하나님이 기적적으로 지구의 회전을 멈추셨거나 그 속도를 늦추셨다고 주장한다. 크신 하나님을 섬기는 이들에게 이것은 전혀 문제가 되지 않기에 작은 하나님을 섬기는 이들을 위한 설명을 덧붙여 보고 싶다. 나는 단지 바울이 골로새서 1:16-17에서 우리 주 예수 그리스도에 대해 이야기한 내용을 상기시키고 싶다. 그곳에서 바울은 다음과 같이 선언했다.

> 만물이 그에게서 창조되되 하늘과 땅에서 보이는 것들과 보이지 않는 것
> 들과 혹은 왕권들이나 주권들이나 통치자들이나 권세들이나 만물이 다
> 그로 말미암고 그를 위하여 창조되었고 또한 그가 만물보다 먼저 계시고
> 만물이 그 안에 함께 섰느니라.

어떤 번역은 끝맺는 구절을 "만물이 그 안에서 응집한다" 혹은 "만물이 그 안에서 존속한다"로 소개한다. 핵심은 우주가 어떠한 일관성이나 통일성을 보이든지 그것이 성자가 지속적으로 행사하는 신적 능력에 기인한다는 것이다. 부활하신 그리스도는 만물을 지속하고 유지하신다.

예수 그리스도는 존속하게 하고 지지하는 능력이며, 그가 계획하고 만든 만물은 그에 의해 계속해서 존재한다. 그는 자신이 창조한 것을 고작 내버려 두려고 창조하지 않으신다. 그것이 시작된 순간부터 이제까지 그리고 자신이 원하는 동안 예수는 만물을 지탱하고 인도하며 만물이 그 안에서 그리고 그를 위하여 적절한 완성에 도달할 수 있도록 섭리하신다.

예수는 응집하게 하는 능력으로 만물을 온전하게 유지하신다. 경건하게 말하자면 그는 모든 것이 제자리를 지키도록 하는 신적 접착제다. 이 세상이 혼돈(chaos)이 아니라 질서 정연한 우주(cosmos)인 것은 부활하신 예수로부터 나오는 지속적인 신적 능력 때문이다.

존재하는 것들이 존재하는 까닭은 이들의 내재적 능력에 있지 않다. 자동차와 의자, 야구공과 버터, 쿼크와 퀘이사, 그리고 바로 모든 것이 그것들의 현재 형태로 존재하고 유지되는 것은 예수가 내뿜는 지속적인 에

너지를 통해서다. 어느 순간 어떤 이유로 어떤 것에 대해 그분의 섭리적이고 보존하는 고삐가 늦추어질 때 그것은 산산조각이 날 것이다. 무(無)의 진공 상태로 증발하고 그 자취를 감출 것이다.

모든 심장의 박동, 눈꺼풀의 흔들림, 풀잎의 바스락거림, 그리고 우리의 모든 호흡을 유지하는 분은 성자이시다. 사도행전 17:28에서 바울이 이야기한 대로 "우리[는 진정] 그를 힘입어 살며 기동하며 존재"한다.

매일 아침잠에서 깰 때 우리는 얼어 죽지 않을 것을 자신해도 좋은데, 우리가 너무나도 당연하게 생각하는 태양의 내부로부터 매초 10의 39제곱에 달하는 핵융합 반응이 일어나기 때문이다. 태양의 심장부에서는 4억 톤이 넘는 수소가 매초 헬륨으로 전환되고 있다. 그리고 이것은 엄청난 수에 달하는 항성들 중 하나에 불과하다 이 항성들은 모두 화학 반응과 핵반응이 지속적으로 일어나는 불구덩이로서, 하나님의 우편에 앉아 계신 예수의 능력과 그의 지속시키는 에너지가 만들어낸 결과물이다.[3]

따라서 무로부터 물리적 물질의 모든 입자가 존재하도록 하셨을 뿐 아니라 그것을 지속적으로 존속시키시는 하나님께 이러한 규모의 기적은 아무런 문제도 되지 않았을 것이다. 나는 크신 하나님을 섬기는 사람이기에 이것은 나에게 전혀 문제가 되지 않는다. 성 아우구스티누스, 마르틴 루터, 장 칼뱅 모두 이러한 견해를 받아들였다. 그렇다고 해서 이것이 실제 일어난 일이었다고 내가 전적으로 설득된 것은 아니다. 여기에는 두 가지 이유가 있다.

---

3 앞서 등장한 이야기의 일부는 내가 쓴 다음의 책 중 골 1:16-17에 대한 나의 견해로부터 각색되었다. *The Hope of Glory: 100 Daily Meditations on Colossians* (Wheaton: Crossway Books, 2007), 85-87.

먼저 하나님이 전 지구를 수반하는 세계적 기적을 행하신 이유가 다만 기브온이라는 지역에서 빛을 몇 시간 연장하시기 위해서였다는 사실이 내게는 그럴듯하게 들리지 않는다.

두 번째로 이것은 이러한 종류의 기적이 일어난 유일한 예가 아니다. 열왕기하 20:1-11에서 히스기야는 병들어 죽게 되었다. 그는 주님께 생명을 더하여 주시도록 기도했고 주님은 "내가 네 날에 십오 년을 더할 것이며"라고 대답하셨다. 히스기야는 하나님이 그를 정말로 낫게 하신다는 징표를 구했다. 예언자는 하나님이 "해 그림자를 십 도 뒤로 물러가게 하"실 것이라고 말했다. 그가 가리킨 것은 해시계와 같은 것으로 거기에는 일련의 단계들이 있어 태양이 드리우는 그림자가 그 위로 움직였다. 징표는 그 그림자가 십 도 뒤로 물러나는 것이었는데, 이것은 약 다섯 시간에 해당했다. 핵심은 태양이 하늘 위에서 서쪽이 아니라 동쪽으로 움직이는 것처럼 보였다는 것이다. 이것이 지구적인 기적이었다면, 이는 하나님이 지구의 회전을 "멈추셨을" 뿐 아니라 실제로 그것을 "되돌리셨다는" 뜻이었다. 하지만 우리는 역대하 32:24-31에서 바벨론의 방백들이 팔레스타인에 온 이유가 "**그 땅에서** 나타난 이적"에 대한 정보를 얻기 위함이었음을 듣게 된다.

독자들은 나사(NASA)의 과학자들이 우주 비행의 계산을 통해 천문학적 역사에서 하루가 없어진 사실을 발견했으며 이것이 여호수아와 히스기야에게 일어난 일로 설명될 수 있다는 이야기를 여러 번 들어보았을 텐데, 이것은 도시형 전설의 일부다. 실망을 안겨주어 미안하지만 어떤 신뢰할 만한 천문학자도 이것을 확인해주지는 못한다.

일어난 일에 대한 세 번째이자 가장 그럴듯한 설명은 여호수아가 그

날이 다했을 때 햇빛이 더 연장되기를 기도한 것이 아니라 **그날이 시작되었을 때, 그러니까 이른 아침의 때 어두움이 연장되기를** 기도했다는 것이다. 여기에는 몇 가지 짚고 넘어가야 할 사실이 있다. 12절에서 "머무르다"로 번역된 히브리어 동사의 문자적 의미는 "말을 못 잇는", "침묵하는", "고요한"이다. 이 단어는 자연스럽게 태양과 달이 어떠한 명백한 움직임을 중단한 사실보다 "이것들이 더 이상 빛을 비추지 않은" 것을 가리킬 수 있다. 이것은 "멈추다"로 번역된 단어가 태양과 달로부터 광채나 빛이 멈춘 사실을 의미할 수도 있는 13절에서도 마찬가지이다.

더욱이 9절에 따르면 여호수아와 그의 군대는 "밤새도록" 행군을 했다. 이것은 그가 공격한 시점이 날이 여전히 어두웠을 때였음을 암시한다. 따라서 전쟁은 늦은 아침 시간이나 새벽 직전에 이루어졌을 것이고 여호수아가 기도한 내용은 하나님이 떠오르는 태양과 달의 빛을 막아주셔서 어두움을 연장시켜 주심으로써 그가 시작하려고 하는 기습을 도와주시는 것이었다.

12절을 다시 한번 보라. "'태양아, 너는 기브온 위에 머무르라. 달아 너도 아얄론 골짜기에서 그리할지어다' 하매" 아얄론은 기브온에서 서쪽으로 16km 떨어진 곳이었다. 그러니까 태양은 기브온 위 동쪽에 있었고 달은 아얄론 위 서쪽에 있었다는 말인데 그렇다면 시간은 이른 아침이 되어야 한다. 이것이 사실이라면 일어난 사건은 그날이 저물어갈 때 태양 빛이 연장된 것이 아니라 그날이 시작되었을 때 어두움이 연장된 것이 된다.

마지막으로 태양이 "거의 종일토록 속히 내려가지 아니하였다고" 이야기한 13b절은 어떠한가? 학자들은 이것이 "여느 평범한 날처럼"으로도 번역될 수 있음을 지적한다. 태양이 보이지 않은 것이 하나님이 그것의 빛을 막으셨기 때문이라면, 이 본문은 이 땅에 있는 사람들에게 이것이 어떻게 보였는지를 통해 이러한 상황을 묘사한 것에 불과하다. 태양이 깜깜해졌기 때문에 사람들은 "여느 평범한 날에 보통 그랬던 것처럼" 그것이 하늘 위로 자연스럽게 움직여가는 것을 볼 수 없었다. 나에게는 이것이 최선의 설명으로 보인다. 하지만 이 모든 것이 하나님이 매일 아침이 시작될 때 보통 그러하듯 태양이 그 빛을 비추지 못하도록 하신 사건이었다면 하나님은 그것을 어떻게 행하신 것일까? 하나님이 우박의 결과인 "운량"(雲量)이나 "일식"을 사용하셔서 그렇게 하셨다고 주장하는 사람들도 있다. 하지만 태양과 달이 서로 결합한 것이 아니라 반대의 위치에 있었다는 점을 고려할 때 여기서 일식을 주장하기란 어렵다. 일식을 주장하는 해석에 있어 또 다른 중요한 문제는 천문학자들이 기원전 1,500년에서 1,000년 사이 중앙 팔레스타인에서 일식이 일어난 때를 정확히 알고 있는데 그 날짜 중에는 우리가 알기로 여호수아가 살았던 시기와 맞는 날짜가 없다는 것이다. 아마도 이것은 출애굽 당시 이집트에서 있었던 것과 비슷한 기적일 것이다. 출애굽기 10:21-23은 아홉 번째 재앙에 관해 이렇게 기록한다.

> 여호와께서 모세에게 이르시되, "하늘을 향하여 네 손을 내밀어 애굽 땅 위에 흑암이 있게 하라. 곧 더듬을 만한 흑암이리라." 모세가 하늘을 향하여 손을 내밀매 캄캄한 흑암이 삼 일 동안 애굽 온 땅에 있어서 그동안은 사람들이 서로 볼 수 없으며 자기 처소에서 일어나는 자가 없으되 온 이스라엘 자손들이 거주하는 곳에는 빛이 있었더라(출 10:21-23).

결국 어떤 견해를 받아들이든 이 이야기에서 가장 놀라운 사실은 하나님이 가나안 사람들과의 전쟁에서 이스라엘을 돕고자 자연의 기적을 행하셨다는 것이 아니다. **가장 놀라운 사실은 하나님이 "사람의 목소리를 들으셨다"는 것이다** (14절).

하나님이 우리의 기도를 듣고 응답하신다는 사실은 놀라운 것은 아니다. 모세와 라헬과 같은 이들에 관련하여 하나님이 어떤 개인의 목소리를 "들으신" 사건들은 수도 없이 많기 때문이다. 이 특정한 사건을 굉장히 독보적이고 놀라우며 전례를 찾을 수 없는 사건으로 만들어주는 것은, 하나님이 여호수아의 말을 들으셔서 자신의 백성들에게 승리를 주시기 위해 자연의 일상 작용에 개입하셨다는 점이다.

이것은 마치 하나님이 여호수아에게 이렇게 말씀하신 것과 같다. "내가 나 자신을 사람의 명령 아래에 두겠노라. 나는 누구에게도 빚을 진 바 없다. 여호수아나 다른 누구에게도 빚지지 않았다. 나는 자유하고 주권적이므로 내가 원하는 것은 무엇이든 할 수 있다. 하지만 지금 나를 가장 기쁘게 하는 것은 여호수아가 나에게 구하는 것이 무엇이든 내가 그것을 행하는 것이다."

성경의 역사에서 이때까지 어떤 일도 이 사건에 비견될 만한 사건은 없었지만 나중에 이것과 동일하게 간주된 또 다른 사건이 일어난다. 물론 내가 이야기하는 것은 하나님이 엘리야의 기도에 응답하신 사건이다. 열왕기상 17-18장에서 일어난 일을 야고보가 어떻게 묘사하는지 보라.

엘리야는 우리와 성정이 같은 사람이로되, 그가 비가 오지 않기를 간절히 기도한즉 삼 년 육 개월 동안 땅에 비가 오지 아니하고 다시 기도하니

하늘이 비를 주고 땅이 열매를 맺었느니라(약 5:17-18).

은사중지론자들은 성경의 기적들이 역사의 주된 세 기간, 즉 모세와 여호수아의 때, 엘리야와 엘리사의 때, 그리고 그리스도와 사도들의 때에만 집중되어 일어났다고 주장해왔다. 이러한 논쟁의 핵심은 예를 들어 엘리야와 엘리사가 특별하고 비범하며 독특한 사람들이어서 우리가 기도할 때의 모범이 될 수 없다는 것이다.

하지만 야고보는 정확히 반대로 이야기한다. 17-18절의 핵심은 엘리야가 어떤 이유에서든 독특했다거나 그가 살았던 시대에서는 기적적인 성공을 기대하고 기도할 수 있었지만 우리는 그렇게 할 수 없다는 논쟁에 반박하는 것이다. 야고보는 우리가 엘리야가 당신과 나와 같은 사람에 불과했음을 알기 원했다. 그는 우리와 다름없이 연약함과 두려움과 의심과 실패를 가진 사람이었다. 다시 말해 야고보는 이렇게 말하고 있는 것이다. "엘리야가 범접할 수 없는 인물이었다는 말에 귀 기울이지 말라. 아니다, 그는 당신과 같다. 또한 당신은 그와 같다. 따라서 그가 기도한 것처럼 기도하라."

문맥을 잊지 말라. 야고보가 엘리야를 예를 들어 호소한 것은 우리가 병든 자들을 위해 기도할 때 우리를 격려하기 위해서였다. 핵심은 엘리야가 삼 년의 가뭄이 끝나기를 위해 기도했을 때의 믿음과 동일한 믿음과 기대를 가지고 기적적 치유를 위해 기도해야 한다는 것이다.

하나님이 여호수아의 기도를 들으셔서 자연 가운데 믿기 어려운 기적을 이루어주신 것은 정말 놀랍다. 하나님이 엘리야의 기도를 들으셔서 비가 멈추도록 하시고 또다시 삼 년이 지났을 때 비가 다시 내리도록 하신 것도 놀랍다.

그리고 더 놀라운 것은 야고보가 엘리야와 우리가 전혀 다르지 않다고 말한다는 사실이다. 따라서 여러분이 (질병에서) 나음을 입도록 서로를 위해 기도하라!

물론 당신이 크신 하나님을 섬기는 사람이라면 이 이야기 중 무엇도 그다지 놀랍지는 않았을 것이다. 당신이 아는 대로 하나님이 위대하시고 크시며 헤아릴 수 없으시고 장엄하시다면, 이런 일들은 그분의 능력의 극히 일부이자 신적 전능이라는 바다의 작은 물방울에 불과하다.

당신은 크신 하나님을 섬기는 사람인가? 그렇다면 큰 요구를 가지고 그분께 나아오라. 불가능한 임무를 가지고 그분께 나아오라. 있음 직하지 않은 일들을 구하면서 그분께 나아오라. 초자연적인 것을 구하면서 그분께 나아오라. 그분은 당신이나 나, 여호수아나 엘리야가 상상할 수 있는 것보다 크신 하나님이시다.

참고 도서 _____

David Howard, *Joshua*, The New American Commentary (Nashville: Broadman & Holman, 1998).

Walter C. Kaiser, Jr., *More Hard Sayings of the Old Testament* (Downers Grove: InterVarsity Press, 1992).

15장
바울은 장로와 담임 목사의 직무를
남성에게로 제한했는가?

이번 장은 여성 사역에 대해 구약과 신약을 통틀어 의심할 바 없이 가장 중요하고 논란이 되는 본문을 읽으며 시작해보자. 이 본문은 바울이 디모데에게 보낸 첫 번째 서신의 두 번째 장 11-15절에 기록되어 있다. 여기서 바울은 다음과 같이 기록한다.

> 여자는 일체 순종함으로 조용히 배우라. 여자가 가르치는 것과 남자를 주관하는 것을 허락하지 아니하노니 오직 조용할지니라. 이는 아담이 먼저 지음을 받고 하와가 그 후며 아담이 속은 것이 아니고 여자가 속아 죄에 빠졌음이라. 그러나 여자들이 만일 정숙함으로써 믿음과 사랑과 거룩함에 거하면 그의 해산함으로 구원을 얻으리라.

이 본문을 처음 볼 때 바울은 교회 안에서 다스리는 권위는 물론 가르치는 책임의 행사를 남성들에게만 제한한 듯하다. 하지만 평등주의자들은

다섯 가지 질문을 던지면서(혹은 다섯 가지 이의를 제시하면서) 이에 반대
한다.[1] 이들을 하나씩 명시하면서 대답해보자.

바울은 단순히 교육을 받지 못한 여성이 남성을 가르치지 못하도록 금한 것이 아닐까? 아니다.

이 질문에 대한 "아니오"라는 나의 대답을 타당하게 만들어주는 몇 가지
이유가 있다. 이것들을 간단하게 살펴보자. 먼저 본문 어디에도 이것이
금지의 이유로 명시되어 있지 않다. 본문이 제시하는 이유는 13-14절에
있다. 주어지지 않은 이유를 제시하기 위해 주어진 이유를 무시하는 것
은 지혜롭지 못한 처사다. 만일 이것이 금지의 이유였다면 바울은 다음
과 같이 손쉽게 이야기할 수 있었다. "나는 교육을 받지 못한 여성이 남
성을 가르치거나 주관하는 것을 허용하지 않노라."

바울이 "모든" 여성이 남성을 가르치는 것을 금하기에 평등주의적 견
해에서 추정해야만 하는 점은 에베소에 있던 "모든" 여성이 교육을 받지
못했다는 것이다. 하지만 브리스가의 예(딤후 4:19; 행 18:24-28)가 보여
주듯 이것은 사실이 아니다. 사실 최근의 연구를 통해 에베소의 모든 여
성이 교육을 받지 못했다는 주장은 사실이 아닌 것으로 드러난 바 있다.[2]

---

1   "평등주의자"(Egalitarian)는 남성과 여성이 도덕적·영적 가치와 존엄에 대해서뿐
    아니라, 가족과 지역 교회 안에서의 역할과 기능, 관계 및 권위에 있어서도 서로 동등
    하다고 믿는 사람이다. "상호보완주의자"(Complementarian)는 남성과 여성의 도덕
    적·영적 동등됨을 마찬가지로 긍정하지만, 하나님이 이들 각자에서 특정한 역할, 그
    러니까 남성에게는 가정과 교회 모두에서 머리됨과 리더십을 취하도록, 여성에게는
    사랑의 복종이라는 태도를 취하도록 정하셨다고 믿는 사람이다.

2   S. M. Baugh, 'A Foreign World: Ephesus in the First Century' in *Women in*

더욱이 문제가 교육을 받지 못한 여성들이었다면 바울은 왜 이들이 남성을 가르치는 것은 금지하지만 여성과 다른 어린아이들을 가르치는 것은 허용한 것일까?

그리고 바울은 왜 교육을 받지 못한 남성들은 제외한 채 교육을 받지 못한 여성들만을 가르치는 일에서 제외시킨 것일까? 교육의 부재가 가르치는 일에서 주된 장애물이었다면 바울은 이러한 금지를 남성과 여성 모두에게로 확대했어야 했다. 이 경우에 교육을 받지 못한 남성은 교육을 받지 못한 여성과 마찬가지로 부적격하다.

바울은 단순히 여성이 에베소에서 거짓 교리와 이단을 가르치지 못하도록 금한 것일까? 아니다.

다시 한번 이것은 본문 어디에도 명시되어 있지 않다. 이유는 13-14절에 나타나 있다. 안드레아스 쾨스텐버거(Andreas Köstenberger)는 문법이 요구하는 바 이 두 가지 행위("가르치는" 것과 "주관하는" 것)가 모두 부정적이거나 혹은 모두 긍정적이어야 한다는 사실을 설득력 있게 증명했다. 그의 연구는 "주관하는 것"이 그 취지상 긍정적임을 보여주었다. 따라서 "가르치는 것" 역시 그렇다(이것에 대한 자세한 내용은 아래를 보라).

만일 바울이 거짓 가르침을 의미했다면 무척 수월하게 그렇게 말했을 것이다. 정확히 그것을 의미하는 단어가 있었기 때문이다.

---

the Church: A Fresh Analysis of 1 Timothy 2:9-15, edited by Andreas J. Köstenberger, Thomas R. Schreiner, and H. Scott Baldwin (Grand Rapids: Baker Books, 1995), 13-52을 특별히 참조하라.

*Heterodidaskalein*이 사용된 예를 위해서는 디모데전서 1:3-4, 6:3을 참조하라. "가르치다"라는 동사는 목회 서신에서 대개의 경우 긍정적으로 사용되었다(딤전 4:11; 6:2; 딤후 2:2). 유일한 예외는 디도서 1:11인데, 그곳 문맥에서는 거짓 가르침이 염두에 있다는 사실을 분명히 한다.

또한 우리는 에베소 여성들이 거짓 교리를 "가르쳤다는" 증거가 없음을 고려해야 한다. 이 여성들은 이단의 영향을 받은 것으로 묘사되었을 뿐(딤전 5:11-15; 딤후 3:5-9) 그것을 가르친 것으로는 묘사되지 않았다. 에베소에서 특별히 이름이 거론된 거짓 교사들은 모두 남성이다(딤전 1:20; 딤후 2:17-18; 딤후 4:14과 비교). 그렇다면 바울은 왜 이들이 가르치는 것을 금하지 않은 걸까? 바울의 금지가 에베소에서 이단을 가르친 "일부" 여성 때문이었다면 그는 왜 "모든" 여성에게 그리고 여성들에게"만" 가르치는 일을 금했을까? 일부 여성들이 에베소에서 남에 대한 험담을 한 것은 사실이지만(딤전 5:13), 이것은 거짓 교리를 가르친 것과는 다르다. 우리는 남의 험담을 하면서 거짓 교리를 가르치지 않는 사람을 안다.

에베소에는 이교도들의 종교가 있었고 비그리스도인 남성과 여성들은 그리스도인들이 하지 않는 일을 많이 행했다. 하지만 이들이 그리스도인이 된 후에도 이런 일을 했다고 주장하는 것은 단순한 추측이며 증거가 될 수 없다. 위의 내용은 고대 세계 어디에서도 여성들이 거짓 교리를 가르친 적이 없다는 주장을 내세우기 위함이 아니다. 이후 두아디아라는 다른 도시에서 이세벨이라고 불린 한 여성이 거짓을 가르친 적이 있지만(계 2:20), 이것은 본문과는 다른 시대 및 다른 도시에서 일어났다. 이세벨은 여성이 거짓 교리를 가르치는 것이 가능하다는 사실을 보여준다. 그러나 가능성은 있지만 한 번도 일어나지 않은 일은 많다. 현 상태에서는 이러한 가능성이 에베소에서 실제로 일어났다는 증거는 없다.

그리스어 *authentein*(ESV는 "주관하다"로 번역함)이 "위세를 부리다", "권위를 오용하다", 어쩌면 "살인하다", "폭력을 행하다" 혹은 "스스로를 남성의 주인으로 선언하다"를 의미할 수는 없을까?

이것은 바울이 여성이 지역 교회에서 남성에게 영적 권위를 합법적으로 행사하지 못하도록 했다는 결론을 평등주의자들이 회피하기 위해 내세우는 공통적인 제안이다. 나의 대답은 그루뎀(Grudem)의 보다 광범위한 주장의 요약이 될 것이다.[3]

먼저 최근 이러한 단어에 대하여 가장 광범위한 연구를 출판해 내놓은 인물은 스콧 볼드윈(H. Scott Baldwin)이다. 그는 이 연구를 통해 고대 문헌과 파피루스 사본에 이 단어가 나타난 모든 예(82번)를 검토했다.[4] 그의 연구 결과에 따르면 신약 시대에 이러한 단어가 위의 질문이 제안하는 것과 같은 부정적 의미로 사용된 경우는 단 한 번도 없었다. 볼드윈은 신약이 쓰이고 900년 이상이 지난 10세기에 이르러서야 *authentein*이 "살인하다"라는 의미로 사용된 예시가 있음을 제시했다(그리고 이 예시조차 논쟁의 여지가 있다).

---

3   Wayne Grudem, *Evangelical Feminism & Biblical Truth: An Analysis of More Than One Hundred Disputed Questions* (Sisters, OR: Multnomah Publishers, 2004), 304-22.

4   H. Scott Baldwin, 'A Difficult Word: *authenteo* in 1 Timothy 2:12' in *Women in the Church*, 65-80.

명사 *authentes*(이것은 우리가 딤전 2장에서 발견하는 동사가 아니다)가 "주인, 권세를 가진 자" 혹은 "살인자"를 의미할 수도 있다는 증거는 있다. 하지만 *authentes*의 이러한 두 가지 의미는 두 가지 다른 언어적 근원에서 왔을 것이다. 다른 말로 하면 명사 *authentes*는 "어쩌다 보니 동일한 철자를 갖게 된 두 가지 다른 단어를 나타낼 수 있다."[5]

증거를 거슬러 바울이 이러한 동사를 "살인하다"를 의미하는 것으로 사용했다고 해보자. 그렇다면 우리는 바울이 "나는 여성이 남성을 살인하는 것을 허용하지 않는다"라고 이야기했다고 믿어야 하는데 그럼 여성이 "다른 여성"을 살인하는 것은 괜찮다는 것인가? 남성이 다른 남성 혹은 여성을 살인하는 것은 허용할 수 있다고 믿어야 하는가? 신약 교회의 어떤 사람이 여성이 남성을 살인하는 것은 허용할 수 있다고 논쟁한 적이 있는가? 문제의 동사에 대한 이러한 견해는 바울의 진술을 지극히 충격적인 것으로 혹은 지극히 형식적인 것으로 만들어버린다. "그러니까 바울 당신은 우리에게 그리스도인 여성이 그리스도인 남성을 살인할 수 없다고 이야기하고 있는 건가요? 쯧쯧!"

위에서 언급된 것과 동일한 논쟁은 "부추기다" 혹은 "폭력을 행하다"라는 번역에도 불리하게 작용한다. 잘 알려진 평등주의자 리처드와 캐서린 크뢰거(Richard, Catherine Kroeger) 부부는 *authentein*이 "스스로를 남성의 주인으로 선언하다"를 의미한다고 주장해왔다. 하지만 이 동사가 사용된 82개의 예시 중 이러한 의미를 갖는 것은 없다. 스스로를 무엇으로 "선언"한다는 개념은 어디에서도 찾아볼 수 없다. 중요한 것은 "크뢰

---

5 Wayne Grudem, *Evangelical Feminism & Biblical Truth*, 310.

거 부부가 이러한 의미를 요구하는 어떠한 고대의 본문도 보여주지 못했다는 사실이다. 현대 사전 편찬자들은 이것을 실수로 간주하고 일반적으로는 거절해 왔는데 지난 백 년 동안 어떤 그리스어 어휘 목록에서도 그 가능성조차 찾아볼 수 없었기 때문이다. 이것은 어떤 고대 본문이나 현대 어휘 목록에서도 지지를 받지 못하는 의미다."[6] 이것이 매우 중요한 이유는 사역에 있어 여성의 역할에 대한 몇몇 대중적 논의가 크뢰거 부부의 연구가 그 단어를 설득력 있고 학구적인 방식으로 논한다는 추정을 근거로 하여 이들의 연구에 호소해 이루어졌기 때문이다. 하지만 이것은 분명히 사실이 아니다.

안드레아스 쾨스텐버거는 디모데전서 2:12의 문법적 구조가 사용된 신약 속 다른 52가지의 예시(그리고 성경 밖 48가지의 예)를 연구했고 이들 모두가 다음 두 가지 양식 중 하나에 속한다는 사실을 발견했다.

1. 첫 번째 양식―두 가지 활동이나 개념이 그 자체로서 긍정적으로 보인다.
2. 두 번째 양식―두 가지 활동이나 개념이 부정적으로 보인다.

여기에는 예외가 없다. 이것은 "가르치는" 활동이 긍정적이라면 "주관하는" 활동 역시 그러해야만 한다는 뜻이다. 위에서 언급한 것처럼 바울은 목회 서신을 통해 지속적으로 "가르치는 것"을 긍정적인 의미로 언급한다(그렇지 않은 경우에는 딛 1:11에서처럼 문맥적으로 그것을 분명히 한

---

6   같은 책, 313.

다). 따라서 *authentein*이 "권세를 찬탈하다", "위세를 부리다" 혹은 "권위를 오용하다"를 의미하는 경우는 불가능하거나 가능성이 굉장히 희박한 일이다.[7]

바울이 현재 시제를 사용한 것은 이것이 초기 교회로 제한된 일시적 명령이라는 뜻이 아닐까?

여기서의 논쟁은 "허락하지 아니하노니"라는 바울의 진술이 그리스어에서 현재 시제의 동사를 사용한다는 데 있다. 그렇다면 우리는 이것을 "나는 여자가 가르치는 것과 남자를 주관하는 것을 **지금은** 허락하지 아니하노니"라고 번역해야 할 것이다. 사도 바울의 언급을 유발한 고대 에베소의 일시적이고 특별한 상황만 지나면 이 명령이 더 이상 적용되지 않는다고 볼 수 있다. 하지만 바울은 분명 모든 시대로 적용 가능한 명령을 할 때 현재 시제를 종종 사용한다. 몇 가지 예로 디모데전서 2:1("내가…권하노니")과 로마서 12:1("내가…권하노니")은 물론 고린도전서 4:16, 에베소서 4:1, 디도서 3:8을 들 수 있다. 그리스어에서 현재 시제는 세월이 흘러도 변함이 없거나 현명하다고 알려진 것에 종종 사용된다. 핵심은 그가 권고하거나 금하는 것이 모든 시대 모든 신자에게 의무적인, 세월이 흘러도 변함이 없는 원칙이라는 것이다. 만일 우리가 신약으로부터 저자가 일인칭("나")과 현재 시제 동사를 사용해서 언급한 모든 예시를 제거한다면 우리는 그리스도인의 신앙과 삶에 필수적인 수많은 윤리적·

7　Andreas J. Köstenberger, 'A Complex Sentence Structure in 1 Timothy 2:12' in *Women in the Church*, 81-103.

신학적 진리를 포기해야 할 것이다.

Authentein(주관하다)은 신약에서 잘 등장하지 않는 단어이지 않은가? 평범하지 않은 단어가 사용된 한 구절을 우리는 이렇게까지 강조해야 할까?

단순히 어떠한 단어가 신약에서 평범하지 않았다거나 잘 등장하지 않았기 때문에 그것의 의미를 결정할 수 없는 것은 아니다. 신약 당시 기록된 광범위한 그리스어 문헌들을 통해 우리는 높은 개연성을 가지고 특정 문맥 속 특정 단어의 의미를 분별해낼 수 있다. 또한 우리는 디모데전서에서 바울이 신약의 다른 곳에서는 찾아볼 수 없는 65개의 단어를 사용했다는 사실을 기억해야 한다. 사실 신약에서 한 번만 등장하는 단어의 수는 1,934개에 달한다. 하지만 대다수의 경우 우리는 이들의 의미를 결정할 수 있다.

마지막으로 짚고 넘어가야 할 핵심은 질문의 형태로 이루어진다. 어떠한 해석적 혹은 주석적 원칙에 의해 "여자가 가르치는 것과 남자를 주관하는 것을 허락하지 아니하노니"라는 말이 "여자가 가르치는 것과 남자를 주관하는 것을 허락하노니"로 탈바꿈할 수 있는가?

여성은 지역 교회에서 장로로 섬길 수 있는가?

이 질문에 대답하려고 할 때 우리가 즉각적으로 마주하게 되는 문제는 오늘날 교회나 교단들이 지역 교회 정치에서 신약의 양식을 재현하려고 하지 않는다는 사실이다. 많은 사람은 이에 반대하여 신약이 우리에게 분명한 교회론을 제공하지 않는다고 주장할 것이다. 나는 그것에 동의할 수 없다. 내가 믿기로 신약은 다수의 장로가 다스리는 일관된 양식을 보여준다. 하지만 이것이 사실이 아니라고 해도 우리는 여전히 여성이 담임하여 다스리는 자리에 임명되어야 하는가를 결정할 수 있고 이것을 깨닫는 것은 중요하다. 설명해보자. 나는 남침례교단에서 성장했다. 이러한 교회 대부분에서 안수집사회는 다른 교단에서의 상로회(당회)와 같은 역할을 수행한다. 담임 목사가 유일한 장로로서 주된 권위를 행사하는 것처럼 보이기도 하지만 실질적으로는 안수집사들이 장로회(당회)에 상응하는 지도력을 행사한다. 따라서 나의 입장은 남침례교회에서 여성이 안수집사의 직분을 맡아서는 안 된다는 것이다. 많은 다른 교단의 경우, 예를 들어 장로교회라면 나는 여성 안수집사의 존재를 기꺼이 지지할 것이다. 이들이 교회 전체에 대해 최종적인 영적 권위를 행사하지 않기 때문이다. 그렇다면 문제는 직분의 이름이나 호칭이 아니라 각각의 직분에 담긴 실질적이고 기능적인 권위다.

그렇다면 여기에 중요한 핵심이 있다. 여성이 지역 교회 안에서 어느 특정한 직분으로까지 올라가야 한다면 우리가 염려해야 할 것은 호칭(그것이 "장로"이든 "감독"이든 "안수집사"이든 "목사"이든)이 아니라, 각 교회/교단이 그 위치에 부여하는 실질적이고 기능적인 권위다(우리가 성경의 용어를 사용할 때 주의하는 것이 중요하지 않다는 뜻은 아니다). 내가 믿기로 신약은 지역 교회가 장로나 감독으로 불리는 다수의 개인들의 권위 아래에 있다고 묘사한다. 장로와 감독이라는 두 가지 용어는 아래에서도 언급하겠지만 신약에서 교차적으로 사용된다.

"장로"라는 단어가 등장하는 본문을 나열하는 것으로 시작해보자.

사도행전 11:29-30 – 제자들이 각각 그 힘대로 유대에 사는 형제들에게 부조를 보내기로 작정하고 이를 실행하여 바나바와 사울의 손으로 **장로들**에게 보내니라.

사도행전 14:23 – 각 교회에서 **장로들**을 택하여 금식 기도하며 그들이 믿는 주께 그들을 위탁하고.

사도행전 15:1-6 – 어떤 사람들이 유대로부터 내려와서 형제들을 가르치되, "너희가 모세의 법대로 할례를 받지 아니하면 능히 구원을 받지 못하리라" 하니, 바울 및 바나바와 그들 사이에 적지 아니한 다툼과 변론이 일어난지라. 형제들이 이 문제에 대하여 바울과 바나바와 및 그 중의 몇 사람을 예루살렘에 있는 사도와 **장로들**에게 보내기로 작정하니라. 그들이 교회의 전송을 받고 베니게와 사마리아로 다니며 이방인들이 주께 돌아온 일을 말하여 형제들을 다 크게 기쁘게 하더라. 예루살렘에 이르러 교회와 사도와 **장로들**에게 영접을 받고 하나님이 자기들과 함께 계셔 행하신 모든 일을 말하매, 바리새파 중에 어떤 믿는 사람들이 일어나 말하되, "이방인에게 할례를 행하고 모세의 율법을 지키라 명하는 것이 마땅하다" 하니라. 사도와 **장로들**이 이 일을 의논하러 모여.

사도행전 15:22-23 – 이에 사도와 **장로**와 온 교회가 그중에서 사람들을 택하여 바울과 바나바와 함께 안디옥으로 보내기를 결정하니, 곧 형제 중에 인도자 바사바라 하는 유다와 실라더라. 그 편에 편지를 부쳐 이르되 사도와 **장로** 된 형제들은 안디옥과 수리아와 길리기아에 있는 이방인 형제들에게 문안하노라.

사도행전 16:4 — 여러 성으로 다녀 갈 때에 예루살렘에 있는 사도와 **장로들**이 작정한 규례를 그들에게 주어 지키게 하니.

사도행전 20:17 — 바울이 밀레도에서 사람을 에베소로 보내어 교회 **장로들**을 청하니.

사도행전 21:17-19 — 예루살렘에 이르니 형제들이 우리를 기꺼이 영접하거늘, 그 이튿날 바울이 우리와 함께 야고보에게로 들어가니 **장로들**도 다 있더라. 바울이 문안하고 하나님이 자기의 사역으로 말미암아 이방 가운데서 하신 일을 낱낱이 말하니.

디모데전서 4:14 — 네 속에 있는 은사 곧 **장로의 회**(혹은 **장로들**)에서 안수 받을 때에 예언을 통하여 받은 것을 가볍게 여기지 말며.

디모데전서 5:17 — 잘 다스리는 **장로들**은 배나 존경할 자로 알되 말씀과 가르침에 수고하는 이들에게는 더욱 그리할 것이니라.

디모데전서 5:19 — **장로**에 대한 고발은 두세 증인이 없으면 받지 말 것이요.

디도서 1:5 — 내가 너를 그레데에 남겨 둔 이유는 남은 일을 정리하고 내가 명한 대로 각 성에 **장로들**을 세우게 하려 함이니.

야고보서 5:14 — 너희 중에 병든 자가 있느냐? 그는 교회의 **장로들**을 청할 것이요, 그들은 주의 이름으로 기름을 바르며 그를 위하여 기도할 지니라.

베드로전서 5:1 — 너희 중 **장로들**에게 권하노니 나는 함께 **장로** 된 자요, 그리스도의 고난의 증인이요, 나타날 영광에 참여할 자니라.

베드로전서 5:5 — 젊은 자들아 이와 같이 **장로들**에게 순종하고 다 서로 겸손으로 허리를 동이라. 하나님은 교만한 자를 대적하시되 겸손한 자들에게는 은혜를 주시느니라.

요한2서 1:1 — **장로**인 나는 택하심을 받은 부녀와 그의 자녀들에게 편지하노니, 내가 참으로 사랑하는 자요 나뿐 아니라 진리를 아는 모든 자도 그리하는 것은.

요한3서 1: — **장로**인 나는 사랑하는 가이오 곧 내가 참으로 사랑하는 자에게 편지하노라.

한 사람의 장로나 목사가 지역 교회를 다스렸다는 암시는 어디에서도 찾을 수 없다. 신약이 지속적으로 증언하는 것은 모든 교회가 다수의 장로/감독의 감독 아래 존재했다는 사실이다. "Elder"(장로)라는 영어 단어는 그리스어 *presbuteros*의 번역이며, 여기서 "presbyter"(장로)와 "presbyterian"(장로교)이라는 단어가 왔다. "Bishop"(감독)이라는 영어 단어는 그리스어 *episkopos*에서 왔고 여기서 "Episcopal"(감독제 교회)과 "Episcopalian"(감독제 교회 교도)이라는 단어가 왔다. 앞서 말했듯이 신약에서 "장로"와 "감독"은 서로 교차적으로 사용된다. 내가 말하고자 하는 것은 이들이 동일한 직분이나 권위적 기능을 묘사하는 두 개의 다른 단어라는 것이다. "장로"는 섬기는 사람의 위엄과 중요성에 초점을 두고, "감독"은 직분의 실질적 기능에 초점을 둔다(문자적으로 감독하는 사람이다).

나는 왜 이들이 교차적이라고 믿는가? 나의 결론을 뒷받침해주는 네 개의 본문이 있다.

먼저 사도행전 20:17에서 바울은 교회의 "장로들"(elders)을 그에게로 불러 청했다. 하지만 나중 28절에서 그는 똑같은 장로들을 지칭하면서 하나님이 이들을 교회의 "감독자"(overseers, ESV) 혹은 "감독"(bishops)으로 삼으셨다고 이야기한다. 두 번째로 바울은 디도를 그레데에 남겨 두었는데, 이것은 그가 각 성에 "장로들"을 세우도록 하기 위해서였다(딛 1:5). 이후 바울은 이 직분을 위한 자격 요건을 나열하면서 다음과 같이 말했다. "'감독[자]'(곧 감독이나 *episkopon*)은…책망할 것이 없[어야 하고]" 등이다. 이 두 가지 용어는 분명 같은 직분을 가리킨다. 세 번째로 "디모데전서 3:1에서 바울은 '사람이 감독(bishop/overseer)의 직분을 얻으려 함은 선한 일을 사모하는 것'이라고 이야기한다. 이후 그는 2-7절에서 감독자의 자격 요건을 제시한다. 안수 집사와 달리 감독자는 '가르치기를 잘해야' 하고(2절) 5절에 따르면 자기 집을 다스릴 줄 아는 사람이라야 하나님의 교회를 돌볼 수 있었다. 같은 책 다섯 번째 장(딤전 5:17)은 이 두 가지 기능, 곧 가르치는 것과 다스리는 것을 장로들에게 속한 기능으로 소개한다. 따라서 바울의 마음속에서 디모데전서 3:1-7의 감독/감독자는 5:17의 장로와 동일한 것이었을 가능성이 크다."[8] 마지막으로 디모데전서 3:1-13은 신약에 두 개의 주된 직분, 곧 장로와 안수집사가 있었음을 분명히 가리킨다. 하지만 빌립보서 1:1에서 바울은 그의 서신을 "그리스도 예수 안에서 빌립보에 사는 모든 성도와 또한 감독들(episkopoi)과 [안수]집사들에게"로 전달한다. 바울이 실천한 것은 각 교회에 장로들을 세우는 것이었다(행 14:23). 따라서 빌립보서 1:1의 감독자/감독들은 그 도시의 장로들을 가리켰다고 보는 것이 합리적이다.

"목사"로 번역된 그리스어(poimen)는 신약에서 단 한 번 에베소서 4:11에서 사용되었다. 이와 관련된 동사의 형태(poimaino)는 하나님의 양 무리를 양육하고 지탱하는 개념과 더불어 "양을 치다" 혹은 "먹이다"라는 의미를 갖는다. 에베소서 4:11, 디모데전서 3:2, 디도서 1:9, 사도행전 20:28, 베드로전서 5:1-2을 한데 묶어 생각했을 때 모든 장로가 목회적 의무를 행사했다고 하는 결론은 합리적으로 보인다. 장로의 직분을 받지 않고 목회자의 역할을 감당했는가는 또 다른 문제다. 나는 그 대답이 "그렇다"라고 생각하지만, 이것 때문에 지체할 필요는 없다(이것은 분명 이러한 "목회적" 사역이 어떻게 또한 누구를 대상으로 행사되는지에 전적으로 의존한다).

또한 모든 장로가 잘 가르쳐야 했지만, 모든 교사가 장로들이었던 것

---

8   1987년 3월 2일의 설교, "Elders, Bishops, and Bethlehem"; www.desiringgod.org.

은 아니다. "잘 가르치는" 것(딤전 3:2과 딛 1:9)은 분명 모든 장로에 해당되는 요구 조건이었지만, 가르치는 은사가 있어도 장로의 직분을 받을 자격은 없는 이들이 얼마든지 있었을 수 있다(아니면 자격은 갖추었지만 아직은 이 직분으로 임명되지 않은 것이었을 수도 있다).

나의 결론은 지역 교회가 신약이 "장로들"이나 "감독들" 혹은 "목사들"로 묘사한 다수의 개인에 의해 다스림을 받아야 한다는 것이다. 먼저 장로들은 이들이 대단한 위엄과 중요성을 띠는 직분을 맡는다는 의미에서(이것은 나이 혹은 적어도 영적 성숙도에 대한 암시도 포함했을 수 있다), 감독들은 이들이 그리스도의 몸을 관리한다는 의미에서, 그리고 목사들은 이들이 하나님의 양 무리를 영적으로 먹이고 돌보며 보호한다는 의미에서 그렇다.

그런데 나는 왜 이러한 다스리거나 통치하는 직분이 남성에게 제한되어야 한다고 믿는가? 남성 리더십을 옹호하기 위해 세 가지의 논거에 호소할 것이다. 먼저 나는 장로들의 기능에 대한 신약의 이중적 묘사에 호소하고 싶다. (1) 이들은 교회를 통치하거나 다스리는 자들이다(딤전 3:4-5; 5:17; 행 20:28; 벧전 5:2; 살전 5:12; 히 13:17). (2) 이들의 주된 책임은 그리스도의 몸을 가르치는 일이다(엡 4:11[이는 "목사"와 "교사"라는 말이 "목사-교사"로서의 한 가지 기능이나 직분을 가리킨다고 추정한다. 최선의 문법적 분석은 이것이 사실임을 나타낸다]; 딤전 3:2; 5:17; 딛 1:9). 디모데전서 2:11-15로부터 나는 바울이 가르치는 일과 주관하는 일을 남성에게 제한했다고 보기 때문에 장로 혹은 감독의 직분이 남성에게 제한되는 것은 자연스러운 일이다.

두 번째로 나는 디모데전서 3장과 디도서 1장에서 찾아볼 수 있는 장로 직분을 위한 자격 요건에 호소하고 싶다. 장로는 "한 아내의 남편이 되"어야 한다(딤전 3:2과 딛 1:6, 더 언급할 필요가 있을까?). 또한 장로에 대한 다음의 요건에도 주목해야 한다. "자기 집을 잘 다스려 자녀들로 모든 공손함으로 복종하게 하는 자라야 할지며, 사람이 자기 집을 다스릴 줄 알지 못하면 어찌 하나님의 교회를 돌보리요"(딤전 3:4-5).

세 번째로 신약 어디에도 여성 장로가 언급된 곳은 없다. 이것이 침묵으로부터의 주장이라고 지적하며 반대하고 싶은 이들이 있을 것이다. 맞다. 이것은 침묵으로부터의 주장이다. 하지만 이는 귀를 먹먹하게 하는 침묵이다. 특별히 앞선 두 가지 핵심을 함께 고려할 때 그렇다. 중요한 것은 우리에게는 여성 장로들에 대한 성경적 선례가 없고 이것의 가능성이라도 믿도록 해줄 이들의 본질과 기능 및 자격 요건을 묘사하는 본문 역시 없다.

나는 여성이 안수집사로 섬기는 것(딤전 3:8-13; 롬 16:1-2, 물론 이것을 논쟁하는 이들도 있다), 사도 바울과 같은 사람을 "동역자"로 돕고 후원하는 것(빌 4:2-3), 복음 전도를 하는 것, 성경적으로 올바른 방식을 통해 모든 영적 은사를 받아 사용하는 것(여기에서 "사도"의 은사는 제외된다. 나는 "사도직"을 영적인 은사로 믿지는 않는다)이 모두 가능하다는 데 동의한다. 사실 내가 "담임하여 다스리는 권위"라고 부르는 것을 제외하고 여성은 거의 모든 역할을 통해 섬기고 사역할 수 있다.

다수의 장로가 어떤 교회를 다스리고 있다면 앞선 원칙들의 적용은 분명해진다. 하지만 한 사람의 담임 목사나 주교가 당신이 속한 교회나 교단을 다스리고 있다면, 이사회이든 안수집사회이든 아니면 동급의 다른 무리이든, 공적이고 다스리는 역할을 하는 사람들이 신약이 남성에게로 제한한 권위를 행사하고 있는지를 판단해야 한다.

평등주의자들의 반대

일부 평등주의자들은 유오디아와 순두게(빌 4:2-3)가 바울의 "동역자들"이었기 때문에 여성이 지도자의 위치에 있었고, 따라서 그들을 장로 직분에 가능한 후보로 보아야 한다고 주장해왔다. 그리스어 *sunergos*("동역자" 혹은 "동료")는 여행 중인 선교사들을 후원한 모든 사람(요삼 8)은 물론 수많은 개인(예로 롬 16:9; 빌 2:25; 골 4:10-11; 몬 24; 등등)에 대해 사용되었다. 하지만 이들이 지역 교회에서 다스리는 권위를 행사했는지에 대해 시사하는 내용은 전혀 없다. 모든 장로는 분명히 "동역자들"로서의 자격을 갖추었겠지만, 모든 "동역자들"이 장로서의 자격을 갖추었던 것은 아니다. 복음을 지지하여 재정적 지원이든 복음 전도이든 중보 기도이든 다양한 역할로 섬긴 이들의 "사역"은 그 자체로 이들에게 다스리는 권위가 부여되었는지 혹은 이들에게 이러한 면으로 섬길 자격이 있었는지를 시사하지 않는다(롬 16:1-2과 비교).

일부 평등주의자들의 주장과는 반대로 디도서 2:3에서 "늙은 여자"가 언급된 사실은 여성 장로의 개념을 지지하지 못한다. 바울은 1:5-9에서 교회의 직분에 대한 논의를 마무리한다. 2장에서 그는 "늙은 남자"(2절)와 "늙은 여자"(3절), "젊은 여자"(4절)와 "젊은 남자"(6절) 등 나이에 따라 분류된 다양한 개개인에 집중한다. 더욱이 2절에서 "늙은 남자"로 번역된 단어(*presbutes*)는 교회의 직분에 대해 사용된 단어(*presbuteros*)와는 다르다. 마찬가지로 3절에서 "늙은 여자"(*presbutis*)로 번역된 단어 역시 이들이 가르쳐야 할 "젊은 여자"와 대조를 이루어 이들의 나이를 명시할 뿐이다(비슷한 강조점에 대해서는 딤전 5:1-2과 비교하라).

히브리서 11:2은 *presbuteros*의 복수 형태를 사용하고 이것을 사라와 모세의 어머니 및 라합 등과 같은 구약 여성들에게 적용한다. 하지만 히브리서의 저자는 이 단어를 "아주 오래전에 살았던 사람" 곧 "조상"이나 "고대인"(ESV는 "옛사람들"로 번역했다)을 지칭하기 위해 사용했을 뿐이다. 저자가 신약의 교회 직분을 생각했다는 암시는 전혀 없을뿐더러, 어떠한 독자도 아벨과 에녹 및 노아(4-7절)와 같은 이들을 신약 교회에서 담임하여 다스리는 권위를 가지고 섬긴 이들과 동일하게 생각하지는 않을 것이다. 우리는 "어떠한 단어의 한 가지 의미를 저자가 또 다른 의미를 의도한 것이 분명한 문맥으로 가지고 들어오지" 않도록 언제나 조심해야 한다.[9]

요한2서의 수신인은 "택하심을 받은 부녀와 그[녀]의 자녀들"(1절)이다. 이것이 그리스도의 몸 안에서 권위를 행사한(주관한) 여성을 지칭한다고 보는 이들도 있다. 하지만 훨씬 더 설득력 있는 설명은 "택하심을 받은 부녀와 그[녀]의 자녀들"이 "교회와 그의 성도들"을 가리키는 은유적 방식이라는 것이다(13절과 비교하라. 또한 교회를 그리스도와 정혼한 "신부"로 묘사한 고후 11:2과 엡 5:22-32도 참조하라. 그리고 바울이 벧전 5:13에서 교회를 어떻게 지칭했는지도 주목하라. "택하심을 함께 받은 바벨론에 있는 교회가 너희에게 문안하고 내 아들 마가도 그리하느니라").

바울이 어떻게 "과부들"을 대해야 할지를 논한 디모데전서 5:3-16에 호소하는 이들도 있다. 하지만 단순히 "노인"(elderly)이 되었다고 해서(이 경우에는 60세 이상) 교회적 권위를 갖는 "장로"(elder)가 되는 것은 아니다.

---

9   Wayne Grudem, *Evangelical Feminism & Biblical Truth*, 253.

게다가 *presbuteros*라는 단어는 이 본문에서 등장조차 하지 않는다. 일부의 주장과는 반대로 "과부"와 "장로"의 자격 요건은 동일하지 않고 "과부"는 사역을 통해 사례를 받지 않았고 오히려 보조를 받았는데, 그들은 재정적 보조를 위해 의존할 만하고 신앙이 있는 친척들이 없었기 때문이다.[10]

마지막으로 마리아(행 12:12)와 루디아(행 16:15), 브리스가(롬 16:5)와 글로에(고전 1:11) 및 눔바(골 4:15)와 같이 이들의 집에서 교회가 모인 여성들은 어떠한가? 이것은 이들이 그 회중에 대해 영적 권위를 행사했다는 사실을 암시하는가? 물론 아니다. 아무리 자신의 집에서 교회로 모였다고 해도 장로를 위한 자격 요건을 무시하는 처사는 정당화될 수 없다(딤전 3장, 딛 1장). 정말로 우리는 새로운 회심자였던 루디아가 단지 자신의 집을 바울과 그의 동료들에게 열었다는 이유로 지역 교회의 장로가 되었을 것이라고 믿어야 할까?

추천 도서 _____

Wayne Grudem, *Evangelical Feminism & Biblical Truth: An Analysis of More Than One Hundred Disputed Questions* (Sisters, OR: Multnomah Publishers, 2004), 304-22.

Andreas J. Köstenberger, Thomas R. Schreiner, and H. Scott Baldwin, editors, *Women in the Church: A Fresh Analysis of 1 Timothy 2:9-15* (Grand Rapids: Baker Books, 1995).

_____

10   같은 책, 256-7.

16장
예수는 이혼과 재혼에 대해 무엇을 가르치셨는가?

예수께서 거기서 떠나 유대 지경과 요단강 건너편으로 가시니 무리가 다시 모여들거늘 예수께서 다시 전례대로 가르치시더니, 바리새인들이 예수께 나아와 그를 시험하여 묻되, "사람이 아내를 버리는 것이 옳으니이까?" 대답하여 이르시되, "모세가 어떻게 너희에게 명하였느냐?" 이르되, "모세는 이혼 증서를 써주어 버리기를 허락하였나이다." 예수께서 그들에게 이르시되, "너희 마음이 완악함으로 말미암아 이 명령을 기록하였거니와 창조 때로부터 사람을 남자와 여자로 지으셨으니, 이러므로 사람이 그 부모를 떠나서 그 둘이 한 몸이 될지니라. 이러한즉 이제 둘이 아니요 한 몸이니, 그러므로 하나님이 짝지어 주신 것을 사람이 나누지 못할지니라" 하시더라. 집에서 제자들이 다시 이 일을 물으니 이르시되, "누구든지 그 아내를 버리고 다른 데에 장가드는 자는 본처에게 간음을 행함이요, 또 아내가 남편을 버리고 다른 데로 시집가면 간음을 행함이니라"(막 10:1-12).

이번 장과 이어지는 장에서 내가 이루고자 하는 목적은 두 가지인데, 이것들은 서로 양립되거나 타협될 수 없는 것처럼 보인다. 두 가지 목적을 모두 이루기란 어려울 것이다. 한 가지를 강조하는 것은 다른 한 가지를 축소하는 것처럼 보이기 때문이다. 설명을 해보겠다.

한편으로 나는 결혼의 가치와 존엄성을 강조하려고 한다. 위의 마가복음 10:1-12 본문을 통해 예수는 결혼에 대한 신적 의도를 강조하셨다. "그러므로 하나님이 짝지어 주신 것을 사람이 나누지 못할지니라." 따라서 하나님이 세우시거나 연합한 것을 분리하고 끊어내는 것은 심각한 문제다.

문제는 우리 사회에서 결혼이 존중받지 못한다는 사실이다. 보다 심각한 문제는 전미를 가로질러 일부 교회들에서조차 결혼이 존중받지 못한다는 사실이다. 결혼에 대한 우리의 기준은 점점 약화되어 이제는 결혼을 영구적 언약으로보다는 두 사람 사이의 일시적인 협의로 보기에 이르렀다. 사람들이 결혼을 유지하느냐 유지하지 않느냐는 문제는 하나님의 말씀에 대한 순종의 문제라기보다, 무엇이 목전의 행복 혹은 즉각적인 만족을 가져다주는지의 문제가 되었다. 따라서 나의 첫 번째 목적은 결혼의 신적 의도, 곧 결혼이 한 남자와 한 여자 사이의 일생의 언약임을 강조하는 것이다.

반면 여기에 나의 딜레마가 있는데, 나는 이혼한 사람들, 특히 교회 안에서 이혼한 사람들이 품고 사는 오명과 수치심을 제거해주고 싶다. 사람들은 이혼한 사람들과 적당한 거리를 유지하거나 심지어 이들을 업신여기며 의심의 눈초리로 바라본다. 이들은 하나님 나라에서 2등 시민으로 취급될 뿐 아니라 용서받을 수 없는 죄를 범한 것처럼 대우받기도

한다. 당신은 이들에 대해 그렇게 생각하지 않는다고 생각할 수 있고 나는 그것이 사실이기를 바란다. 하지만 이혼에는 공적인 본질과 믿기 어려울 만큼의 고통스러운 영향이 수반되는 까닭에 이혼한 사람들은 이 모든 것에 특히나 상처를 입기 쉽다.

따라서 문제는 여기에 있다. 나는 어떻게 이혼을 경험한 이들의 명예를 손상시키거나 훼손하지 않고 결혼을 지키고 존중할 수 있는가? 그리고 나는 어떻게 결혼 약속과 서약을 지키는 것이 중요하다는 사실을 축소하는 것처럼 보이지 않고 이혼한 이들을 격려하고 긍정할 수 있는가? 만일 내가 결혼의 가치를 확대하고 결혼 서약에 신실한 것이 중요하다고 강조한다면, 이혼한 사람들은 자신이 판단받고 거절당했으며 교회 안에서의 사역과 섬김에 부적합하다고 느낄 것이다. 그리고 이것은 내가 원하는 바가 아니다. 하지만 이혼한 사람들을 향한 연민과 사랑을 표현하고 이들에게 하나님이 정말로 이들을 얼마나 사랑하시는지를 상기시킨다면, 내가 이들의 실패를 대충 덮고 넘어가려 한다고, 내가 앞서 맹렬히 비난한 바 있는 결혼의 가치 절하에 기여한다고 생각하는 이들도 있을 것이다. 따라서 어떻게 이혼한 사람들을 정죄하지 않고 결혼의 영속성을 강조할 수 있는가? 그리고 어떻게 죄와 실패를 용납하지 않고 이혼한 이들을 사랑하고 긍정할 수 있는가? 우리의 도전은 순종하라는 부르심을 연민의 눈물로 어우르는 것, 성경의 높은 기준을 타협하지 않으면서도 동시에 실패한 이들에게 다정한 것이다.

여기 내가 우리 교회의 성도들에게 하는 이중적 호소가 있다. 이혼한 이들에게 나는 이렇게 이야기한다. "결혼과 서약의 이행, 결혼을 유지하기 위한 싸움의 중요성을 제가 강조한다고 해서 저희가 여러분을 사랑하지 않는다거나 관심을 두지 않는다거나 여러분을 원하지 않는다거나 여러분이 여기에 어울리지 않는다거나 사역에 열심을 내실 수 없다는 뜻은 아닙니다." 기혼자들에게는 이렇게 이야기한다. "이혼하신 분들의 존엄과 하나님께 이분들이 갖는 가치 그리고 이들이 십자가를 통해 얻을 수 있는 용서와 회복을 제가 강조한다고 해서, 결혼에 대해 경솔하고 무심한 태도를 취할 수 있다거나 결혼에 보존할 가치가 없다거나 죄에 대해 느슨한 견해를 취한다는 뜻은 아닙니다."

내가 왜 이혼과 재혼에 대해 이같이 특별한 관심을 갖는지 궁금한 이들도 있을 수 있다. 네 가지 이유가 있다.

먼저 이혼은 언제나 수많은 다른 죄보다 더 파괴적인 죄를 수반한다. 결혼이 깨지면서 야기되는 파괴는 너무나도 광범위하고 깊은 고통을 가져오기 때문에 분명하고 솔직한 방식으로 논의되어야 할 필요가 있다. 이혼은 표현하기 어려울 정도로 고통스럽다. 배우자의 사망보다 감정적으로 더 비통하다. 때로 이혼은 수년간의 괴로움과 고통, 격렬한 말, 상처 입은 감정의 정점에서 일어난다. 죄책과 수치, 실패 및 거절의 감정은 다른 어떤 인간의 경험보다 이혼을 통해 깊이 느껴진다. 외로움과 배반, 버림받음, 절망의 감정이 수반된다. 재판 과정, 금전적 합의, 양육권 다툼, 그리고 자녀들이 받아야만 하는 불가피한 상처가 한데 모여 이혼을 교회가 논해야 할 매우 중요한 문제로 만든다. 두 번째로 결혼과 이혼 및 재혼은 거룩한 맹세와 서약을 맺는 것, 거룩한 육체적 관계로 들어가는 것, 그리고 이러한 서약과 그러한 관계를 끊는 것을 수반한다. 이것만 하더라도, 조건이 있다면 어떤 조건에서 이혼이 허용되며 재혼이 가능한지 조심스럽게 평가해볼 필요를 부각시킨다.

세 번째로 결혼은 모든 인간관계 중에서도 독특한데, 결혼은 하나님이 그리스도와 교회의 관계를 보여주시기 위해 세우신 제도이기 때문이다. 하나님이 그리스도와 그의 교회를 표현하시려고 선택하신 것은 부모와 자식의 관계도 친구 관계도 형제자매 관계도 아니다. 이런 점에서 남편과 아내 사이의 관계는 전적으로 독특하고 특별하다. 따라서 이러한 유대의 보존 혹은 파괴는 우리가 서로에게 그리고 세상을 향해 보내는 메시지에 중대한 역할을 한다.

네 번째로 교회의 안정감과 성장 그리고 세상을 향한 교회의 증언은, 결혼의 탁월함에 대한 교회의 헌신과 교회 가운데 있는 이혼한 사람들에 대해 어떻게 반응하느냐에 상당 부분이 달려 있다.

이번 장에서 나의 관심사는 이혼율이 왜 그렇게 높은지를 알아내는 것이 아니라, 성경은 무엇을 이혼과 재혼의 근거(근거가 있다면)로 이야기하는지 검토하는 것이다. 이것을 단순하며 복잡하지 않도록 하기 위해 나는 최선을 다할 것이다. 확신하건대 이것은 쉽지 않은 일이 될 것이다. 일반적으로 말해 여기에는 두 가지의 범주 혹은 입장이 있고 그 안에 여러 변형과 선택 사항이 있다.

이혼은 절대로 허용될 수 없다

이 견해에 따르면 이혼은 어떤 상황에서도 절대로 허용될 수 없다. 간음도, 유기도, 다른 어떠한 죄도 결혼이라는 유대가 파경에 이르는 것을 정당화하지 못한다. 결혼이라는 유대는 사실상 "본질적으로 불가분"하다. 어떤 남편과 아내가 정부로부터 이혼 증서를 받고 이후 다른 관계를 추구하거나 재혼할 수도 있지만, 이러한 견해는 이들이 맺은 최초의 결혼 언약이 여전히 하나님의 눈에는 유효하기에 이들이 간음죄를 짓고 있다고 주장한다.

이 엄격한 견해를 주창하는 사람들은 누군가가 자기 배우자로부터 이혼을 당할 경우 이들이 홀로 남거나 이들의 배우자와 재결합해야 한다고 주장한다. 이혼을 요구한 파트너가 다른 사람과 결혼하는 경우라도 (이 사람은 이를 통해 간음죄를 짓는 것이다) 이혼의 피해자는 자유로이 재혼할 수 없다. 이혼과 재혼에 대한 이러한 견해를 수용하는 복음주의 학자들은 거의 없다.[1]

핵심 질문은 이것이다. 결혼이라는 결합은 본질적이고 확정적으로 불가분한가 아니면 **이상적으로 불가분**할 뿐인가? 어떠한 이유가 있더라도 이혼을 반대하는 사람들은 결혼 언약이 깨어질 수 없다고 주장한다. 남편과 아내 사이의 결혼을 종결짓기 위해 사람이 할 수 있는 일은 없다. 이러한 유대는 깨어져서는 "안 되지만" 현실적으로 특정한 상황에서 그렇게 될 수 있다는 사실을 인정하는 사람들도 있는데 나도 여기에 포함이 된다. 결혼은 본질적으로 불가분하지 않다. 예수는 "하나님이 짝지어 주신 것을 사람이 나누지 못할지니라"라고 말씀하셨다. 그는 하나님이 짝지어 주신 것을 갈라놓을 수 없다고 말씀하신 것이 아니라 그래서는 안 된다고 말씀하신 것이다.[2]

---

1   물론 이것이나 어떤 다른 견해의 진위는 얼마나 많은 혹은 적은 학자가 이것을 수용하느냐에 있지 않다. 유일한 기준은 그것이 성경과 일치하느냐 하는 것이다.

2   양쪽 모두 "육체적 죽음"이 결혼이라는 유대를 단절시키거나 깨고(롬 7:1-3; 고전 7:39) 따라서 배우자가 자유로이 재혼할 수 있게 한다는 데 동의한다. 이것은 절대적이고 본질적인 불가분성이라는 개념에 반하는 주장일까?

이혼은 때로 허용될 수 있다

위의 일반적인 제목 아래에서 우리는 대체적으로 두 가지의 입장을 찾을 수 있다. 어떤 이들은 이혼이 때로 허용될 수 있는 반면 재혼은 그렇지 못하다고 주장한다. 이혼이 허용될 수 있다면 재혼 역시 그러해야 한다고 주장하는 이들도 있다. 고백하건대 이혼이 때로 허용될 수 있지만 재혼은 절대 그렇지 않다는 입장은 내가 듣기에는 일관성이 없고 어리석다. 그야말로 말이 안 된다. 하나님이 이혼을 통해 결혼을 마무리하는 것을 허용하셨다면 그 사람이 재혼하지 못할 이유는 없다. 첫 번째 결혼은 끝이 났다. 언약은 파기되었다. 이러한 이혼의 무고한 피해자는 이제 정말로 미혼자이고 따라서 자유로이 재혼할 수 있다. 물론 질문은 어떤 경우에 하나님이 이혼과 재혼을 허용하시느냐는 것이다. 특별히 당부하고 싶은 것은 **이혼은 절대로 의무가 아니**라는 사실이다. 그 무엇도 이혼을 요구하지 않는다. 인생에 일어나는 어떤 일도 이혼을 필요로 하지 않는다. 이혼은 선택 사항일 수 있지만, 우리는 이것이 최후의 선택이 될 수 있도록 애써 노력해야 한다. 하나님의 은혜로 이것이 마지막 선택, 그러니까 신뢰를 다시 쌓고 화해를 촉진하기 위한 기도와 겸손, 자기희생과 용서를 하고 하나님의 영을 의존한 후에만 이루어지는 마지막 선택이 될 수 있도록 애써 노력하자.

이와 동시에 나는 어떤 경우에 이혼이 재혼의 자유를 포함해 허용될 수 있다고 믿는다. 어떤 경우일까? 여기에는 일반적으로 말해 세 가지 견해가 있다.

1. 간음의 경우에만

2. 간음과 유기(혹은 방치)

3. 간음과 유기 및 학대(감정적이든 육체적이든)

우리는 모두 간음이 무엇인지를 안다. 하지만 유기와 학대는 무슨 의미일까? 이 두 가지 주제는 사도 바울이 고린도전서 7장에서 가르친 것을 살펴보며 다음 장에서 검토할 것이다.

이 두 개의 장에서 다루지 않을 문제가 몇 가지 있다. 예컨대 그리스도 안에서 구원하는 믿음으로 나아오기 전 결혼과 이혼을 한 이들의 상태에 대한 문제다. 이들이 이제는 회심하고 용서를 받았으며 "새로운 피조물"(고후 5:17)이라는 사실은 이들의 재혼할 자유에 영향을 미치는가? 다시 말해 회심 혹은 구원은 어떤 사람의 이혼과 재혼의 경험에 대해 어떤 의미에서 새로운 출발을 제공하는가? 성경은 이야기하지 않지만 나는 "아니오"라고 이야기하고 싶다. 두 번째로 어떤 사람이 결혼과 이혼을 여러 번 반복했을 때(적절치 못한 이유로) 생겨나는 실질적인 복잡한 특징들을 다루지 않을 것이다. 마지막으로 이혼에서 "죄책"을 지닌 쪽의 상태에 대해서도 거의 언급하지 않을 것이다. 신약은 간음이나 유기 혹은 학대로 결혼의 종말을 야기한 사람의 권리나 자유를 분명하게 논하지 않는다.

또한 사람들이 제시하지만 성경은 허용하지 않는 이혼의 많은 이유를 언급하자면 다음과 같다.

◆ 우리에게는 목표, 가치, 취미, 기쁨에 있어 공통점이 전혀 없어요.

◆ 저는 그 사람을 더 이상 사랑하지 않아요.

- ◆ 우리의 결혼 생활을 유지하는 것이 이혼하는 것보다 아이들에게 더 해로울 거예요.
- ◆ 우리는 섹스를 하지 않는 부부예요.
- ◆ 그 사람은 신자가 아니에요.
- ◆ 저는 지쳤어요. 그 사람은 절대 변하지 않을 거예요. 소용도 없고, 소망도 없어요.
- ◆ 우리는 너무 달라요.

이러한 문제의 본질이 극도로 복잡하기에 논란의 여지가 많음을 인식하는 것은 중요하다. 우리가 살펴보게 될 본문들은 우리가 원하는 것만큼 분명하지 않다. 신약과 구약의 기독교 학자들은 모두 성경의 영감과 권위를 인정하지만, 이혼과 재혼에 대해서만큼은 성경이 이야기하는 바를 두고 지속적으로 의견을 달리한다. 우리는 우리의 입장을 진술하는 방식에 주의해야 할 뿐 아니라, 다른 교리적 논쟁들과는 달리 우리가 다루는 문제가 때로 이미 깊은 상처를 입고 수치심으로 가득한 사람들의 마음과 영혼에 닿아 있음을 기억해야 한다. 그렇다고 우리가 우리의 신념을 굳게 붙들어서는 안 된다는 뜻은 아니다. 다만 사람들을 도와 이들이 성경적 관점을 갖도록 할 때 세심함과 유연함이 특별히 중요하다는 말이다.

이혼과 재혼에 대한 예수의 가르침

예수 당시 이혼에 대한 두 가지의 관점이 있었고, 각 관점은 그것을 주창했던 유대교 랍비와 연관이 있다. 두 랍비와 이들의 제자들은 자신들의 관점을 신명기 24:1-4(특별히 1절)의 특정한 해석에 기초시켰다.

사람이 아내를 맞이하여 데려온 후에 그에게 수치 되는 일이 있음을 발견하고 그를 기뻐하지 아니하면 이혼 증서를 써서 그의 손에 주고 그를 자기 집에서 내보낼 것이요, 그 여자는 그의 집에서 나가서 다른 사람의 아내가 되려니와 그의 둘째 남편도 그를 미워하여 이혼 증서를 써서 그의 손에 주고 그를 자기 집에서 내보냈거나 또는 그를 아내로 맞이한 둘째 남편이 죽었다 하자. 그 여자는 이미 몸을 더럽혔은즉 그를 내보낸 전 남편이 그를 다시 아내로 맞이하지 말지니, 이 일은 여호와 앞에 가증한 것이라. 너는 네 하나님 여호와께서 네게 기업으로 주시는 땅을 범죄하게 하지 말지니라(신 24:1-4).

우리는 1절과 "수치 되는 일"로 번역된 말에만 관심이 있다.

랍비 삼마이(Shammai)의 제자들은 이것이 간음을 가리킨다고 주장했다. 따라서 이혼은 간음의 경우에만 허용되었다. 랍비 힐렐(Hillel)의 제자들은 이 단어가 간음뿐 아니라 남편이 자신의 아내에 대해 만족하지 못하는 "온갖 이유"를 지칭한다고 주장했다. 간음은 물론 아침밥을 태운다거나 자신의 아내보다 육체적으로 더 매력적인 사람을 만나게 되는 것과 같이 겉보기에는 무해한 행동을 모두 포함한다. 실제로 랍비 힐렐의 이러한 견해는 이혼에 대한 "온갖 이유"의 견해로 불리기에 이르렀다. 이것이 예수가 살았던 1세기의 지배적인 견해였다. 유대인들 사이에서 이혼은 일반적 관행으로, 간음과 더불어 사실상 "온갖 이유"로 허용되었다. 우리는 마태복음과 마가복음을 살펴보면서 이 점을 유념해야 한다.

마태복음 19:3에서 바리새인들은 예수께 다가와 이렇게 물었다. "사람이 어떤 이유가 있으면 그 아내를 버리는 것이 옳으니이까?" 이것을 읽고는 이들이 다음과 같은 질문을 하고 있었다고 추정하는 사람들이 있다. "예수여, 사람이 자신의 아내와 이혼하는 것이 **옳을 때**가 있습니까?" 하지만 이들이 물었던 것은 그것이 아니다. 바리새인들은 랍비 힐렐의 다소 자유주의적이고 폭넓은 견해에 대해 예수가 어떤 생각을 가졌는지 알고 싶어 했다. "'온갖 이유'로 행해지는 이혼을 당신은 어떻게 생각하십니까? 힐렐과 그의 제자들이 신명기 24:1을 해석한 방식에 대해 당신은 어떤 의견을 가지고 있습니까?" 예수는 힐렐과 그의 제자들이 구약을 오해했다고 대답한다. 모세는 아내와 꼭 이혼해야 한다거나 "어떠한 이유로든" 아내와 이혼해도 좋다고 말하지 않았다. 오히려 모세는 이들의 강퍅한 마음 때문에 아내와의 이혼을 허용한 것이다.

예수는 마태복음 19:9에서 이렇게 대답하신다. "내가 너희에게 말하노니 누구든지 음행한 이유 외에 아내를 버리고 다른 데 장가드는 자는 간음함이니라." 간음 외 다른 "어떠한 이유"(곧 랍비 힐렐이 인정한 많은 이유 중 어떤 것)로 아내와 이혼한다면 당신은 하나님의 눈으로 볼 때 여전히 아내와 혼인 관계에 있고, 아내는 당신과 혼인 관계에 있는 것이다. 다시 말해 성적 부정함 외 다른 "어떠한 이유"를 근거로 얻어낸 이혼은 허용되지 않았다. 예수는 이혼에 대한 모든 가능한 이유에 대해 보편적으로 말씀하고 있지 않다. 다만 그의 이야기는 이것이다. "랍비 힐렐과 그의 제자들이 신명기 24:1로부터 이러한 견해를 취한 것은 잘못이다. 그들이 제시한 '온갖 이유'를 근거로 이혼하는 것은 유효하지 않다. 어떤 사람이 간음죄를 짓지 않은 이상 여전히 이들은 서로 혼인 관계에 있다."

마가는 그의 복음서에서 "온갖 이유"라는 표현을 사용하지 않는다는 데 세심하게 주목해야 한다. 마가복음 10:2 후반부에서는 "사람이 아내와 이혼하는 것이 옳으니이까?"라고 말한다. 11절에서도 마가가 "음행한 이유 외에"라는 말을 포함하지 않는다는 사실에도 주목할 필요가 있다. 얼핏 보기에 예수는 어떤 이유가 있든 이혼을 금하고 있는 것처럼 보인다. 무슨 일이 일어나고 있었던 걸까? 마가는 왜 마태가 포함한 이런 진술들을 생략한 것일까?

몇 가지 설명이 가능하겠지만 가장 설득력 있는 이유는 바리새인들이 랍비 힐렐이 주창한 이혼에 대한 "온갖 이유"라는 견해를 언급하고 있는 것으로 1세기의 모든 사람이 추정했다는 것이다. 오늘날에도 그렇듯이 1세기의 사람들도 모든 사람이 당연하게 받아들일 것으로 생각되는 표현을 압축하거나 생략하는 것은 일상이었다. 예로

16살 청소년이 마시는 것은 합법적인가요?

이것을 읽는 누구도 내가 16살 청소년이 물이나 탄산음료 혹은 커피를 마시는 것이 합법적인지를 묻는다고는 생각하지 않을 것이다. 우리는 모두 여기에 함축된 뜻을 안다. 우리는 자연스럽게 이 질문이 "16살 청소년이 알코올음료를 마시는 것이 합법적인가요?"였다고 추정할 것이다. 마찬가지로 간음이라는 예외 조항은 너무나도 분명하고 우리 주님 당시의 사람들이 잘 알고 있었기 때문에, 우리가 "알코올음료"라는 말을 덧붙이는 것을 불필요하게 여기는 것과 마찬가지로 "음행한 이유 외에"라는 말을 덧붙이는 것은 필요한 일이 전혀 아니라고 생각되었을 것이다. 이

것이 그가 의미한 바였다고 그야말로 당연히 받아들여졌을 것이다.

또 다른 예를 생각해보자. 오늘 당신이 복음주의적이며 성경을 믿는 교회에서 다음과 같은 질문을 던졌다고 해보자.

"여러분은 재림을 믿으십니까?"

당신이 비록 그 단어를 사용하지 않았다고 해도 모든 사람이 당신이 그리스도의 재림을 이야기하고 있었음을 알아챌 것이다. 우리는 이것의 다른 예들을 예수의 가르침을 통해서도 찾아볼 수 있다. 마태복음 5:22 전반부에서 예수는 "나는 너희에게 이르노니 형제에게 노하는 자마다 심판을 받게 되고"라고 말씀하셨다. 언급할 필요가 없었기 때문에 예수가 언급하시지 않은 것은 **"이유 없이 노하는"**이었다. 모든 사람이 자연스레 이것을 그가 의미한 바로 추정했을 것이다. 분노는 때로 정당하다. 분노할 만한 합당한 이유가 있다. 하지만 예수는 분명 정당하지 못한 분노에 대해 이야기하고 계셨는데, 비록 그 표현을 사용하시지 않았다고 해도 마찬가지다.[3] 다만 마태는 마가가 추정한 것을 분명하게 표현했을 뿐이다.

그렇다면 예수가 말씀하신 바를 이해하는 열쇠는 그가 신명기 24:1의 의미를 두고 바리새인들의 질문에 답하는 중이었음을 기억하는 것이다. 요약하자면 예수는 다음과 같이 말씀하신 셈이다. "신명기 24:1에 관한 한 이혼을 위한 유일한 근거는 음행뿐이다. 간음 외 '어떠한 이유'로 이혼한 사람들은 여전히 서로와 혼인 관계에 있다. 이들의 재혼이 간음

---

3   이 예화들은 다음의 책으로부터 각색되었다. David Instone-Brewer, *Divorce and Remarriage in the Church* (Downers Grove: InterVarsity Press, 2003).

인 이유가 여기에 있다."

예수는 유기나 학대가 이혼을 위한 유효한 근거이냐는 문제는 논하지 않으신다. 다만 이렇게 말씀하신다. "신명기 24:1에 관한 한 나는 랍비 삼마이와 의견을 같이한다. 그 본문에서 이혼을 위한 유일한 근거는 음행뿐이다."

그렇다면 1세기의 이혼과 재혼의 지배적인 견해에 대해 예수가 무엇을 하셨는가? 그는 확실하게 랍비 힐렐의 자유주의적 견해, 곧 사실상 "어떠한 이유"로든 아내와 이혼할 수 있도록 하는 견해가 무효함을 이야기하셨다. 그리고 이러한 "이혼"이 무효하기 때문에 이런 이혼 이후의 재혼은 간음이 된다. 하지만 "이혼은 안 된다"는 원칙에 한 가지 예외가 있는데 바로 간음이었다.

논해야 할 세 가지 문제가 남아 있다.

먼저 마태복음 19장에서 예수가 사용했고 "음행"으로 번역된 단어는 *porneia*인데, 여기서 우리가 사용하는 "포르노"(pornography)라는 단어가 왔다. 이것이 이 단어가 1세기에 의미한 바는 아니겠지만, 그럼에도 그것은 오늘날의 포르노가 예수가 유념한 것에 포함되는가 하는 질문을 유발한다. 대부분의 학자는 예수가 *porneia*를 통해 음행의 온갖 종류, 예를 들어 간음과 근친상간, 동성애, 수간, 혼전 성관계 등을 지칭하셨다고 주장한다. 오늘날 내가 다른 어떤 질문보다 많이 받는 질문 중 하나는 남성의 포르노 중독이 이혼의 근거가 될 수 있느냐는 것이다. 이것에 대해서는 다음 장에서 더 살펴보도록 하자.

두 번째로 우리는 예수가 성경 전체에서 이혼을 위한 합법적 근거로 유일하게 음행을 언급하셨다고 이해해야 할까? 내 생각에는 그렇지 않다. 예수가 무엇을 하고 계셨는지를 기억하라. 그는 자신에게 힐렐이 해석하고 적용한 구약에 대해 의견을 물어온 바리새인들에게 대답 혹은 응대를 하고 계셨다. "당신은 힐렐의 '온갖 이유'라는 이혼 방침을 믿습니까?" 예수는 "아니다"라고 대답하신다. "누구도 음행의 이유를 제외하고 자기 아내와 이혼해서는 안 된다."

그렇다면 이것은 신약에서 음행만이 이혼을 위한 유일한 합법적 근거라는 의미일까? 다음 장에서 우리는 사도 바울이 유기 혹은 방치를 이혼의 근거로 허용한 사실을 살펴볼 것이다. 그러한 용어로 그가 무엇을 의미했는지는 따져보아야 한다. 심각하고 뉘우침이 없는 학대(감정적이든 육체적이든 아니면 둘 다)를 이혼을 위한 합법적 근거로 주장하는 사람들도 있다. 배우자에게 재정적 공급을 하지 못하는 것은 어떠한가? 알코올 중독이나 심각한 도박 중독 그리고 그것이 결혼 생활에 가져다주는 파괴는 어떠한가? 이것들은 다음 장에서 다시 다루어야 할 문제들이다.

세 번째로 음행이 근거이든 유기가 근거이든 이혼이 일어났다면 무고한 피해자는 자유로이 재혼할 수 있을까? 나는 대답이 "그렇다"라고 믿는다. 내가 "무고한 피해자"라고 표현한 사실에 주목하라. 신약은 가해자 측의 권리나 자유에 대하여 전혀 이야기하지 않는다. 간음이 행해진 상대 혹은 유기를 당한 사람에게만 재혼의 권리가 있다고 이야기해야 할 것이다. 그렇다고 가해자에게 이러한 자유가 없다는 뜻은 아니다. 다만 성경이 그것을 분명하게 논하지 않는다는 뜻이다.

결론

도저히 양립 가능할 수 없는 것처럼 보인 내 두 가지 목적으로 돌아가 결론을 내보자. 우리는 결혼의 존엄성과 하나님의 의도를 긍정하여 한 명의 배우자와 평생을 함께해야 한다는 사실을 긍정할 수 있는가? 물론이다! 또한 우리는 이혼으로 고통받고 수치심을 느끼며 본인이 특이하고 본인에게 자격이 없다고 느끼는 이들을 사랑하고 격려할 수 있는가? 물론이다. 네 가지 진술과 함께 이 연구에 대한 전반부를 요약해보자.

- ◆ 이상적으로 결혼은 영구적이다.
- ◆ 이혼은 절대 필수적이지 않다.
- ◆ 이혼은 때로 허용될 수 있다.
- ◆ 재혼은 성경적 근거로 이혼한 사람들에게 열려 있다.

우리는 이제 사도 바울이 이 논란 많은 주제에 대해 말한 내용으로 넘어갈 준비가 되었다.

추천 도서 _____

다음 장 끝에 나열된 추천 도서 목록을 참조하라.

17장
바울은 이혼과 재혼에 대해 무엇을 가르쳤는가?

이전 장에서 우리는 마가복음 10장과 마태복음 19장에 등장한 이혼과 재혼에 대한 예수의 관점을 살펴보았다. 우리는 예수가 음행을 이혼과 재혼을 위한 합법적 근거나 기초로 인정하신 사실을 보았다. 간음만이 이혼과 재혼을 위한 유일한 합법적 근거라고 주장하는 이들도 있지만, 우리는 곧 바울이 또 다른 근거인 "유기"를 분명히 인정했음을 보게 될 것이다. 또한 우리는 특정한 형태의 심각한 학대도 합법적 근거가 될 수 있다는 가능성을 적어도 유념해야 한다. 이를 위해 우리는 우리의 관심을 고린도전서 7:1-16로 돌릴 것이다. 여기에 우리가 숙고해야 할 본문이 있다.

> 너희가 쓴 문제에 대하여 말하면 남자가 여자를 가까이 아니함이 좋으나, 음행을 피하기 위하여 남자마다 자기 아내를 두고 여자마다 자기 남편을 두라. 남편은 그 아내에 대한 의무를 다하고 아내도 그 남편에게 그렇게 할지라. 아내는 자기 몸을 주장하지 못하고 오직 그 남편이 하며, 남

편도 그와 같이 자기 몸을 주장하지 못하고 오직 그 아내가 하나니, 서로 분방하지 말라. 다만 기도할 틈을 얻기 위하여 합의상 얼마 동안은 하되 다시 합하라. 이는 너희가 절제 못함으로 말미암아 사탄이 너희를 시험 하지 못하게 하려 함이라.

그러나 내가 이 말을 함은 허락이요, 명령은 아니니라. 나는 모든 사람이 나와 같기를 원하노라. 그러나 각가 하나님께 받은 자기의 은사가 있으니, 이 사람은 이러하고 저 사람은 저러하니라. 내가 결혼하지 아니한 자들과 과부들에게 이르노니, 나와 같이 그냥 지내는 것이 좋으니라. 만일 절제할 수 없거든 결혼하라. 정욕이 불같이 타는 것보다 결혼하는 것이 나으니라.

결혼한 자들에게 내가 명하노니(명하는 자는 내가 아니요 주시라), 여자는 남편에게서 갈라서지 말고(만일 갈라섰으면 그대로 지내든지 다시 그 남편과 화합하든지 하라), 남편도 아내를 버리지 말라.

그 나머지 사람들에게 내가 말하노니(이는 주의 명령이 아니라), 만일 어떤 형제에게 믿지 아니하는 아내가 있어 남편과 함께 살기를 좋아하거든 그를 버리지 말며, 어떤 여자에게 믿지 아니하는 남편이 있어 아내와 함께 살기를 좋아하거든 그 남편을 버리지 말라. 믿지 아니하는 남편이 아내로 말미암아 거룩하게 되고 믿지 아니하는 아내가 남편으로 말미암아 거룩하게 되나니, 그렇지 아니하면 너희 자녀도 깨끗하지 못하니라. 그러나 이제 거룩하니라. 혹 믿지 아니하는 자가 갈리거든 갈리게 하라. 형제나 자매나 이런 일에 구애될 것이 없느니라. 그러나 하나님은 화평 중에서 너희를 부르셨느니라. 아내 된 자여 네가 남편을 구원할는지 어찌 알 수 있으며, 남편 된 자여 네가 네 아내를 구원할는지 어찌 알 수 있으리요.

우리는 무엇이 바울을 자극하거나 움직여 이러한 내용을 쓰도록 했는지에 주목하는 것으로 시작해야 한다. 분명 고린도 교인들은 바울에게 편지를 보냈고 그 편지에는 이들이 믿는 것들에 대한 몇 가지 진술과 질문이 실려 있었다. 7장에서 바울의 반응을 이끌어낸 진술 혹은 주장은 1절에서 찾아볼 수 있다. "남자가 여자를 가까이 아니함이 좋으나." 일부 영어 번역이 그렇게 보이도록 하는 것과는 달리 이것은 바울이 자신이 믿는 바를 제시한 진술이 아니다. 이것은 고린도에 있던 특정한 무리, 그러니까 이것을 잘못 이해하고 알고 있던 이들이 가졌던 신념이었다(ESV가 이 진술을 따옴표 안에 배치했음에 주목하라).

섹스라는 주제와 관련해 고린도에는 두 가지의 극단이 존재했다. 스펙트럼의 한쪽 끝에는 성적 탐닉, 곧 원하는 상대가 누구든 성적으로 원하는 것은 무엇이든 해도 좋다는 주장을 펼치는 이들이 있었다. 이것은 점점 더 악화되어 고린도 교회에는 주기적으로 창녀를 찾는 남성들이 있을 정도였다. 스펙트럼의 다른 쪽 끝에는 성관계가 본질적으로 부정한 행위라고 주장하는 사람들이 있었다. 심지어 결혼한 부부들조차 무조건 이것을 피해야 했다.

후자의 견해는 어디에서 온 것일까? 분명 고린도에는 과도한 영성이라고 불릴 수밖에 없는 것, 그러니까 이들이 구속받았고 이제는 그리스도 안에서 새로운 피조물이기 때문에 모든 세속적이고 육체적이며 물질적인 것은 피해야 한다는 믿음이 있었다. 이것은 창조세계와 주님이 주신 육체적 축복을 지키고 존중하며 수용하지 못하는 실패를 가져왔다. 바울이 고린도전서 7장에서 논하고 있는 것은 이 두 가지 극단 중 후자다. 이들은 바울에게 편지했고 사실상 다음과 같이 이야기했다. "남편과 아내는 제의적·영적 더러워짐을 초래하지 않기 위해 성적 관계를 삼가야 한다. 이것은 미혼자들에게도 마찬가지다. 이들은 미혼의 상태로 끝까지 머물러야 한다. 그리고 이미 결혼한 이들의 경우 배우자와 이혼하는 것이 최선인데, 그렇지 않으면 성관계의 유혹에 굴복될 것이기 때문이다. 이것은 특별히 그의 남편이나 아내가 불신자로 남아 있는 이들에게 적용된다. 불신자와 결혼함으로부터 오는 부정함만으로도 상황은 매우 좋지 않다. 이들과 친밀한 관계를 맺음으로 문제를 더 악화시켜서는 안 될 것이다. 그렇다면 우리의 결론은 남자가 여자를 가까이 아니함이(곧 성관계를 갖지 아니함이) 좋다는 것이다."

바울은 1-9절을 통해 이에 대답하지만, 이것은 우리의 주된 관심이 아니다. 우리는 여기에 많은 시간을 할애하지 않을 것이다. 우리의 주된 초점은 10-16절에 있다. 하지만 그가 말한 바를 다음과 같이 요약해 볼 수는 있다. 독신이나 미혼으로 남는 것, 따라서 모든 성관계를 삼가는 것은 좋은 일인데, 이것은 성관계가 악하기 때문이 아니라 당신이 하나님으로부터 그러한 소명 및 그렇게 할 수 있는 은사를 받았을 경우에 그렇다. 독신이나 영구적 미혼의 삶은 오로지 그 사람이 하나님으로부터 은사를 받아 자신의 성적 충동에 저항할 수 있을 때만 유익하다. 이것이 7절에서 바울이 말하는 핵심이다.

하지만 독신으로 부름을 받지 못한 이들, 자신의 성적 욕망을 억제하도록 하나님이 능력을 주시지 않은 이들에게 결혼은 권면되고(2, 9절) 결혼 안에서 성관계는 유익할 뿐 아니라 필수적이다. 따라서 남편들이여, 아내로부터 성적 친밀함을 박탈하지 말라. 아내들이여, 남편으로부터 성적 친밀함을 박탈하지 말라. 이것이 3-5절에서의 바울의 핵심이다. 이 핵심에 대해서는 더 이상 시간을 사용하고 싶지 않다. 따라서 바울이 10-16절에서 이혼과 재혼에 대해 이야기한 내용으로 넘어가보자. 바울은 두 가지 경우를 논하는데, 하나는 주 예수가 말씀하신 것이고(10절) 다른 하나는 예수가 말씀하시지 않은 것(12절)이다. 이것은 우리를 이혼과 재혼이라는 주제로 인도한다.

남편과 아내가 모두 그리스도인일 때(10-11절)

여기 10-11절에서 일어나고 있는 것을 이해하는 데는 두 가지 가능한 방법이 있고, 사실 두 가지가 모두 사실일 수 있다.

먼저 고린도는 로마의 지배 아래 있었고 그곳에 살았던 유대인들은 로마법을 활용할 수 있었으며 사실 대부분의 경우 그렇게 했다. 로마법에서 이혼은 믿기 어려울 만큼 수월했다. 심지어 미국의 "무책" 이혼보다도 더 쉬웠을 것이다. 이혼을 위해서는 떠나기만 하면 될 뿐이었다. 그럴 듯한 이유도, 법정에서 무엇을 증명할 필요도 없었다. 별거는 이혼과 동일했고 이혼한 사람들은 언제나 전적으로 자유롭게 재혼할 수 있었다.

고린도의 신자들이 로마법을 이용해 "별거를 통한 이혼"을 하기 시작했을 때, 그곳 교회를 향한 바울의 조언은 무엇이었을까? 우리는 그의 반응을 10절에서 읽을 수 있다. 여기서 "갈라서다"(separate)로 번역된 그리스어가 오늘날의 의미와는 다르다는 사실을 기억하라. 오늘날 "별거"(separate)는 당분간 배우자와 떨어져 살기로 선택하는 것을 의미한다. 이미 이혼했다거나 심지어 이혼을 생각 중이라는 의미가 아니다. 허나 1세기 고린도에서는 그렇지 않았다. 그곳에서 "별거"는 배우자와 이혼한 상태를 의미했다. 보통은 남성이 집을 소유했기 때문에 아내가 이혼을 원할 경우 아내는 떠나는 것으로 "갈라설"(separate) 수 있었다. 반면 남편은 11절의 끝부분이 가리키는 것처럼 자신의 아내를 "버리거나"(dismiss) 떠나보냈다. ESV는 이것을 그냥 "이혼"으로 번역한다.

여기서 바울의 핵심은 그리스도인들이 "별거를 통한 이혼"이라는 로마법을 활용해서는 안 된다는 것이었다. 이같이 근거가 없고 경솔하며 비성경적인 이유의 이혼은 허용되지 않았다. 이는 바울이 11절에서의 조언을 건넨 이유다. 로마법이 허용하는 것처럼 어떤 아내가 단순히 집을 떠나는 것으로 자기 남편과 이혼했고 그렇게 이혼할 만한 합법적인 성경적 근거가 없었다면, 그녀와 그녀의 남편은 하나님이 보실 때 여전히 혼인 관계에 있는 것이었다. 그 때문에 바울은 이들에게 그러한 상태에 머물든지 돌아가 배우자와 화합하라고 말했다.

우리가 인지해야 할 두 번째 사실은 내가 이미 지적한 대로 일부 "지나치게 영적인" 고린도인들 사이의 잘못된 믿음, 곧 섹스가 결혼 생활 속에서도 이들을 더럽게 하기에 그러한 유혹에 노출되느니 차라리 이혼하는 편이 더 낫다는 믿음이 있었다는 사실이다. 고린도인들이 성관계를 피하기 위해 서로 이혼했다는 사실은 분명하다. 섹스는 영적으로 더럽게 하는 것이기에 유혹에 노출되지 않기 위해 이혼해야 한다고 그들은 믿었다.

바울이 (예수와는 달리) 이혼의 근거로 간음을 전혀 언급하지 않은 것은 아마도 이것 때문이었을 것이다. 바울은 불법적 섹스를 행하는 것과는 동떨어진, 어떠한 상황에서도 누구와도 성적 관계를 갖는 것을 반대하는 이들을 상대하고 있었다. 다른 말로 하면 이 고린도인들은 섹스를 하지 않으려고 이혼하고 있었다. 따라서 간음을 근거로 한 이혼을 논하는 것은 이들에게 아무런 의미가 없었을 것이다. 이들이 어떠한 이유로 그렇게 했든 만일 예수와 바울의 가르침을 거슬러 "별거를 통한 이혼"이라는 로마의 방침을 따랐다면(11a절) 이들은 재혼해서는 안 되었다. 왜 그럴까? 결혼이라는 유대가 여전히 유효했기 때문에 재혼이 간음으로 여겨질 것이기 때문이었다. 따라서 10-11절에서 바울은 고린도 사람들의 거짓 금욕주의, 즉 배우자와의 성관계를 삼가는 것이 거룩함을 위해 필수라고 주장한 관점을 다루었을 가능성이 가장 크다.

그리스도인의 삶에 대한 금욕적 견해는 일부 고린도인들이 섹스의 유혹에 넘어갈 것을 두려워한 나머지 그들이 배우자와 이혼하도록 인도했다. 바울이 금한 것은 이러한 이유의 이혼이었다(물론 로마의 "별거를 통한 이혼" 역시 금했다). 간음의 문제는 그의 핵심과 너무나도 동떨어져 있었기에 그의 가르침은 예수의 가르침과 충돌하지 않는다. 그의 명령에도 불구하고 이혼이 일어난 경우 재혼은 금지되었다. 오직 두 가지 선택 밖에 없었다. 미혼으로 남거나 화해하는 것이었다.

배우자 중 한 사람이 그리스도인이고 다른 사람이 불신자일 때(12-16절)

바울이 12절에서 이것이 예수의 명령이 아니라 자신의 명령이라고 했을 때 그는 자신의 명령에 영감과 권위가 없다고 말한 것이 아니다. 다만 자신이 예수는 한 번도 직면하시지 않았던, 따라서 한 번도 말씀하신 것이 없고 우리에게 구전으로나 기록으로 전해지는 내용이 없는 상황을 논할 것임을 의미했을 뿐이다.

바울은 지금 두 명의 비그리스도인이 결혼하여 나중에 둘 중 하나가 구원받은 경우를 논하고 있다(39절과 비교). 바울은 그리스도인이 비그리스도인과 결혼하는 것이 괜찮다고 이야기하지 않는다. 복음이 고린도와 같이 완전히 이교도적인 도시에 처음으로 들어와 혼인 관계에 있던 둘 중 한 사람이 불신자로 남아 있는 동안 다른 한 사람이 복음에 반응하고 구원받은 상황을 묘사하고 있다.

고린도에서 금욕주의를 받아들인 이들은 불신자와의 결혼이 어떤 의미에서 자신은 물론 자기 자녀들에게까지 영적 부정함을 가져다준다고 믿었다. 바울은 단호히 "아니라"고 대답한다. 바울이 14절에서 믿지 않는 배우자와 이들의 자녀를 두고 "거룩하게 되고", "거룩하니라"라는 표현을 어떠한 의미에서 사용했는지는 우리의 관심사가 아니다. 하지만 두 가지 언급할 것이 있다. 먼저 이것이 믿지 않는 가족 구성원들의 자동적인 구원을 의미하지는 않는다는 사실은 16절로부터 분명하다. 두 번째로 이러한 가정, 그러니까 가족 전체로 확대되는 구원의 기회와 잠재력이 점점 증대해가는 가정 안에서는 일종의 "거룩한 환경"이 조성된다는 사실이다. 참된 영적 축복이 가정 안에서 불신자에게 임하는 것은 그곳에 그리스도인이 있기 때문이다. 먼저 믿지 않는 배우자와 모든 자녀는 지속적으로 신자의 삶 속에서 나타나는 복음과 성령의 구원하시는 은혜와 능력의 임재에 노출된다. 한 명의 그리스도인이 사는 가정은 구별되고 경건하며 하나님이 "거룩"하게 하시고 그곳에 사는 비그리스도인은 그것으로 유익과 축복을 받을 수밖에 없다는 말에는 일리가 있다.

그의 주된 핵심은 두 가지다. 먼저 그리스도인 배우자는 자신의 믿지 않는 파트너가 단순히 그리스도를 신뢰하지 않는다고 해서 그와 자유로이 이혼할 수 없다는 것이다(12-13절). **복음을 거절하는 것은 심각한 문제이지만, 그것은 이혼을 위한 근거는 아니다.** 두 번째로 불신자가 떠나기로 결정했다면, 불신자가 이혼을 요구했다면, 그리스도인에게는 "구애될 것"이나 "구속받을 것"이 없다(15절). 그런데 무엇에 구애되지 않는다는 것인가? 무엇에 구속받지 않는다는 것인가?

15절의 의미는 무엇일까? 적어도 두 가지를 생각해볼 수 있다. 먼저 나는 바울이 떠나가는 배우자를 좇아가야 할 의무, 결혼의 의무를 이행할 책임, 2-5절에서 나열된 책임에 구애받지 않음을 이야기했다고 믿는다. 만일 불신자가 떠나겠다고 마음을 먹고 신자를 버릴 때 그리스도인이 할 수 있는 일은 그야말로 없다. 이들이 결혼 생활을 끝내겠다는 자신들의 결심을 꺾지 않는다면 신자가 된 당신은 비그리스도인이 망가뜨리기로 선택한 것을 지키려고 투쟁을 계속할 필요가 없다. 당신은 자유다. 당신은 결혼 서약에 구애를 받지 않는다. 하나님은 당신을 불러 평화 가운데 살도록 하셨지, 만일 당신에게 절대 포기하지 않고 결혼 생활을 지켜야 할 의무가 있었다면 찾아왔을 영속적인 소란과 불안 및 혼돈 속에서 살도록 하지 않으셨다. 이것은 당신이 결혼 상태를 지키기 위해 노력하고 애쓰기 원한다고 해도 그렇게 할 수 없다는 뜻이 아니다. 다만 그렇게 할 의무가 없다는 뜻이다. 불신자가 자신의 길을 가도록 내버려 둘 수 있고 당신이 그렇게 하는 것은 죄가 아니다.

두 번째로 나는 바울이 결혼 언약에 대해 "구애할 것이 없음"을 의미했다고 보기에 자유로운 재혼이 가능하다고 믿는다. 이러한 경우 신자는 결혼이 깨어진 것에 대한 책임이 없고, 새로운 파트너가 그리스도인인 이상 자신이 원하는 누구와도 자유로이 재혼할 수 있다. 불신자의 죄를 두고 신자를 처벌하는 것은 하나님의 바람이나 의도가 아니다. 불신자가 그의 서약을 온전히, 최종적으로 저버렸을 경우 하나님은 당신에게 그 서약을 강요하지 않으신다.

예비적 결론

이제 우리는 잠시 뒤로 물러나 이혼과 재혼에 대해 예수와 바울이 이야기한 바를 요약해 볼 수 있다. 내가 이해하기로는 지금까지 신약(예수와 바울)의 가르침이 두 가지 근거, 곧 성적 부정 및 불신자가 신자를 버리는 것, 다르게 말하자면 간음과 유기를 근거로 하여 이혼이 허용된다는(요구되는 것은 아니다) 사실이다. 이혼이 이 근거 중 하나에 해당될 경우 재혼은 가능하다.

이것들이 이혼과 재혼을 위한 "유일한" 합법적 근거들일까? 다수의, 아마도 대부분의 복음주의자가 "그렇다"라고 대답할 것이다. 하지만 우리가 유념해야 할 다른 요인이 있고, 그것들은 우리를 이 질문에 대한 다른 대답으로 인도할 수 있다.

내가 묻고 대답해야 할 필요가 있다고 믿는 질문은 이것이다. "무엇이 유기인가?" 어떤 사람이 자기 배우자를 유기하거나 방치한다고 할 때이것은 무엇을 의미하는가? 단순히 곁을 떠나거나 집을 나가는 개념으로 제한해야 할까? 곁을 떠나거나 집을 나가는 것은 결혼 서약을 파기하는 것이다. 결혼 언약을 위반하는 것이다. 자신의 배우자를 존중하고 사랑하며 보호하고 부양할 것을 고의로 거절하는 것이다.[1]

고의적 방치나 결혼 서약을 존중하지 않겠다며 강퍅하게 거절하는 마음이 심각한 해를 남기고 이것이 다시 피해자의 감정적·육체적 안녕을 위협하는 명백한 학대가 될 때 어떠한 일이 일어나는가? 내 질문은 이것이다. 지속적이며 뉘우침이 없는 학대가 그 자체로 유기의 한 형태 혹은 표현이라고 말한다면 이것은 공정하고 성경적인가?

여기서 마주하는 실질적인 문제는 유기 혹은 방치를 정의하는 문제다. 성경은 이 부분에 대해 분명한 지침을 제공하지 않는다. 내 이야기의 상당 부분이 질문의 형태로 나오는 것은 이 때문이다. 이것이 내가 교조적으로 확신에 차 이야기하지 않고 "아마도" 혹은 "일 수 있다"와 같은 표현을 사용하는 이유이기도 하다. 그렇다면 오늘날 종종 떠오르는 다른 문제들, 1세기의 맥락에서 바울이 논하거나 상상하지 않은 문제들에 대해 우리는 어떻게 해야 할까? 육체적이든 성적이든 감정적이든 심각한 학대는 어떠한가?

간음과 유기가 왜 이혼을 위한 합법적 근거로 인정되었는지를 생각해보자. 두 가지 행위는 모두 각각의 방식대로 한 몸을 이루는 결혼 언약에 대한 근본적 공격이 된다. 간음과 유기는 부부간의 지지와 육체적 애정에 관한 한 서로에게 신실하겠다는 남편과 아내의 약속을 거스른다. 그렇다면 우리의 질문은 이것이다. 남편이나 아내가 결혼 언약을 파기하고 자신들이 취한 서약을 전적으로 묵살하는 극단적 경우는 어떻게 해야

---

1   몸은 집에 머물러 있지만 사실상 배우자를 "유기하는" 것은 가능한가?

하는가? 육체적, 감정적 혹은 성적 학대 역시 이혼이 허용될 만큼 아주 해롭고 심각한 결혼 언약의 파기로 생각할 수 있는가?

내 말을 잘 들어보라. 나는 남편이 이성을 잃고 자신의 아내를 때린 단 한 번의 사건(그만으로도 끔찍하고 핑계할 수 없는 일이지만)을 이야기하고 있는 것이 아니다. 결혼한 부부가 살다가 감정이 다독여지지 않고 인내심이 바닥을 드러내며 거칠고 상처 되는 말들이 오가게 된 얼마의 기간을 염두에 둔 것도 아니다. 때때로 터져 나오는 언어 학대를 말하는 것도 아니다.

내가 이야기하는 것은 배우자나 자녀의 생명과 안녕을 위협하는 **심각하고 고질적이며 냉담하고 뉘우침이 없는** 학대다. 내가 이야기하는 것은 아내에 대한 남편의 학대가 시간을 두고 **습관처럼 지속된** 상황이다. 내가 이야기하는 것은 어떤 아내가 시간을 두고 굉장히 어려운 상황을 견디며 그런 학대를 종결시키기 위해 모든 가능한 방법, 예를 들어 상담과 일시적 별거 및 법적 행동 등을 시도했지만 전부 소용이 없었을 때 어떻게 되는지와 관련한다.

"배우자에 의한 지속적이고 고질적이며 뉘우침이 없는 학대"의 종류에는 어떠한 것들이 있을까? 도박 중독을 들 수 있는데 남편이 도움을 구하지 않고 재정적 몰락(파산, 압류 등), 감정적 파괴, 따라서 가족 구성원의 육체적 안녕에 위협을 가져오는 경우는 어떤가? 심각하고 만성적인 약물 중독이나 알코올 중독은 어떤가? 남편이 지속적으로 아내를 때리거나 심지어 자녀들을 성적으로 학대할 경우 우리는 무슨 결론을 내려야 하는가?

성경은 이런 문제에 대해 침묵하기에 나는 이것들이 이혼을 위한 합법적 근거인지를 큰 확신을 가지고 이야기할 수 없다. 하지만 나는 그럴 수 있다는 가능성에 공감하고 그것에 마음이 열려 있다. 만일 우리가 어떠한 이유로 결혼 언약의 중대하고 뉘우침이 없는 이러한 위반을 이혼을 위한 합법적 근거로 결론짓는다면, 결혼 서약을 지키지 않으려는 심각하고 지속적인 이러한 거절을 간음과 유기와 동등한 것으로 결론짓는다면, 우리는 이러한 영역에서 "가끔" 실패해도 괜찮다는 암시를 하지 않도록 주의를 기울여야 한다.

성경은 인내와 오래 참음, 사랑과 용서 및 온전한 헌신을 요구하는데, 이것은 하나님이 가해자의 입장에 선 배우자를 변화시킬 수 있도록 인간적으로 가능한 모든 것을 하라는 의미다. 적어도 그런 후에라야 이와 같은 것들이 이혼을 위한 합법적 근거가 될 것이다. 그리고 이러한 학대가 이혼을 위한 합법적 근거로서 유기와 간음에 더해질 때 무고한 희생자는 자유로이 재혼해도 좋을 것이다.

나는 어떤 남성이나 여성이 단순히 가끔 자신의 결혼 서약을 지키지 못했다는 이유로 자유로이 이혼할 수 있다고는 믿지 않는다. 우리는 모두 혼인 서약을 지키는 데 실패한다. 우리는 모두 어떤 형태로든 어느 순간에 결혼 언약을 위배한다. 하지만 내가 묻고 싶은 것은 이것이다. **끊임없이 반복되며 고질적인 죄, 지속적이고 고의적인 결혼 서약의 파괴, 강퍅한 마음으로 뉘우침이 없이 결혼 약속을 지키지 않는 것, 그러니까 부부간의 지지와 육체적 애정을 제공하지 않거나 못하는 것, 혹은 생명을 위협하는 방치와 학대로 배우자를 몰아가는 것이 유기와 다를 바 없으며, 따라서 이런 것들이 이혼과 재혼의 자유를 정당화한다고 볼 수 있을까?**

이 질문에 "그렇다"라고 대답하는 사람들은 이혼이 단순히 간음과 유기뿐 아니라, 결혼 서약을 위반하기에 결혼 언약을 파괴하는 지속적이고 뉘우침이 없는 다른 죄악 된 행동으로도 얼마든지 허용된다는 사실을 인정하는 것이다. 무고한 당사자는 재혼할 수 있다.

앞서 내가 지적한 대로 죄책이 있는 당사자의 권리나 자유에 대해 성경은 거의 언급하지 않는다. 하지만 우리는 다음의 질문을 던져야 한다. "죄책이 있는 사람 혹은 가해자는 자유로이 결혼할 수 있는가?" 이에 대해 성경은 함구한다. 어쩌면 이런 사람이 자신의 죄악된 행동 가운데 계속해서 머무는 것을 장려하지 않기 위해 침묵하는 것일 수 있다. 다시 말해 가해자가 유효하지 않은 이혼을 시작하거나 야기하고 난 후에도 자유로이 재혼할 수 있다고 성경이 말한다면, 그 사람은 다음과 같이 생각할 것이다. "내가 이 결혼을 망가뜨린다고 해도 성경은 내가 다른 사람과 재혼할 수 있다고 이야기하니까 변화를 위해 필요한 일을 하지 않아도 될 거야." 다음은 논의가 필요한 몇 가지 다른 질문이다.

1. 자기 남편이 포르노에 중독된 사실을 발견한 아내에게 이혼이 허용될 수 있는가? 분명한 것은 신약이 이러한 문제를 논하지 않고, 사실 논할 수도 없다는 사실이다.[2] 나는 포르노를 간헐적으로 이용하는 것 혹

---

2   신약이 이 문제를 "논할 수 없다"는 말은 오늘날의 포르노가 만들어지고 퍼뜨려지는 전자 인쇄 매체의 종류가 당시에는 존재하지 않았다는 사실에 기초한다. 하지만 이 교도 신전과 창녀가 있는 장소를 방문해 성교에 직접 참여하지는 않았지만 정기적으로 이러한 활동을 관람한(일종의 관음증) 남성들이 있었을 가능성이 있다고 생각하며, 그랬을 공산도 있다고 본다. 나는 이들이 그렇게 했다거나 성경의 저자들이 이것을 이혼을 위한 가능한 근거로 여겼을 것이라는 결론을 지지해주는 어떤 증거도 알지 못한다. 하지만 이 문제를 논할 때 우리는 이 점을 유념할 필요가 있다.

은 유혹에 가끔 넘어가는 실수를 말하고 있는 것이 아니다. 자신의 죄 때문에 영적으로 깨어지고 회개하며 조언과 책임의 관계를 추구하는 남성에 대해 말하는 것도 아니다. 내가 이야기하는 것은 지속적이고 고질적이며 뉘우침이 없는 중독으로서 그 상태가 너무나도 심각해 모든 신뢰가 산산 조각난 경우다. 어떤 남성의 감정생활과 그의 애정 및 육체적·성적 에너지가 아내로부터 고의적으로 철회되어 중독에 낭비된 굉장히 흔한 상황에 대해 이야기하고 있다. 이것은 예수가 간음을 언급하셨을 때 의미한 것의 현대적 동의어일 수 있는가? 만일 그렇다면 이것은 이혼과 재혼을 위한 합법적 근거가 될 수 있는가?

"그렇다"라는 대답을 지지하는 한 가지는 예수가 사용하셨고 "음행"(그리스어 *porneia*)으로 번역된 단어다. 예수는 간음을 가리키는 평범한 단어를 사용하시지 않았다. *Porneia*라는 단어는 물론 간음을 포함하지만, 그것에 제한될 필요는 없다. 이 단어는 사실 온갖 종류의 성적인 죄 혹은 부정을 가리킨다.

나는 이 질문에 확고한 자신감을 가지고 "그렇습니다, 지속적이고 뉘우침이 없는 포르노 중독은 이혼을 위한 근거가 될 수 있습니다" 혹은 "아니오, 그렇지 않습니다"라고 대답하고 싶다. 하지만 그럴 수 없다. 그렇게 할 수 없는 이유는 성경이 분명하게 그것에 대해 말하지 않기 때문이다.

나는 이런 형태의 학대를 받게 된 여성에 대해 깊은 연민과 동정을 느낀다. 그리고 왜 자신에게 남은 유일한 선택이 이혼뿐이라고 느낄지도 이해할 수 있다. 그리고 만일 그것이 그녀의 선택이라면 이것이 죄가 된다고 말할 수 없다. 임시 별거가 도움이 될 수도 있겠다. 심층적인 상담은 분명히 필요하다. 하지만 그녀의 남편이 회개하지 않고 고집을 부린다면, 그러니까 긴 시간에 걸쳐 모든 도움을 거절하고 두 사람 사이의 연합이 거의 남아 있지 않을 만큼 결혼이라는 유대에 최종적이고 결정적인 파괴를 입힐 정도로 계속해서 결혼 언약을 심각히 위반한다면, 그녀에게 이것은 이혼을 위한 근거가 될 수도 있다. 그리고 나는 "될 수도 있다"라는 말을 강조하고 싶다.

2. 내가 수도 없이 들어온 다음의 이유는 어떠한가? "우리가 이혼하는 것이 우리 아이들에게 더 나을 거예요. 그렇지 않으면 불화가 가득하고 사랑이 없는 가정에서 고통스럽게 살아가야 할 테니까요." 나의 대답은 간단하지만 세 가지다. 먼저 아이들이 무엇을 선호하는지를 물어보라. 둘째는 그것이 정말 아이들을 위해 더 나은가? 부모의 불화는 아이들에게 분명 해롭다. 하지만 이혼을 통해 가정에서 아버지나 어머니를 잃어버리는 것의 파괴적 효과와는 비교될 수 없다. 세 번째로 부모가 이혼하는 것이 자녀들을 위해 더 낫다는 말은 잘못된 딜레마를 제시한다. 이혼 아니면 현재의 상황이라는 두 가지 선택밖에 없다고 추정하는 것이다. 이러한 주장은 완전히 위선적이다. 이들은 이혼에 대한 자신의 결정을 아이들을 향한 사랑을 핑계로 정당화하려고 한다. 하지만 정말로 그만큼 자녀들을 생각했다면 관계를 회복하기 위해 필요한 모든 노력을 기울였을 것이다. 이들이 이혼하는 것은 아이들을 사랑해서가 아니다. 자기 자신을 이기적으로 사랑하기 때문이다. 이것은 이기적인 행위를 통해 자녀들의 유익을 위해 자신을 희생한다는 고결한 행위로 가장된 것에 불과하다.

3. 난 실제로 이런 이야기도 들어보았다. "이 이혼은 하나님의 뜻이에요. 이혼을 두고 기도해보았는데 하나님이 제 마음에 큰 평안을 주셨고, 따라서 저는 이것이 하나님의 뜻임을 알 수 있어요." 우리는 여기서 궁극적인 합리화, 즉 신적 허용을 마주한다. 우리는 하나님이 이혼을 위한 합법적 근거를 말씀을 통해 이야기하셨지만, 이 사람의 경우 사적이고 주관적인 계시의 방편을 통해 그것을 뒤집으셨다고 믿어야 하는 걸까? 하나님은 한 입으로 두말을 하지 않으신다. 일구이언하지 않으신다.

4. 어떤 남성이 이혼할 경우 그는 지역 교회에서 장로 혹은 목사로 섬기기에 부적격하고 무자격한 사람이 되는가? 내 생각에는 그렇지 않다. 하지만 디모데전서 3:2, 12, 곧 바울이 장로가 되는 한 가지 자격으로 "한 아내의 남편이 되며"를 언급한 구절을 어떻게 봐야 하는가? 나는 이 본문과 이에 관련된 질문을 다음 장에서 논할 예정이다.

결론

먼저, 내가 당신의 특정한 상황이나 경험을 논하지 않았다면 이것은 단순히 공간이 부족했기 때문이다. 당신은 당신을 이혼으로 이끈 독특한 상황에 대해 내가 어떤 말을 해주기를 기다렸을 것이다. 내가 그러지 못했다면 미안하게 생각한다. 지금까지 이야기한 어떤 내용도 당신이 지나온 경험을 설명해주지 못했다면 죄송한 마음을 전한다. 내가 이제껏 언급한 원칙들이 당신에게 일어난 일을 이해하는 데 작으나마 도움이 될 수 있기를 바랄 뿐이다.

두 번째로, 결혼 생활이 깨어진 책임이 당신에게 있다거나 혹은 성경적 근거가 아닌 것으로 이혼을 시작해 쟁취해낸 사람이 본인이라 하더라도 당신은 용서받을 수 없는 죄를 범한 것이 아니다. 그것이 음행이든 거짓말이든 낙태이든 절도이든 탐욕이든 정욕이든 아니면 다른 무엇이든 당신은 인생의 여느 영역에서의 실패처럼 이 문제를 해결하면 될 뿐이다. 비성경적인 근거로 인한 이혼의 죄는 용서받을 수 없는 죄나 세상의 끝이 아니다. 다른 모든 죄와 마찬가지로 당신의 죄를 고백하고 주님의 용서를 구하라. 그리스도의 십자가와 그분이 흘리신 피는 다른 모든 죄와 더불어 이 죄를 사해주시기 위함이었다. 당신은 더 이상 수치심과 죄책의 그늘 아래에서 살 필요가 없다.

세 번째로, 당신이 비성경적인 근거로 이혼했고 아직 재혼하지 않았으며 당신의 전 배우자 역시 아직 재혼하지 않았다면, 나는 당신의 결혼을 화목하게 하고 회복하기 위해 할 수 있는 모든 일을 하도록 당신을 강권하고 싶다. 자신을 낮추고 필요한 희생은 무엇이든 감수하며 필요한 곳에 용서를 베풀고 당신의 결혼을 회복하기 위해 하나님의 은혜의 능력 안에서 애써 노력하기를 기뻐하라. 하지만 전 배우자가 화목하고자 하는 당신의 노력에도 불구하고 결국 다른 사람과 재혼한다면 나는 당신이 자유로이 재혼할 수 있다고 믿는다.

네 번째로, 당신은 비성경적인 근거로 이혼을 시작하고 쟁취해낸 이들 중 하나일 수 있다. 이후 당신은 재혼했고(어쩌면 한 번 이상의 재혼을 했을 수도 있겠다), 현재의 결혼 상태에 대해 혼란스러울 수 있다. 예수는 비성경적인 근거로 이혼하는 사람이 재혼한다면 간음죄를 짓는 것이라고 말씀하셨다. 그렇다면 당신은 어떻게 해야 할까? 첫 번째 이혼이 무효이기 때문에 두 번째(혹은 세 번째) 배우자와도 이혼해야 할까? 아니다. 두 번 잘못하는 것으로 최초의 잘못을 바로잡을 수는 없다. 이미 범한 죄를 인정하고 하나님의 용서에 감사하며 자신의 (현재) 배우자에게 마음을 다해 당신이 될 수 있는 한 가장 경건하고 신실하며 사랑스러운 남편 혹은 아내가 돼라.

추천 도서 _____

David Instone-Brewer, *Divorce and Remarriage in the Church: Biblical Solutions for Pastoral Realities* (Downers Grove: IVP, 2003).

John Piper, *This Momentary Marriage: A Parable of Permanence* (Wheaton: Crossway Books, 2009)(『결혼 신학』, 부흥과개혁사 역간).

John Piper, *What Jesus Demands from the World* (Wheaton: Crossway Books, 2006).

Mark L. Strauss, general editor, *Remarriage after Divorce in Today's Church: 3 Views* (Grand Rapids: Zondervan, 2006)(『이혼 후의 재혼 어떻게 볼 것인가』, 부흥과개혁사 역간).

18장
이혼한 남성이 지역 교회의 장로로 섬길 수 있는가?

보통 이런 질문은 바울이 장로의 자격 조건 중 하나로 그가 "한 아내의 남편이 되며"를 이야기한 디모데전서 3:2을 해석하려고 할 때 등장한다. 이것을 통해 바울은 무엇을 말하고자 했는가? 이혼한 남성은 장로나 안수집사, 목사가 될 수 없음을 의미했는가? 이혼과 재혼이 간음이나 방치를 근거로 허용될 수 있다는 사실에 동의하는 많은 사람이, 그럼에도 불구하고 이혼자들이 교회의 직분으로부터 제외된다고 주장한다. 이러한 난제에 접근하기 위한 최선의 방법은 본문의 보다 대중적인 해석을 검토해보는 것이다.

일부 로마 가톨릭 학자들은 이 "아내"가 로마 가톨릭교회, 즉 장로 혹은 이들의 경우에는 "사제"가 자신이 결혼했다고 간주하는 교회를 지칭한다고 이야기한다. 이러한 해석은 사제들 사이에서 독신을 장려하기 위해 고안된 것이 분명하다. 누구든 교회와 **결혼**했다면 **다른** 여성과 결혼할 수 없다. 그는 **한** 아내의 남편이 되어야 한다. 두말할 필요 없이 성경은 이러한 견해를 조금도 지지하지 않는다. 또한 우리는 이른바 첫 번째

"교황"인 베드로가 기혼자였음을 기억해야 한다.

또 다른 견해는 바울의 목적이 "기혼 남성들만이 장로가 될 수 있다"는 사실을 주장하기 위해서였다는 것이다. 다른 말로 하면 "한 아내의 남편"이라는 구절이 미혼 남성이 장로나 안수집사가 되는 것을 금지한다는 것이다. 나는 이 견해에 대해 몇 가지 문제점을 느낀다.

먼저 바울은 "**어떤** 아내의 남편"이 아니라 "**한** 아내의 남편"을 이야기했으며, 이 "한"이라는 단어는 그리스어 본문에서 꽤 단호하다. 바울의 핵심은 장로가 자신의 아내 말고 **다른** 여성과는 아무런 관계도 없어야만 한다는 것이었다.

두 번째로 미혼 남성이 장로가 될 수 없다면 바울 자신도(예수는 말할 것도 없고) 배제되어야만 한다. 하지만 디모데전서 4:14과 디모데후서 1:6을 비교했을 때 바울은 장로**였던** 것으로 보인다.

세 번째로 "한 아내의 남편"으로 번역된 동일한 그리스어 구절이 디모데전서 5:9에서는 과부를 지칭해 사용되었다는 사실에 주목하라. 원조를 위한 명부에 이름을 올리기 위해 과부는 "한 남편의 아내"여야 했다. 분명 두 본문에서 유념한 바는 동일하다. 어떤 과부가 한때 결혼했었고 미혼이 아니어야 한다는 주장은 어떤 의미가 될 수 있는가? 정의상 그것이 바로 과부다. 한때 결혼했던 여성 말이다! 마지막으로 사역에 대해 고린도전서 7장에서 바울이 진술한 미혼의 삶의 유익과 이점을 고려할 때 여기서 그가 미혼 남성을 장로의 직분으로부터 제외했다는 주장은 설득력을 잃는다. 그의 말에 따르면 이들은 다른 남성들보다 더 효과적으로 방해받지 않고 사역할 수 있는 큰 잠재력이 있는데, 왜 이들을 배제하겠는가?

또 다른 해석은 이 구절이 "'한 번에' 한 아내의 남편"을 의미한다는 것이다. 따라서 이것이 금지하는 것은 "일부다처제"이다. 나는 이 견해에 대해 세 가지 이견을 갖는다. 먼저 장로이든 아니든 어떤 그리스도인도 일부다처제를 실천하도록 허용된 경우는 없었다. 반면 바울은 회심하기 "전" 일부다처제에 참여했던 사람은 누구든 장로 직분으로부터 제외하고 싶었을 수는 있다. 그럴 수는 있지만 우리가 기억해야 할 사실은 신약의 증거를 고려할 때 여전히 일부다처론자이면서 교회에 발을 들인 이가 없었다는 점이다. 따라서 이들을 콕 집어 장로 직분으로부터 배제하기 위해 특별한 금지가 필요했다고 기대하기란 어렵다. 일반적으로 교회 구성원들 중 이러한 이들이 없었기 때문이다.

다시 한번 디모데전서 5:9은 이러한 견해에 심각하게 맞선다. 그러니까 "한 아내의 남편"이라는 말이 장로는 여러 명의 아내를 가질 수 없다는 뜻이라면, "한 남편의 아내"는 등록된 과부가 여러 명의 남편을 가질 수 없다는 의미가 된다는 것이다. 하지만 "일처다부제" 혹은 한 명의 아내가 동시에 여러 명의 남편을 갖는 것은 고대 세계에서 전례가 없는 일이었다.

마지막으로 디모데전서가 아시아의 주요 도시인 에베소 교회를 위해 쓰였다는 사실을 기억하는 것은 중요하다. 팔레스타인 유대교에서는 일부다처제가 공식적으로 합법적이었던 것에 반해 로마법에서는 그렇지 못했고 그리스어를 사용하는 아시아에서는 맹렬한 저항을 받았다. 따라서 크레이그 키너(Craig Keener)가 지적했듯이, 아시아의 유대인들과 그곳의 그리스인들이 모두 일부다처제에 참여하지 않았다는 사실을 고려할 때 바울이 그의 편지에서 그곳의 교회 지도자들을 위한 지침으로 이

문제를 논할 이유는 없었을 것으로 보인다.[1]

또 다른 견해는 "한 아내의 남편"이 "**평생** 한 아내의 남편[이 됨]"을 의미한다는 것이다. 따라서 바울은 첫 번째 아내가 "죽고" 두 번째로 결혼한 남성이 장로로 섬기지 못하도록 한 것이다. 이 견해가 이야기하는 것이 이혼 후 재혼이 아니라 배우자의 죽음 이후의 재혼임을 주목하라. 이 견해는 두 번째 결혼이 연약함의 징후나 책망의 이유가 될 수 있는 것처럼 보이도록 한다. 나는 이런 해석에 대해 몇 가지 문제점을 본다.

먼저 이것은 결혼에 대한 성경의 나머지 부분과 충돌한다. 성경의 어느 곳도 배우자가 죽고 난 이후의 재혼을 금하거나 조금이라도 도덕적으로 의심스러운 것으로 묘사하지 않는다(특별히 롬 7:1-3 참조). 두 번째 결혼에 대해 의구심을 갖는 것은 성경이 곳곳에서 인정하고 승인한 것에 의문을 제기하는 것이고 하나님의 말씀에 반대되는 금욕주의 정신을 반영하는 것이다. 물론 바울은 고린도전서 7:25-40에서 미혼의 상태를 추천한 바 있지만, 이것은 다만 그가 "임박한 환란"으로 칭한, 곧 당시의 교회가 겪고 있던 박해와 억압 때문이었다. 또한 독신을 유지하도록 그가 독려한 사람들은 많은 경우 한 번도 결혼한 적이 없는 이들이었다. 미혼자에게는 방해요소가 덜하고 따라서 주님을 더욱 효과적으로 섬길 수 있다는 이유에서였다. 또한 그는 동일한 본문에서 어떤 사람이 결혼하는 것은 그 결혼이 첫 번째이든 두 번째이든 간에 어떠한 방법으로도 죄를 범하는 것이 아니라고 말했다(히 13:4과 비교). 따라서 미혼의 상태가 보다 **편리**하기는 하겠지만, 분명 이것이 기혼보다 더 **도덕적인 것은 아니**

---

1   Craig Keener, *...And Marries Another: Divorce and Remarriage in the Teaching of the New Testament* (Peabody: Hendrickson Publishers, 1991), 88.

다(딤전 4:1-3과 비교).

이러한 견해는 두 번째 결혼이 연약함의 징후가 될 수도 있다는 사실을 제시한다. 하지만 그렇다면 "첫 번째" 결혼에 대해서도 동일하게 말할 수 있지 않을까?(고전 7:1-7과 비교) 다시 말해 두 번째 결혼을 두고 그 사람의 의지력을 의심하기 원한다면 첫 번째 결혼에 대해서도 그 사람의 의지력을 의심해야 한다는 뜻이다.

마지막으로 "한 아내의 남편"이 장로에게 암시하는 바가 무엇이든, 이것은 과부에게도 동일하게 적용된다(딤전5:9). 따라서 이런 견해에서 바울이 이야기한 것은 과부가 명부에 이름을 올리고 교회의 지원을 받기에 합당하다고 여겨지기 위해서는 평생 한 번만 결혼했어야 한다는 것이 된다. 하지만 디모데전서 5:14을 보라. 여기서 바울은 젊은 과부들에게 재혼을 권면한다(굳이 말하자면 "명령"이다). 만일 젊은 과부의 재혼이 도덕적으로 의심스러운 것이거나 나중에 원조를 받지 못하도록 이들의 자격을 자동적으로 박탈할 것이라면 바울이 이들에게 그렇게 조언했겠는가? 바울이 어떤 과부에게 재혼하도록 권면했는데 나중에 두 번째 남편이 죽고 그녀가 어려움에 처했을 때 사도 바울의 권면을 들은 것 때문에 원조를 받을 자격이 되지 않는다는 말을 듣는 장면을 상상할 수 있겠는가? 나는 그렇게 생각하지 않는다.

이번 장의 제목에서 볼 수 있는 질문에 대한 직접적인 대답으로 많은 사람이 바울이 "이혼한" 남성은 이혼 이후 재혼을 하든 미혼으로 남든 그것과는 상관없이 장로(혹은 안수집사)가 될 수 없음을 의미했다고 주장한다. 이 견해에 대해서는 두 가지 중요한 이견이 있다.

먼저 "한 아내의 남편"이 "한 번도 이혼한 적이 없다"라는 의미라면 이것은 분명 이상한 표현 방식이다. 또한 미혼으로 남은 이혼 남성에게 왜 자격이 없겠는가? 그에 대해 그가 "두 아내의 남편"이라고 말할 수 없다. 두 번째로, 이혼이 간음이나 방치를 근거로 허용될 수 있다면(내가 주장한 대로) 결혼이라는 유대는 사라지게 된다. 각각은 자유로이 재혼할 수 있다. 이런 경우 이 남성이 "한 남자의 아내"가 되지 못할 근거를 찾을 수 없다. 그의 첫 번째 결혼은 성경적으로 종료되었고 그가 이전에 결혼했던 여성은 더 이상 그의 아내가 아니다.

하지만 이혼 남성이 다른 근거, 예를 들어 자기 집을 잘 다스리지 못하여 자격을 박탈당할 수 있다는 사실에 주목해야 한다(딤전 3:4). 혹은 그의 이혼을 둘러싼 상황이 그에게 책망할 것이 있음을 드러내었을 수도 있고(딤전 3:2) 외인에게서 선한 증거를 얻지 못하도록 했을 수도 있다(딤전 3:7). 하지만 이러한 기준들은 이혼 문제와 직접적으로 연관되지는 않는다. 결혼한 남성도 이런 면에서 얼마든지 실패할 수 있다. 나의 결론은 이혼에서 남성이 결백한 당사자였다면(그가 재혼하든 하지 않든) 그의 이혼이 장로의 직분에 있어서 꼭 결격 사유가 되지는 않는다는 것이다.

내가 지지하는 견해는 다음과 같다. "한 아내의 남편" 혹은 "한 남편의 아내"가 된다는 것은 단순하게 말해 자신의 배우자에게 **신실하고 헌신되며 충실하다**는 뜻이다. 나에게 놀라운 것은 성적 도덕성과 관련해 그 외 다른 자격 조건이 없다는 점이다. 따라서 "한 아내의 남편"은 바로 이러한 핵심을 이야기하고 있을 가능성이 높다. 장로가 되기 위해서는 바람을 피우거나 간음죄를 지어서는 안 된다. 그는 자신이 결혼한 한 명의 여성에 대해 성적 정절을 유지하려고 노력하는 남성이어야 한다. 말 그대로 "한 여자의 남자"가 되어야 한다. 고대 세계에서 성적 문란함은 만연했고

(우리 세계에서처럼) 이러한 자격 요건은 그런 문제를 논하기 위해 고안되었다. 장로는 **도덕성과 정절에 의심할 것이 없는** 남성이어야 했다. 이 견해는 그 자체로 굉장한 설득력이 있을 뿐 아니라 디모데전서 5:9을 적절히 설명한다. 과부가 원조를 받기에 합당하다고 여겨지기 위해서는 자신의 남편에게 신실하고 헌신된 사람이어야 했다. 장로가 "한 여자의 남자"가 되어야 하는 것처럼 그녀도 "한 남자의 여자"가 되어야 했다.

이 견해에 대한 한 가지 이견은 "한 아내의 남편"이라는 표현이 부부간의 정절을 묘사하기에 가장 자연스러운 방법은 아니라는 것이다. 바울은 왜 단순히 "간음하는 자 말고"라고 이야기하지 않은 걸까? 키너의 말에 따르면 "'간음하는 자 말고'는 '살인하는 자 말고'와 비슷하게 도덕적 자격 요건을 나열한 바울의 목록에 포함되기에는 지나치게 자명한 진술이었을 것이다." 하지만 "신실하고 충실한 배우자 곧 현재의 훌륭한 결혼 파트너는 이러한 목록과 꽤 잘 어우러지며, 자녀를 잘 다스리는 것(3:4-5; 딛1:6)에 대한 강조와 '가정들'을 통째로 무너뜨리고(딛 1:11) 혼인을 금한(딤전 4:1-3) 거짓 예언자에 대한 염려와 상응한다."[2] 그렇다. 나는 특정한 상황 속에서 그리고 다른 성경적 자격 요건들을 충족시킨다는 전제 아래서 이혼을 경험한 사람도 지역 교회에서 장로로 섬길 수 있다고 믿는다.

---

2 Craig S. Keener, ...*And Marries Another: Divorce and Remarriage in the Teaching of the New Testament* (Peabody: Hendrickson Publishers, 1991), 95.

추천 도서 _____

Benjamin L. Merkle, *40 Questions about Elders and Deacons* (Grand Rapids: Kregel, 2008).

Phil A. Newton, *Elders in Congregational Life: Rediscovering the Biblical Model for Church Leadership* (Grand Rapids: Kregel, 2005).

Alexander Strauch, *Biblical Eldership: An Urgent Call to Restore Biblical Church Leadership*. Revised and expanded (Littleton: Lewis and Roth, 1995).

19장
그리스도인이 맹세하는 것(혹은 거짓말하는 것)은 괜찮을까?

오늘날 우리 사회에서 성경적 가치가 왜곡되었음을 생각할 때 독자들은 가장 먼저 무엇이 떠오르는가? 단정함의 상실 곧 노출과 불법적인 성행위의 애용이 전국적 취미 활동이 된 사실을 지적하는 이들도 있을 것이다. 생명의 존엄성에 대한 감각을 완전히 상실한 것이 우리나라의 가장 부끄러운 특징이라고 이야기하는 이들도 있을 것이다. 매년 이백만 건이 넘는 낙태가 이뤄지는 냉혹한 현실은 이런 사실을 암울하게 상기시켜준다. 성경적 겸손과 자기희생, 충성의 부족 등 많은 다른 것에 대한 주장도 있을 수 있다. 하지만 진실에 대한 경시, 실제로 경멸에 가까운 경시를 언급하지 않는다면 우리의 목록은 완전하지 못할 것이다.

진리 혹은 말의 온전함, 곧 말과 행동을 통해 사물을 있는 그대로 표현하도록 하시는 하나님께 대한 도덕적 의무감은 우리 사회의 많은 부분에서 점차 약화되었다. 에덴동산의 최초의 죄가 하나님이 직접 말씀하신 것의 진실성 혹은 정직성에 대한 공격이었음을 생각할 때 이것은 전혀 놀라운 일이 아니다. 다음의 이야기를 떠올려보라. "네가 먹는 날에는 반드시 죽으리라"하시니라"(창 2:17). 인간의 시험은 이렇게 말씀하신 하나님의 진실성을 그가 신뢰하는가에 있었다. 사탄은 하와에게 말했다. "너희가 결코 죽지 아니하리라"(창 3:4b). 사탄은 마치 하나님의 능력에 문제가 있는 양 하나님이 사망의 형벌을 내리"실 수 있다"는 사실을 부인한 것이 아니다. 또한 이 사건 전체의 결말을 예측하실 수 있는 하나님의 능력을 의심하여 하나님의 지식에 대해 고발한 것도 아니다. 오히려 존 머레이(John Murray)가 분명히 언급한 대로,

> 사탄은 하나님의 "진실성"을 직접적으로 공격한다. "너희가 그것을 먹는 날에는 너희 눈이 밝아져 하나님과 같이 되어 선악을 알 줄 하나님이 아심이니라"(창 3:5). 그는 하나님이 의도적으로 거짓과 속임수를 썼다고 고발한다. 그는 하나님이 거짓말했다고 단언하는데, 하나님이 선악을 아는 지식을 이기적이고 독점적으로 소유하려 했기 때문이라는 것이다.[1]

이것은 사탄이 "거짓의 아비"(요 8:44)로 불리는 이유 중 하나다. 사탄에게 개인이나 교회의 삶 속에서 거짓과 속임수를 일으키는 것보다 더 큰 일은 없다. 머레이에 따르면 "모든 허위는 하와가 현혹되었던 거짓말과 밀접한 연관성을 갖는다."[2] 인간의 악함에 대한 하나님의 응보가 이 땅에서 그 정점에 달할 때 그분은 "미혹의 역사를 그들에게 보내사 거짓을 믿게 하"신다는 사실(살후 2:11; 사 59:4, 14, 15; 렘 7:28; 9:3; 호 4:1;

---

1   John Murray, *Principles of Conduct: Aspects of Biblical Ethics* (Grand Rapids: Eerdmans, 1974), 126.

2   같은 책, 127.

요 8:44-45과 비교)을 잊지 말아야 한다. 허위나 속임수는 경건치 못함의 특징이다. 즉각적인 처형을 가져온 아나니아와 삽비라의 죄를 생각해보라. "아나니아야, 어찌하여 사탄이 네 마음에 가득하여 네가 성령을 속이고[성령에게 거짓말하고] 땅값 얼마를 감추었느냐?"(행 5:3) 요한계시록에서 새 예루살렘에 참여할 수 없는 자들을 묘사할 때 "거짓말"하는 자들(21:27)이 특별히 언급된다. "거짓말을 좋아하며 지어내는 자"는 다 "밖"에 있게 될 것이다(22:15). 허위가 경건치 못함의 특징이라면 진리는 경건함의 표시다(특별히 요 17:3; 14:6; 8:31-32; 16:13["진리의 성령"]; 17:17; 엡 4:25; 골 3:9 참조).

예수의 말씀

이제 산상수훈으로 넘어가보자. 예수는 다음과 같이 말씀하셨다.

> 또 옛 사람에게 말한 바 "헛맹세를 하지 말고 네가 맹세한 것을 주께 지키라" 하였다는 것을 너희가 들었으나, 나는 너희에게 이르노니 도무지 맹세하지 말지니, 하늘로도 하지 말라. 이는 하나님의 보좌임이요. 땅으로도 하지 말라. 이는 하나님의 발등상임이요. 예루살렘으로도 하지 말라. 이는 큰 임금의 성임이요. 네 머리로도 하지 말라. 이는 네가 한 터럭도 희고 검게 할 수 없음이라. 오직 너희 말은 "옳다 옳다", "아니라 아니라" 하라. 이에서 지나는 것은 악으로부터 나느니라(마 5:33-37).

종교 전통이 승인한 것처럼 보이고 예수가 겨냥하여 언급한 남용은 무엇인가? 우리에게 있는 적은 증거로 볼 때 "하나님의 이름을 대체하여 서원[곧 맹세하는 것]했을 경우, 서원한 사람이 하나님의 이름으로 그런 맹세를 했을 경우에 부여되었을 의미와 처벌로부터 제외된다고 믿은 사람들이 많았던 것으로 보인다."[3] 하지만 "맹세"는 정확하게 무엇인가? 맹세할 때 사람은 자신보다 큰 것이나 능력 혹은 다른 사람(보통은 하나님)을 청하여 자신이 이야기하는 바가 진실임을 입증해주고 또 자신이 스스로 뱉은 말을 어기거나 말한 것이 거짓으로 드러날 경우 자신을 벌하도록 부탁한다. 이제 우리는 예수가 의미한 바를 이해할 준비가 되었다. 여기에 머레이의 설명이 있다.

> 그[예수]가 "도무지 맹세하지 말지니 하늘로도 하지 말라. 이는 하나님의 보좌임이요. 땅으로도 하지 말라. 이는 하나님의 발등상임이요"라고 말씀하셨을 때 그가 직접적으로 공격한 것은 하나님의 이름을 대체한 것들을 빌려 맹세의 실제적 강조는 보장하면서 동시에 하나님의 이름을 사용하는 것 자체에 수반되는 의무와 처벌은 받지 않으려는 신성 모독이었다. 이것은 자신을 위해 맹세의 이점은 은밀히 취하면서 그것의 의무와 그것이 거짓일 경우 위증죄에 수반되는 처벌로부터는 도망하려는 악이었다.[4]

우리 주님의 핵심은 우리가 단순히 노골적으로 "하나님"으로 맹세하지 않았고 "하늘"이나 "땅"으로 맹세했다고 해서 맹세에 수반되는 의무와 처벌로부터 조금이라도 자유롭지 않다는 것이었다. 하나님의 이름을 대

---

3   같은 책, 168-69.
4   같은 책, 169.

신해 이런 단어들을 사용했다는 것은 맹세로 표현된 조건들에 부응하지 못했을 때 빠져나갈 수 있는 효과적인 "구멍"이 될 수는 없다. 우리가 호소하는 모든 것은 하나님이 지으시고 지금 다스리시는 우주 안에 포함되어 있기 때문에 어느 것으로 호소하든 그것은 사실상 하나님께 호소하는 것이다. 이러한 구멍들이 얼마나 정교해졌는지를 예로 들면, 예루살렘"으로"(by) 맹세하는 것에는 구속력이 없었지만 예루살렘을 "향하여"(toward) 맹세하는 것에는 구속력이 있었다.

다음 질문은 여기서 예수가 모든 맹세하는 행위를 비난하셨느냐는 것이다. 어쨌든 "도무지 맹세하지 말지니"라고 말씀하시지 않았는가?(34절) 나의 결론은 예수가 맹세하는 것을 금하지 않으셨다는 것인데, 여기에는 몇 가지 이유가 있다. 가장 먼저 성경에서 우리는 맹세하는 것이 승인되었을 뿐 아니라 실제로 명령된 많은 경우를 접한다(신 6:13; 10:20; 롬 1:9; 고후. 1:23; 빌 1:8; 살전 2:5, 10 참조). 두 번째로 하나님도 맹세하신 것으로 묘사된다(창 22:16; 시 110:4; 히 6:17-18). 머레이가 지적했듯이, "물론 하나님은 우리가 할 수 없는 것을 행하실 수 있다. 하지만 성경의 명령과 예시의 문맥 안에서 하나님이 이렇게 특별히 행하셨다는 사실은 적어도 이것이 하나님의 행위가 우리에게 모범이 되는 경우 중 하나임을 시사해 준다."[5] 마지막으로 마태복음 26:63-64에 의하면 심지어 예수도 맹세하는 것에 동의하신 것으로 보인다.

따라서 내 결론은 예수가 "도무지 맹세하지 말라"(5:34)라고 말씀하셨을 때 그가 염두에 두신 것은 이른바 바리새인들이 촉구한 종류의 맹

---

5   같은 책, 171.

세, 그러니까 혹 자신이 거짓말쟁이로 드러날 경우의 위험은 감수하지 않으면서 자신의 말이 받아들여지도록 의도된 맹세였다. 다시 말해 특별히 서약의 효력과 처벌을 피하기 위해 하나님이 아닌 다른 무엇에 호소할 생각이라면 "도무지" 맹세하지 말아야 한다는 것이다. 예수가 비난한 것은 **그러한** 종류의 맹세이지 **모든 종류의 맹세**가 아니다.

하지만 이제 우리는 또 다른 질문을 다루어야 한다. 예수가 절대적인 의미에서 맹세하는 것을 금하지 않으셨다면, 이러한 구절들은(약 5:12과 더불어) 우리가 맹세할 때 하나님의 이름으로만 하고, 본문에 기록된 것이든 우리가 호소할 수 있는 다른 어떤 것이든 다른 대체물로만 하지 않으면 된다는 의미일까? 다른 말로 하면, 맹세의 처벌로부터 면제되지 않는다는 사실을 인지하고 그렇게 하는 한 계속해서 "하늘", "땅", "예루살렘" 혹은 "거룩한 모든 것" 등으로 맹세할 수 있다고 주장하는 사람들이 있다. 이들은 특정 단어들의 사용이 맹세하는 것과 궁극적으로 무관하다고 주장한다. 중요한 것은 그 사람의 의도나 태도다.

머레이는 성경 안에서 "거룩한 맹세가 명백하게 하나님의 이름이 아닌 다른 것으로 이뤄진" 몇몇 경우를 지목하며 이러한 견해를 옹호한다.[6] 이것을 지지하기 위해 그는 창세기 42:15, 사무엘상 1:26, 17:55, 열왕기하 2:2, 4, 6을 지목한다. 또한 마태복음 23:16-22에도 호소한다. 이러한 경우 예수는 "성전이나 제단, 하늘을 두고 맹세하는 것을 비난하지 않으신다. 하지만 그는 마태복음 5:34-36의 중심 생각을 강조하신다. 곧 만일 우리가 성전으로 맹세한다면 그것과 '그 안에 거하시는 그분으로'

---

6 같은 책, 172.

맹세하는 것이며, 하늘로 맹세한다면 '하나님의 보좌와 그 위에 앉으신 그분으로' 맹세한다는 사실이다." 이것이 하나님을 향한 언급이라는 사실을 인식하고 엄숙한 맹세를 사용하는 것에는 하나님의 이름을 직접적이고 분명하게 사용할 때와 같이 모든 결과가 따라온다는 사실을 이해하는 한, 이러한 표현을 사용하는 것이 부적절하다는 시사점은 없다."[7]

나는 법적인 강권으로 그렇게 해야 하는 때(예로 법정에서)를 제외하고는 맹세하지 "않는" 것이 지혜롭다고 생각한다(성경이 그렇게 명하는 것이 아니라면). 그 이유는 맹세하는 것이 그 사람이 전적으로 정직한 것은 아니라는 암시적 고백이 되기 때문이다. 역설적인 점은 맹세가 우리가 말하는 바의 진실을 뒷받침하기 위한 시도이면서 동시에 우리가 진실을 말하지 않는다는, 우리의 말이 그 자체로 의심스럽다는 자백이라는 사실이다. **맹세하는 것은 우리 자신의 부정직함에 대한 애처로운 인정이다.** 누군가가 나에게 다가와 "샘, 하나님이 나의 증인이야. 나는 진실을 이야기하고 있어"라고 말한다면 나는 이렇게 반응할 것이다. "진실을 말하고 있다면 왜 하나님이 증인으로 필요해?" 하나님께 호소하는 것은 그의 정직성에 대한 나의 의심을 극복하기 위한 그의 수단이다. 따라서 차라리 맹세할 필요 없이 타인의 충분한 신뢰를 얻을 만큼 온전하고 일관적이며 정직한 삶을 구축하는 것이 보다 나은 접근이 아닐까?

---

7   같은 책.

거짓말해도 괜찮은 때가 있는가?

맹세에 대한 질문은 복잡한 것으로 드러난 다른 관련 문제로 우리를 인도한다. 그리스도인이 거짓말하는 것은 괜찮을까? 하나님은 진리이시고 우리는 하나님과 같이 되어야 한다는 것은 분명하다. 따라서 진리를 말하는 것은 하나님 나라에 거하는 이들에게 중대한 도덕적 의무다(특별히 요 8:44; 행 5:1-11; 골 3:9; 계 21:27 참조). 질문은 "거짓말은 **어떤 경우에** 도덕적으로 허용될 수 있는가"이다. 아니면 우리에게는 결과와는 무관하게 모든 상황 속에서 진실을 말할 의무가 있는가? 이 질문에 대한 답을 찾는 동안 누군가의 처신이나 행동이 그 사람의 말 못지않게 진실과 거짓, 진정성과 속임수를 전달하는 수단이 된다는 사실을 기억해야 한다. 따라서 그리스도인이 거짓말하는 것은 어떤 경우에 정당화될 수 있는가? 몇 가지 예가 우리의 생각을 집중시키는 데 도움이 될 것이다.

- ◆ 개를 키우지 않는데 도둑이 들어오지 못하도록 울타리에 "개 조심"이라는 표지판을 붙여놓는 것은 도덕적으로 옳은가?
- ◆ 집을 떠나 있는 동안 도둑의 무단침입을 막기 위해 집안에 불을 켜 두는 것은 도덕적으로 옳은가?
- ◆ 강간범의 공격을 받은 여성이 심장 마비에 걸린 척 하거나 기절한 척 하는 것은 도덕적으로 옳은가? 사실은 남편이 가까이 있지 않은데 그런 것처럼 남편의 이름을 부르는 것은 도덕적으로 옳은가? 범인의 의지를 꺾기 위해 자신에게 성병이 있다고 이야기하는 것은 도덕적으로 옳은가?

◆ 2차대전 당시 연합군이 노르망디 상륙작전의 위치에 대해 히틀러를 속인 것은 옳은 일이었는가?

◆ 미식축구팀이 실제로는 오른편으로 경기를 운영할 계획이면서 대형의 왼편으로 선수를 보내 경기가 그쪽으로 움직일 것처럼 상대 팀을 속였다면 이것은 도덕적으로 옳은가?

◆ 경찰이 위장 경찰차 안에서 속도 탐지기를 쏘는 것은 도덕적으로 옳은가? 위장 경찰차를 사용함으로써 그들은 우리를 속여 자신들을 일반인으로 생각하도록 한다.

◆ 경찰의 위장 곧 사복 수사, 그러니까 정의상 이들의 정체와 의도에 대해 다른 사람들을 속여야만 하는 수사는 도덕적으로 옳은가?

◆ 생일을 기념하기 위해 계획된 깜짝 생일 파티를 비밀에 부치려 그 사람을 어디로 데려가고 있는지 거짓말하는 것은 도덕적으로 옳은가?

◆ 군대에서 적군에게 자신의 위치를 노출시키지 않기 위해 위장 군복을 입는 것은 윤리적으로 옳은가?

◆ 1999년 4월 콜로라도 콜럼바인에서 일어난 비극적인 총기 사건에서 총을 든 범인 중 하나가 물었다. "여기 예수 그리스도를 믿는 사람이 있어?" 당시 그 자리에 있던 모든 그리스도인에게는 자신들의 정체를 밝힐 의무가 있었는가?

◆ 당신이 한때 동성애 삶을 추구했거나 혹은 몇몇 별개의 사건을 통해 그런 행위를 탐닉했다고 가정해보자. 최근 몇 년 동안은 성적으로 순결했고 더 이상 동성애적인 충동을 느끼지도 않는다. 어떤 친구 혹은 목사가 이렇게 묻는다. "당신은 동성애 행위에 빠져본 적이 있습니까?" 당신에게는 "네"라고 대답할 도덕적 의무가 있는가? "아니오"라

고 대답한다면 이것은 거짓말인가? "노코멘트"라고 말하는 것은 적어도 질문자의 입장에서는 "네"라는 대답에 버금가는 것이다.

도덕적 의무가 충돌하는 것으로 보이는 다른 예들 역시 생각해보라.

◆ 임종을 앞두고 누운 리처드의 아버지는 아들에게 한 가지 부탁을 한다. "내가 떠나고 난 후 내 말들을 잘 돌보아 주겠다고 약속해주려무나. 말들을 먹이고 솔질하고 이들이 계속해서 건강할 수 있도록 필요한 모든 일을 하겠다고 약속해다오." 아버지의 상태에 대한 깊은 슬픔과 사랑으로 리처드는 그러겠노라 약속했다. 6개월이 지나 아버지가 말을 돌보라고 남겨준 모든 돈이 떨어졌다. 아버지와의 약속을 지키기 위해 리처드는 돈을 빌려와야 했다. 물 쓰듯 빠져나가는 돈은 곧 리처드의 아내와 자녀들에게 피해를 가져왔다. 리처드는 자신의 가족이 고생하는 동안 이 말들을 돌보고 유지하기 위해 계속해서 돈을 지불해야 하는가? 리처드가 아버지에게 한 "약속"에는 도덕적 구속력이 있는가?

◆ 메리의 오빠 알렉스는 캔자스시티 어딘가에 테러를 위한 폭탄을 설치했고, 이것은 한 시간 안에 폭발할 것이다. 메리는 그것이 어디에 숨겨져 있는지를 알고 있는 유일한 사람이며 알렉스에게 그것을 누구에게도 말하지 않겠다고 다짐했다. 지금은 이 약속을 후회하지만 그녀는 충실한 여동생이고 폭탄의 위치를 알려줄 수 없다고 이야기한다. 한 시간 안에 폭탄을 찾아 그것을 해체하지 않으면 수천 명의 무고한 사람이 목숨을 잃게 될 것이다. 메리로부터 정보를 캐내기 위해 그녀를

고문한다고 해보자. 이것은 도덕적으로 허용될 수 있는 일인가? 고문은 비도덕적인 행위이지만, 그것으로부터 인도주의적 결과를 낳을 수 있다면 메리에게 고문을 사용하는 것은 정당화될 수 있는가? 공리주의자들은 그렇다고 이야기할 것이다. 당신은 어떻게 생각하는가? 그리고 그 이유는 무엇인가?

◆ 한 가지 흥미로운 상황이 영화 「리턴 투 파라다이스」에서 제시되었다. 세 명의 친구가 말레이시아에서 휴가를 보내고 있었다. 이들은 자전거를 대여했고 이들 중 하나는 주인이 보증금을 갖고 말 것이라는 단순한 생각으로 그 자전거를 내버렸다(그는 보증금이 자전거보다 비싸다고 생각했다). 셋 중 둘은 다음 날 그 나라를 떠났다. 한 주가 지나 자전거의 주인이 경찰을 대동해 자전거를 되찾으려고 왔다. 자전거는 찾을 수 없었지만, 대신 대마초 105g이 발견되었다. 100g 이상이 발견될 경우 누구든 마약 밀매상으로 간주되었다. 이 젊은 청년(자전거를 버린 사람은 아니다)은 감옥에 들어갔고 교수형을 선고받았다. 항소 과정이 다 끝난 후 그러니까 2년이 지나서야 그는 자신의 변호사에게 두 친구의 존재와 이들이 대마초를 구입하는 일에 공모한 사실을 언급했다. 미모의 변호사는 두 명의 친구가 (친구의 곤경은 모른 채) 살고 있는 뉴욕시를 찾아 이들이 팔일 안에 말레이시아로 돌아가지 않을 경우 이들의 친구가 사형될 것을 알려 주었다. 법정은 이들이 마약에 대해 자기 몫의 책임을 진다면 각자 감옥에서 3년을 살고 대신 친구의 생명은 살려주는 것으로 동의한 상태였다. 만일 한 사람만 돌아온다면 그는 6년을 살아야 했다. **이들에게는 돌아와야 할 도덕적 의무가 있는가?** 만일 한 사람만 돌아오기로 선택한다면 **친구의 형량을 6년이 아니**

라 3년으로 만들기 위해 다른 친구 역시 돌아와야 할 의무가 있는가? 둘 중 하나는 약혼했고 그는 약혼녀에게 약속했다. **그녀에 대한 그의 의무는 무엇인가?** 그는 6년이라면 하지 않겠지만 다른 친구가 그렇게 한다면 자신도 기꺼이 3년은 복역하겠다고 말했다. 결국 두 사람은 말레이시아로 돌아오는 것에 동의한다. 도착한 직후 이들은 그 변호사가 사실은 교도소에 갇힌 친구의 누이임을 알게 된다. 그녀는 자신들에게 거짓말했고 이들은 그녀가 동생의 생명을 구하기 위해 무슨 일이든 할 수 있다는 사실을 깨닫는다. 따라서 그녀를 어떻게 신뢰할 수 있을까? 그녀가 말레이시아 법정과 맺었다는 동의는 서면이 아니라 구두로 이뤄진 것이었다. 이들도 교수형에 처할 수 있지 않을까? 3년보다 긴 시간을 복역할 수도 있지 않을까? 그녀는 자신들을 설득해 돌아오도록 하기 위해 그녀가 어떤 이야기도 조작할 수 있다고 이들이 생각할 것을 염려했기에, 자신의 진짜 정체를 밝히지 않았다고 설명했다. **이러한 사실 은폐는 친구에 대한 이들의 의무를 뒤바꾸어 놓는가?** 이들 중 하나는 그렇다고 믿었고 뜻을 굽혀 뉴욕시로 되돌아갔다. 다른 하나는 친구를 죽도록 내버려 둘 수 없어 계속 있기로 결심했다. 재판이 시작되고 판사는 이 이야기가 언론에 흘러들어 갔으며 변호사가 말레이시아의 사법 제도를 비판한 내용과 함께 그것이 보도되었다는 사실을 알게 되었다. 분노에 찬 판사는 마음을 바꾸어 첫 번째 청년은 그대로 교수형에 처하고 그의 친구 역시 6년을 감옥에서 살아야 한다고 이야기했다. **판사의 결정은 뉴욕으로 돌아가기로 한 세 번째 친구의 도덕성에 어떠한 영향을 미치는가?**

이러한 질문을 보다 더 강력하게 만들기 위해 두 가지 유명한 성경의 예를 생각해보자. 먼저, 태어난 모든 남자아이를 죽이도록 히브리 산파들에게 명령한 바로를 생각해보라(출 1:17-21). 이들이 자신의 명령에 왜 복종하지 않았는지를 물었을 때 이들은 "히브리 여인은 애굽 여인과 같지 아니하고 건장하여 산파가 그들에게 이르기 전에 해산하였더이다"라고 대답했다(출 1:19). 성경은 하나님이 "그 산파들에게 은혜를 베푸시니" "그들의 집안을 흥왕하게 하"셨다고 이야기하고, 이것이 이들에 대한 하나님의 평결로 보인다(출 1:20-21). 다시 말해 산파들은 바로를 고의로 속였고 하나님은 그것에 대해 보상하신 것으로 보인다. 그리고 물론 이스라엘 정탐꾼들을 보호하기 위해 거짓말을 한 라합도 있다(수 2:1-7; 또한 히 11:31절 참조). 야고보는 참된 구원의 믿음으로부터 어떻게 선한 일이 반드시 흘러나오는지의 예로 라합과 그녀가 한 일에 호소한다. "또 이와 같이 기생 라합이 사자들을 접대하여 다른 길로 나가게 할 때에 행함으로 의롭다 하심을 받은 것이 아니냐"(약 2:25). 라합은 이 정탐꾼들을 보호하기 위해 거짓 정보를 전했고, 그렇게 함으로 분명히 박수를 받았다. 또한 독자들은 적군이 숨기려고 했던 정보를 수집하기 위해 적군을 속이고 약화시키는 데 목적을 둔 "정탐꾼"을 여호수아가 그 땅으로 보냈음을 읽지 않았는가? 구약의 하나님께는 그분을 위해 일하는 "정탐꾼"들이 있었다.

따라서 속임수가 윤리적으로 허용되는 경우들이 존재하는 듯하다. 하지만 다음을 명심하라. **모든 거짓(falsehood)이 다 거짓말(lie)은 것은 아니다.** 거짓말은 의도적인 거짓으로 진실을 알 누군가의 권리를 침해하는 것이다. 하지만 사람들이 진실을 알 자신의 권리를 포기하는 경우도 있다. 따라서 질문은 거짓말하는 것이 과연 도덕적으로 허용 가능한가가 아니다. 질문은 "무엇이 거짓말인가?"이다. **거짓말은 진실을 알 도덕적·법적 권리를 가진 사람을 속이기 위해 만들어진 거짓을 의도적으로 선언하거나 소통하는 것이다.** 거짓말은 상대에게 진실을 이야기할 도덕적 법적 의무가 있음에도 허위를 이야기하는 것이다. 하지만 특정한 상황 속에서(전쟁, 범죄성 폭행 등의 때) 우리는 진실을 이야기할 의무를 지지 않는다.

결론

결론을 내리면서 나는 누구도 진실을 이야기하겠다는 열렬한 약속 외에는 무엇으로도 이번 장을 덮지 않을 것을 확신하고 싶다. 나는 거짓을 이야기하는 것이 때로는 윤리적으로 허용될 수 있다고 논쟁했다. 이것은 그리스도인들이 진실을 다룰 때 해이하거나 무심해도 좋다는 의미가 **아니다.** 우리의 목표는 진실을 교묘히 피해가는 것이나, 혹여나 존재하는 윤리적 구멍을 찾아내는 것이 되어서는 안 된다. 시편 저자가 하나님의 성막에 "머물고" 그의 성산에 "살" 특권을 얻은 사람을 묘사할 때(시 15:1) 언급한 자격요건은 그의 마음에 "진실"을 말하는 것(2절)과 "혀로 남을 허물하지" 아니하는 것(3절), 그리고 "그의 마음에 서원한 것은 해로울지라도 변하지 아니하는 것"(4절)이었다. 다윗은 "이런 일을 행하는 자는 영원히 흔들리지 아니하리이다"라고 말했다(5절).

추천 도서 _____

Stephen L. Carter, *Integrity* (New York: Basic Books, 1996).

John Murray, *Principles of Conduct: Aspects of Biblical Ethics* (Grand Rapids: Eerdmans, 1974).

20장
성경은 사형제도를 지지하는가?

내가 이번 장을 마무리하기 직전 텍사스주는 1976년 대법원에 의해 사형제도가 부활된 이후 500번째 사형을 집행했다.[1] 이것은 다른 모든 주를 합친 것의 3분의 1이 넘는 수다. 아마도 그것에 대한 반응으로 로저 올슨(Roger Olson)은 2013년 7월 3일 "사형제도라는 이단"을 제목으로 블로그를 썼다.[2] 올슨은 어떤 의미로 이것을 썼을까? 그는 다음과 같이 설명한다.

이에 대해 숙고한 나의 의견은 적어도 오늘날 미국에서 알려지고 행해지는 형태의 사형제도가 그리스도인들이 지지하면 이단이 된다는 것이다. 이것은 인간에 의한 구원적 폭력이라는 신화를 수용한 것으로서 폭력적

1   사형제도와 그것이 미국에서 법적으로 전개된 상황에 대한 간단한 역사를 위해서는 John Jefferson Davis, *Evangelical Ethics: Issues Facing the Church Today*, Second Edition (Phillipsburg: P & R Publishing, 1993), 176-8을 참조하라.
2   www.patheos.com/blogs/rogereolson/

보복을 금한 예수의 윤리에 위배된다. 이것은 전적으로, 반박의 여지가 없이 사랑과 정반대된다. 또한 오늘날 미국에서 진행되는 대로라면 이것은 명백하게 부당하다.

그는 여기서 멈추지 않는다. 기독교회가 사형제도를 옹호하는 구성원들에 어떻게 반응해야 하는지에 대해 기록한다.

나는 모든 기독교회가 사형제도에 반대하는 것에 보다 더 적극적이어야 한다고 믿는다. 적어도 그것이 기독교 신앙과 양립할 수 없다고 선언하고 그것을 공개적으로 믿는 구성원들은 일종의 치리를 해야 한다(꼭 추방은 아니더라도 적어도 이들이 그것을 교회에서 가르치지는 못하도록 해야 한다). 그리고 그것을 행하는 이들, 곧 적극적으로 추구하고 참여하는 이들은 기독교회로부터 추방되어야 한다.

이 문제에 대한 우리의 접근은 성경의 관련 본문들을 주의 깊게 분석하는 것으로부터 시작되어야 한다. 먼저 사형제도를 옹호하기 위해 물샐틈 없이 완벽한 해석적 주장을 펼칠 수는 없다는 사실을 솔직히 인정하는 것은 중요하다. 하지만 나는 성경이 과거에 이것의 합법성을 인정했고 지지했다고 믿는다. 우리가 현재 무엇을 해야 하는가는 매우 중요한 문제다.

관련된 성경 본문

창세기 9:5-6에서부터 시작해보자. 이렇게 기록되어 있다. "내가 반드시 너희의 피 곧 너희의 생명의 피를 찾으리니, 짐승이면 그 짐승에게서, 사람이나 사람의 형제면 그에게서 그의 생명을 찾으리라. '다른 사람의 피를 흘리면 그 사람의 피도 흘릴 것이니, 이는 하나님이 자기 형상대로 사람을 지으셨음이니라.'" 몇 가지 질문을 제기할 수 있다.

먼저 창세기 9:6은 사실의 진술인가 아니면 신적 명령인가? 이것은 예견인가 아니면 지시인가? 살인의 결과가 어떠할지에 대한 예측인가 아니면 사형제도에 대한 신적 승인인가? 히브리어 문법은 두 가지 견해를 모두 허용한다.

이것이 단순한 예견이었다면 본문의 핵심은 살인범에 대한 신적 보복은 자연스럽게 이루어질 것이며 조만간 살인자는 붙잡혀 처벌받게 되리라는 것이다. 다른 말로 하면 하나님의 섭리는 궁극적으로 그의 심판을 보장한다는 것이다. 하지만 5b절은 살인범의 생명을 그의 손으로부터 요구하시는 하나님을 이야기한다. 5b절에서 하나님이 살인범의 생명을 요구하셨다면 6절에서 그것을 행하도록 명령하시는 것은 당연하다. 이후 제공된 모세의 율법에서도 살인범의 처형은 분명하게 요구된다. 경험상 모든 살인범이 실제로 다른 사람에 의해 목숨을 빼앗기는 것은 아니다. 따라서 창세기 9:6이 살인범들에게 일어날 일에 대한 예견에 불과했다면 이것은 실패한 예견이 된다. 사실 많은 살인범이 오랫동안 행복한 삶을 살다가 생을 마감한다. 이들 모두가 처벌받는 것은 아니다. 그렇다면 보다 설득력 있는 결론은 본문이 사형제도를 지시했다는 것이다.

물어야 할 두 번째 질문은 다음과 같다. 이런 명령이 우리가 자유로이 따를 수 있는 양식이나 심지어 보편적 구속력을 갖는 도덕적 책임이라고 믿을 만한 이유가 우리에게 있는가? 두 가지로 대답해보자.

먼저 이런 명령의 기초는 사람이 하나님의 형상으로 지어졌다는 사실이다(6절). "어떤 사람을 죽이는 것은 하나님의 모형을 죽이는 것과 마찬가지다."[3] 사람은 여전히 하나님의 형상이다. 따라서 사형제도를 옹호하는 이유는 어떤 문화적 혹은 사회 경제적 현상이 아니라 사람에 대한 보편적 사실과 연결되어 있다. 두 번째로 이런 명령은 노아 언약의 일부인데, 이 언약은 범주상 보편적으로 민족적 한계를 갖지 않는다(9-10절). 노아는 에덴에서 아담이 그랬던 것처럼 인류의 새로운 머리가 되었다. 이것은 말하자면 세상의 새로운 시작 곧 재창조였다.

두 번째 중요한 본문은 출애굽기 20:13의 "살인하지 말라"이다. 하지만 이 본문은 몇 가지 이유로 사형제도를 금지하기 위해 사용될 수 없다.

"살인하다"로 번역된 단어는 생명 취함을 뜻하는 몇몇 히브리어 단어 중 하나다. 여기서 이것은 "살인하다"("죽이다"가 아니라)로 번역되어야 한다. 이것은 무고한 생명을 불법적으로 취하는 것에 대한 금지다. 이 본문이 생명을 취하는 모든 행위를 금하지 않는다는 사실은 하나님이 이스라엘을 명령해 가나안 정복 당시 이들의 원수를 죽이도록 한 사실로부터도 명백하다(이 책의 "하나님께는 집단학살의 죄가 있는가?"라는 제목의 장을 참조하라). 그리고 우리는 사형제도를 지지한 것이 분명한 출애굽기 21:12을 무시할 수 없다("사람을 쳐 죽인 자는 반드시 죽일 것이나"). 잠시

---

3 Walter C. Kaiser, Jr., *Toward Old Testament Ethics* (Grand Rapids: Zondervan, 1983), 91.

다른 이야기를 하자면 모세의 율법에서 많은 경우 사형이 요구되었다는 사실에 주목할 필요가 있다. (1) 계획적인 살인(출 21:12-14), (2) 납치(출 21:16; 신 24:7), (3) 부모를 치는 것(출 21:15, 이 단어의 의미는 단순히 철썩 때리는 것이 아니라 "맹렬한 기세로 공격하는 것"이다. 곧 누군가를 심하게 때리는 살인 미수다), (4) 부모를 저주하는 것(출 21:17, 부모의 권위를 거부하고 이들을 말로 경멸하는 것), (5) 거짓된 신에게 제사 지내는 것, 우상 숭배(출 22:20), (6) 마술, 마법(출 22:18), (7) 안식일을 어기는 것(출 35:2), (8) 간음(레 20:10-21), (9) 동성애(레 20:13), (10) 근친상간(레 20:11-12, 14), (11) 수간(레 20:15-16), (12) 인신 제사(레 20:2), (13) 신성 모독(레 24:11-14, 16, 23), (14) 구제 불능의 청소년 비행(신 17:12; 21:18-21, 이는 어린 십 대가 아니라 "보다 나이가 있는 청소년"이다. 이것은 한 번의 비행이 아니라 굳어버린 성향을 염두에 둔다. 공개 재판에 주목하라), (15) 거짓 예언(신 13:1-10), (16) 음행(신 22:20-21), (17) 강간(신 22:23-27)이다.

이상의 모든 범죄의 경우(살인을 제외하고) 몸값의 지불이나 일종의 금전적·재산적 합의를 통해 형벌이 대체될 수는 있었다(수 35:31 참조). 또한 우리는 더 이상 모세의 법규가 나열하는 조항들 아래에 있지 않고 또 단순히 사형제도가 이전의 언약(구약) 아래에서 지지받았기 때문에 오늘날에도 그것이 유효하다고 추정할 수는 없다. 그렇기는 해도 사형제도가 모세의 법규에 포함되었다는 사실은 적어도 원칙상 그러한 실천이 도덕적으로 혐오스러웠다거나 하나님의 성품에 위배되지는 않았음을 알 수 있다.

우리가 살펴볼 세 번째 주된 본문은 예수가 간음 중에 잡힌 여인을 만난 유명한 사건이다. 나는 독자들이 잠시 멈추어 요한복음 8:1-11을 읽어보기를 권한다. 이 이야기는 영감을 통해 기록된 요한복음의 원문은 아니지만 아마도 기록된 그대로 일어났을 것이다(요 20:30-31; 21:25 참조).

예수는 종교 지도자들을 향해서는 "너희 중에 죄 없는 자가 먼저 돌로 치라"라고 말씀하고, 간음 중 잡힌 여인에게는 "나도 너를 정죄하지 아니하노니"라고 하셨는데, 이때 그는 사형을 폐하셨는가? 몇 가지를 짚고 넘어가 보자.

사건이 일어난 때는 초막절의 마지막 날이었고(7:2, 37과 비교) 예루살렘은 순례자들로 북적였다. 남성과 여성 사이의 우연한 만남이 간음으로 이어지는 일은 빈번했다. 이 여인을 고소한 사람들은 자신들이 그녀를 현장에서 붙잡아왔다고 주장했다. 유대 율법에서 간음을 증명하기란 어려웠다. 의심만으로는 불충분했다. 두 사람이 함께 있었음을 직접 본 것도 이들을 고소하기에는 불충분한 근거였다. 적어도 "문제가 되는 사람들의 행동을 도저히 다르게는(간음이 일어났다고밖에는) 해석할 수 없다고 증언해 줄" 두 명의 증인이 필요했다.[4]

이들의 동기는 6절에서 분명히 드러난다("그들이 이렇게 말함은 고발할 조건을 얻고자 하여"). 이들은 도덕적 분노나 정의에 대한 헌신 때문에 그곳에 있었던 것이 아니다. 이들은 예수를 함정에 빠뜨리고자 했다. 이들은 이 여인이 아니라 예수를 고발하기 위한 근거를 원했다.

그녀가 이른바 죄를 범한 상대 남성은 어디에 있는가? 그는 도망쳤는가? 이들은 그를 일부러 보내주었는가? 그가 이들에게 뇌물을 주었는가? 어쩌면 이들은 예수를 공격하기 위해 의도적으로 이 여성과 남성을 만나

---

4   Leon Morris, *Expository Reflections on the Gospel of John* (Grand Rapids: Baker Book House, 1988), 293.

게 했는지도 모른다. 아니면 이들은 간음 중에 잡힌 여성에게만 도덕적 책임이 있다고 생각한 걸까? 그녀는 기혼자였는가? 그렇다면 그녀의 남편은 어디에 있었는가? 그녀는 미혼이었는가? 약혼했는가?

이들의 의도는 예수를 진퇴양난에 빠뜨리는 것이었다(마 22:15-22과 비교). 유대인들은 사형 선고를 내릴 수는 있었지만, 그것을 집행할 권위는 없었다(요 18:31과 비교). 예수가 그녀의 사형을 집행할 것을 고집한다면 이것은 불법행위나 로마 제국에 반하는 전복을 지지한 행위로 곡해되어 법정에서 고소당할 근거가 될 수 있었다. 반대로 그녀의 처벌을 요구하지 않는다면 이들은 사람들을 설득해 예수가 모세의 율법을 무시한다고 믿도록 할 것이고, 따라서 그를 따르는 자들 가운데서 그의 명성을 깎아내릴 수 있었다.

예수의 반응은 몸을 굽혀 "손가락으로 땅에" 쓰는 것이었다(6b절). 바리새인들은 예수가 시간을 지연하는 전략을 사용한다고 해석했고 질문을 반복하여 공격을 이어갔다(7b절). 예수는 왜 그리고 무엇을 땅에 쓰셨는가? 독자들이 상상할 수 있는 대로 몇 가지 제안이 등장한다. (1) 일부는 그가 먼저 범죄자의 형을 쓴 다음 그것을 소리 내어 읽는 로마 재판관을 흉내 냈다고 이야기한다. 그렇다면 예수는 7b절의 내용을 쓰셨을 것이다. 하지만 만일 그렇다면 그는 왜 8절이 이야기하듯 또다시 무엇을 쓰셨을까? (2) 그가 예레미야 17:13을 쓰셨다고 주장하는 이들도 있다. (3) 어쩌면 중요한 것은 그가 쓰신 내용이 아니라 단순히 그가 그렇게 하셨다는 사실일 수 있다. 하나님이 자신의 손가락으로 율법을 쓰신 출애굽기 31:18을 참조하라. 따라서 예수는 자신이 하나님, 곧 율법의 저자임을 상징적으로 선언하고 계신 것이다. (4) 단순히 그는 자신의 분노를

삭이거나 생각할 시간을 벌기 위해 무엇을 끼적거리시는 중이었을까? (5) 자신을 고소하는 자들의 죄를 기록하셨을까? (6) 어쩌면 출애굽기 23:1 후반부("악인과 연합하여 위증하는 증인이 되지 말며")를 먼저 쓰고 출애굽기 23:7("거짓 일을 멀리하며 무죄한 자와 의로운 자를 죽이지 말라. 나는 악인을 의롭다 하지 아니하겠노라")을 이어 쓰셨을 수 있다. 결론적으로 말해 그야말로 알 수가 없다.

"너희 중에 죄 없는 자가 먼저 돌로 치라"는 예수는 말씀은 어떤 의미였을까? 그가 형사 소송 절차에 올바르고 공정하게 참여하기 위해 완벽한 죄 없음의 상태를 요구하지 않았다는 사실은 우리가 잘 아는 바다. 만일 그랬다면 어떠한 사법제도(판사든 변호사든 증인이든 배심원이든)나 교회의 치리도 불가능했을 것이다. 모두가 죄인이기 때문이다. 죄가 없는 사람은 아무도 없다. 예수가 의미한 바가 너희가 죄인이라면 어느 때든 다른 사람들을 판단하거나 비판하지 말라는 것이었다고 이야기하는 이들도 있다. 하지만 마태복음 7장과 18장은 그럴 수 없음을 가르친다. 나는 이 문제를 『터프 토픽스』에서 다루었다.

"간음죄가 없는 사람이…." 그러니까 간음한 여인이 간음죄를 지은 이들에게 정죄와 처형을 받을 수 없다는 의미일 수는 있다. 하지만 이 종교 지도자들 모두가 간음했을 것이라는 주장은 그럴듯한가?

가장 그럴듯한 대답은 그가 의미한 것이 "잘못이 없는 사람" 곧 누구든 그녀에 대해 합법적 증인이 될 만한 자격을 갖추고 모세의 율법을 온전히 준수한 사람이었다는 것이다. 다른 말로 하면 예수는 그녀에 대해 합법적 증인의 역할을 감당할 이들의 능력에 의문을 제기했다. "그녀에 대한 증인으로의 기준에 있어 흠잡을 데가 없는 사람이 먼저 돌을 던지라"는 것이다.

모세의 율법은 간음 중 잡힌 남성과 여성 모두의 처형을 요구한다(신 22:22-24). 또한 한 사람 이상이 이들이 현장에서 잡힌 것을 증명하는 증언을 해야만 한다(신 17:6-7). 만일 한 사람만이 증인으로 나설 경우 사건은 기각된다. 또한 증인들이 첫 번째 돌을 던졌어야 했는데, 이는 증인들이 만일 있었더라도 여자를 정죄하는 그 자리에는 없었음을 나타낸다. 마지막으로 나중에 피해자가 무고하다고, 그러니까 위증을 기초로 죽임을 당했다는 사실이 밝혀질 경우, 그를 처형한 사람들(증인들) 역시 처형받아야 했다(신 19:16-19 참조). 따라서 예수는 이 여성을 고발한 증인들의 주장의 정직함에 도전하셨던 것 같다. 종교 지도자들은 놀라 망신을 당한 채 자리를 떠났다(9절).

예수는 왜 그녀를 정죄하지 않았을까?(10-11절) 주된 이유는 그 역시 증인이 아니었다는 데 있다. 하지만 그녀의 죄를 용납하지도 않으셨다. 그는 그녀를 자유로이 놓아주는 것으로써 간음을 가벼이 취급하지 않으셨다. 그는 여자에게 "다시는 죄를 범하지 말라"고 명령하셨다. 따라서 만일 예수가 요한복음 8장에서 사형을 폐하셨다면, 이것은 살인이 아니라 오직 간음의 경우 그렇게 한 것이다.

네 번째 본문은 바울이 베스도 앞에서 증언한 내용을 담은 사도행전 25:11이다. 사도는 이렇게 선언한다. "만일 내가 불의를 행하여 무슨 죽을 죄를 지었으면 죽기를 사양하지 아니할 것이나, 만일 이 사람들이 나를 고발하는 것이 다 사실이 아니면 아무도 나를 그들에게 내줄 수 없나이다. 내가 가이사께 상소하노라." 여기서 우리는 세 가지를 살펴볼 수 있다.

먼저 바울은 사실상 죽는 것이 합당한 범죄가 있음을 인정했다. 그런 범죄가 얼마나 많은지 혹은 어떠한 것들인지는 알 수 없지만 적어도 살인은 염두에 있었을 것이다.

두 번째로 바울은 자신에게 이런 범죄의 죄책이 있다고 밝혀진다면 그에 대해 저항하지 않겠다고 이야기한다. 단순히 자신이 그리스도인이라는 이유로 관대한 처벌을 구하지 않겠다는 것이다.

세 번째로 바울의 진술에는 통치 권한에 사형을 집행할 권리가 주어져 있다는 그의 믿음이 함축되어 있다. 그는 정부가 합법적으로 소유하지 못한 특권을 탈취했다고 힐책하거나 맹렬히 비난하지 않는다.

이제 우리는 바울이 정부의 두 가지 목적, 곧 선한 일을 증진하고 칭찬하는 것과 악한 일을 금하고 벌하는 것을 마음속에 그린 로마서 13:3-4에 도달한다. 악한 일을 금하고 벌하는 기능을 수행하기 위해 하나님은 형벌을 가하는 권한 곧 검을 국가에 허락하셨다(검이 죽음과 연관된 눅 21:24; 행 12:2과 비교). 검은 법을 집행하는 국가의 권위뿐 아니라 처형하는 권한을 표시하거나 상징한다.

사형제도를 실천하는 것에 대한 이의

1. 사형제도는 범죄에 대한 효과적인 제지가 아니다

이 문제에 대한 통계적 증거는 결정적이지 못하다. 연구는 논쟁의 양편 모두를 위한 지지를 제공해왔다. 더불어 대답이 필요한 질문이 있다. "사형을 언도받을 만큼의 중대한 범죄를 저지른 적이 없는 우리를 제지해온 것은 무엇인가? 죽을 수도 있다는 가능성인가? 사형제도가 어떤 살인자를 막아 또 다른 살인을 범하지 못하도록 한다는 점은 분명하다. 만일 사형이 잠재적 살인자를 제지하지 **않는다**고 한다면, 사형에 반대하는 이들은 다른 형태의 형벌도 범죄자를 제지하지 않는다는 사실을 인정해야 할 것이다. 이것은 모든 종류의 형벌이 임의적이라는 뜻이 아닐까? 또한 우리는 사형제도의 주된 목적이 제지가 아니라 정의의 표현이라는 사실을 잊지 말아야 한다.

마지막으로 "만일 유죄를 선고받은 살인자를 처형하는 일이 '야만적'이라면 살인자의 생명을 구하기 위해 추가적인 생명의 희생을 가능하게 하는 일은 훨씬 더 야만적이지 않은가? 만일 사형이 또 다른 범죄를 제지한다는 잘못된 생각에 따라 형이 집행된다면, 잃게 되는 것은 유죄를 선고받은 살인자들의 생명이다. 반대로 사형이 또 다른 범죄를 제지하지 못한다는 잘못된 믿음에 따라 그 제도가 폐지된다면, 잃게 되는 것은 무고한 사람들의 생명이다. 따라서 신학적 추정은 차치하고 모든 조건이 그대로라고 할 때, 사회 정의는 계획적인 살인에 대한 사형을 유지해야 한다고 제안한다."[5]

또한 대럴 찰스(Daryl Charles)는 "사법 제도 안에서의 변화적 추세를 시사하는 어떠한 통계도 원칙적으로 사형제도에 반대하는 사람들을 충분히 설득시키지는 못할 것이다"라고 주장했는데,[6] 나는 이에 동의한다. 다른 말로 하면, 사형의 폐지가 살인율의 100% 증가로 귀결되었다고 증명된다고 해도 사형에 반대하는 이들은 십중팔구 여전히 그것에 반대할

---

5   Daryl Charles, 'Outrageous Atrocity or Moral Imperative? The Ethics of Capital Punishment', *Studies in Christian Ethics* 6/2, 1993, 9.

6   같은 책, 8.

것이다.

2. 사형제도는 원수를 갚지 말라는 성경의 경고에 위배된다(롬 12:17-21; 벧전 3:9). 신자는 자신의 원수를 처형하는 것이 아니라 사랑해야 한다(마 5:43-44).

하지만 상호 관계 속에서 개인이 갖는 특권과 공적 정의의 집행 속에서 국가가 갖는 특권 사이에는 성경상의 차이점이 있다. 그리스도인들은 개인적 보복을 추구할 수 없지만, 국가는 공적 정의를 추구할 수 있다. 로마서 12장에서의 개인적 복수의 금지는 로마서 13장의 공적 응징의 지지로 즉각 이어진다.

3. 사형제도는 잔인하고 유별난 형벌이다.

이러한 논쟁은 잔인하고 유별나다는 용어로 의미한 바가 무엇인가에 달려있다. "잔인한"이 고통스러운 형벌이라는 의미를 갖는다면 사형제도는 정말로 잔인하다. 하지만 정의는 특정한 범죄에 대해 형벌의 고통을 가할 것을 요구한다. 분명 고문은 허용될 수 없다. 하지만 모든 형벌은 어느 정도 고통스럽다. "유별난"이 비논리적인 것을 뜻한다면 우리는 사형제도가 그것이 만들어진 목적을 성취하기 위한 효과적인 수단인가를 묻는 최초의 질문으로 되돌아가야 한다. 효과적인 수단이라면 이것은 비논리적이지 않다.

4. 사형제도는 소수자들과 가난한 자들을 차별한다.

파인버그(Feinberg) 형제들이 지목한 것처럼, "차별은 사형제도가 도덕적으로 잘못되었다는 사실을 증명하지 않는다. 대신 사형을 공정하게 집행하기 위해 재판 제도를 수정해야 할 필요를 제시한다. 어떤 형벌이든 그것이 집행되는 적절한 혹은 부적절한 방식은 그 형벌 자체로서의 도덕적

옳고 그름에 대해 침묵한다."[7] 더욱이 최근의 연구로 볼 때 소수자들과 가난한 자들이 사형제도에 있어 차별을 받았는지는 전혀 확신할 수 없다.

5. 사형제도는 무고한 사람이 처형될 가능성을 허용한다.

여기서도, "유죄를 선고받은 살인자들이 나중에 무고하다고 밝혀진 사건들은 사형이 그 자체로 잘못된 것임을 입증하지 않는다. 다만 유죄 증명의 요구가 현재 소송 절차에서 요구하는 것보다 훨씬 더 엄중해져야 한다는 사실을 보여줄 뿐이다."[8] 대럴 찰스는 다음과 같이 동의했다.

> 형사법 제도에 오류의 여지가 있다는 사실은 부인할 수 없다. "실수"는 있을 것이고 이것은 불가피하다. 언급하기에 명백한 이야기지만 현재의 법률 제도 중 어떠한 영역도 0퍼센트의 오류 가능성에 입각하여 만들어지지 않았다. 불완전한 제도 속에서 실수할 수 있는 사람들이 "공정한" 결과를 위해 노력할 뿐이다. 제도의 불완전함을 볼 때 옹호할 수 있는 것은 근원적 원칙을 폐지하는 것이 아니라 법적 적용점을 찾아가는 방식의 개선을 위해 노력하는 것이다. 오류를 추정하는 것은 그 자체로 반박의 여지가 없지만, 무게감 있는 신약의 사도적 가르침으로 반드시 완화될 필요가 있다.[9]

따라서 통치 권한은 불완전한 제도 속에서도 악을 저지함으로써 하

---

7   John S. Feinberg & Paul D. Feinberg, *Ethics for a Brave New World* (Wheaton: Crossway Books, 1993), 136.

8   같은 책, 136.

9   Charles, 'Outrageous Atrocity or Moral Imperative? The Ethics of Capital Punishment', 7.

나님의 뜻을 받든다. 이것이 로마서 13장에서 바울이 전한 핵심이다. 참고로 이것은 정신분열증에 걸린 미치광이(네로)가 황제의 왕좌 위에 앉아 있을 때 기록되었다. "따라서 현대 서구 문화 속 독실한 폐지론자들이 '형사 사법 제도의 불완전성'을 자신들의 견해를 위한 증거로 사용하는 것은 정당하지 못하다."[10]

6. 사형제도의 요구는 긍휼과 관대한 처분의 성경적 예를 무시한다(가인과 다윗, 모세는 모두 의도적인 살인을 범했지만 긍휼을 얻었다. 이후 다윗과 모세는 열매 맺는 경건한 삶을 살았다).

구약의 예외적인 경우에서 긍휼을 베푼 것은 하나님이지 사회가 아니었다. 하나님으로부터 다른 지시가 있지 않은 이상 국가는 사형제도를 적용할 때 성경의 명령을 따라야 한다.

7. 그리스도인들이 사형제도를 옹호하는 동시에 낙태와 안락사를 반대하는 것은 논리적·도덕적으로 모순된다.

그리스도인은 사형제도를 지지하는 동시에 낙태와 안락사에는 반대할 수 있는가? 그렇다. 우리가 기억해야 할 사실은 "태아와 연로한 자 및 병약한 자들이 죽어 마땅한 일을 범하지 않았다는 것이다. 유죄를 선고받은 살인자는 그러한 일을 저질렀다."[11] 사형제도는 비평가들이 이야기하는 것처럼 생명의 존엄성에 대한 무시가 아니다. 사실 생명의 존엄성에 대한 믿음에 기초해 있다. 또한 생명은 성스러운 것이지만 그럼에도 불구하고 박탈될 수 있다. 마지막으로 성경은 낙태를 반대하는 동시에 사형제도를 옹호한다. 따라서 여기에 모순이 있다면 문제는 하나님의 것이다.

---

10   같은 책, 8.
11   Feinberg & Feinberg, *Ethics for a Brave New World*, 147.

8. 사형제도는 피해자의 구원을 위한 모든 소망을 끊어버린다.

사형제도가 구원받지 못한 이의 구원의 모든 소망을 끝낸다는 것은 사실이다. 하지만 전쟁과 때로는 자기방어 역시 그렇다. 하지만 성경은 전쟁과 자기방어를 지지한다. 또한 "인생은 확신할 수 없고 우리의 영원한 운명에 대한 결정은 우리의 형편에 따라 미루어질 수 없다. 부유하여 현실에 안주한 어리석은 이에게 하나님은 말씀하셨다. '어리석은 자여, 오늘 밤에 네 영혼을 도로 찾으리니'(눅 12:20)."[12] 어쩌면 임박한 죽음의 가능성이 불신자들에게 충격을 주어 이들을 회개로 인도할 수도 있다. 마지막으로 사형제도를 지지하는 분은 하나님이시다. 따라서 구원받지 못한 자들과 관련해 어떤 문제가 있다면, 그것은 하나님의 문제이지 우리의 문제가 아니다.

9. 예수는 사람을 처형하기 위해 버튼을 누르거나 플러그를 뽑으실까?

이 마지막 "이의"는 대부분의 사람이 "아니요, 예수님은 그렇게 하시지 않을 것입니다"라고 대답할 것으로 추정하는데, 이것은 다음의 결론으로 이어진다. "따라서 어떠한 그리스도인도 그렇게 해서는 안 된다." 하지만 정말 예수님은 그러지 않으실까?

네 가지를 기억하자. 먼저 예수는 구약의 영감을 믿었을 뿐 아니라 지지하셨으며 이 땅에 머무는 동안 구약의 도덕적 권위에 복종하셨다. 따라서 나는 그가 특정한 범죄와 죄악에 대한 사형제도에 관련한 모세의 규정을 포함해서 모세 민법의 정직함과 의로움을 수용하셨을 것이라고 믿는다. 두 번째로 우리는 예수가 성육신하신 하나님이셨다는 사실을 기

---

12 Davis, *Evangelical Ethics*, 187.

억해야 한다. 그는 인간의 몸을 입은 야웨이셨다. 따라서 예수는 영감을 통해 창세기 9:5-6을 쓰도록 하시고 가나안 사람들의 살육을 명령하신 바로 그 하나님, 모세 법규의 민사 조항들을 제정하신 바로 그 하나님이 되신다. 우리는 "신약의 하나님"과 "구약의 하나님"이 마치 한 분 곧 동일한 하나님이 아니신 것처럼 서로 대항하도록 해서는 안 된다.

세 번째로 우리 질문의 대상이신 예수는 그의 재림 때 그의 입으로부터 "예리한 검이 나오니 그것으로 만국을 치겠고, 친히 그들을 철장으로 다스리며, 또 친히 하나님 곧 전능하신 이의 맹렬한 진노의 포도주 틀을 밟"을 바로 그 예수다(계 19:15). 예수가 재림 때 그의 원수들을 살육하고 불신자들을 지옥으로 보내는 것이 그의 도덕적 품성에 위배되지 않는다고 믿는다면, 그가 사형제도를 지지하실 뿐 아니라, 만일 국가의 대리인으로 그렇게 해야 할 입장에 처했을 때 처형에 참여할 수 있다고 믿는 것은 왜 더 어려운 일이어야 하는가?

마지막으로 이 땅에 머무는 동안 예수는 정치적·군사적 권세의 자리에 오르시지 않았다. 국가의 중요 직책을 갖지 않으셨다. 시민으로서 그는 모든 상호 관계를 지배하는 다음의 원리들을 준수하셨을 것이다. 그는 애써 참고 희생하셨을 것이며 자신에게 악을 행한 자들에게 앙갚음하지 않으셨을 것이다. 하지만 나는 그가 범죄자에게 형벌을 가할 국가의 권리는 지지하셨을 것이라고 믿는다. 따라서 그렇다. 만일 그가 로마 정부의 대리인으로서 공식적인 자격으로 그렇게 해야 했다면 나는 그가 법에 의한 죽음이 합당한 것으로 결정된 이들의 처형에 참여하셨을 것이라고 믿는다. 그리고 만일 내가 그 입장이 되어 미국 정부의 대리인으로(혹은 오클라호마주의 대리인으로) 공식적인 자격으로 그렇게 해야 한다면 나는 사형에 처할 만큼 중대한 죄를 지은 것으로 공정하게 유죄 판결을 받은 이들의 처형에 참여할 것이다. 따라서 나는 적어도 일부의 평가로 볼 때 "이단"에 속할 것이 분명하다!

추천 도서 _____

Daryl Charles, 'Outrageous Atrocity or Moral Imperative? The Ethics of Capital Punishment', *Studies in Christian Ethics* 6/2, 1993.

John Jefferson Davis, *Evangelical Ethics: Issues Facing the Church Today*, Second Edition (Phillipsburg: P & R Publishing, 1993).

John S. Feinberg & Paul D. Feinberg, *Ethics for a Brave New World* (Wheaton: Crossway Books, 1993).

21장
기도는 정말로 만사를 변화시키는가?

자, 정말 그럴까? 잠시만! 잠시 시간을 내어 이 질문이 무엇을 수반하는
지를 분석해보자. 우리는 무엇이 기도이고 왜 하나님이 성경에서 그것을
그렇게 지속적으로 또 편만하게 명령하셨는지를 생각할 필요가 있다. 기
도가 그리스도인의 삶에 필수적 차원인 것은 부인할 수 없지만 왜 그럴
까? 이것이 우리의 시간을 잡아먹는 무의미한 의식에 불과하다면, 하나
님은 분명 이것을 우리 존재의 주요한 부분으로 만들지 않으셨을 것이
다. 하지만 내가 우려하는 것은 많은 사람이 기도를 무의미한 의식으로
생각한다는 것이다. 이들은 콘크리트 천장처럼 느껴지는 것에 부딪히고,
이들의 기도는 열매 없고 대답조차 없는 무례함으로 되돌아온다.

이 문제에 대답하기 위한 최선의 방법은 잠시 멈추어 성경이 기도의
능력에 대해 무엇을 이야기하는지 신중하게 생각해보는 것이다. 이것은
만일 정말로 기도가 모든 것/상황을 "변화"시킨다면 어떠한 의미에서 그
런지에 대해 우리가 이야기할 수 있는지를 결정하는 데 보다 나은 관점
을 선사해줄 것이다. 하지만 그렇게 하기 전 기도의 중요성을 짧게나마

생각해보자. 나는 이에 대해서는 이사야 30:18-19보다 더 나은 본문은 없다고 생각한다.

이 말씀이 가장 직접적으로 적용되는 대상은 구약 때의 이스라엘이라는 나라지만, 그 원리는 우리와 여전히 연관성을 갖는다.

> 그러나 여호와께서 기다리시나니 이는 너희에게 은혜를 베풀려 하심이요, 일어나시리니 이는 너희를 긍휼히 여기려 하심이라. 대저 여호와는 정의의 하나님이심이라. 그를 기다리는 자마다 복이 있도다.…그가 네 부르짖는 소리로 말미암아 네게 은혜를 베푸시되, 그가 들으실 때에 네게 응답하시리라(사 30:18-19).

하지만 야웨는 왜 우리에게 "은혜를 베풀기 위하여 기다리"시는가? 그분이 정말로 은혜로우시고 친절하시며 우리를 축복하기 원하신다면, 음, 나이키 광고에 등장하는 문구(Just do it!)처럼 그냥 그렇게 하시면 되지 않는가? 하나님이 우리에게 긍휼을 보이시고 자신의 능력을 부어주시기를 고대하신다면 그분은 왜 기도를 통한 우리의 "부르짖는 소리"를 들을 때까지 기다리시는가? 축복하시기에 앞서 왜 그것을 "들으셔야"만 하는가?

곧 이러한 질문에 대해 답하겠지만, 지금 독자들이 알아야 하는 것은 하나님이 기도를 그렇게 사용하시는 것은 가장 가시적이고 공적인 방식으로 영광을 받으시기 위함이라는 점이다. 잠언 15:8은 "악인의 제사는 여호와께서 미워하셔도 정직한 자의 기도는 그가 기뻐하시느니라"고 기록한다. 기도는 왜 하나님께 기쁨이 되는가? 기도는 왜 그분의 위대하심으로 우리의 이목을 집중시키는가? 기도는 어떻게 그분을 영화롭게 하는가? 내가 생각할 때 그 답은 다른 무엇보다 기도가 우리의 가난함과 무력함의 깊이를 강조하며, 하나님의 은혜로운 공급의 부유함과 자원을 찬양하기 때문이다. 하나님은 우리가 인생의 모든 일에 있어 얼마나 필사적으로 그분께 의존되어 있는지를 드러내기를 원하시며 우리의 요청이 있기까지 축복을 유예하시는 것은 그것을 위한 훌륭한 방법이 된다. 기도의 필요성에 대해 성경이 무엇을 말하는지 함께 생각해보자. 보다 간단히 이야기하자면, "우리는 왜 기도해야 하는가? 이것은 왜 이토록 긴급한 문제인가?" 하나님의 말씀 곳곳에 그 답이 흩어져 있다. 예를 들어 우리는 "기도하지 않으면 하나님이 영광 받으실 수 없"기 때문에 기도해야 한다. 예수는 이렇게 말씀하셨다. "너희가 내 이름으로 무엇을 구하든지 내가 행하리니, 이는 아버지로 하여금 아들로 말미암아 영광을 받으시게 하려 함이라"(요 14:13). 우리는 "기도하지 않는다면 예수가 우리에게 주시기 위해 사시고 죽으시고 부활하신 기쁨의 충만함을 경험하지 못할 것"이기 때문에 기도해야 한다. 다시 한번 예수는 선언하셨다. "지금까지는 너희가 내 이름으로 아무것도 구하지 아니하였으나, 구하라! 그리하면 받으리니, 너희 기쁨이 충만하리라"(요 16:24). 우리는 "기도하지 않는다면, 얻지 못할 것"이기 때문에 기도해야 한다(약 4:2b). 야고보는 핵심을 찔렀다. "너희가 얻지 못함은 구하지 아니하기 때문이요." 하나님이 기도를 통해서만 주시겠다고 약속하신 것을 우리가 기도하지 않아도 주신다고 생각하는 미혹에 빠지지 말라.

우리는 **기도하지 않는다면 복음이 성공적일 수 없기 때문에** 기도해야 한다. 바울이 데살로니가 사람들에게 한 요구를 보라. "마지막으로 형제들아, 너희는 우리를 위하여 기도하기를 주의 말씀이 너희 가운데서와 같이 퍼져 나가 영광스럽게 되고"(살후 3:1). 그는 골로새에 있는 교회에도 비슷한 요구를 했다. "또한 우리를 위하여 기도하되 하나님이 전도할 문을 우리에게 열어주사 그리스도의 비밀을 말하게 하시기를 구하라"(골 4:3a).

우리는 기도하지 않는다면 사람들에게 복음을 선포하고자 할 때 십중팔구 명확성이 아니라 혼란을 가져올 것이기 때문에 기도해야 한다. 나는 독자들에게 골로새서 4:3의 전반부만을 이야기했다. 바울이 이들에게 했던 요구의 전체 내용은 다음과 같다. "또한 우리를 위하여 기도하되 하나님이 전도할 문을 우리에게 열어주사 그리스도의 비밀을 말하게 하시기를 구하라. 내가 이 일 때문에 매임을 당하였노라. 그리하면 내가 마땅히 할 말로써 이 비밀을 나타내리라"(골 4:3-4).

우리는 기도하지 않는다면 두려움과 비겁함의 종으로 남아 복음을 전혀 선포하지 못하게 될 것이기 때문에 기도해야 한다. 바울이 에베소 교회에 다음과 같이 요구했다는 사실은 아주 충격적이다. "또 나를 위하여 구할 것은 내게 말씀을 주사 나로 입을 열어 복음의 비밀을 담대히 알리게 하옵소서 할 것이니, 이 일을 위하여 내가 쇠사슬에 매인 사신이 된 것은 나로 이 일에 당연히 할 말을 담대히 하게 하려 하심이라"(엡 6:19-20). 우리는 기도하지 않는다면 구원받지 못한 이들이 그리스도께로 회심하지 않을 것이기 때문에 기도해야 한다. 바울은 그의 유대 동족을 언급하면서 이렇게 말했다. "형제들아, 내 마음에 원하는 바와 하나님께 구하는 바는 이스라엘을 위함이니 곧 그들로 구원을 받게 함이라"(롬 10:1).

우리는 기도하지 않는다면 교회가 어려움을 경험하고 하나님의 백성으로서 받은 부르심을 성취하지 못하도록 하는 장애물을 마주할 것이기 때문에 기도해야 한다. 이것이 바울이 다음과 같이 말했을 때 유념한 바다. "그러므로 내가 권하노니 모든 사람을 위하여 간구와 기도와 중보와 감사를 하되 임금들과 높은 지위에 있는 모든 사람을 위하여 하라. 이는 우리가 모든 경건과 단정함으로 고요하고 평안한 생활을 하려 함이라"(딤전 2:1-2).

우리는 기도하지 않는다면 병든 자들이 치유되지 못할 것이기 때문에 기도해야 한다. 야고보는 그의 서신 다섯 번째 장에서 이것을 여러 번 이야기했다. "너희 중에 고난당하는 자가 있느냐? 그는 기도할 것이요"(약 5:13a). "너희 중에 병든 자가 있느냐? 그는 교회의 장로들을 청할 것이요, 그들은 주의 이름으로 기름을 바르며 그를 위하여 기도할지니라"(약 5:14). 그리고 다시 한번 이야기했다. "너희 죄를 서로 고백하며 병이 낫기를 위하여 서로 기도하라"(약 5:16).

마지막으로 우리는 기도하지 않는다면 귀신들리고 억압받는 자들이 자유로워질 수 없을 것이기 때문에 기도해야 한다. 우리와 악령의 세력 간의 싸움을 논한 결론에서 바울은 "항상 성령 안에서 기도하고 이를 위하여 깨어 구하기를 항상 힘쓰며 여러 성도를 위하여 구하라"라고 당부했다(엡 6:18). 예수가 어린아이로부터 귀신을 쫓아내셨을 때 그는 자기 제자들에게 "기도 외에 다른 것으로는 이런 종류[의 귀신]가 나갈 수 없느니라"라고 설명하셨다(막 9:29).

예수는 기도의 필요성과 긴급성을 누가복음 11:9-10에서 완벽하리만큼 명확하게 설명하셨다. 그곳에서 그는 이렇게 말씀하셨다.

내가 또 너희에게 이르노니, 구하라! 그러면 너희에게 주실 것이요, 찾으라. 그러면 찾아낼 것이요, 문을 두드리라. 그러면 너희에게 열릴 것이니, 구하는 이마다 받을 것이요, 찾는 이는 찾아낼 것이요, 두드리는 이에게는 열릴 것이니라(눅 11:9-10).

이것을 바꾸어 다소 부정적인 관점으로 바라보도록 하자. 예수는 "너희가 구하지 **않으면** 받지 **못할 것이요** 찾지 **않으면** 찾지 **못할 것이요** 두드리지 **않으면** 열리지 **않을 것이라**"라고 말씀하신다. 당신은 그것을 믿는가? 그렇다면 하나님이 우리에게 추구하라고 주신 목표를 조금이라도 성취하기 위해서는 중보가 긴급하다는 사실을 이제 이해한 셈이다.

하지만 우리는 어떻게 하나님이 우리의 기도를 듣고 그것에 반응하여 우리에게 필요한 것을 공급해주실 것을 자신하고 확신하며 확실히 알 수 있을까? 구하고 찾고 두드리는 것에 대해 방금 하신 말씀에 바로 뒤이어 예수가 다음과 같이 말씀하셨기 때문에 알 수 있다.

너희 중에 아버지 된 자로서 누가 아들이 생선을 달라 하는데 생선 대신에 뱀을 주며 알을 달라 하는데 전갈을 주겠느냐? 너희가 악할지라도 좋은 것을 자식에게 줄 줄 알거든 하물며 너희 하늘 아버지께서 구하는 자에게 성령을 주시지 않겠느냐?(눅 11:11-13)

기도에 대한 모든 문제는 하나님에 대한 오해로부터 기인한다. 우리가 하나님의 선하심의 깊이를 이해할 때 기도는 쉽고 흥미진진한 것이 된다.

기도의 긴급성과 능력에 대한 요약[1]

기도의 긴급성은 고린도후서 1:8-11에서 다시 한번 볼 수 있는데, 여기서 바울은 생명을 위협하는 고통으로부터 자신을 이미 건지셨던 하나님이 또다시 그렇게 하실 것이라고 선언한다(10절). 바울의 고통을 통한 하나님의 목적은 이미 성취되었다. 그가 더 이상 자신을 의지하지 않고 오직 "죽은 자를 다시 살리시는 하나님"을 의지하게 된 것이다(9절). 이것으로부터 다음과 같은 결론을 내리는 이들도 있을 것이다. "그렇다면 기도는 왜 하죠? 바울이 하나님이 자신을 '건지실 것'(10절)을 그토록 확신했다면 고린도 사람들이 기도를 하든 말든 그것은 중요하지 않았을 거예요. 바울을 위한 이들의 기도, 아니 반대로 이들의 무관심과 무관하게 하나님은 자신이 뜻하신 일을 행하셨을 테니까요. 어떤 것도 그것을 바꿀 수 없죠."

그것이 당신의 결론일 수는 있지만 바울의 결론은 아니었다고 나는 확실히 이야기할 수 있다. 자신을 향한 하나님의 자애로운 의도를 확신하는 말을 마치자마자 그는 자신을 위해 고린도 사람들이 올려드릴 중보기도들을 나열한다. 바울이 이들에게 부탁하여 하나님께 요청하도록 한 것은 무엇인가? 의심의 여지 없이 바울은 이들에게 하나님이 자신의 원함과 성품에 따라 행하시겠다 선언하신 대로 행하시도록 요청할 것을 부탁했다. 그것이 이상하게 들리는가? 그럴 수 있지만 이것이 기록된 그대

---

1 이어지는 내용의 일부는 나의 다음 책에서 각색되었다. *A Sincere and Pure Devotion to Christ: 100 Daily Meditations on 2 Corinthians*, Volume 1, 2 Corinthians 1-6 (Wheaton: Crossway, 2010), 35-38.

로의 내용이다. 바울은 하나님이 우리를 건지실 것이라고 말한다(10a절). 우리의 소망은 "이후에도 [우리를] 건지실" 그분 안에 있다(10b절). 따라서 이러한 자신감으로부터 흘러나오는 보증에 근거하여 우리는 우리의 안녕을 위해 기도함으로써 "우리를 도우라"고 간청하는 것이다(11a절). 11절은 다음과 같이 이야기한다.

> 너희도 우리를 위하여 간구함으로 도우라. 이는 우리가 많은 사람의 기도로 [하나님께] 얻은 은사로 말미암아 많은 사람이 우리를 위하여 [하나님께] 감사하게 하려 함이라.

11절을 여는 구절이 조건부적인 효력을 담아 번역되어야 한다는 주장도 있다. "너희가 너희의 기도로 우리를 돕는다면" 혹은 "너희가 우리를 위한 중보로 우리를 돕는다고 전제할 때." 우리가 이 제안을 따른다면(나는 그래야 한다고 생각하는데), 이것은 바울이 기도에 대해 지속적으로 강조한 바, 즉 이것이 그의 사역의 성공에 기여하는 요인이라는 사실을 강화한다(몬 22; 빌 1:19; 롬 15:30-32에 대한 아래 내용을 참조하라).

바울의 바람은 그가 죽음으로부터 구원받은 소식이 고린도의 성도들을 자극해 그가 비슷하게 위험천만한 상황을 만날 때 이들이 다시 한번 하나님이 자신을 건져주실 것이라는 바울의 소망에 동참하여 그를 위해 함께 기도하는 것이었다. 만일 바울에게 어떤 "축복"(blessing, ESV)이나 "은혜"(favor, NASB)가 임해야 한다면, 만일 바울의 사역이 지속적으로 성공을 거두어야 한다면, 이 신자들은 그를 위해 중보해야 했다. 그것의 결과로 바울이 번성할 뿐 아니라 기도를 통해 그에게 베푸신 축복을 두고 드려지는 많은 감사로 인해 하나님이 영광을 받으실 것이기 때문이다. 기도가 이와 관련된 모든 사람에게 언제나 유익하다는 사실을 알 수 있겠는가? "중보의 역학" 곧 중보가 이와 관련된 모든 이들의 유익을 위해 어떻게 작동하는지를 보라.

기도하는 사람(이 경우 고린도인들)은 하나님의 목적이 성취되는 도구가 되는 기쁨과 하나님이 이들의 중보하는 간청에 응답하셔서 어떻게 역사하시는지를 보는 즐거움을 경험한다(롬 10:14-15과 비교).

중보의 대상(이 경우 사도 바울)은 위험으로부터 건짐을 받거나 시험을 견디거나 혹은 기도가 없었다면 받을 수 없었을 축복의 수혜자가 되는 기쁨을 경험한다.

기도를 들으시는 분(모든 경우 하나님)은 자신의 백성을 축복하거나 건지거나 구원하기 위해 오직 하나님이 하실 수 있는 방식으로 간섭하셔서 감사받는, 따라서 영광을 받는 기쁨을 경험하신다.

그러므로 우리가 여기서 읽은 고린도후서 1:11은 바울이 쓴 다른 글에서 찾아볼 수 있는 강조와 흡사하다. 두 가지 경우를 통해 그는 자신이 감옥에서 풀려날지의 여부가 기도에 달려 있음을 시사했다. 그를 풀어줄 힘이 행정 당국에 있는 것처럼 보였지만, 이것은 하나님이 바울의 삶에 두신 목적(잠 21:1과 비교), 그러니까 바울을 위해 성도들이 올려드리는 기도를 통해 이루시고자 작정하신 목적을 성취하는 데 사용하시는 도구에 불과했다.

빌레몬에게 보낸 그의 편지에서 바울은 이렇게 썼다. "오직 너는 나를 위하여 숙소를 마련하라. **너희 기도로** 내가 너희에게 나아갈 수 있기를 바라노라"(22절). 여기서 "나아가다"(given)로 번역된 단어는 "자애로이 은혜를 베풀다"를 뜻한다. 이것이 수동태로 쓰였다는 사실을 함께 고려할 때 바울은 자신의 육체적 안녕과 결국의 거취가 궁극적으로는 하나님의 손에 달려 있다고 상상했음을 알 수 있다. 그리고 바울이 소망한 바그의 석방을 얻어내기 위한 하나님의 백성들, 특별히 빌레몬과 그의 식솔들의 청원에 응답하여 행하시기로 작정하신 분은 하나님이셨다.

바울은 결과를 확신할 수 없었다. 그는 석방되기를 원했지만 그것이 하나님께 달려 있음을 알았다. 이 경우 행정 당국은 하나님이 그분의 백성들의 청원에 응답하여 내리시는 명령에 따라 움직이는 중개인에 불과했다. 이들의 기도가 없이는 바울에게 소망이 없었다고 말한다면 지나칠까? 빌레몬과 그의 가족이 기도하지 않았다면 바울이 그 감옥에 계속 갇혀 있었을 것이라고 말한다면 이것 역시 지나칠까? 이 성도들이 바울을 위해 기도하기를 머뭇거렸다면 하나님은 또 다른 방편을 사용해 그를 석방하시기로 뜻하셨을 수도 있다. 아마도 말이다. 하지만 그러한 추정 때문에 기도하지 않는 것은 빌레몬과 그의 식솔들에게 오만하고 죄악된 일이었을 것이다.

우리는 빌립보서 1장에 묘사된 비슷한 각본을 발견한다. 바울은 다시 한번 임박한 석방과 결국 자신의 혐의가 벗겨질 것을 확신했다. 하지만 또한 이렇게도 말했다. "**너희의 간구**와 예수 그리스도의 성령의 도우심으로 나를 구원에 이르게 할 줄 아는 고로"(빌 1:19). 바울은 하나님이 빌립보 그리스도인들의 기도와 성령의 자비로운 공급을 통해 그의 구원을 이루시기로 뜻하셨음을 믿은 것이 분명하다.

로마의 그리스도인들을 향한 바울의 호소는 특별히 가슴을 아프게 한다.

> 형제들아, 내가 우리 주 예수 그리스도와 성령의 사랑으로 말미암아 너희를 권하노니, 너희 기도에 나와 힘을 같이하여 나를 위하여 하나님께 빌어 나로 유대에서 순종하지 아니하는 자들로부터 건짐을 받게 하고 또 예루살렘에 대하여 내가 섬기는 일을 성도들이 받을 만하게 하고 나로 하나님의 뜻을 따라 기쁨으로 너희에게 나아가 너희와 함께 편히 쉬게 하라(롬 15:30-32).

이 사도는 하나님이 자신의 여정과 선교의 성공을 그의 백성들의 기도에 맡기셨다고 확신했다. 바울은 이들의 기도가 없이는 어찌해볼 수가 없었다. 믿지 않는 유대인들로부터 오는 위협에 대한 그의 염려에는 충분한 이유가 있었다(행 20-21장과 비교). 따라서 "지속적인 기도를 위한 그의 요청은 단순히 이들의 동정심을 사고자 한 전략적 술책이 아니었고 그가 알기로 생사가 걸린 도움의 요청이었다."[2]

로마로 와서 이 성도들과 기쁨으로 교제하고자 한 그의 계획 역시 기도에 의존했다(살전 3:10-13과 비교). 여기서 중요한 것은 로마서 15:32

---

2 Gordon P. Wiles, *Paul's Intercessory Prayers: The Significance of the Intercessory Prayer Passages in the Letters of St. Paul* (London: Cambridge University Press, 1974), 269.

의 진술이다. 바울은 자신의 임박한 여정을 "하나님의 뜻"에 맡겼다. 그는 하나님의 확정된 목적을 추정하지 않았고, 이들이 자신을 위해 기도하기로 선택하든 안 하든 자신이 로마에 갈 수 있을지에 대해 전혀 암시하지 않았다. 그는 결국 로마에 도착했지만 그가 예상했던 방식으로는 아니었다(행 21:17-28:16 참조). 어떤 경우든 주목해야 할 중요한 사실은 그가 하나님의 뜻의 실질적 성취를 위해 하나님이 쓰시는 수단인 기도의 능력과 중요성을 믿었다는 점이다.

간단히 말해 이미 언급한 대로 우리는 하나님께서 오로지 기도의 방편으로만 주시겠다고 미리 정하신 것을 기도를 떠나 주실 것으로 추정해서는 안 된다. 우리에게 하나님의 뜻과 연관해 기도가 어떻게 작동하는지를 온전히 해독할 신학적 지혜가 없을 수 있지만, 기도가 우리와 다른 사람들을 향한 하나님의 목적과는 궁극적으로 무관하다는 교만하고 비성경적인 추정에 근거해 기도를 유기해서는 절대 안 된다.

핵심은 이것이다. 우리가 구하지 않으면 하나님은 주지 않으신다. 하나님이 주지 않으시면 사람들은 받지 못한다. 사람들이 받지 못하면 하나님은 감사를 받지 못하신다. 그리고 하나님이 감사를 받지 못하시면 또한 영광을 받지 못하신다.

나는 잠시 멈추어 바울이 이곳에서 이야기하고 있는 모든 것을 뒷받침해 주는 그야말로 아름답고 숨을 멎게 할 만큼 놀라운 실재를 다시 한 번 모두에게 상기시키고 싶다. 바울은 우리에게 어떠한 망설임이나 농담조, 위선의 기미 혹은 감정적 북받침도 없이 이렇게 말한다. **하나님은 우리가 그분께 무엇을 요청한다면 우리를 위해 그것을 행하시고 간섭하실 수 있는 방식으로 이 우주를 지으시고 작정하셨다.** 믿기 어려운가? 하나님이 자신의 자녀들을 위해, 그리스도 예수 안에 있는 자들을 위해 우리 스스로는 절대로 할 수 없는 놀라운 일들을 행하기로 약속하셨다는 이러한 진리를 떠나서는 여기 어떤 것도 이해할 수 없다. 그리고 우리가 여기에서 들은 바대로 기도하지 **않으면** 그분이 우리를 위해 우리에게 필요한 것을 행하지 **않으신다**는 것 역시 사실이다.

당신은 예수가 다음과 같이 말씀하신 사실을 들을 때 마음이 흥분되지 않는가? "구하라! 그리하면 너희에게 주실 것이요. 찾으라! 그리하면 찾아낼 것이요. 문을 두드리라! 그리하면 너희에게 열릴 것이니"(마 7:7). 우리는 다음과 같이 말한 야고보를 정말로 진지하게 받아들이고 있는가? "너희가 얻지 못함은 구하지 아니하기 때문이요"(약 4:2). "이 우주를 무로부터 창조해내신, 능력과 지혜와 사랑이 충만하신 하나님은 당신의 기도가 자신이 당신을 위해 역사하실 기회가 되기를 뜻하신다."

한 가지 본문을 더 살펴보는 것으로 이제 충분할 것이다. 야고보가 모든 그리스도인을 격려해 서로 자신의 죄를 고백하고 병이 낫기를 위하여 서로 기도하라고 격려했을 때(약 5:16 전반부), 그는 다음 사실을 상기시켜 이러한 권면을 뒷받침했다. "의인의 간구는 역사하는 힘이 큼이니라"(16b절). 그는 이러한 신학적 뼈대 위에 살을 입혔고, 이후 우리의 시선을 모든 사람 중에 엘리야에게로 돌렸다. "엘리야는 우리와 성정이 같은 사람이로되, 그가 비가 오지 않기를 간절히 기도한즉 삼 년 육 개월 동안 땅에 비가 오지 아니하고, 다시 기도하니 하늘이 비를 주고 땅이 열매를 맺었느니라"(약 5:17-18).

야고보가 열렬하고 강력한 기도자의 예로 엘리야를 선택한 것은 뜻밖의 일이다. 왜 온 나라를 위해 담대히 중보했던 모세의 예를 들어 호소하지 않은 걸까?(출 32-33장) 모세의 기도는 이스라엘 백성들을 향한 하나님의 진노의 불을 멈춘 적도 있었고(민 11:1-3), 이 백성들을 불뱀의 재앙으로부터 구해낸 치유를 공급한 결과를 낳기도 했었다(민 21:6-9).

아니면 백성들이 블레셋에게 패배하지 않도록 성공적으로 기도한 사무엘은 어떠한가?(삼상 7:1-14) 히스기야 역시 앗수르 왕 산헤립으로부터 그 백성들이 건짐을 받도록 효과적으로 기도했다(왕하 19:14-20, 35-37). 여호사밧도 이스라엘이 모압의 아들들과 암몬의 아들들에게 패하지 않도록 금식하며 기도했고, 이것은 그대로 이루어졌다(대하 20:1-25). 이러한 목록에 덧붙여 아브라함(창 18:22-33), 에스라(스 9:5-15), 느헤미야(느 1:5-11), 예레미야(렘 32장), 다니엘(단 9장), 그리고 심지어 요나(욘 2:1-10)와 같은 사람도 있다.

우리와 같이 엘리야도 음식과 생활을 위해 하나님께 의존했다(왕상 17:2-7). 그에게는 실수하고 오판하는 경향이 다소 있었고, 심지어 자기 의를 드러내는 경향도 약간 있었던 것 같다(왕상 19:10; 롬 11:2-4). 바알의 선지자들에게 용감히 대항했지만, 우리와 마찬가지로 그도 위협과 두려움 및 좌절에 민감했다(왕상 19:1-4 참조).

내 생각에 야고보가 엘리야를 인용한 것은, 그가 우리의 타고난 약점을 공유한다면 우리가 기도의 능력에 대한 그의 경험을 공유하지 못할 이유가 없다는 사실을 강조하기 위함이다. 엘리야에게 어떤 추가적 결점이 있었든지 그는 열렬히 기도했다. 따라서 하나님이 자연의 힘을 통제하시기 위해 이 사람 곧 우리와 동일한 성정과 비슷한 약점들을 공유한 인물을 사용하실 수 있었다면, 그분은 분명 그보다 훨씬 덜 기적적인 일상의 필요를 채우기 위한 우리의 간구에 기꺼이 응답해주실 것이다. 따라서 엘리야가 마치 구약의 슈퍼히어로인 것처럼 특별했으며 우리와는 급이 다르다고 주장하는 것으로 야고보의 진술을 회피하려 들지 말라. 그는 "우리와 성정이 같은 사람"이었다(17a절). 따라서 그와 같이 열렬히 또 부지런히 기도하자.

기도는 상황을 바꾼다

이제 우리는 "기도는 상황을 바꾸는가?"라는 오래된 질문에 대답할 준비가 되었다고 생각한다.

시간이 조금 지난 이야기지만 나는 허리케인 글로리아가 팻 로버트슨(Pat Robertson)의 사역 본부가 있는 버지니아주 버지니아 비치로 질주해 내려온 1984년에 터져 나왔던 논란을 여전히 기억하고 있다. 로버트슨은 이 허리케인이 경로를 바꾼 것이 자신의 기도 덕분일 수 있다고 주장했고, 이것은 미디어상에서 논란을 불러왔다. 이 문제에 있어 우리는 그의 말이 사실인지를 알 수 없지만, 로버트슨에 대한 독자들의 생각이 어떻든 간에 그것이 사실일 수도 있다는 가능성을 배제할 수는 없다. 물론 이 허리케인이 그 경로를 바꾸도록 동일하게 혹은 더욱 열렬하게 기도한 다른 이가 또 있을지 누가 알겠는가? 근처에 사는 무명의 어느 할머니가 은혜의 보좌 앞에 무릎을 꿇었을 수도 있다. 버지니아와 미국 전역에 살고 있는 수천의 그리스도인들이 동일한 기도를 올려드렸을 수도 있다. 우리는 하나님이 이러한 자연 현상을 통제하시기 위해 (만일 누군가의 기도를 들으셨다면) 누구의 기도를 들어 응답하셨는지 그야말로 알지 못하며 또 알 수도 없다.

1986년 12월 12일자 「크리스채너티 투데이」에는 편집자에게 온 흥미로운 편지 한 통이 실렸다. 캔자스주 정션 시티에 위치한 하일랜드 침례교회의 래리 켈리(Larry D. Kelley) 목사는 기도와 허리케인에 관련된 로버트슨의 기도를 두고 그를 비평한 일부 기자들의 모순에 당혹감을 표현했다. 켈리는 이렇게 기록했다. "워싱턴에서 열리는 조찬 기도회나 대통령 취임식에서의 기도를 두고 기자들은 낄낄거리지 않는다. 기도하는 것은 수용할 수 있지만, 그 기도가 어떤 효과를 갖는다고 주장하여 광신자가 되는 것은 수용할 수 없다고 생각하는 것이 분명하다." 로버트슨의 기도가 하나님이 허리케인의 경로를 변경한 이유였는지는 핵심이 아니다. 핵심은 하나님이 그분의 백성들의 기도에 응답하셔서 이 세상의 일들 가운데 일상적인 변화는 물론 기념비적인 변화 역시 가져오실 수 있고 종종 그렇게 하신다는 사실이다.

그렇다면 이 이야기는 결국 기도가 정말로 상황을 바꾼다는 뜻일까? 어떤 사람은 "아니요, **기도**는 상황을 바꾸지 않습니다. 하나님이 바꾸시지요"라고 대답할 것이다. 물론 이것은 사실이다. 기도는 기도일 뿐이다. 하나님을 떠난 기도는 공허한 의식이고 무의미한 말들의 향연이다. 기도가 강력한 것은 하나님이 강력하시기 때문이며, 기도는 신적 능력이 우리의 삶으로 발산되어 들어오는 수단이다.

다음과 같이 말하기를 좋아하는 사람들도 있다. "아니요, 기도는 상황을 바꾸지 않습니다. 기도자를 바꾸지요." 이것 역시 사실이다. 기도를 통해 우리가 겸손을 배우고, 위해서 중보하는 이들을 향한 사랑 안에서 성장한다는 의미에서 기도는 우리를 변화시킨다. 종종 기도하는 사람에게 나타나는 가장 큰 변화는 자기 뜻을 하나님의 뜻에 복종시키는 것이다.

하지만 기도의 주된 목적이 우리 안에서 어떤 변화를 일으키는 것이라고 생각한다면 우리는 기도를 과소평가하는 것이다. 기도는 자기 지시적, 그러니까 기도가 하나님이 처방하신 자립 치료에 불과한 것이 아니다.

"기도가 상황을 바꾸는가?"라는 질문에 대답하기 위한 최선의 방법은 "상황"의 의미를 정하는 것이다. 염두에 두고 있는 것들이 하나님이 그분의 비밀하고 주권적인 뜻 가운데 영원히 작정하신 인생의 경로와 상황이라면 대답은 "아니요, 기도는 그러한 것들을 바꾸지 않습니다"가 되어야 한다. 기도는 이것들을 바꾸지 못한다. 이것이 하나님으로 하여금 어떠한 작정을 폐하거나 그분을 강요하여 이미 계획하신 바를 물리도록 한다는 뜻이라면 그렇다. 하지만 우리가 잊지 말아야 할 사실은 기도 자체가 하나님이 작정하신 모든 것 가운데 한 요소라는 사실이다. 그리고 우리는 우리의 기도를 하나님의 주권적이고 비밀한 목적일 수도 있고 그렇지 않을 수도 있는 것에 기초시키거나 그에 따라 유예하지 않도록 항상 주의를 기울여야 한다. 우리의 기도 생활을 다스리는 것은 계시되고 교훈적인 하나님의 뜻, 그분의 도덕적 의지, 곧 성경으로 분명하게 명시된 바 우리의 삶을 향한 하나님의 "뜻"이어야 한다. 우리의 기도의 범주를 정하는 것은 성경이지, 우리가 하나님이 영원 전으로부터 작정하셨다거나 작정하셨어야 한다고 생각하는 바가 아니다.

하나님은 그분의 아들 예수 그리스도가 언제 어떻게 이 땅에 다시 오실지 주권적으로 작정하셨다. 그러한 사실은 아무리 많은 기도를 열렬하게 드린다 하더라도 변개될 수 없다. 악한 자들과 회개하지 않는 자들에 대한 하나님의 심판의 날은 누가 혹은 얼마나 많은 사람이 하나님의 미래의 달력으로부터 그것이 삭제되기를 기도하든지와 상관없이 도래할 것이다. 시편 139:16과 욥기 14:5만 들더라도 이 땅에서 우리가 사는 날의 수는 하나님에 의해 결정되었고 작정되었다. 우리는 그분이 우리를 위해 정하신 생을 살 뿐이다. 우리는 하나님이 정하신 때에서 일초라도 빨리 혹은 늦게 죽지 않을 것이다. 아무리 많은 기도라도 그것을 변경하지는 못한다. 그러나 하나님이 자기 자녀들의 기도에 응답하여, 예컨대 스미스 씨가 75세나 65세 혹은 그와 비슷한 나이에 죽는 대신 85년 3개월 6일을 살고 죽도록 작정하셨을 수는 있다.

내가 전하고자 하는 핵심은 성경이 명백히 확인하는 사건들, 예를 들어 그리스도의 재림과 최후의 심판 혹은 다른 사건들과 같은 예언된 사건들 외에는 우리가 하나님이 일반적으로는 인류의 역사, 특정하게는 우리의 인생에 대해(예. 스미스 씨의 수명) 무엇을 작정하셨는지 알 수 없다는 것이다(불손하게 이것을 캐내려 해서도 안 된다). 우리가 아는 것은 하나님이 우리에게 기도를 명령하셨다는 것이다. 이는 그분이 어떤 축복들을 자기 백성들의 기도에 맡기시기를 기뻐하시는 까닭이다. 결과적으로 인간적인 측면에서 보면 "기도가 상황을 바꾼다"는 것은 사실이다. 그 말은 우리가 기도하지 않으면 하나님이 우리가 기도하고 청하기만 하면 우리의 것이 되도록 하신 "것들"을 우리가 박탈당할 수도 있다는 뜻이다. 좀 더 잘 표현해보자면 기도가 그 축복들을 "실행하거나" 혹은 "가능하게 한다"고 이야기할 수도 있겠지만, 솔직히 말해 그런 말은 여전히 어색하다. 하지만 기도는 분명 하나님이 작정하셨거나 명령하신 바들을 실행하고 우리에게로 가져다주는 데 사용된다. 하나님이 영원 전부터 1984년에 있을 허리케인 글로리아의 파괴적인 영향으로부터 버지니아 비치를 구하시기로 작정하셨을 때 그분은 자기 백성들의 기도로 그렇게 하시겠다고 작정하셨을 수 있다. 이 특정한 경우, 하나님의 백성들의 기도는 허리케인 글로리아가 해변을 덮치는 장소와 때에 대해 하나님이 자신의 뜻을 실행하는 방법으로 정하신 것일 수 있다.

이것이 모든 사람의 호기심을 충족시키는 답은 아닐 수 있지만, 우리는 우리가 모든 "상황"에 대한 하나님의 주권적인 예정과 인간에게 그 책임이 있는 활동(그중 하나가 기도)을 완벽히 조화시킬 수 있다는 헛된 생각을 버려야 한다. 아무리 방대한 신학도 이 두 가지 성경적 진리를 화목시키고자 하는 우리의 갈망을 완전히 만족시킬 수는 없을 것이다. 따라서 우리는 생의 모든 영역을 아우르는 하나님의 주권을 기쁘게 인정하는 동시에 하나님이 인간사에 개입하셔서 그것의 경로를 바꾸어주시기를 열정적으로 요청해야 한다.

친구와 가족의 구원을 위해 기도하는 것[3]

이번 장을 마무리하기 전에 대부분의 사람의 마음을 무겁게 내리누르는 한 가지 질문을 특별히 논해야 할 것 같다. 하나님이 영혼을 구원하시는 주권을 행사하신다면 우리가 그들을 위해 기도할 필요가 있을까? 다시 말해 선택받은 자들만 구원을 얻는 것으로 하나님이 작정하셨다면, 우리가 이들을 위해 이들이 그리스도의 복음으로 눈을 뜨도록 하나님께 중보하여 요청하는 것이 과연 중요할까?

앞서 지적한 것처럼 어떤 성경의 저자도 기도가 영원 전 하나님이 작

---

3   이어지는 내용의 일부는 다음의 나의 책에서 각색되었다. *Chosen for Life: The Case for Divine Election* (Wheaton: Crossway, 2007), 172-8.

정하신 것을 변경할 수 있다고 이야기하지 않는다. 우리의 기도가 선택 받은 이들의 수를 늘릴 수도 없고 우리의 불순종이 하나님이 구원하시고자 하는 이들을 그분의 나라로부터 박탈할 수도 없다. 우리에게 기도를 권하는 것은 하나님이 특정한 수단을 떠나서는 구원의 목적을 이루려 하지 않으시기 때문이다. 우리의 실수는 하나님의 작정이 어떠한 사건이 의존하는 원인과 상태(기도와 같은)와 무관하게 그것을 보장한다고 생각하는 데 있다. 하지만 전자만큼이나 후자도 하나님의 주권적 목적에 포함되어 있다.

그러니까 "모든 사람의 영적 운명이 영원 전부터 정해져 확정되었다면 왜 그들을 위해 기도해야 하는 걸까?" 이러한 종류의 질문은 19세기에 프린스턴의 신학자인 하지(A. A. Hodge)로 하여금 또 다른 질문들을 던지도록 했다.

당신이 사는 것을 하나님이 영원 전부터 작정하셨다면 당신이 숨 쉬는 것은 무슨 소용이 있는가? 당신이 말하는 것을 하나님이 영원 전부터 작정하셨다면 당신이 입을 여는 것은 무슨 소용이 있는가? 당신이 곡식을 거두는 것을 하나님이 영원 전부터 작정하셨다면 당신이 씨를 뿌리는 것은 무슨 소용이 있는가? 당신의 배에 음식이 들어가는 것을 하나님이 영원 전부터 작정하셨다면 당신이 먹는 것은 무슨 소용이 있는가?[4]

하지는 자신의 질문에 이렇게 답했다.

---

4   A. A. Hodge, *Evangelical Theology* (1890; reprint, Edinburgh: Banner of Truth Trust, 1976), 92-93.

[하나님은] 우리를 교육하시기 위해 우리가 수단을 사용하도록 요구하시고, 그렇지 않을 경우 우리는 그 수단에 의존하는 목적을 누릴 수 없다. 많은 어리석은 사람이 영원의 본질과 하나님의 영원한 생명 및 인간의 수명이 갖는 관계의 초월적 본질을 핑계로 기도를 등한시한다. 하지만 미국에 있는 모든 어리석은 사람 중 누구도 동일한 영원한 작정을 핑계로 음식물을 씹지 않거나 자신의 폐를 자발적으로 움직이지 않을 만큼 터무니없지는 않다.[5]

하나님이 어떤 영혼이 적절한 때에 예수 그리스도를 믿을 것으로 은혜 가운데 작정하셨다면, 우리는 그 사람에게 복음이 설교든 책이든 아니면 다른 매체를 통해서든 제시될 것 역시 작정하셨다고 확신할 수 있다. 우리는 작정된 목적(그 영혼의 구원)이 지정된 수단(복음의 전파, 곧 덧붙이자면 하나님이 동일하게 정하신 것)을 떠나 이루어질 것이라고 추정해서는 안된다.

또한 우리는 열렬하고 긴급하며 보편적으로 기도해야 할 우리의 책임이 누가 선택을 받고 받지 못했는지에 대한 우리의 추측이나 기도와 예정 사이의 관계에 대한 우리의 이해에 의존하지 않는다는 사실을 기억해야 한다. 우리의 의무의 척도는 우리의 호기심이 아니라 하나님의 명령이다. 우리에게는 유감스러운 일이지만 성경을 통해 드러난 하나님의 뜻은 누가 선택되었고 선택되지 못했는지를 알려주는 데 있지 않다. 어린양의 생명책에 기록된 이들의 이름을 성경의 행간을 읽어 알아낼 수는

---

5   같은 책, 93.

없다. 이런 정보는 말라기와 마태복음 사이에 스며들어 있거나 특정한 스터디 바이블의 주석에도 숨어 있지 않으며, 용어 사전 속의 "선택받은 자"라는 주제 아래에 나열되어 있지도 않다.

주권과 기도의 관계를 설명하기 위한 방편으로 가설적 예를 하나 들어보자. 하나님이 나는 알지 못하게 나의 친구 조(Joe)가 2016년 8월 18일 그리스도를 믿는 구원의 믿음으로 나올 것을 작정하셨다고 해보자. 그리고 역시 나는 알지 못하게 17일에 내가 드릴 기도에 대한 응답으로만 18일에 조를 중생하게 하시고 믿음으로 이끄시기로 작정하셨다고 하자. 물론 조를 위한 나의 기도는 일 년 중 하루에 제한될 수 없다. 내가 이 두 가지 특정한 날짜를 사용하는 것은 예를 들기 위함이다. 8월 17일에 조가 구원을 받게 해달라는 나의 기도가 없다면 그는 불신 속에 남아 있을 것이다. 이것은 18일에 조를 구원하시기로 한 하나님의 뜻이 내가 17일에 기도할 것을 잊었다거나 거절했을 경우(하나님의 주권에 대한 호도된 개념 때문일 수 있다) "실패"할 수도 있다는 뜻인가?

우리는 하나님이 18일에 이루려고 의도하신 조의 구원을 위해 17일에 내가 드리는 기도를 작정 내지 의지하셨다는 사실을 기억해야만 한다. 하나님은 17일에 드려진 나의 기도라는 수단을 제외한 채로 18일에 조를 구원하길 원하지 않으신다. 하나님은 조의 구원을 위해 8월 17일에 드린 나의 기도에 대한 응답으로 조가 8월 18일에 믿음으로 나올 것을 미리 정하셨거나 원하셨다. 내가 17일에 기도하지 않는다면 그는 18일에 구원받지 못할 것이다. 하지만 가장 확실하게 나는 17일에 기도"할 것"인데 18일에 조를 구원하기로 결정하신 하나님이 17일에 내가 그를 위해 기도할 것 역시 미리 정하셨기 때문이다.

따라서 인간적 관점에서 조를 향한 하나님의 뜻이 나와 나의 기도에 의존한다는 말은, 하나님이 그분의 무오한 섭리에 의해 나의 기도를 수단으로 확보하고 보장하셨다는 말이다. 이것은 그분이 조의 믿음을 목적으로 확보하고 보장하신 것만큼 분명하다는 사실을 이해하는 한 옳을 수 있다.

이 단계에서 다음과 같은 말로 반대를 표시하는 사람이 있을 수 있다. "하나님이 8월 17일에 드려질 당신의 기도를 미리 정하셨거나 원하셨다면 뭐하러 기도합니까?" 내가 기도하는 것은 하나님이 나의 기도 생활과 관련해 무엇을 미리 정하셨는지 알지 못하기 때문이다. 그분이 그것을 수단으로 무엇을 성취하시기로 정하셨는지 나는 알 수 없다. 그리고 하나님이 드러내지 않기로 하신 어떤 뜻에 기초해 나의 기도를 유예하는 것은 용납할 수 없을 만큼 교만하고 건방지며 불순종적인 일이다. 내가 아는 것은 그분이 나에게 구원받지 못한 이 영혼을 위해 기도하라고 명령하신 사실이다. 나의 기도의 결과로 조가 믿을 것을 원하셨는지 그렇지 않으셨는지는 그 사실이 일어나기까지(어쩌면 일어난 후에조차) 내가 알 바가 아니다. 하지만 그것은 그러한 사실이 일어나기까지 내가 기도하는 혹은 기도하지 않는 이유가 되어서도 안 되고 참으로 될 수도 없다.

하나님이 때로 축복을 부어주고자 하실 때 자기 백성들이 자신들의 큰 필요를 자각하도록, 따라서 이들이 그분이 주시고자 하시는 것을 구할 수 있도록 이들을 깨우시는 것으로 그 일을 시작하신다. 조나단 에드워즈의 말을 빌리자면 "하나님은 기도가 자신이 긍휼을 베푸시는 일에 선행되도록 하시기를 기뻐하셨다. 그리고 그분은 마치 자신이 기도에 굴복하시는 것처럼 기도의 결과로 긍휼 베푸시기를 기뻐하신다. 하나님의 백성들이 기도로 고무될 때 그것은 긍휼을 보이고자 하시는 그분의 의도된 결과다."[6] 따라서 기도는 하나님으로부터 오는 축복을 받는 효과적인 방법이 되었는데, 이 축복은 하나님이 그것을 위해 기도하는 자들에게 주시기로 미리 정하신 것이다. 카슨(D. A. Carson)은 다소 다른 용어를 사용해 동일한 핵심을 전달했는데, 나는 그의 말을 빌려 이번 장을 마무리하려고 한다.

내가 바르게 기도한다면, 이는 하나님께서 은혜로 내 안에서 나를 통해 그분의 목적을 이루고 계신 것이다. 내가 하는 기도이지만, 동시에 하나님께서 성령을 통해 내 안에 강력하게 역사하신 열매이기도 하다. 하나님께서 정하신 이 수단을 통해 우리는 하나님께서 정하신 목적을 이루는 도구가 된다. 그렇다고 내가 기도하지 않는다고 해서 하나님께서 정하신 목적이 무산되어 그분이 낭패를 보는 것은 아니다. 대신 그럴 때는 상황이 완전히 달라진다. 기도하지 않는 것은 전적으로 내 책임이면서, 동시에 하나님의 주권적 영역에서 벗어날 수 없다. 따라서 이 경우 하나님께서 정하신 또 다른 목적들이 적용된다는 결론이 불가피하다. 그 목적들에는 나를 향한 심판과 내가 마땅히 중보했어야 할 사람들을 향한 심판이 포함될 수도 있다.[7]

---

6   Jonathan Edwards, 'The Most High a Prayer-Hearing God', in *The Works of Jonathan Edwards*, Vol. 2 (Edinburgh: Banner of Truth Trust, 1979), 116.

7   D. A. Carson, *A Call to Spiritual Reformation: Priorities from Paul and His Prayers* (Grand Rapids: Baker Books, 1992), 165(『바울의 기도』, 복있는사람 역간).

추천 도서 _____

John Piper, 'The Pleasure of God in the Prayers of the Upright' in *The Pleasures of God: Meditations on God's Delight in Being God* (Colorado Springs: Multnomah Books, 2012), 191-220(『하나님의 기쁨』, 두란노 역간, '우리가 정직하게 기도할 때 기뻐하신다[8장]').

C. Samuel Storms, 'Prayer and Evangelism under God's Sovereignty' in *Still Sovereign: Contemporary Perspectives on Election, Foreknowledge, & Grace*, edited by Thomas R. Schreiner and Bruce A. Ware (Grand Rapids: Baker Books, 2000), 307-23.

Bruce Ware, 'Prayer and the Sovereignty of God' in *For the Fame of God's Name: Essays in Honor of John Piper*, edited by Sam Storms and Justin Taylor (Wheaton: Crossway, 2010), 126-43.

22장
로마서 7장에 등장하는 사람은
그리스도인인가? 비그리스도인인가?

우리가 율법은 신령한 줄 알거니와 나는 육신에 속하여 죄 아래에 팔렸도다. 내가 행하는 것을 내가 알지 못하노니 곧 내가 원하는 것은 행하지 아니하고 도리어 미워하는 것을 행함이라. 만일 내가 원하지 아니하는 그것을 행하면 내가 이로써 율법이 선한 것을 시인하노니, 이제는 그것을 행하는 자가 내가 아니요 내 속에 거하는 죄니라. 내 속 곧 내 육신에 선한 것이 거하지 아니하는 줄을 아노니, 원함은 내게 있으나 선을 행하는 것은 없노라. 내가 원하는 바 선은 행하지 아니하고 도리어 원하지 아니하는 바 악을 행하는도다. 만일 내가 원하지 아니하는 그것을 하면 이를 행하는 자는 내가 아니요 내 속에 거하는 죄니라. 그러므로 내가 한 법을 깨달았노니, 곧 선을 행하기 원하는 나에게 악이 함께 있는 것이로다. 내 속사람으로는 하나님의 법을 즐거워하되 내 지체 속에서 한 다른 법이 내 마음의 법과 싸워 내 지체 속에 있는 죄의 법으로 나를 사로잡는 것을 보는도다. 오호라! 나는 곤고한 사람이로다. 이 사망의 몸에서 누가 나를 건져내랴. 우리 주 예수 그리스도로 말미암아 하나님께 감사하리로

다. 그런즉 내 자신이 마음으로는 하나님의 법을 육신으로는 죄의 법을
섬기노라(롬 7:14-25).

로마서 7장은 모든 성경을 통틀어 가장 논란이 되는 본문 중 하나다. 바울이 묘사하는 이 "사람"은 누구인가? 그는 그리스도인인가? 아니면 비그리스도인인가? 바울이 여기서 묘사하는 것의 일부는 "평범한" 그리스도인의 삶이라고 칭하는 것인가? 아니면 거듭나기 이전의 우리 모습 곧 하나님의 은혜로 우리가 건짐을 받기 이전 상태인가? 그리스도인의 삶은 진지한 싸움과 빈번한 실패의 삶인가? 아니면 죄를 이기고 육체에 대해 승리하는 삶인가? 아니면 이 질문들은 그 자체로 오해의 소지가 있는가? 이 두 가지 극단들 말고 제3의 혹은 중간 방식이 존재하는가? 그것이 이번 장에서 대답하고자 애쓸 내용이다.

해석적 선택들에 대한 개요

로마서 7장에 대한 대부분의 견해는 네 가지 일반적 범주로 나누어진다. 각각의 상대적 강점과 약점을 비교하기 전 이것들을 간단히 살펴보자.

(1) 로마서 7장에 대한 한 가지 견해는 바울이 14-25절에서 묘사한 사람이 중생했거나 거듭난 사람이라는 주장이다. 그러나 이 관점 안에는 여러 변형이 존재하는데 나는 이 중 두 가지만 언급하려고 한다.

몇 명만 언급하자면 아우구스티누스와 마르틴 루터, 장 칼뱅, 존 오

웬, 존 머레이, J. I. 패커,[1] 그리고 존 스토트와 같은 사람들은 14-25절의 경험을 신자 중 가장 성화되고 성숙한 사람이라도 육체가 부활할 때까지 마주할 것으로 예상해야 한다고 믿었다. 따라서 바울이 묘사한 싸움은 예수의 재림까지 우리가 모두 싸울 것으로 예상해야 하는 것이다.

바울이 신앙의 성장과 성숙을 통해 극복될 수 있는 경험을 묘사하고 있다고 주장하는 이들도 있다. 목표는 로마서 7장의 갈등을 로마서 8장의 성공과 맞바꾸는 것이다. 다른 말로 하면 14-25절은 성령의 능력을 활용하지 못한 그리스도인을 묘사한다는 것이다. 많은 사람이 이러한 상태에서 고생하고 있다는 점에서 이것은 "전형적"이지만, 하나님이 우리에게 이런 죄를 이기고 사는 데 필요한 모든 것을 공급하셨다는 점에서 절대로 "표준적"이지는 않다.

따라서 이 두 가지 관점 중 첫 번째에 따르면 14-25절에서 묘사된 경험은 신자의 삶에 늘 존재하지만, 두 번째 견해가 상상하는 것은 미성숙을 벗어나 여전히 죄가 있지만 더욱 승리하는 하나님과의 동행으로 들어서는 모습이다.

(2) 두 번째 주된 해석적 선택은 바울이 중생하지 못한 누군가를(아마도 그 자신을) 묘사했다는 것이다. 이러한 표제 아래에서 일부는 이것이 바울이 회심하기 전 자신의 경험을 쓴 "자서전적" 기록이라고 믿고 있는데, 이는 그가 비그리스도인이었을 당시 보고 이해한 바일 수도 있고 로

---

1 나는 James I. Packer의 'The "Wretched Man" of Romans 7' in *Studia Evangelica* 2 (1964), 621-27을 적극적으로 추천한다. 원래 논문의 한 가지 버전은 Packer의 *Keep in Step with the Spirit* (Old Tappan: Revell, 1984), 263-70(『성령을 아는 지식』, 홍성사 역간)에서도 찾아볼 수 있다.

마서를 기록했을 당시 보고 이해한 바일 수도 있다. 이들 중 후자에 따르면 바울은 그리스도인의 눈을 가지고 자신의 이전 상태인 비그리스도인의 상태를 바라보고 있다. 그는 당시 실제로 존재했지만 그때는 보지 못했던 불화나 다툼을 지금 인지하고 있다.

이것이 바울 자신이 아니라 율법 아래에 있는 "인간"에 대한 묘사라고 믿는 사람들도 있다. "나"는 바울 자신이 아니라, 특색이 없는 "어떤 사람"보다 더 선명한 그림을 그리기 위한 문체 양식이다. 따라서 이것은 신앙을 떠난 "인간" 존재에 대한 바울의 분석으로서, 비그리스도인이 자기 자신을 바라본 것일 수도 있고 그리스도인(이 경우에는 바울)이 바라본 것일 수도 있다.

더글러스 무(Douglas Moo)는 그 강조점에서 약간의 차이가 있기는 하지만, 다소 비슷한 견해를 취한다. 그는 14-25절이 중생하지 못한 사람의 상황을 묘사한다고 믿는다.

> 나는 특히 바울이 기독교의 지식으로 모세의 율법 아래 있을 때의 자기 자신과 그런 상태의 다른 유대인들을 돌아보고 있다고 생각한다.…그런 다음 14-25절에서 그는 율법 아래에 있는 유대인으로서의 자기 상태를 묘사하지만, 더 중요하게는 율법 아래에 있는 모든 유대인의 상태를 묘사한다. 바울은 유대인의 "대표" 입장에서, 율법의 연약함과 그 연약함의 근원이 인간 곧 "자아"(ego)라는 것을 드러내기 위해 자기의 과거를 열거한다.[2]

---

2 Douglas J. Moo, *The Epistle to the Romans* (Grand Rapids: Eerdmans, 1996), 447-8(『NICNT 로마서』, 솔로몬 역간).

여러 형태 중 하나인 이 견해는 초기 교부들의 입장이었고, 보다 최근에는 제임스 데니(James Denney), 헤르만 리델보스(Herman Ridderbos), 로버트 건드리(Robert Gundry), 그리고 위에 언급된 대로 더글러스 무와 같은 주창자들이 등장했다.

(3) 바울이 중생한 사람과 중생하지 못한 사람을 "모두" 묘사한다고 주장하는 이들도 조금 있다. 이것은 그가 그리스도인이든 비그리스도인이든 오로지 은혜와 성령이 공급하는 자원과 힘을 떠나 자력으로 하나님의 율법에 순종하고자 애쓰는, 도덕적으로 열심인 모든 사람의 경험이다. 레슬리 미턴(Leslie Mitton)은 다음과 같이 설명했다.

> 따라서 로마서 7장은 자신이 옳다고 이해한 대로 옳은 일을 행하려 노력하지만, "그리스도 안에" 거하지 않은 사람의 상태를 다룬다고 볼 수 있다. 아직 그리스도에게로 회심하지 못한 사람일 수도 있고 그리스도로부터 멀어진 사람일 수도 있다. 따라서 이것이 관심을 갖는 것은 과거의 것이나 현재의 것만이 아니며, 아마도 바울의 과거에 대해 사실이었을 뿐 아니라 현재에 대해서도 사실이었을 것이다.[3]

이 견해의 일부 형태들을 옹호하는 이들로는 리처드 롱네커(Richard Longenecker), 그리피스 토마스(W. H. Griffith Thomas), 그리고 안토니 후크마(Anthony Hoekema)가 있다.

존 스토트는 한 가지 독특한 견해를 주장했는데 이곳으로 분류해야

---

3 C. Leslie Mitton, 'Romans vii. Reconsidered' in *The Expository Times* 65 (February 1954), 134.

할 것 같다. 그는 로마서 7장의 사람에 대해 회피하기 어려운 세 가지 사실을 지적한다. (1) 그는 중생했다(거듭났다). (2) 중생했지만 "그는 정상적이고 건강하며 성숙한 신자는 아니다."[4] 그리고 (3) "이 사람은 성령에 대한 이해나 경험에 있어 아는 것이 전혀 없는 듯하다."[5] 따라서 그는 결론짓기를 로마서 7장의 "**나**는 구약의 신자, 율법 아래 살았던 이스라엘 사람이며, 심지어 여기에는 오순절 이전 예수의 제자들은 물론 아마도 바울과 동시대를 산 많은 유대 그리스도인까지 포함될 것이다. 이러한 사람들은 중생했다. 구약의 신자들은 율법에 대해 열광하다시피 했다.… 하지만 율법을 사랑한 이 구약의 신자들에게는 성령이 없었다.…이들은 성령으로 거듭났으나 이들 안에는 성령이 거하지 않았다.[6] 이후 스토트는 "오늘날 교회에 출석하는 일부 교인들은 '구약의 그리스도인들'로 불릴 수 있을 것이다.…교회와 성경을 향한 사랑에 있어 이들은 중생의 조짐들을 보이지만 이들의 종교는 율법이지, 복음이 아니다. 육체이지, 영이 아니다. 규칙과 규정에 종으로 매인 '이전의 것'이지, 예수 그리스도를 통한 자유라는 '새로운 것'이 아니다."[7]

(4) 마지막으로 로마서 7장의 "나"가 중생한 사람도 아니고 중생하지 못한 사람도 아니라고 주장하는 사람도 몇몇 있다. 이러한 접근에 대한 두 가지 서로 상당히 다른 변형을 언급하고 싶다. 먼저 마틴 로이드 존스는 로마서 7장의 "나"가 성령으로 죄의 깨달음을 깊게 경험하는, 따라서

---

4 John R. W. Stott, *Romans: God's Good News for the World* (Downers Grove: IVP, 1994), 208(『로마서 강해』, IVP 역간).
5 같은 책.
6 같은 책, 209.
7 같은 책, 210.

거룩해지기를 염원하나 그렇게 할 수 없는 사람이라고 주장한다. 다시 말해 그가 결국에는 중생으로 이어질 성령의 "준비하시는" 사역을 경험한 사람이라는 것이다. 이와 다소 흡사하게 로마서 7장을 그리스도에 대한 자신의 환상과 다메섹 도상에서의 회심으로 귀결된 기간에 바울이 직접 경험한 것을 진정성 있게 기록한 것으로 보는 이들도 있다. 이러한 견해의 두 번째 변형은 토머스 슈라이너(Thomas Schreiner)로부터 왔는데, 그는 "바울이 이 본문에서 의도한 것은 신자와 비신자의 구분이 아니"라고 주장했다.[8] 그에 따르면 문제는 그것이 그리스도인이든 아니든 인간을 변화시키지 못하는 율법의 내재적 무능이다.

하지만 결국 우리의 주된 관심은 이 구절들에 등장하는 사람이 거듭난 신자인가 아닌가 하는 것이다. 이러한 경험은 그리스도인의 삶에서 표준적인 혹은 자연적인 부분인가? 옹호와 반대에 선 주장들을 보다 자세히 살펴보도록 하자.

로마서 7장의 사람을 그리스도인으로 보는 것을 옹호하는 주장

바울이 여기 로마서 7장에서 중생한, 곧 거듭난 그리스도인을 염두에 둔 것처럼 보이도록 하는 내용이 몇 가지 있다.

우리는 로마서 7:7-25이 바울의 주된 주장에 덧붙여진 단락이 아니라, 로마서 6-8장을 아우르는 "그리스도인" 삶에 대한 바울의 주된 주장 안에 위치한다는 사실에서 시작할 수 있다. 만일 이 단락이 율법과 비신

---

8 Thomas R. Schreiner, *Romans*, The Baker Exegetical Commentary on the New Testament (Grand Rapids: Baker, 1998), 390.

자들의 싸움을 바울이 묘사한 것이라면, 이 단락은 "바울이 사고하는 흐름에서 불필요한 방해물이자 본론을 벗어난 로마서 6-8장보다는 2-3장의 문맥에 훨씬 더 잘 어울릴 것이다."[9]

이 단락의 "나"를 이해하는 가장 자연스러운 방법은 그것을 바울에 대한 자서전적 지칭으로 보는 것이다. 이러한 일인칭 단수의 일관적이고 생생한 사용은 다른 방식으로는 쉽게 설명이 되지 않는다(특별히 24절의 지극히 개인적인 절규를 고려할 때).

여기에 덧붙여 바울은 7-13절의 "과거 시제"로부터 14-25절의 "현재 시제"로 옮겨간다. 다른 말로 하면 7-13절에 언급된 과거의 비기독교적 간증은 14-25절에서 현재의 기독교적 간증이 된다. 또한 만일 14-25절이 묘사하는 싸움이 바울의 회심 전 경험이라면 그가 바리새인으로서의 자기 삶에 대해 다른 곳, 특별히 빌립보서 3:6과 갈라디아서 1:13 이하에서 이야기한 것과 충돌을 일으킨다. 로마서 7장의 내용이 무엇이든 "회심하기 전 바울이 그가 여기[14-25절]서 묘사하고 있는 내적 갈등의 피해자였다는 암시는 없다. 오히려 모든 증거가 그에 반한다.…바울의 회심에 앞서 잠재적 잠복기가 있었다고 해도 이것은 어떠한 기록으로도 남아 있지 않다."[10]

또한 이러한 견해의 주창자들은 로마서 7장의 "나"에 대한 바울의 묘사가 그가 자연적 혹은 중생하지 못한 사람에 대해 말하는 내용과 일치

---

9   James D. G. Dunn, 'Rom. 7,14-25 in the Theology of Paul' in *Theologische Zeitschrift* 31 (September/October 1975), 260.

10   F. F. Bruce, *Paul: Apostle of the Heart Set Free* (Grand Rapids: Eerdmans, 1977), 196(『바울신학』, CLC 역간).

하지 않는다는 사실을 지적한다. 바울이 그 사람 혹은 로마서 7장의 "나"에게 어떤 특징을 부여했는지에 주목하라.

- ◆ "내 속사람으로는 하나님의 법을 즐거워하되"(22절).[11]
- ◆ 로마서 7장의 "나"는 악을 미워하고 선을 행하기를 원한다(15절).
- ◆ 그는 하나님의 율법이 선한 것을 시인하며 그것과 뜻을 같이한다(16절).
- ◆ 17절에 따르면 "[사도는] 그의 자아와 인격을 하나님의 율법에 동의하는 단호한 의지와 동일시한다. 바울은 자기 자신과 자기가 범한 죄를 분리하는 듯하다. 그는 그의 자아와 속에 거하는 죄를 구별하여 범한 죄의 책임을 내재하는 죄에 돌린다."[12] 이러한 종류의 자기 분석이 중생하지 못한 사람에게 적용될 수 있을까?
- ◆ 그는 자신의 선천적 타락을 인정한다(18절).
- ◆ 그는 선을 행하기를 원한다(18, 21절).
- ◆ 그는 악을 행하기를 원하지 않는다(19절).
- ◆ 그는 하나님의 율법을 즐거워하여 뜻을 같이한다(22절, 시 119:97과 비교).
- ◆ 그는 자신의 죄에 사로잡혀 속박되었다고 느낀다(23절).

---

11 John Murray에 의하면, "그것이 정확히 무엇을 의미하든지 간에, 그것은 바울의 성품에 가장 결정적인 것을 가리킬 것이다. 의지와 감정에 핵심적인 그의 가장 깊은 곳에서 그는 하나님의 율법을 기뻐한다. 이는 여전히 율법 아래에 있고 육체 가운데 사는 중생하지 못한 사람에 대해 할 수 없는 말이다. 그것은 바울 자신의 가르침에 완전히 반할 것이다. 바울은 '육신의 생각은 하나님과 원수가 되나니, 이는 하나님의 법에 굴복하지 아니할 뿐 아니라 할 수도 없음이라'(8:7)라고 말한다"(*The Epistle to the Romans* [Grand Rapids: Eerdmans, 1968], 257[『로마서 주석』, 아바서원 역간]).
12 같은 책, 263.

◆ 그는 자신의 곤고함을 고백한다(24절).

요약하자면 14-25절의 사람은 악한 일들을 행하지만 그것들을 미워한다. 그것들은 선한 일을 행하고자 하는 그의 의지의 지배적 성향을 거스른다. 그가 속사람으로는, 그러니까 그의 인격의 가장 깊고 근본적인 자리에서는 하나님의 율법을 사랑하고 선을 즐거워하며 악을 미워할 뿐 아니라 악과 자신의 의지를 구분지어 생각한다. 이것이 중생하지 못한 사람에 대한 묘사일 수 있을까? 중생하지 못한 사람 안에서 정신 혹은 양심은 의지와 갈등을 일으킬 수 있다. 양심은 죄를 깨닫고 옳고 그름을 인지한다. 하지만 의지는 양심이 옳다고 이야기하는 것을 거부하고 그것을 행하기를 바라거나 원치 않는다. 하지만 14-25절에서 이야기하는 사람의 의지는 선한 것을 행하고 "싶어 한다."

　　동일한 사고의 관점에서 보면 바울이 14-25절에서 그 사람에 대해 묘사한 내용은 그가 그리스도인에 대해 다른 곳에서 이야기한 바와 **일치한다.** 25b절에 따르면 이 사람은 마음으로는 하나님의 법을 "섬긴다." 마찬가지로 로마서 6:18에서 그리스도인들은 의에게 "종 된 사람들이다. 모두가 인정하는 대로 갈라디아서 5:17은 그리스도인을 묘사하는데, 이 본문 속 "육체"와 "성령" 사이의 싸움은 로마서 7장의 싸움과 비슷하게 병치를 이룬다. 로마서 7장의 싸움과 같이 심각한 싸움은 "오직" 하나님의 성령이 임재하고 역사하시는 곳에서 일어난다고 이야기할 수 있지 않을까? 반대로 중생하지 못한 사람은 죄와 육체가 유도하는 바를 전적으로 따르지 않을까?

　　로마서 7장의 사람을 신자로 보는 것을 옹호하는 또 다른 논거는 이러한 싸움이 25a절에서 나타난 승리의 선언을 넘어 지속된다고 이야기하는 25b절이다. 만일 14-23절이 지칭한 대상이 24-25a절에서 그리스도인이 된 비그리스도인이었다면, 바울은 왜 이 싸움을 여전한 현실로 이야기한 걸까? 던이 지적한 것처럼 "속사람과 육체 사이의 대조는 극복되지도 잊히지도 못했다. 이것은 감사의 외침을 하는 가운데 그리고 그것을 넘어서도 마음과 육체 사이의 지속적 대조로 이어지고 있다. '나'는 여전히 나누어져 있다. 다른 말로 하면 7:14-25에서 너무나도 선명하게 묘사되는 이 싸움은 성령이 임한 것으로 끝나지 않았다. 오히려 이때 이 싸움은 제대로 시작되었다."[13] 크랜필드(Cranfield)도 이에 동의했다. "24절에서 회심하지 못했거나 그리스도인의 생활로 볼 때 저급한 수준에 머물고 있는 한 그리스도인의 절규, 그리고 25a절에서 그가 소원했던 구원이 실제로 임했다는 이야기를 들은 사람들에게 25b절은 당혹감을 안겨준다. 감사에 뒤이어, 구원 이후에도 화자의 상태가 이전과 변함없이 동일하다는 사실을 암시해주기 때문이다."[14]

바울이 자신에 대한 7-13절의 묘사로부터 14-25절의 묘사로 부드럽게 옮겨가는 것은 맞지만, 두 단락 사이에 눈에 띄는 차이, 그러니까 전자에서는 그가 중생하지 못했지만 후자에서는 중생했음을 요구하는 차이가 있다는 사실에 우리는 주목해야 한다. 7-13절에서 우리는 어떠한 싸움도 발견하지 못한다. 죄는 그를 공격했고 그가 죽도록 방치했다. 하지만 14절을 시작으로 전쟁이 시작된다. 이것은 바울에게 늘 이기는 싸

---

13   James Dunn, 'Rom. 7,14-25 in the Theology of Paul', 263.
14   C. E. B. Cranfield, *A Critical and Exegetical Commentary on the Epistle to the Romans*, ICC Series (Edinburgh: T & T Clark, 1975), 1:345.

움은 아니었지만 적어도 그는 싸웠다(짐작하건대 롬 8:2 이하에 묘사된 것처럼 성령의 능력을 통해 그렇게 했을 것이다).

이뿐만 아니라 22절의 "속사람"은 그리스도인인 것처럼 보이는데, 이는 특별히 고린도후서 4:16, 에베소서 3:16, 4:22 이하 그리고 골로새서 3:9 이하를 고려하면 그렇다. 또한 이 "속사람"은 23절과 25절의 "마음"과 동일한 것이 아닐까? 더불어 7:16, 21-22, 25의 사람과 8:7의 사람 사이의 차이에도 주목하라. 전자의 사람은 하나님의 법이 선하다고 고백하고 그 법에 순종하기를 원하며 그것과 기쁘게 뜻을 함께하고 마음으로 그것을 섬긴다. 하지만 8:7에서 묘사된 믿지 않는 사람은 하나님과 그의 법에 적대적이며 자신의 마음을 하나님의 법에 복종시키지 않고, 적대적인 태도 외에는 다른 태도를 취하지 못한다.

24절에 나타난 강렬한 언어와 대단히 강렬한 감정을 살펴보라. 로마서 7장을 기록할 당시 신자인 바울의 절규가 아니었다면 이것은 지나치게 극적이며 과하다. 이러한 절규가 구원의 기쁨에 부합하지 않는다는 반대 의견에 대해 크랜필드는 다음의 내용을 상기시킨다.

> 사람들이 그리스도인의 생활 속에서 전진할수록, 이들의 제자도가 성숙해질수록 하나님이 이들을 부르신 높이에 대한 이들의 인식은 분명해지며, 이들이 마땅히 되어야 하고 또 되기를 원하는 바와 현재 이들의 존재 사이의 괴리에 대한 이들의 의식 역시 고통스러울 만큼 선명해진다.…이 절규의 주인공은 믿음으로 자신이 의로워진 것을 알아 존재의 깊은 곳으로부터 복음이 자신에게 요구하는 바(22절과 비교)에 반응하고자 갈망했다. 이것은 그가 복음을 매우 분명히 이해했으며 하나님을 향한 그

의 사랑이 매우 진실하다는 뜻이고, 이것이 지속된 죄악에 대한 그의 고통을 더욱 날카롭게 만든 것이다. 하지만 주목해야 할 것은 24절이 실질적이고 깊은 괴로움의 울음인 것은 맞지만 절망의 울음은 절대 아니라는 사실이다."[15]

던 역시 다음과 같이 주장했다. "이것은 그리스도인의 자유를 갈망하는 비그리스도인의 절규가 아니다. 오히려 그리스도의 온전한 자유를 향한 그리스도인의 울음이다."[16] 핑크(A. W. Pink)는 이에 대해 특별히 단호하게 말한다.

> "오호라! 나는 곤고한 사람이로다"라는 신음은 그리스도인의 평범한 경험이며 이같이 신음하지 않는 그리스도인은 영적으로 **비**정상적이고 건강하지 **못한** 상태에 있는 셈이다. 이러한 울음을 매일같이 토해내지 않는 사람은 그리스도와 전혀 연합하지 못했거나, 성경의 가르침을 전혀 알지 못하거나, 자신의 실제 상태에 대해 너무나도 미혹되어 자기 자신의 마음의 부패와 삶의 절망적 실패를 알지 못하는 것이다.…또한 이것은 단순히 "타락한" 그리스도인으로서 이제 자신의 죄를 깨달아 애통해하는 사람만을 가리키는 것도 아니다. 그리스도와 참으로 "연합한" 사람은 이러한 신음을 토해낼 것이고 매일 매시간 그렇게 할 것이다. 그렇다. 그가 그리스도에게 더 가까이 이끌려갈수록 그는 자신의 이전 본성의 부패를 발견하게 될 것이고 보다 더 진지하게 그것으로부터의 구원을 갈망

---

15 같은 책, 366.
16 Dunn, 'Rom. 7,14-25 in the Theology of Paul', 268.

할 것이다.[17]

마지막으로 바울이 18절에서 진술한 "내 속…에 선한 것이 거하지
아니"한다는 말에 "곧 내 육신에"라는 단서를 달아야만 했다는 사실은
그에게 "육신" 이상의 무엇, 곧 성령이 있었음을 의미하는 것처럼 보인
다. 중생하지 못한 자에게는 **오로지** 육신이 있을 뿐이다.

로마서 7장의 사람을 비그리스도인으로 보는 것을 옹호하는 주장

바울이 로마서 7장에서 "그리스도인"을 묘사했다는 것이 이제는 확실하
지 않은가? 너무 성급히 결론짓지는 말자. 이 논쟁에는 또 다른 면이 있
기 때문이다.

로마서 6-8장이 그렇기 때문에 로마서 7:7-25 역시 **그리스도인**의
삶을 다루어야만 한다는 주장은 의문을 불러일으킨다. 그러니까 7:7-25
이 그리스도인의 삶에 대한 이야기가 아니라면 6-8장 전체가 그럴 수
없다는 것이다. 게다가 7:7-13은 부분적으로나마 바울의 회심 전 경험
을 다루고 있고 8:5-8은 불신자를 묘사하는 것으로 보통 알려져 있다.

14-25절에 등장하는 단호한 "나"가 바울 자신을 가리킨다는 증거일
필요는 없다. 그것이 바울의 중생한 상태나 중생하지 못한 상태를 다루
는지에 상관없이 말이다. 리처드 롱네커에 따르면 "반대되는 주장과 분
명히 바울을 지칭했던 많은 본문에도 불구하고 바울 서신 안에는 이 사

---

17   A. W. Pink, 'The Christian in Romans 7' (http://www.pbministries.org/books/
      pink/Miscellaneous/romans_7.htm).

도가 사용한 일인칭 단수가 분명히 금언적이고 일반적으로 사용된 예들이 존재한다."[18] 우리는 특별히 로마서 3:7, 고린도전서 6:15, 13:1-3, 14:11, 14, 15; 갈라디아서 2:18-21에 주목해야 한다. 이 본문들은, "그 본문으로부터 힘과 생생한 특징들을 상당히 앗아갔겠지만…얼마든지 불특정한 '사람'(tis)을 사용할 수 있는 곳들이다."[19]

하지만 7-13절의 과거 시제로부터 14-25절의 현재 시제로 이루어진 전환은 어떠한가? 비그리스도인이 염두에 있다는 견해를 지지하는 이들은 이것이 바울이 자신의 과거, 곧 중생하지 못한 삶에서 현재, 곧 중생한 삶으로 옮겨왔기 때문이라는 이유와는 다르게 설명될 수 있다고 주장한다. 예를 들어, 14b절의 "나는 육신에 속하여"라는 진술이 현재 시제인 것은 14a절의 "율법은 신령한 줄"이라는 진술 역시 현재 시제이기 때문일 수 있다. 다른 말로 하면 바울이 현재 시제를 사용한 것은 중생 이전의 경험으로부터 전환을 이루기 위해서가 아니라 율법의 신령함에 대한 진술과의 대조를 강조하기 위해서라는 것이다. 또한 시제의 변화는 단순히 논의 중인 핵심이 달라졌기 때문일 수도 있다(율법이 악한지의 여부에 대한 질문에서 우리와 죄와의 관계에 대한 질문으로 이동). 하지만 주제의 변화가 왜 시제의 변화를 요구하는 걸까? 로버트 건드리는 자신의 과거의 경험을 생생히 묘사하기 위해 현재 시제를 사용한 것이 바울에게 전례가 없는 일이 아님을 상기시킨다. 적어도 한 가지 예가 있는데, 바로 빌립보서 3:3-6이다. 대부분은 이 구절 속에서 현재 시제가 표현된 것은 아니지만

---

18 Richard N. Longenecker, *Paul, Apostle of Liberty* (Grand Rapids: Baker, 1977 [1964]), 89.

19 같은 책, 90.

의도되었다는 데에 의견을 같이한다. 맞는 말이다. 하지만 로마서 7:14-25이 신자인 바울의 "현재" 경험을 묘사하고 있다는 주장의 이유는 바로 그 단락 전체에 걸쳐 현재 시제가 "유지되고 표현되고" 있다는 데 있다.

빌립보서 3:6에 기록된 바울의 회심 전 자기 만족과 "흠 없음"에 대한 묘사가 로마서 7:14-25에서 등장한 종류의 갈등과 꼭 어울리지 못하는 것은 아니다. 빌립보서 3:6에서 바울이 말하는 것은 하나님 앞에서의 내면적 실패가 아니라 사람들 앞에서 그가 인정받은 성공이다. 바리새인들이 자신의 행위를 판단할 때 사용했던 "외적" 기준에 준하여 바울은 자신을 "흠이 없다"고 보았다. 하지만 "외적 행위에 부과된 기준에 부합해 사는 것과 외적인 행위는 물론 내면의 생각 곧 개화된 양심이 의로우시며 만물을 꿰뚫어 보시는 하나님께 드려 마땅하다고 알고 있는 대로 온전한 순종의 제사를 하나님께 드리는 것은 매우 다른 문제다."[20] 따라서 빌립보서 3:6에서 바울이 이야기하는 것은 "하나님"이 아시는 "내적" 자신이 아니라 "다른 사람들"이 보는 "외적" 자신이다. 따라서 건드리가 지적한 대로 "'흠이 없음'을 죄가 없는 완벽함으로 해석할 때에만 그러한 용어를 로마서 7:7-25에서 언급하는 그리스도인이 되기 전의 자서전적 견해와 견줄 수 있다."[21]

14-25절의 사람이 거듭난 신자가 "아니"라는 가장 강력한 증거는

---

20 C. Leslie Mitton, 'Romans vii. Reconsidered.' *The Expository Times* 65 (January 1954), 100.

21 Robert H. Gundry, 'The Moral Frustration of Paul Before His Conversion: Sexual Lust in Romans 7:7-25' in *Pauline Studies: Essays presented to Professor F. F. Bruce on his 70th Birthday*, edited by Donald A. Hagner and Murray J. Harris (Grand Rapids: Eerdmans, 1980), 234.

아마도 그에 대한 묘사와 로마서 6-8장 다른 곳에서 그리스도인으로 묘사된 사람들 사이의 "차이점"일 것이다. 왼쪽 열에 기록된 그리스도인에 대한 설명과 오른쪽 열에 기록된 로마서 7장 속 인물 사이의 차이점에 주목하라.[22] 이 둘은 정말로 동일 인물에 대한 묘사일 수 있을까?

그리스도인	로마서 7:14-25의 사람
"죄에 대하여 죽은 우리가 어찌 그 가운데 더 살리요"(6:2)	"내 자신이…육신으로는 죄의 법을 섬기노라"(7:25b)
"죄의 몸이 죽어"(6:6b)	"이 사망의 몸에서 누가 나를 건져내랴"(7:24)
"다시는 우리가 죄에게 종노릇하지(douleuein) 아니하려 함이니"(6:6)	"죄 아래에 팔렸도다"(7:14c). 7:25b과 douleuo 의 사용에도 주목하라
"죄가 너희를 주장하지 못하리니"(6:14a)	"죄 아래에 팔렸도다"(7:14c)와 "죄의 법을 섬기노라"(7:25b)
"너희가 본래 죄의 종**이더니**"(6:17a, 20)	"내 자신이…육신으로는 죄의 법을 **섬기노라**"(7:25b)
"죄로부터 해방되어"(6:18a)	"죄 아래에 팔렸도다"(7:14c)
"의에게 종이 되었느니라"(6:18b)	"죄의 법으로 나를 사로잡는 것"(7:23b)
"이제는 우리가 얽매였던 것에 대하여 죽었으므로 율법에서 벗어났으니, 이러므로 우리가 영의 새로운 것으로 섬길 것이요, 율법 조문의 묵은 것으로 아니할지니라"(7:6)	"내 지체 속에서 한 다른 법이 내 마음의 법과 싸워 내 지체 속에 있는 죄의 법으로 나를 사로잡는 것을 보는도다"(7:23)
"그러나 이제는 너희가 죄로부터 해방되고 하나님께 종이 되어"(6:22a)	"나는 육신에 속하여 죄 아래에 팔렸도다"(7:14c)
"이는 그리스도 예수 안에 있는 생명의 성령의 법이 죄와 사망의 법에서 너를 해방하였음이라"(8:2)	"죄의 법으로 나를 사로잡는 것"(7:23b)
"율법의 요구가 이루어지게 하려 하심이니라"(8:4a)	율법[의 요구]를 이룰 수 없다는 것이 핵심인 7:14-25 전체

---

22 New American Standard Bible을 사용했다(한글 번역은 개역개정을 사용했다).

마지막 차이점에 대해 건드리는 다음과 같이 기록한다.

> 7:14-25의 "나"는 단순히 선한 것과 악한 것의 혼재를 피하지 못하는
> 것이 아니다. "나"는 선한 것은 전혀 행하지 못하며 악한 것만 행할 수 있
> 다. 죄에 온전히 장악되었기에 "나"는 사로잡혀 있다. 그와 반대로 그리
> 스도 안에 있는 자들은 "육신을 따르지 않고 그 영을 따라 행한다"(8:4).
> 여기서 표현은 배타적이다.[23]

25b절이 25a절의 감사를 뒤따른다는 사실은 이 견해에 있어 극복 불가능
한 걸림돌이 아니다. 25a절은 "하나님의 능력을 예상하고 미리 내뱉는 감
탄사일 수 있다."[24] 이를테면 바울이 자신이 아는 바 하나님은 공급하실 수
있고 또 공급하실 구원의 위대함을 미리 선언한 것이다. 다행스러운 것은
"양쪽" 견해 모두 25b절의 진술을 보다 앞선 내용의 요약으로 취한다는
점이다. 바울은 근본적으로 25a절 그리고 하나님의 구원에 대한 감사의
외침으로 그의 담론을 마무리한다. 그런 후 14절 이후의 요지를 정리하기
위해 잠시 멈추어 선다. 따라서 25b절이 25a절을 따른다고 해서 그것이
묘사하는 경험이 바울이 감사하는 구원 너머로까지 지속된다는 뜻은 아니
다. 그야말로 요약이기 때문에 25a절을 뒤따르는 것이다.

모두가 동의하는 대로 7-13절은 회심 이전의 경험을 묘사한다. 하지
만 많은 사람이 바울이 이후에 곧바로 이러한 묘사(7-13절에서의)를 확

---

23   Gundry, 'The Moral Frustration of Paul Before His Conversion', 238.
24   Brice L. Martin, 'Some Reflections on the Identity of *ego* in Rom. 7:14-25', in
     Scottish Journal of Theology 34 (1981), 41.

증적인 접속사로 14-25절과 연결시킨다는 점을 간과한다. 건드리에 따르면 "바울이 그리스도인의 경험으로 전환하려고 했다면 우리는 이 지점에서 연결보다는 괴리를 기대한다. 본문에 나타난 대로 그는 곧이어 자신이 '육신에 속하였음'을(14절) 선언한다. 이러한 선언은 5절의 '우리가 육신에 있[었]을 때'를 상기시키는데, 이는 과거 시제와 1-6절의 문맥으로 볼 때 확실히 중생하지 못한 상태를 가리킨다."[25] 따라서 7-13절이 회심 이전의 사실임을 확증해주는 14-25절 역시 중생하지 못한 이들을 묘사하고 있다는 결론은 자연스러운 것으로 보인다.

또한 이러한 견해의 주창자들은 7:22의 "속사람"이 새로워진 신자와 반드시 동일시될 필요가 없음을 지적한다. 이것은 쉽게 **모든** 인류의 비육체적/비물질적 부분을 지칭할 수 있다. 만일 로마서 7장의 "속사람"과 "마음"이 중생한 그리스도인을 묘사한 것이라면 로마서 12:1-2의 내용대로 분명 변화된 행위를 낳을 것이다. 하지만 로마서 7장의 사람에게는 순종의 능력이 없다.

로마서 8:7의 "생각"(mind)이 로마서 7:22, 25a의 "마음"(mind)과 갈등을 일으킨다는 주장과는 달리 건드리는 이들을 동일한 것으로 이야기한다. 하지만 로마서 7장에서 이 "마음"은 즐거이 하나님의 율법과 자신의 뜻을 같이하고 그것을 섬기는 반면(25a절), 로마서 8장에서는 하나님께 적대적이고 자신을 하나님의 율법에 복종시키지 못하는데, 이것이 어떻게 가능할까? 건드리는 로마서에서 "마음"이 두 가지를 행한다고 대답한다. 먼저 이것은 도덕적 감시 장치의 역할을 한다. 이를 통해 심지어

---

25   Gundry, 'The Moral Frustration of Paul Before His Conversion', 236.

이교도들도 하나님의 율법을 보고 즐거워할 수 있다(2:14-15; 10:2-3과 비교). 하지만 두 번째로 이것은 하나님을 떠나 자신만의 의를 세우고자 하기에 그분의 율법에 자신을 복종시키지 않는다. 따라서 한편 이교도의 "마음"은 하나님의 율법의 선함과 진실함을 즐거워하지만, 다른 한편으로는 자기 자신의 의를 세우기를 구하며 하나님의 율법에 자신을 복종시키기를 거부한다.

또한 성령이 수차례 언급되는 7:6과 8:1 이하와는 대조적으로 7:7-25에서는 성령에 대한 언급이 놀라울 만큼 없다는 점 역시 지적된다. 실제로 7:7-25의 전체적 어조는 사용된 언어와 묘사된 사람의 태도 등 모든 측면에서 성령이 부재한다. 24절의 절규를 성숙한 신자에게 평범하고 지속적인 것으로 주장한 핑크와 그 외 사람들과는 달리 후크마는 "로마서 7:13-25을 관통하는 절망과 패배의 분위기는 바울이 평소 그리스도인의 평범한 삶을 묘사했을 때의 승리의 분위기와는 어울리지 않는다"라고 주장한다.[26]

바울이 7:14에서 한 평가("나는 육신에 속하여")는 로마서 8장의 신자에 대한 평가와 충돌한다. 후자에서 바울은 신자가 "성령 안에" 거한다고 말한다. 더욱이 그리스도인이 "죄 아래에 팔렸다"라는 표현은 로마서 6:14과 반대되는 것으로 보인다. "죄 아래에 팔렸다"라는 구절은, 15-24절에서 논의된 대로, 단순히 내면에 거하는 죄의 "존재"만이 아니라 우리가 염두에 둔 사람의 삶 속에서 그것이 "지속적으로 지배"한다는 사실을 이야기한다. 이 지배는 "원함"이 "행동"으로 바뀌는 것을 불가능

---

26   Anthony Hoekema, *The Christian Looks at Himself* (Grand Rapids: Eerdmans, 1975), 64.

하게 한다.[27]

바울이 여기서 비그리스도인을 묘사하고 있다는 믿음을 지지하는 논거는 더 있다. "건져내랴"(will deliver 혹은 rescue)로 번역된 7:24의 동사는 특별히 구원을 향한 절규를 묘사하기에 적절하다. 사실 8:2에서 바울은 "해방"되었는데 이것은 7:24의 구원을 향한 그의 절규의 결과였을 가능성이 크다. 반면 7:24의 절규는 죄가 전투를 이어가는 통로인 "사망의 몸"이 그리스도의 몸과 같이 변화될 부활에 대한 바울의 기대(고전 15:57)를 가리킬 수도 있다.

로마서 8:1에서 강조된 "이제"는 어떠한가? 이것은 7:7-25로부터 8:1 이하의 경험으로의 전환, 곧 로마서 7장의 곤고하고 중생하지 못했으며 절망한 사람으로부터 로마서 8장의 기뻐하고 중생했으며 승리하는 사람으로의 전환을 가리키는 것일 수 있다. 반대로 로마서 8장과 더불어 시작된 관점의 변화는 다만 성령으로 가능해진, "그리스도인"이 경험하는 육체를 이기는 승리를 지칭하는 것일 수도 있다(곧 롬 7장에서 묘사된 실패를 벗어나 롬 8장에서 묘사된 승리로 들어가는 점진적 성화의 움직임이다). 아니면 이러한 전환은 그리스도인의 삶 속으로 다른 요인이 개입된 것, 즉 육체에 대항하여 싸우시는 성령의 임재와 능력을 가리킬 수도 있다. 다시 말해 그리스도인은 로마서 7장과 8장의 "모든" 실재가 이 땅에서의 삶을 통해 동시에 나타나는 사람이다.

---

27 Schreiner는 다음과 같은 사실을 지적한다. "바울은 비신자 및 구속사 안에서의 이전 시대를 의미하기 위해 부정적인 *hupo*("아래") 구문들을 지속적으로 사용했다. 어디에서도 이것은 신자들을 지칭한 적이 없다"(*Romans*, 389). 예로 롬 3:9, 19-20; 6:14-15; 고전 9:20; 갈 3:10, 22, 23, 25; 4:2, 3, 4, 5, 21; 5:18을 참조하라.

로마서 7장이 갈라디아서 5:17과 동일한 그림을 제시하지 않는다는 사실에도 주목해야 한다. 로마서 7장의 사람은 전적으로 무능하지만, 갈라디아서 5:17의 "성령 안에" 거하는 이들은 육체를 이기고 승리할 수 있다. 로마서 7장에서 바울은 죄의 존재만이 아니라 그것의 "다스리는 능력"도 묘사한다. 우리의 모든 선한 행위가 오염된 것이 아니라 우리에게 선한 행위가 아예 없다는 것이다. 이것은 행함으로 이어지지 못하는 의지다. 리델보스(Ridderbos)에 따르면 "로마서 7장이 묘사하는 다툼은 그 자아(선한 것에 대한 의지, 속사람)가 맞닥트리는 특정 유혹만이 아니라 죄와 육체의 장벽을 조금도 돌파하지 못하는 '나'의 절대적 불능을 포함한다."[28] 이와 비슷하게 빌립보서 2:12-13에서 신자 안에 있는 "의지"는 하나님의 능력을 통해 "행함"을 동반한다. 하지만 로마서 7장에서 "의지"는 한 번도 성과로 이어지지 못하며 영원히 좌절된다.

로마서 7:14-25에서 그리스도인의 모습을 본다는 견해의 또 다른 문제점은 바울이 다음과 같이 선언한 로마서 6:14에 있다. "죄가 너희를 주장하지 못하리니, 이는 너희가 법 아래에 있지 아니하고 은혜 아래에 있음이라." 이 진술은 명령이나 권면 혹은 바람이 아니다. 사실의 진술이자 신적 약속이다. 바울은 "죄가 너희를 주장하지 못하도록 하라"가 아니라 "죄가 너희를 주장하지 **못할 것이다**"라고 말했다. 따라서 하지가 지적한 대로 "이것은 신자들이 끌려 들어온 가망 없는 싸움이 아니라 승리가 보장된 싸움이다. 여기서 이 사도가 표현한 것은 기쁨에 찬 자신감으로서, 그리스도의 사역을 통해 죄의 능력은 실제로 깨어졌고 거룩함의 승

---

28 Herman Ridderbos, *Paul: An Outline of His Theology* (Grand Rapids: Eerdmans, 1975), 127(『바울신학』, 개혁주의신행협회 역간).

리 역시 사실상 보장되었다는 것이다."[29] 간단히 말해 로마서 7:14-25의 본문이 그리스도인에 대한 묘사였다고 한다면 로마서 6:14에서 확실한 사실로 보장된 바울의 진술을 어떻게 이 본문과 화목하게 할 수 있을지가 어려운 문제로 남는다.

결론

"만일" 로마서 7:14-25이 그리스도인에 대한 묘사라고 한다면 우리는 두 가지 대안 중 하나를 취해야 한다. 한편으로 바울이 이야기한 사람은 미성숙한(아마도 나이가 어린) 신자, 곧 자아와 율법에 의존하고 따라서 이러한 속박으로부터 구원받고 죄로부터 자유로워질 수 있는, 그러니까 로마서 7장으로부터 나와서 로마서 8장으로 구원받을 수 있는 신자였을 수 있다. 이러한 구원은 물론 상대적이다. 죄가 없는 완벽함은 이생에서 가능하지 않기 때문이다.

또 다른 대안은 그렇게 보이는 것과는 달리 바울이 로마서 7장에서 완전하고 극단적인 영적 불능을 묘사한 것은 아니라고 주장하는 것이다. 이것은 지속적이라기보다는 주기적 혹은 가끔씩 일어나는 패배에 대한 표현으로 받아들여져야 한다는 것이다. 아마도 바울의 강조점은 성숙한 신자가 느끼는 죄에 대한 민감성, 그리스도의 형상을 닮아갈수록 증가하는 민감성에 있었을 것이다. 다시 말해 바울이 그리스도인의 삶 속에 있는 패배를 묘사했을 수 있지만, 이것이 **완전한** 패배는 **아니라는 것**이다.

---

29 Charles Hodge, *Commentary on the Epistle to the Romans* (Grand Rapids: Eerdmans, 1974 [1886]), 205.

이 사람이 마음으로는 하나님의 법을 섬긴다고 인정한 7:25b에 주목하라. 머레이는 다음과 같이 기록했다. "섬김에 대한 이런 생각은 그 헌신이 단순히 단호한 의지적 헌신에 그치지 않고 행위의 열매가 있는 헌신임을 가리킨다. 다시 말해, 단호한 의지가 섬김을 낳는 것이다."[30] 따라서 머레이는 다음과 같이 결론 내린다.

> 바울이 자신이 원하는 것을 행하지 못했다고 말할 때(15절과 비교), 우리는 선을 향한 그의 단호한 의지가 실제로 아무런 효과적인 열매도 맺지 못한 것으로 추정해서는 안 된다. 그렇게 추정하는 것은 바울의 언어를 지나치게 보편화시키는 잘못을 범하는 것이다. 지금 바울은 죄와 육신의 실재로부터 생기는 모순된 상태를 다루고 있고, 그는 우리에게 그 열매에 대한 통계자료를 제공하는 게 아니라, 선을 향한 단호한 의지가 좌절된 것을 선언하고 한탄하고 있는 중이라고 말하는 것으로 충분하다.[31]

만일 로마서 7장의 사람을 그리스도인으로 결론 내린다면 다음 질문에 답할 준비가 되어 있어야 한다. "로마서 7장은 **전형적인** 그리스도인의 삶을 묘사하는가?" **전형적**이라는 말이 의미하는 바가 "지속적인 발전이나 승리의 소망이 없이"라면, 이 질문에 대한 대답은 "아니요"이다. 반면 **일반적인** 경험을 의미한다면 이것은 **전형적**이다. 의심할 여지 없이 **모든** 그리스도인은 한 번쯤 로마서 7장에서 묘사된 것과 비슷한 죄와의 싸움을 (다소간) 경험하게 된다. 하지만 우리가 로마서 7장에 대해 어떠한 다

---

30 John Murray, *The Epistle to the Romans*, 270(『로마서 주석』, 아바서원 역간).
31 같은 책, 272-73.

른 결론을 내리든 그것은 로마서 6:14의 약속과 대치될 수 없다.

결국 로마서 7장의 사람이 누구인지는커녕 그의 영적 상태가 어떠했는가에 대해 어떠한 최종적 혹은 교리적 진술을 내놓기가 쉽지 않다. 독자들이 본 것처럼 양편 모두에게 훌륭한 논거가 있다. 우리가 하나님의 말씀을 이해하고자 애쓰는 동안 교착 상태로 보이는 것에 빠지게 될 경우, 해결책은 패배와 절망 가운데 항복하는 것이 아니라 본문으로 돌아가 보다 더 철저히 연구하고 하나님의 깨우쳐주심을 위해 기도하는 것이다.

추천 도서 _____

Jerry Bridges, *The Pursuit of Holiness* (Colorado Springs: NavPress, 1978)(『거룩한 삶의 추구』, 네비게이토 역간).

Tim Chester, *You Can Change: God's Transforming Power for our Sinful Behavior and Negative Emotions* (Wheaton: Crossway, 2010)(『나도 변화될 수 있다』, IVP 역간).

Timothy S. Lane and Paul David Tripp, *How People Change* (Greensboro: New Growth Press, 2008)(『사람은 어떻게 변화되는가』, 생명의말씀사 역간).

John Piper, *When I Don't Desire God: How to Fight for Joy* (Wheaton: Crossway Books, 2004)(『말씀으로 승리하라』, IVP 역간).

23장

하나님이 우리를 용서하신 것같이 우리도 다른 사람을 용서하라는 말은 무슨 의미인가?

다른 사람을 용서한다는 것은 인간의 본성에 반한다. 그것은 잘 이해가 되지 않는다. 손톱이 칠판을 긁는 소리처럼 우리 영혼의 신경을 거스른다. 프랑스의 왕 루이 12세는 우리를 대표해 이렇게 말했다. "원수의 시체만큼 달콤한 향을 풍기는 것은 없다."

우리가 서로에게 솔직해진다면 우리는 우리가 용서를 보류하는 것을 기뻐한다는 사실을 쉬이 인정할 수 있다. 그렇게 용서를 보류함으로써 우리 원수들을(심지어 친구들까지) 통제할 수 있기 때문이다. 이것은 우리가 이들로부터 원하는 바를 얻어내도록 이들을 조종할 기회를 선사한다. 우리는 우리에 대한 이들의 잘못을 밧줄 삼아 이들을 동여매 복수의 불 위로 흔든다. 우리가 이들을 온전히 용서한다면 우리는 자기 연민을 품을 핑계를 잃어버리게 된다. 또한 용서는 우리에게 "보상"을 해야 하는 이들의 의무로부터 이들을 자유롭게 한다. 하지만 우리는 이같이 중요한 문제를 무시하거나 "하나님이 그리스도 안에서 [우리를] 용서하심과 같이"(엡 4:32, 골 3:13) 서로를 용서하라는 성경의 틀림없는 명령에 불순종할 수 없다. 내 친구 중 하나는 용서하지 않는 것을 사탄이 우리 삶에서 기반이나 권위 혹은 영향력을 취하는 주된 방법으로 이야기한 적이 있다. 사십 년에 달하는 목회 사역으로 볼 때 나 역시 전적으로 동의하는 바다. 용서하지 않기 때문에 생기는 비통과 분개, 분노, 불친절, 심지어 절망을 볼 때 그 이유를 짐작하기 어려운 것은 아니다. 수년 동안 내가 배워온 한 가지는 사람들이 보통 다른 사람을 용서하지 않고 심지어 그것의 가능성을 두고 기도조차 하지 않는 것은 용서가 수반하는 것에 대해 왜곡되고 전적으로 비성경적이며 비현실적인 개념을 가지고 있기 때문이라는 것이다. 용서가 무엇인지를 설명하고 용서가 이들에게 무엇을 요구하고 또 요구하지 않는지에 대해 그간 쌓여온 오해를 풀 기회가 주어졌을 때 이들은 참된 화목과 치유를 가져오는 방식으로 문제를 해결하려고 들었다. 이 말은 이 문제에 대해 성경적 관점을 갖게 되었다고 해서 사람들이 언제나 쉽게 용서하는 것은 아니지만 그럼에도 분명히 도움은 된다는 뜻이다. 따라서 나는 이번 장을 통해 먼저 용서에 대한 다섯 가지 신화, 곧 우리 중 다수가 다른 사람들을 용서한다는 것이 무엇인지에 대해 받아들인 다섯 가지 거짓말을 살펴볼 것이다. 이후에는 용서에 대한 다섯 가지 사실, 혹은 그것을 떠나서는 참된 용서가 절대로 일어날 수 없는 다섯 가지 필수 요소로 향할 것이다.

용서에 대한 다섯 가지 신화

1. 당신이 이제껏 들어왔거나 믿도록 호도된 것과는 반대로 **용서는 망각이 아니다.** 수년 동안 얼마나 많은 친구가 좋은 의도로 당신에게 "아, 이

제 그만 잊어버리고 용서해"라고 하는 말을 들어왔는가? 이것은 멋진 말이고 매우 단순하고 쉽게 들리지만, 동시에 상당한 오해를 불러일으키며 솔직히 말하자면 불가능한 일이다. 왜일까?

가장 먼저 독자들이 예레미야 31:34이 말한다고 생각하는 것("내가 그들의 악행을 사하고 다시는 그 죄를 기억하지 아니하리라")에도 불구하고 하나님은 잊지 않으신다. 이 예언자의 이러한 언어는 우리의 죄를 두고 우리에게 책임을 묻지 않으시겠다는 하나님의 은혜로운 결정과 결의를 강조하기 위한 비유이자 생동감 넘치는 문장이다. 그분은 우리의 빚을 청산해주셨고 절대로 빚을 갚도록 요구하지 않으신다. 만일 하나님이 말 그대로 "잊으실" 수 있다면, 그것은 그분의 전지하심이라는 진리를 약화시킬 것이다. 하나님은 언제나 모든 것을 아셨고 언제나 아실 것이지만, 결코 우리의 죄를 우리에게 불리하게 사용하시거나 마치 우리 죄의 실재가 그분의 마음속에 남아 있는 것처럼 우리를 대하시지 않겠다고 약속하신다. 제이 애덤스(Jay Adams)의 표현대로 기억하지 않으시겠다는 하나님의 약속은 우리의 죄를 땅에 묻으시고 다시 "그 뼈들을 꺼내 그것으로 우리의 머리를 쥐어박지 않으시[겠다는 뜻이다. 하나님은] 내가 이러한 죄들을 너희에게 결코 불리하게 사용하지 않으시겠다[고 선언하신다.]"[1]

두 번째로 "잊고 용서"한다는 것은 간단히 말해 심리학적으로 불가능하다. 당신이 무엇을 잊어버리기로 마음을 정하자마자 대부분의 경우 그것이 당신의 의식적 사고 속에서 맨 앞자리를 차지할 것임을 확신해도

---

1 Jay E. Adams, *From Forgiven to Forgiving* (Wheaton: Victor, 1989), 18. Adams 의 책은 이런 주제에 대해 내가 읽어본 책 중 가장 탁월하고 강력히 추천할 만하다. 독자들이 이번 장을 통해 읽게 될 내용의 상당 부분은 그의 책으로부터 각색되었다.

좋다. 우리는 모두 망각하지만, 그것은 시간을 두고 의도하지 않았을 때 일어난다. 인생의 경험 및 나이가 쌓여가면서 우리의 기억으로부터 어떤 것들은 지워지지만, 우리에게 가해진 죄와 우리가 당한 고통의 경우 설사 잊힌다고 해도 그것은 드물게 일어난다.

세 번째로 용서가 망각을 요구한다는 생각은 감정적으로 대단히 파괴적일 수 있다. 샐리에게 배신을 당한 제인이 두 달간 친구의 배신을 잊는 데 성공했다고 가정해보자. 제인은 잘 살고 있고 샐리의 죄를 두 번 다시 떠올리지 않았다. 그런데 샐리가 메리에게 똑같은 짓을 했다는 이야기를 전해 들었을 때 제인은 곧바로 자신이 겪었던 일을 떠올렸다. 잊지 못했다는 죄책으로 마음은 갑자기 벌집이 된 듯했다. 자신의 마음에서 완전히 제거했다고 생각했던 것이 자신도 모르는 사이 다시 몰려 들어왔고 친구를 "진정으로" 용서하는 데 완전히 실패했다는 생각이 들었다. 보다 심각한 것은 잊겠다던 약속에도 불구하고 샐리에 대해 다시금 분노와 분개를 느끼는 자신이 위선자로 보였다는 사실이다. 제인은 감정적으로 큰 충격을 받았을 뿐 아니라 너무나도 고통스러운 일을 말 그대로 잊는다는 것이 얼마나 불가능한 일인지를 깨닫게 되었다. 따라서 그녀는 누군가를 다시 용서한다는 것을 극도로 꺼리게 되었다. 자신에게 망각이 불가능하다는 것을 마음으로 알게 되었기 때문이다.

2. 누군가를 용서한다는 것은 더 이상 상대방의 죄로부터 오는 고통을 느끼지 못한다는 뜻이 아니다. 대부분의 경우 아픔을 멈추는 유일한 방법은 감정적으로 죽는 것이다. 하지만 냉정한 로봇은 하나님이나 다른 사람들을 진정으로 사랑할 수 없다. 이것이 사람들이 용서를 꺼리는 주된 이유일 것이다. 자신을 겨냥한 죄의 뾰족함이 계속해서 느껴질 것이

고 따라서 마음속 깊이 용서하지 못했는데도 그랬다고 말함으로써 진실치 못한 사람이 되기를 원하지 않는다.

빌은 자신의 아내 수잔이 바람을 피웠다는 사실을 알게 되었다. 고통과 깊은 배신의 감정은 강렬했다. 수많은 상담을 받았지만 결국 한동안 아내와 별거했다. 이들은 화해했고 빌은 아내를 용서했지만, 그렇게 한다는 것을 자신이 아내의 외도에 대해 다시는 고통을 느끼지 않아야 한다는 것으로 이해했다. 그러던 중 어느 날 저녁 수잔이 교회의 다른 남성과 웃으며 이야기를 나누는 장면을 목격하게 되었다. 무고한 친절에 불과했지만 아내의 배신으로 인한 괴로움과 의심이 다시금 그의 영혼 안으로 밀려 들어왔다. 그는 자신을 질책했고 자신의 진정성을 의심했다. "나는 왜 이것도 극복하지 못하는 걸까?" 빌은 아내의 외도로부터 온 고통이 완전히 없어지지 않을 것을 배워가야 했지만, 그렇다고 그가 아내를 진정으로 용서하지 못한 것은 아니다.

3. 당신에게 잘못한 사람을 용서하는 것은 정의에 대한 열망을 멈춘다는 의미가 아니다. 확신해야 할 것은 복수가 나쁜 것이 아니라는 점이다. 만일 복수가 나쁜 것이라면 하나님이 다소 곤란에 처하실 수 있는데, 바울이 다음과 같이 말했기 때문이다. "내 사랑하는 자들아, 너희가 친히 원수를 갚지 말고 하나님의 진노하심에 맡기라. 기록되었으되, '원수 갚는 것이 내게 있으니 내가 갚으리라'고 주께서 말씀하시니라"(롬 12:19). 공의를 열망하는 것은 전적으로 타당하지만, 우리가 그것을 직접 구하는 것은 그렇지 못하다. 하나님이 그분의 방식으로 합당한 때에 잘못한 이들을 상대하시도록 하라. 우리보다 그분이 이 일에 탁월하시다.

핵심은 용서한다고 해서 범해진 잘못을 무시하거나 지은 죄를 부인한다는 뜻이 아니라는 것이다. 용서는 도덕적으로 포악한 일에 대해 우리가 눈을 감고 그것이 전혀 고통스럽지 않은 척, 혹은 잘못한 사람이 그의 죄에 대해 책임을 지든 말든 별로 중요하지 않은 척한다는 뜻이 아니다. 범죄의 심각성을 약화시키거나 다른 사람들에게 "아, 마음 쓰지 마. 별로 큰일 아니야"라고 말하라는 요구도 아니다. 용서는 단순히 우리 마음 가운데 하나님께 복수를 양보하는 것이다. 심판자는 우리가 아니라 그분이시다.

우리가 다른 사람을 용서하지 않는 것은 종종 그렇게 하는 것이 이들의 죄를 축소시킨다고 잘못 생각하기 때문이다. "이것은 공평하지 않아! 그 사람은 나에게 정말로 상처를 줬다고. 내가 만일 용서한다면 누가 나를 돌봐주고 내 억울함을 풀어주고 내 상처를 보듬어주지?" 하나님이 그렇게 하신다. 우리는 용서가 죄가 면제되거나 무시되는 것, 또는 가해자가 자기 행동에 대해 책임을 지지 않는다는 뜻이라는 거짓말에 절대로 속아 넘어가서는 안 된다. 이것은 우리가 의식적으로 하나님을 선택해 그분이 잘못한 사람을 공정히 다루는 일에 있어 합당한 행동을 결정지으시도록 한다는 뜻이다.

4. **용서는 가해자가 당신에게 다시 상처 입히는 것을 수월하게 만든다는 의미가 아니다.** 그 사람은 당신에게 상처를 줄 수 있다. 이것은 그 사람의 결정이다. 하지만 그 사람과의 관계에서 경계를 정하는 것은 당신의 몫이다. 당신이 그 사람과 앞으로 어떻게 또 어느 정도로 상호관계를 맺을 것인지를 통제하기 위해 규칙을 세운다고 해서 당신이 그 사람을 진심과 진정으로 용서하지 못했다는 뜻은 아니다. 참된 사랑은 다른 사람의 죄를 절대로 방조하지 않는다. 당신이 당신의 우정에 선을 긋고

추가적인 해를 금하려고 할 때 가해자는 물론 기분이 상할 수 있다. 심지어 이렇게 말할 수도 있다. "어떻게 네가 감히! 이것만 보아도 네가 나를 용서했다고 했을 때 진심이 아니었다는 것을 알 수 있어." 이들의 속임수에 넘어가지 말라. 용서는 당신이 상대의 지속적인 죄에 무기력하고 수동적으로 당하기만 하는 도어매트가 된다는 의미가 아니다.

5. **용서가 일회적이고 절정의 사건인 경우는 거의 없다. 대부분 평생이 걸리는 과정이다.** 하지만 용서는 어느 순간 어딘가에서는 시작해야만 한다. 분명히 우리가 용서하겠다고 결정적인 선택을 내리게 되는 어떤 순간과 행동이 있을 것이다. 이것은 굉장히 감정적이고 영적으로 강렬하며 즉각적인 안도감과 해방감 및 자유를 가져다줄 수도 있다. 하지만 그렇다고 해서 또다시 용서할 필요가 없을 것이라는 뜻은 아니다. 스스로에게 자신이 다른 사람을 용서했음을 매일같이 다짐해야 할 수도 있다. 그 사람을 볼 때마다 스스로에게 말해야 할 수도 있다. "나 자신아, 네가 ○○이를 용서했다는 사실을 기억하렴."

용서에 대한 다른 신화들이 있을 수도 있지만, 이상이 가장 중요한 내용일 것이다. 이제는 참된 용서의 본질로 우리의 관심을 돌려보자.

용서에 대한 다섯 가지 진실

앞서 언급한 것처럼 사도 바울은 에베소서 4:32에서 우리가 하나님이 그리스도 안에서 우리를 용서하심"같이" 용서해야 한다고 이야기했다. "같이"라는 단어는 두 가지를 가리킨다. 우리는 하나님이 우리를 용서하셨기 "때문에" 용서해야 한다. 하지만 동시에 우리는 하나님이 우리를 용서하신 것"처럼", "똑같이" 혹은 "동일한 방식으로" 용서해야 한다. 그렇다면 하나님은 그리스도 안에서 우리를 어떻게 용서하셨는가? 이것은 우리를 용서에 대한 다섯 가지 진실로 인도한다.

1. **하나님은 그리스도 안에서 자신을 향한 우리 죄의 파괴적이고 고통스러운 결과를 자신 안으로 품어 우리를 용서하셨다.** 재키 플린저는 홍콩에서 선교와 교회 개척 사역을 한 여성으로서 그녀의 놀라운 인생 이야기는 그녀의 자서전 『재키 플린저의 추룡』(Chasing the Dragon)에 기록되어 있다.[2] 내가 이곳에서 전달하려고 하는 핵심을 잘 보여주는 한 가지 사건이 재키의 사역 초기에 일어났다. 아핑(Ah Ping)이라는 이름의 한 청년이 고작 12살의 나이로 트라이애즈(Triads, 홍콩의 범죄를 지배한 범죄조직)에 합류했다. 그리고 곧 14살 창녀의 재정적 지원을 받게 된다. 재키가 나타나 아핑과 그의 동료들에게 긍휼과 친절로 다가가기 시작했을 때 그는 확실히 못 박았다. "가시는 게 좋을 거예요. 이곳을 떠나세요. 우리는 좋은 사람들이 아니에요. 가서 당신이 하는 일의 진가를 알아주고 당신의 친절에 감사하는 사람들을 찾으세요. 우리는 당신에게 상처를 주고 당신을 이용하고 또 함부로 대할 게 뻔해요. 머무를 이유가 없어요. 뭐하러 신경을 쓰시죠?" 재키는 말했다. "제가 떠나지 않는 이유는 예수님이 저를 위해 그렇게 하셨기 때문입니다. 저도 그분을 원하지 않았어요. 하지만 그분은 제가 착한 사람이 되고 그분을 원할 때까지 기다리지 않으셨지요. 그분은 제가 그분의 혐오스런 원수였을 때 저를 위해 죽으셨어요. 그분은 저를 사랑하셨고 용서해주셨습니다. 그분은 당신 역시 사랑

---

2 Jackie Pullinger, with Andrew Quicke, *Chasing the Dragon* (Ann Arbor: Servant Books, 1982)(쉴터 역간).

하세요."

"그럴 수 없어요." 아핑은 소리쳤다. "누구도 우리를 그렇게 사랑할 수 없어요. 우리는 강간하고 싸우고 훔치고 칼부림을 해요. 누구도 우리를 사랑할 수 없어요." 그녀는 예수님이 이들이 하는 일을 사랑하지 않으시지만, 여전히 죄인들을 사랑하시고 기꺼이 그들을 용서하고자 하신다고 설명했다. 그는 커다란 충격을 받았다. 길모퉁이에 앉아 그는 그리스도를 자신의 구세주로 받아들였다. 그가 회심하고 얼마 되지 않아 청소년 범죄 조직으로부터 공격을 받았고 무자비하게 방망이로 매질을 당했다. 그의 친구들이 복수를 맹세했을 때 아핑은 "아니, 나는 이제 그리스도인이야. 너희들이 맞서 싸우는 것을 원하지 않아"라고 말했다.

무엇이 아핑을 변화시켰는가? 그가 자신의 원수들을 기꺼이 용서하려고 한 사실은 무엇으로 설명될 수 있는가? 자신의 죄의 결과를 예수 그리스도가 그분 안으로 끌어안으셨다는 사실을 깨달았기 때문이다. 그렇다면 용서는 무엇일까? 다른 사람의 죄로 인한 고통스러운 결과와 더불어 살겠다는 결정이다. 어차피 당신은 그것과 더불어 살 것이기에, 당신의 영혼을 멸망시키려 위협하는 비통과 유감 및 증오가 없이 그렇게 하는 편이 나을 것이다.

2. **하나님은 그리스도 안에서 그분에게 빚진 우리의 채무를 탕감하여 주심으로 우리를 용서해주셨다. 그러므로 우리는 더 이상 우리 죄에 대해 법적 책임이 없으며 그것에 대해 벌을 받도록 강요당하지 않는다.** 우리에게 죄를 지은 사람의 채무를 탕감하는 방법은 가해자나 다른 사람 혹은 우리 자신에게 다시는 그것을 화제로 삼지 않겠다고 약속하는 것이다. 우리는 죄를 범한 사람의 얼굴을 향해 그 죄를 되돌리지 않겠다고 결

심한다. 우리는 그들을 조종하고 부끄럽게 하기 위해 그것을 절대로 반복해 상기시키지 않겠다고 약속한다. 그리고 우리 자신을 합리화하거나 이들의 평판을 해치기 위해 다른 사람들 앞에서 그것을 다시 이야깃거리로 삼지 않겠다고 약속한다. 그리고 우리는 마지막으로 자기 연민을 위한 근거로서나 우리에게 상처를 준 사람에 대한 우리의 분개를 정당화하기 위해 그것을 떠올리지 않겠다고 약속한다.

3. **하나님이 우리를 용서하신 것과 같이 다른 사람들을 용서한다는 것은 복수를 철회하기로 다짐하는 것을 의미한다.** 앞서 언급한 것처럼, 그렇다고 해서 이것은 정의가 이루어지기를 더 이상 갈망하지 않는다는 뜻은 아니다. 하나님의 은혜로 우리가 그 사람으로부터 감정적이든 관계적이든 육체적이든 재정적이든 어떠한 대가를 받아내고자 하는 욕심에 동력을 제공하지 못하도록 분노와 고통을 거절하는 것이다. 또한 과거의 괴로움이 현재의 죄를 정당화하지 못하도록 거절하는 것이다.

4. **하나님이 우리를 용서하신 것같이 다른 사람들을 용서한다는 것은 우리가 이들에게 악보다 선을 행하기로 결심하는 것을 의미한다**(특별히 롬 12:17-21 참조). 이것은 단순한 친절의 행위, 즉 예를 들어 마음으로부터 다른 이들을 따뜻하게 맞아주는 것 혹은 이들이 아플 때 음식을 지어주는 것, 아니면 연민이나 긍휼의 다른 일상적 행위들을 수반할 수도 있다. 그리고 이것은 무엇을 성취하는가? 그것은 상대를 놀라게도 하고 부끄럽게도 할 것이다. 보통 어떤 사람이 당신에게 의도적으로 죄를 범할 때 그는 당신도 같은 방식으로 대응할 것을 기대한다. 당신이 그렇게 한다면 그것은 이들의 마음속에서 이들이 앞서 당신에게 지은 죄를 정당화시킨다. 이들이 기대하지 않는 것은 지속적인 친절과 용기다. 따라서 악

이 선을 만날 때 이들은 무장해제된다. 그들은 믿지 못할 만큼 놀라고 숨이 멎을 만큼 격한 감정을 느낀다. 당신이 악을 선으로 갚을 때 이것은 가해자를 무력하게 만든다. 바라기는 이것이 당신의 관계 속에서 참된 삶의 변화로 이어지는 문을 열기를 소망한다.

또한 이러한 방식의 반응은 상대를 부끄럽게 만든다. 마치 당신이 그에게 굴욕감을 주기를 바라는 것처럼 나쁜 의미의 수치심을 이야기하는 것이 아니다. 오히려 당신의 바람은 그의 마음의 상태가 드러나는 것, 그의 동기가 밝혀지는 것, 그리고 그가 자신의 행동의 악함을 바라보게 되는 것이다. 선으로 악에 응대하는 것은 가해자가 당신이 아니라 자기 자신을 바라보도록 한다. 당신의 친절의 빛이 그의 어두움을 배경으로 빛날 때 어두움은 자신의 참된 정체를 드러낸다. "드러남"으로 느끼게 되는 부끄러움은 그의 마음을 강퍅하게 혹은 부드럽게 만들 것이다(이것은 그가 어떻게 반응하기로 선택하느냐에 달려 있다).

5. 하나님은 그리스도 안에서 우리를 자신과 화목하게 하시고 우리의 죄가 망가뜨린 관계를 회복하심으로 우리를 용서하셨다. 우리는 갈등을 피하고 싶어 하고 따라서 용서를 피하곤 한다. 가해자에게 다가가 "너를 용서할게"라고 이야기하는 것은 그들이 폭발할 가능성을 수반한다. 이들은 우리에게 자신이 죄를 범했다는 사실 자체를 부인할 수 있다. 하지만 참된 용서는 관계 맺음과 회복을 추구한다. 참된 용서는 단순히 부채를 탕감하는 것으로 만족하지 않는다. 다시 사랑하기를 고대한다.

여기서 우리가 기억해야 할 중요한 점 두 가지가 있다. 먼저 가해자가 당신의 친절한 접근을 거절하고 화목하고자 애쓰는 당신의 노력에 저항할 수도 있다는 것이다. 하지만 이것은 궁극적으로 당신의 통제를 벗어난 일이다. 바울이 로마서 12:18에서 이야기한 것처럼 당신의 책임은 당신의 능력 안에서 할 수 있는 대로 화목하는 것이다. 이들이 당신과 화목하기를 거절한다면 잘못은 이들의 것이다. 당신은 적어도 하나님 앞에서 주어진 책임을 다한 것이다. 두 번째로 화목 혹은 회복이 성공적으로 이루어진 경우에도 보통 그 관계가 범죄가 이루어지기 이전의 관계로 완벽하게 돌아가지는 않는다는 사실이다. 상대에 대한 신뢰와 확신 및 기쁨은 심각한 죄로부터 완전히 회복되기까지 긴 시간이 걸리고 온전히 회복되지는 못할 수도 있다. 하지만 그렇다고 해서 당신이 이들을 온전히 용서하지 못했다는 의미는 아니다. 물론 이상의 어떤 것도 그리스도 예수 안에서 하나님이 베푸신 용서의 기쁨을 경험하고 받고 맛보지 못한 사람에게는 이해되지 않을 것이다. 만일 우리가 성경이 명령하는 대로 용서하지 못하고 있다면 아마도 문제는 하나님이 그리스도 안에서 우리를 위해 행하신 일을 모르고 있기 때문일 것이다. 그것이 용서로 가는 열쇠가 십자가에 있는 이유다.

다른 사람들을 용서하는 것에 대한 예수의 말씀

> 그때에 베드로가 나아와 이르되, "주여, 형제가 내게 죄를 범하면 몇 번이나 용서하여 주리이까? 일곱 번까지 하오리이까?" 예수께서 이르시되, "네게 이르노니, 일곱 번뿐 아니라 일곱 번을 일흔 번까지라도 할지니라"(마 18:21-22).

1세기의 랍비들은 세 번까지는 형제자매를 용서해야 하지만 네 번째부터는 용서가 요구되지 않는다는 데 의견을 모았다. 베드로는 이들이 요구하는 것 이상을 행하겠다고 자원함으로써 자신을 당시 종교 지도자들보다 마음이 넓고 보다 나은 사람으로 믿었을 수 있다. 자신의 너그럽고 넓은 영혼으로 예수에게 깊은 인상을 남기고자 소망했을 수도 있다.

하지만 베드로는 율법주의자처럼 생각하고 있었던 것이 분명하다. 그는 긍휼을 측정할 수 있는 것으로 생각했다. 그리고 연민을 손가락을 사용하여 셀 수 있는 것으로 생각했다. 예수는 "네게 이르노니, 일곱 번뿐 아니라 일곱 번을 일흔 번까지라도 할지니라"라고 말씀하심으로 그런 생각을 완전히 부순다. 예수가 490번, 그러니까 거기에서 하나라도 넘지 않는 수를 말씀하셨다고는 생각하지 말라. 이것은 형제가 당신에게 491번째로 잘못하기를 기다렸다가 바로 그 순간 그의 얼굴 한가운데로 주먹을 날려도(혹은 더 심한 무엇을 해도) 좋다는 의미가 아니다. 다만 그 수를 헤아리는 것이 현실적으로 무의미한 어떤 수를 제시하기 위해 베드로의 수에 열을 곱하고 다시 일곱을 곱한 것에 불과하다.

율법 아래 사는 사람들은 기록을 남길 수 있지만, 은혜로 다스림을 받는 이들은 그럴 수 없다. 우리는 우리에 대한 백 번째, 천 번째 죄라도 첫 번째 죄와 동일한 열의와 진정성을 가지고 용서할 준비가 되어 있어야 한다. 예수는 누가복음 17:3-4에서 다음과 같이 말씀하셨고 동일한 핵심을 전달한다. "너희는 스스로 조심하라. 만일 네 형제가 죄를 범하거든 경고하고 회개하거든 용서하라. 만일 하루에 일곱 번이라도 네게 죄를 짓고 일곱 번 네게 돌아와 '내가 회개하노라' 하거든 너는 용서하라." 베드로는 주님의 반응에 놀랐을 것이다. 따라서 예수는 그에게(우리에게) 납득이 될 만한 예시 하나를 드신다. 그것은 마태복음 18:23-35에서 찾아볼 수 있다.

> 그러므로 천국은 그 종들과 결산하려 하던 어떤 임금과 같으니, 결산할 때에 만 달란트 빚진 자 하나를 데려오매 갚을 것이 없는지라. 주인이 명하여 "그 몸과 아내와 자식들과 모든 소유를 다 팔아 갚게 하라" 하니, 그 종이 엎드려 절하며 이르되, "내게 참으소서. 다 갚으리이다" 하거늘, 그 종의 주인이 불쌍히 여겨 놓아 보내며 그 빚을 탕감하여 주었더니, 그 종이 나가서 자기에게 백 데나리온 빚진 동료 한 사람을 만나 붙들어 목을 잡고 이르되, "빚을 갚으라" 하매 그 동료가 엎드려 간구하여 이르되, "나에게 참아 주소서. 갚으리이다" 하되 허락하지 아니하고, 이에 가서 그가 빚을 갚도록 옥에 가두거늘, 그 동료들이 그것을 보고 몹시 딱하게 여겨 주인에게 가서 그 일을 다 알리니, 이에 주인이 그를 불러다가 말하되, "악한 종아 네가 빌기에 내가 네 빚을 전부 탕감하여 주었거늘, 내가 너를 불쌍히 여김과 같이 너도 네 동료를 불쌍히 여김이 마땅하지 아니하냐" 하고 주인이 노하여 그 빚을 다 갚도록 그를 옥졸들에게 넘기니라. 너희가 각각 마음으로부터 형제를 용서하지 아니하면 나의 하늘 아버지께서도 너희에게 이와 같이 하시리라.

만 달란트는 막대한 금액이었다. 일부의 추측으로는 오늘날의 화폐 기준으로 대략 18조 원으로 환산될 수 있다. 이 사람의 채무에 대한 이해를 돕기 위해 예를 들자면 예수가 태어난 해 갈릴리와 페레아 지역으로부터 들어온 전체 세금은 고작 200달란트였다. 헤롯 왕의 연간 소득 역시 900달란트에 불과했다. 이 사람이 1,000주 동안 일을 한다고 해도 겨우

한 달란트를 벌 수 있을 뿐이었다. 예수는 그에게 이러한 채무를 갚을 수 있는 능력이 없음을 분명히 알았다. 이 사람의 곤경이 얼마나 전적으로 절망적인 것이었는지를 강조하기 위해 채무의 크기를 의도적으로 과장하신 것이다.

이 이야기에서 주목할 만한 요소는 하나님을 상징하는 것이 분명한 이 왕이 그 사람의 요구를 듣지 않는다는 점이다. 왕은 요구된 것보다 훨씬 더 많은 것을 한다. 이 사람은 자신에게 채무를 갚을 수 있는 시간과 기회를 달라고 요청한다. 하지만 왕은 이렇게 말한다. "그럴 필요가 없다. 너를 모든 부채로부터 자유롭게 해주겠다. 내가 너의 모든 것을 사할 것이다."

이처럼 이해하기 어려운 긍휼을 보았음에도 불구하고 이 사람은 자기 채무의 육천 분의 일 정도에 불과한 채무를 진 동료 종을 놓아주지 않는다. 이러한 불균형은 이 종의 행동이 얼마나 기이하고 상상할 수도 없는 것인지를 확대해 보여준다. 더욱이 두 번째 종의 표현("나에게 참아 주소서 갚으리이다")은 첫 번째 종으로 하여금 그가 왕에게 사용한 바로 그 표현을 상기시켜 마음에 연민을 불러일으켰어야 했다.

예수의 핵심은 놓치기 어려울 정도다. 하나님이 용서해주신 우리의 죄라는 채무의 관점에서(실제로 우리의 경우도 완전히 절망적이었다) 비교할 때, 빚진 것이 정말로 적은 형제자매를 어떻게 감히 용서하지 않을 수 있겠는가? 우리가 다른 사람들을 용서하는 것은 하나님이 우리를 용서하신 것으로부터 흘러나오는 은혜의 넘쳐남이다.

예수가 직접 베드로를 용서한 한 가지 예를 자세히 들여다보고 그것으로부터 우리를 우리의 죄에서 자유롭게 하시기 위해 하나님이 쏟아부으신 은혜와 긍휼의 깊이를 배워보도록 하자. 이 이야기를 음미한 후 우리는 하나님이 그리스도 안에서 우리를 용서하신 것"같이" 우리도 다른 사람들을 용서할 큰 힘과 동기를 얻을 수 있을 것이다.

사랑으로 바라보다

우리는 모두 한 명의 친구, 그러니까 인생의 어려운 일들을 마주했을 때 우리와 함께 있어줄 단 한 명의 사람이 간절했던 상황에 처해본 적이 있다. 예수도 예외는 아니다. 사역 초기에 예수는 종종 혼자 있기를 원하셨다. 그래서 다른 사람들이 잠들어 있을 동안 고독한 시간, 그러니까 군중의 압력과 바리새인들의 끝없는 질문들로부터 떨어져 성부와 단둘이 있는 드문 순간을 갈망하여 조용히 자리를 뜨곤 하셨다. 그가 절대로 원하지 않았던 것은 누군가 자신을 방해하고 주변을 서성이는 것이었다.

하지만 그것은 그때고 지금은 그가 배신을 당한 밤이다. 예수는 "오늘 밤에 너희가 다 나를 버리리라"고 말씀하셨다(마 26:31). 여느 다른 밤이 아니라 바로 "이" 밤, 그러니까 예수와 그의 제자들이 다락방에 함께 앉아 아마도 이전에 알았던 것과는 전혀 다른 깊이의 개인적·영적 친밀함을 누린 밤이다. 예수는 말씀하셨다. 바로 **이** 밤, "우리가 함께 먹고 함께 기도하고 함께 찬송한 밤…우리가 나눈 이처럼 놀라운 교제와 사랑과 기쁨에도 불구하고, 지금 너희들이 나에 대해 느끼는 깊은 애정에도 불구하고 불과 몇 시간 후면 너희는 전부 나를 배반할 것이다."

예수는 이들에게 말씀하셨다. "너희는 나로 인해 실족하게 될 것이다.…너희의 믿음은 두려움으로 바뀔 것이다. 원수를 처음 볼 때 너희는 놀란 강아지들처럼 꽁무니를 빼고 황급히 어둠 속으로 달아날 것이다. 이는 '내가 목자를 치리니 양의 떼가 흩어지리라'(마 26:31)라고 기록된 까닭이다."

"주님 저는 아닙니다! 절대로요!" 베드로의 저항은 거셌고 오만했다. "어쩌면 요한은 주님을 버릴 수도 있을지 모르겠습니다. 그렇게 애정이 많고 다정한 사람은 특별히 어떤 일이 막상 닥치면 약간은 무르고 연약해지지 않겠습니까. 하지만 저는 아닙니다. 주님의 제자 베드로는 아닙니다. 주님, 저는 반석입니다. 잊지 마세요. 주님이 그렇게 말씀하셨잖아요. 기억나시죠?"

"베드로야, 잘 들어라." 예수가 대답하신다. "내가 진실로 네게 이르노니 오늘 밤 닭 울기 전에 네가 세 번 나를 부인하리라"(26:34).

하지만 다시 한번 베드로는 담대히 예수와 의견을 달리한다. 자신에 대한 끔찍한 예측에 대해 그가 무엇을 더 이야기했을지, 적어도 어떤 생각을 했을지 우리는 상상해볼 뿐이다. 아마도 이랬을 수 있다. "주님의 말씀은 잘 알겠습니다. 그리고 저는 따지려 드는 것이 아닙니다. 하지만 저는 주님을 절대로 버리지 않을 겁니다. 차라리 죽겠습니다. 다른 사람들에 대해서는 제가 말할 수 없습니다. 이들 중 일부는 저만큼 강하지 않습니다. 이들은 저처럼 물 위를 걸어보지도 못했습니다. 주님이 이들을 모두 선택하신 것을 물론 잘 압니다, 하지만 저기 있는 마태가 세리였다는 사실을 잊지 마세요. 그가 이전의 삶으로 되돌아간다고 해도 저는 별로 놀라지 않을 것입니다. 결국 탐욕과 물질주의는 사람의 마음으로부터 쉽게 뿌리 뽑히는 것이 아니니까요. 그리고 저는 안드레와 함께 자랐습니다. 그 친구가 얼마나 자주 일을 망가뜨리는지 주님은 모르실 겁니다.

하지만 주님 저는 아닙니다. 주님은 이 제자 베드로를 언제나 믿으셔도 좋습니다."

얼굴을 땅에 대고 엎드려 다가오는 시험에 맞설 수 있도록 은혜를 베풀어 주시기를 겸손히 간구하는 대신 베드로는 은밀히 예수가 거짓말을 하고 있다고 고소한다. 하지만 그만 그렇게 한 것이 아니다. "모든 제자도 그와 같이 말"했기 때문이다(마 26:35). 우리는 무엇이 이들을 움직여 베드로의 저항에 맞장구를 치도록 했는지 알지 못한다. 진심이었을 수도 있고, 어쩌면 베드로가 선언한 사랑과 충성에 뒤지고 싶지 않았을 수도 있다. 어떤 경우든 예수는 옳았고 이들은 틀렸다(마 26:56 참조).

하지만 잠깐. **어쩌면 베드로는 진심이었을 수 있다.** 들리기로 베드로는 "멀찍이 예수를 따라 대제사장의 집 뜰에까지 가서 그 결말을 보려고 안에 들어가 하인들과 함께 앉아 있"었다(26:58). 베드로는 대체 무슨 생각을 하고 있었던 걸까? 예수의 예측을 그새 잊은 걸까? 고작 몇 시간 전의 일을 말이다. 이미 빛 바랜 기억이 되어버린 걸까? 아니면 여전히 자신의 저항력을 확신하여 오만방자하게 자신의 주님이 틀렸음을 증명하려고 한 걸까?

엉터리 재판이 소집되었다. 날조된 죄목들, 거짓 증인들, 신성 모독이라는 고소, 그 이후 절정에 다다른 다음의 수모가 있었다. "이에 예수의 얼굴에 침 뱉으며 주먹으로 치고 어떤 사람은 손바닥으로 때리며 이르되 '그리스도야, 우리에게 선지자 노릇을 하라. 너를 친 자가 누구냐?' 하더라"(26:67-68).

예수가 베드로를 가장 필요로 했을 때 그는 어디에 있었는가? 그가 "바깥뜰에 앉았더니 한 여종이 나아와 이르되 '너도 갈릴리 사람 예수와 함께 있었도다'"라고 성경은 이야기한다(26:69). 베드로는 속으로 생각했다. "누군가 나를 알아보고 이런 질문을 던져 주기를 간절히 고대하고 있었는데, 드디어 기회가 왔군. 내가 한 말을 증명하고 모든 사람에게 나의 본 모습을 보일 기회야. 나의 충성심이 얼마나 깊은지, 내가 정말로 어떤 사람인지를 드디어 증명할 기회지." 그러나 이야기는 그렇게 흘러가지 않는다.

"베드로가 모든 사람 앞에서 부인하여 이르되 '나는 네가 무슨 말을 하는지 알지 못하겠노라' 하며"(26:70). 이것은 무승부였다. 베드로 곧 반석이고 힘이 강하며 머리칼이 희끗희끗한 어부와⋯ 그러니까⋯ "여종"이 맞붙었는데 무승부라고? 그럴 리가. 베드로가 본디오 빌라도와 대면해 즉각적인 처형의 위협을 받았더라면, 어쩌면 그의 패배를 이해할 수 있었을지도 모른다(그래도 핑계가 될 수는 없지만). 만일 대제사장 가야바나 안나스, 아니면 그의 목젖까지 칼을 위태로이 들이민 로마 군인이었다면⋯ 하지만 "여종"이라고? 장 칼뱅의 말은 옳다.

여기서 우리는 한 사람을 무너뜨리는 데는 힘겨운 싸움도 많은 힘과 계략도 필요하지 않음을 발견한다. 하나님의 손을 의지하지 않는 사람은 누구든 불어오는 한줄기 바람이나 떨어지는 잎사귀의 소리에도 무너지게 될 것이다. 베드로는 용기에 있어서 우리 중 누구에게도 뒤지지 않았고 자신의 큰 담력에 있어서는 비범한 모습을 보였다(그의 대담함은 과하기까지 했다). 하지만 그는 제사장의 재판장으로 끌려올 때까지, 혹은 원수가 끔찍한 죽음으로 자신을 위협할 때까지 기다리지 않고, 한 젊은

여성의 목소리에 겁을 집어먹고는 곧바로 자신의 주인을 부인했다.[3]

좌절감과 두려움을 느낀 베드로는 탈출구를 찾았다. 그는 앞문으로 나갔지만, 또다시 곤란한 상황에 부딪혔다. 이번에도 독자들이 예상하는 것처럼 "다른 여종"이 있었다(마 26:71). 그녀는 그곳에 있는 사람들에게 말했다. "이 사람은 나사렛 예수와 함께 있었도다"(26:71). 하지만 베드로는 "맹세하고 또 부인하여 이르되 '나는 그 사람을 알지 못하노라'"라고 했다(26:72).

세 번째 도전을 마주했을 때 그는 "저주하며 맹세하여 이르되, '나는 그 사람을 알지 못하노라'"라고 말했다(26:74). 베드로는 자신이 거짓말하는 것이라면 자신에게뿐 아니라, 자신에 대해 계속해서 그러한 고소를 해오는 그들에게도 엄숙한 저주가 임할 것이라고 했다. 일부가 생각하는 것처럼 베드로가 비속어를 사용한 것은 아니다. 그의 맹세는 십중팔구 자신이 부인하는 내용을 사실로 강조하기 위해 어떤 경건한 것에 호소한 것일 것이다. 그는 다음과 같이 말했을 수 있다. "거룩한 모든 것으로 맹세하노니 나는 그 사람을 알지 못하노라!" "하나님이 나의 증인이 되어 주시리니 이 사람은 나에게 모르는 자니라!" "나는 거룩한 도시 예루살렘에 호소하노니 나는 그에 대하여 진실을 말하노라!" 설상가상으로 그는 예수의 이름을 사용하는 것조차 거부한다. 그는 경멸과 모욕을 담아 예수를 "그 사람"으로 지칭한다. 그는 "주는 그리스도시요 살아 계신 하나님의 아들이시니이다"(마 16:16)와 같은 기념비적인 고백으로부터 얼

---

3 John Calvin, *A Harmony of the Gospels: Matthew, Mark and Luke*, trans. A. W. Morrison (Grand Rapids: Eerdmans, 1972), vol. 3, 170.

마나 멀리 떨어진 걸까?

한 가지는 분명히 하자. 내가 베드로의 죄를 자세히 묘사한 것은 그를 공개적으로 망신주기 위해서가 아니다. 나는 베드로의 약함을 너무나도 잘 이해한다. 우리 모두가 그렇지 않은가? 그렇다면 나는 왜 그의 자기방어적 비겁함을 묘사하는 데 이렇게 열심을 내었을까? 그것은 당신과 내가 우리를 향한 하나님의 용서의 규모를 이해하고 결과적으로 우리가 우리를 배신하고 우리에게 죄를 범한 이들을 보다 쉽게 용서할 수 있도록 하기 위해서다. 그러한 핵심을 전달하는 두 가지 놀라운 사건이 있다. 먼저 네 명의 복음서 저자들 모두 닭의 울음을 기록한다. 하지만 사랑하는 의사 누가만이 베드로가 세 번째 부인하던 바로 그 순간 곧 닭이 곧 울었을 때 "주께서 돌이켜 베드로를 보시니"라고 이야기한다(눅 22:61). 잠시만 멈추어 장엄한 하나님의 섭리를 생각해보라. 성부가 어떻게 이 순간을 이렇게 정확하고 아름답게 계획하셨는지를 생각해보라. 그곳에는 그날 밤 사건들의 광란에 사로잡힌 수십 명의 사람들이 여기저기 뛰어다니고 있었을 것이다. 하지만 예수는 베드로만을 보았고 베드로도 예수만을 보았다. 사람들은 예수를 이곳에서 저곳으로 실어 날랐고 예수는 뜰 여기저기로, 이 방에서 저 방으로 끌려다녔다. 베드로의 거센 저주는 가야바의 뜰에 여전히 메아리치고 있었지만, 닭이 울었던 바로 그 순간 예수는 몸을 돌려 베드로와 그의 눈을 마주쳤다. 그리고 "베드로[는] 주의 말씀 곧 '오늘 닭 울기 전에 네가 세 번 나를 부인하리라' 하심이 생각나서 밖에 나가서 심히 통곡"했다(눅 22:61-62).

예수가 몸을 돌려 베드로를 보았을 때 그는 분노와 반항으로 가득한 사람, 한 여종의 음성에 자신이 단호히 선언했던 불멸의 충성이 시들어버린 한 사람을 보았다. 하지만 베드로가 예수를 보았을 때 그는 무엇을 보았을까? 어떠한 눈을 보았을까? 어떠한 얼굴을 보았을까? 말쑥한 도시인의 얼굴이었을까? 갓 샤워를 마치고 깔끔히 단장한 사업가의 얼굴이었을까? 말끔히 면도하고 산뜻한 옷차림을 한 정치인의 얼굴이었을까? 그럴 리 없다. 베드로가 무엇을 보았는지 이야기해보자. 그는 사나운 매질을 당해 사실상 떠지지도 않는 예수의 멍든 눈을 들여다보았다. 멍으로 시퍼런 뺨과 부어오른 턱, 피범벅이 된 코 그리고 그의 턱수염에서는 그를 조롱한 자들이 뱉은 더럽고 악의에 찬 침이 흘러내리고 있었다.

베드로는 거의 알아볼 수도 없게 된 예수의 얼굴을 겁에 질려 바라보았다. 예수는 어떤 눈빛으로 베드로를 바라보았을까? "눈빛"에는 여러 종류가 있다. 우리의 눈만으로도 우리는 사실상 인간의 모든 감정을 소통할 수 있다. 학교 복도에서 두 청소년이 주고받는 추파의 눈빛도 있다. 권투 경기장 한가운데서 두 명의 선수 사이에 오가는 위협적인 응시도 있다. "살기등등한 눈빛" 그러니까 한 사람이 다른 사람을 버리고 배반한 후 두 사람 사이에 오가는 눈빛도 있다. 상대방에게 그 사람의 지난 실패와 지키지 못한 약속을 상기시켜주는 명백한 안면의 일그러짐, "그러게 내가 뭐라고 했어"의 눈빛도 있다. 분노의 눈빛은 우리 모두가 잘 아는 것이다. 다른 말이 필요 없다. "네가 어떤 친구인지를 좀 봐! 내가 너를 가장 필요로 했을 때 너는 어디에 있었니?"라고 이야기하는 업신여김의 비웃음이면 충분하다.

우리는 모두 분노의 눈빛을 받아본 적이 있다(보내본 적도 있다). 내가 이야기하고 있는 것은 "내가 너에게 어떻게 했는데 네가 나에게 이럴 수 있지?"와 같은 눈빛이다. 가장 고통스러운 눈빛이라면 아마도 실망의 눈빛일 것이다. 슬프게 머리를 가로저으며 다음과 같이 말하는 눈빛 말이다. "이 아무짝에도 쓸모없는 안타까운 인간아, 너 같은 사람한테는 더 기대하지 말았어야 했는데." 하지만 예수는 베드로를 어떻게 바라보았을까(이 지점에서 우리 각자는 스스로에게 질문할 필요가 있다. 내가 예수를 실망시키고 부인하고 나의 등을 돌릴 때 그분은 나를 어떻게 바라보시는가)?

그것은 경멸이나 실망, 분노 혹은 분개의 눈빛이었을까? 나는 그렇게 생각하지 않는다. 나는 그곳에 없었다. 다만 추측할 뿐이다. 마태도 마가도 누가도 요한도 우리에게 이야기해주지 않는다. 하지만 내가 알고 있는 예수를 생각하고 베드로가 보인 반응을 고려할 때 대강은 짐작할 수 있다.

내 생각에 예수는 베드로를 향해 몸을 돌려 그가 바로 알아챌 수 있는 눈빛, 그러니까 석조 장벽으로 된 군사적 요새를 무너뜨릴 만큼의 놀라운 능력의 눈빛으로 그를 바라보았을 것 같다. 이때 베드로의 마음이 찔렸고 마음의 죄악된 장벽이 무너졌다. 이것은 베드로가 이전에 수도 없이 보았던 눈빛이었다. 삭개오와 우물가의 여인, 간음 중에 잡힌 여인 및 수많은 문둥병자와 창녀들 그리고 세리들이 이 사랑과 소망과 용서의 꿰뚫는 눈빛의 대상이 된 바 있었다. 그리고 이후 베드로는 기억을 떠올렸고 밖으로 나가 심히 통곡했다.

베드로는 그 멍들고 피 흘린 눈에서 무엇을 보았을까? 거기에는 아무런 말도 없었지만 예수의 눈은 크고 분명하게 말했다. "베드로야, 괜찮다. 내가 너의 마음을 안다. 마음 깊은 곳에서 네가 정말로 나를 사랑한다는 것을 내가 안다. 네가 바로 지금 망가지고 부서진 것처럼 느끼는 것도 안다. 정말로 괜찮다. 나는 여전히 내가 이전에 너를 사랑했던 것만큼 지금도 너를 사랑한다. 괜찮다." 베드로는 믿을 수 없었다. 그가 행한 일이 있고 그에게 무엇이 합당한지를 알고 있는데 예수의 눈은 "아직 소망이 있다"라고 이야기한 것이다.

내가 앞서 언급한 대로 용서의 깊이와 소망과 회복의 가능성을 보여주는 사건은 두 가지다. 우리는 놀랄 만한 사랑의 눈빛을 통해 첫 번째를 살펴보았다. 두 번째는 무엇이었을까? 여기서도 추측할 뿐이지만 이러한 사랑과 용서의 눈빛 그 자체만으로는 베드로가 말하자면 "역경을 딛고" "경기에 복귀"할 수 있도록 하기에 충분하지 못했다고 생각한다. 도움은 되었을 것이다. 베드로의 상한 마음은 생명을 주는 회개로 그를 이끌었다. 하지만 그것 이상이 필요했다. 아마도 베드로는 자신에게 사도의 자격이 없다고 느끼며 여전히 자기 의심과 염려로 가득 차 있었을 것이다. 나는 다음과 같이 이야기하는 그의 목소리를 들을 수 있다. "내가 용서받았다고 해도 예수님은 나를 다시 보고 싶어 하지 않으실 거야. 만일 그러신다고 해도 사역할 수 있는 자격은 아마도 영원히 박탈되었겠지. 내가 그냥 앞에 나서지 않는 것이 모든 사람에게 더 유익할 거야."

하지만 예수는 베드로를 아직 포기하지 않으셨다. 마가복음 16:1-8은 안식일이 지난 주일에 어떤 사건들이 일어났는지를 이야기해준다. 막달라 마리아와 야고보의 어머니 마리아 그리고 살로메가 예수의 몸에 바르기 위한 향품을 가지고 왔다. 무덤에 도착했을 때 이들은 굴려진 돌과 흰옷을 입은 천사를 보고 심히 놀랐다. 천사는 이들에게 이렇게 말했다.

놀라지 말라. 너희가 십자가에 못 박히신 나사렛 예수를 찾는구나. 그가 살아나셨고 여기 계시지 아니하니라. 보라, 그를 두었던 곳이니라. 가서 그의 제자들과 **베드로**에게 이르기를 "예수께서 너희보다 먼저 갈릴리로 가시나니 전에 너희에게 말씀하신 대로 너희가 거기서 뵈오리라" 하라 (막 16:6-7, 강조는 덧붙여진 것임).

나는 부활하신 그리스도가 이 천사에게 분명한 지침을 주셨을 거라고 생각한다. "자, 잘 들어라. 네가 그 여자들에게 '내가 갈릴리에서 제자들을 만나겠으니 가서 전하라'고 이야기할 때에 베드로라는 이름을 반드시 빼먹지 말고 말해야 한다. 그를 콕 집어 이야기해야 한다. 그 여자들이 의심하지 않고 그가 포함된 것을 알 수 있도록 일부러 그를 언급해야 한다."

내가 그 자리에 있어서 이 여자들이 제자들이 모여 있던 방으로 뛰어 들어가는 장면을 볼 수 있었다면 얼마나 좋았을까. 이들은 기쁨과 형용할 수 없는 흥분에 압도되어 숨을 몰아쉬며 그 어떤 제자도 듣게 되리라고 기대하지 못했던 이야기를 전했다. "그분이 살아나셨어요. 천사가 갈릴리로 가라고 했어요. 예수님이 여러분을 모두 그곳에서 만나 주실 거라고 이야기했어요." 내 생각에 이때 베드로는 누구도 자신이 거기에 있다는 것을 눈치채지 못하기를 바라며 한쪽 구석에 자리를 잡고 앉아 이렇게 이야기하고 있었을 것이다. "잘됐군. 주님이 살아 계시다니. 그래도 내가 갈릴리로 가는 일은 절대로 없을 거야. 그분의 얼굴을 다시 본다는 것은 상상도 할 수 없어. 그분은 더 그러실 거고."

"아 맞아, 베드로!" 마리아와 살로메는 소리쳤다. "천사가 너를 콕 집어 이야기했어. 이유는 잘 모르겠지만 천사가 일부러 너의 이름을 언급했다고. 너를 지목했어. 너도 포함된 거야. 너도 함께 가야 해. 예수님이 너를 보길 원하셔."

나의 추측이 틀리지 않는다면 바로 이때 "용서"는 베드로에게 단순한 말 그 이상이 되었다. 회복과 소망, 깨끗해짐 및 새로운 시작이라는 실재가 그의 영혼 속으로 기쁨과 감사 및 즐거움의 물결을 타고 물밀 듯 들어왔다. 그리고 지금은 마지막으로 우리가 다시 한번 우리를 향한 바울의 권면을 살펴보아야 할 시간이다. "서로 친절하게 하며 불쌍히 여기며 서로 용서하기를 하나님이 그리스도 안에서 너희를 용서하심과 같이 하라"(엡 4:32). 하나님은 우리를 정확히 어떻게 그리고 어느 정도로 용서해주셨는가? 베드로에게 물어보라.

추천 도서 _____

Jay E. Adams, *From Forgiven to Forgiving* (Wheaton: Victor, 1989).

Chris Brauns, *Unpacking Forgiveness: Biblical Answers for Complex Questions and Deep Wounds* (Wheaton: Crossway Books, 2008)(『위대한 용서』, 미션월드라이브러리 역간).

24장
"왼편도 돌려대며" "너희 원수를 사랑하며"라는
예수의 말씀은 어떤 의미인가?

예수는 그의 사역 동안 상당히 급진적인 것들을 이야기하셨는데 산상수훈을 통해 건넨 지침에 필적할 만한 것은 없다. 특별히 내가 염두에 둔 것은 "악한 자를 대적하지 말"고 "누구든지 네 오른편 뺨을 치거든 왼편도 돌려대"라는 명령이다(마 5:39). 여기에 덧붙여 "또 너를 고발하여 속옷을 가지고자 하는 자에게 겉옷까지도 가지게 하며"(마 5:40), "또 누구든지 너로 억지로 오 리를 가게 하거든 그 사람과 십 리를 동행하고"(마 5:41)라는 말씀도 있다. 예수는 이 외에도 우리가 우리의 원수들을 미워하지 않고 실제로 "사랑"해야 한다고 말씀하시기도 했다. 이게 도대체 무슨 말일까? 21세기를 사는 그리스도인들이 이러한 권면을 지키는 것은 가능할까?

역사와 그의 고국 인도에서 마하트마 간디로 더 잘 알려진 모한다스 간디(Mohandas K. Gandhi)는 21세기에도 가장 영향력 있는 인물 중 하나다. 그의 삶을 그린 한 영화가 얼마 전 아카데미 작품상을 받기도 했다. 특별히 한 장면이 기억에 남는다. 간디는 남아프리카에서 변호사 업무를 하고 있었고, 그곳에서는 아파르트헤이트(apartheid, 예전 남아프리카공화국의 인종차별 정책 – 역주)가 일상이었다. 아파르트헤이트가 표출되는 한 가지 방법은 비(非)백인들이 도시의 인도를 걷는 것을 금하는 규정이었다. 이들은 차도를 걸어 다녀야 했다. 간디가 한 친구와 이야기를 나누고 있었고 마침 그 친구는 기독교 선교사였다. 이들은 인도 위에 서 있었고 이것은 분명한 위법이었다. 갑자기 백인들 패거리가 이들에게 다가왔는데 그 규정을 강행하기 위해 다가오는 것이 분명했다. 간디는 움직이기를 거부했다. 그는 자신의 친구에게 몸을 돌려 이렇게 말했다. "'누구든지 네 오른편 뺨을 치거든 왼편도 돌려대라'로 말한 게 예수 아니었나?" 이 선교사는 긴장과 공포로 이렇게 반응했다. "어, 맞아. 그렇지만 그 본문은 비유적으로 해석해야 할 것 같아."

추측하건대 우리 중 다수가 일부 성경 본문을 문자적으로 해석하여 위험스럽고 어쩌면 생명을 위협받는 위기 상황에 처해본 적이 있을 것이다. 그러한 일이 일어날 때 우리는 간디의 친구인 젊은 선교사처럼 재빨리 그 본문을 문자적 의미가 아닌 방식으로 이해해야 한다고 주장한다. 그래야 할까? 예수가 우리에게 다른 뺨을 돌려대고 셔츠뿐 아니라 코트도 주고 더 멀리 동행하라고 하셨을 때 그것은 문자적 의미였을까? 아니면 비유적 의미였을까? 이 본문은 어떤 의미일까? 이것은 우리의 삶에 어떻게 적용되어야 할까?

예수가 아주 중요한 원리를 설명한 첫 대목으로부터 시작해보자. "또 눈은 눈으로 이는 이로 갚으라 하였다는 것을 [너희가 들었으나] 나는 너희에게 이르노니, 악한 자를 대적하지 말라. 누구든지 네 오른편 뺨을 치거든 왼편도 돌려대며"(마 5:38-39).

이른바 탈리오 법(*lex talionis*) 혹은 동해 보복법은 출애굽기 21:22-25과 레위기 24:18-20에서 찾아볼 수 있다. 이 법의 목적은 형벌이 범죄에 비례하도록 보장하는 데 있다. 처벌은 범죄에 상응해야 한다. "눈에는 눈"이라는 관용구 자체는 정형화된 문구에 불과했고, 이것이 엄격히 적용되는 경우는 혹 있더라도 거의 드물었다. 곧 보상이 손해에 상응해야 한다는 의미에 불과했다. 예컨대 소 한 마리를 죽인 사람이 있거든 그것을 꼭 다른 소로 대체해야 할 필요는 없었다. 주인에게 다른 소를 살 만큼의 돈을 지불할 수도 있었다. 계획적인 살인의 경우에만 보상이 금지되었다. 살인의 경우 "생명에는 생명"이 문자적으로 요구되었다(민 35:16-34).

우리는 또한 이 탈리오 법이 양족 간의 혈수(blood-feuds)와 부족 간의 전쟁을 막는 데 굉장히 효과적이었다는 사실을 기억해야 한다. 허클베리 핀과 벅이 나눈 다음의 대화를 생각해보라.

"벅, 원한(feud)이 뭐야?"

"헉(Huck), 어디 다른 곳에서 살다가 왔어? 원한이 뭔지를 모른다고?"

"들어본 적 없어. 이야기해줘."

벅은 이야기한다. "그러니까 원한은 이런 거야. 한 사람이 다른 사람과 싸우고 그 사람을 죽여. 그러고 나서는 그 다른 사람의 형제가 그 사람을 죽여. 그다음에는 다른 형제들이 그리고 양쪽의 형제들이 상대방을 죽여. 그러다가 사촌들이 끼어들어. 그렇게 머지않아 모든 사람이 죽고 더 이상의 원한은 없어지지. 하지만 이 일은 천천히 오랜 시간이 걸려 일어나."[1]

이것이 탈리오 법이 방지하고자 한 바로 그것이다. 최초의 공격이 공정하고 정당한 처벌로 다루어진다면 문제는 종결될 것이다.

또한 우리는 이런 법이 공중의 영역, 곧 민사소송법으로 들어간다는 사실을 기억해야 한다. 이것은 개인적 복수를 지지하는 법이 아니었다. 복수법의 의도는 사적인 피의 복수를 약화시키는 데 있었다. 이것은 법정 수단, 곧 법적 요구와 국가의 처벌 규정을 충족시키는 수단이었다. 따라서 우리는 오직 공적 영역에서 그 효력을 발휘하는 법을 우리의 사적인 문제로 이전시키지 않도록 주의해야 한다.

"악한 자를 대적하지 말라"는 말은 우리가 온갖 형태의 악에 저항하는 것을 절대적·문자적·전폭적으로 금지하는가?[2] 마르틴 루터는 이 본문이 자신을 조금씩 물어뜯는 이(lice)의 "악한" 행동에 대한 저항을 금한다고 믿고 이를 한 마리도 죽이지 않고 그대로 내버려 둔 인물을 거론하기도 했다. 19세기 러시아의 소설가이자 사회 개혁가인 레오 톨스토이(Leo Tolstoy)는 이러한 예수의 말을 개인적 폭력뿐 아니라 경찰과 군대 및 민사법관들이 수행하는 폭력을 포함해 모든 육체적인 폭력에 대한 전적인 금지로 해석했다. 심지어 살인자와 도둑에게도 저항해서는 안 된다고 주장했다. 하지만 예수가 이것을 의미하셨을 리는 만무하다.

---

1 Frederick Dale Bruner, *The Christbook: A Historical/Theological Commentary Matthew 1-12* (Waco: Word Books, 1987), 212에서 인용됨.
2 "악"으로 번역된 단어는 정관사를 가지고 있다. 이는 당신에게 자행된 "악한 행위"를 지칭할 가능성이 높다.

먼저 이것은 우리의 자녀들이 죄를 짓거나 악한 행동을 할 때 그들을 훈육하지 못하도록 할 것이다. 하지만 성경은 우리가 이들 안에 있는 악에 저항할 것과 그 목적을 위해 이들을 사랑으로 꾸짖을 것을 이야기한다. 두 번째로 예를 들어 바울과 베드로와 야고보는 우리에게 자주 "마귀[곧 악의 궁극적인 화신]에게 대적"할 것을 권면한 바 있다(엡 6:13; 약 4:7; 벧전 5:8-9). 그리고 바울은 갈라디아서 2:11-14에 기록된 대로 베드로를 그의 면전에 대고 책망(resist, 저항)하지 않았는가? 실제로 바울은 베드로가 유대인으로부터 느낀 압박 때문에 이방인들과 나누던 교제로부터 멀어진 것을 두고 그를 공개적으로 책망하고 비난했다. 심지어 예수도 요한복음 18:19-23에서 대제사장과 그의 뺨을 때린 군인의 "공권적 만행"에 저항한 것처럼 보인다. 예수는 분명 다른 뺨을 돌려대지 "않으셨다." 왜일까? 유대 법에 따르면 고소당한 사람은 법적으로 유죄를 선언 받기까지 매 맞지 못하게 되어 있었기 때문이다. 예수도 바울도 우리도 각자에게 제공된 법의 보호를 포기할 필요는 없다. 우리는 마태복음 18:15-17에서 예수가 교회의 치리를 권장했을 때 형제들 안에 있는 악에 저항할 것을 명령하셨다는 사실을 기억해야 한다. 바울은 로마서 13장에서 악을 행하는 자들에게 저항하고 이들을 벌할 인간 정권의 권리와 책임을 공개적으로 지지하기도 했다. 그리고 두 차례에 걸쳐 예수가 성전을 정화하셨을 때 그 이유가 바리새인들의 악에 "분노하여" "폭력적으로" 저항하신 것이라는 사실 역시 잊어서는 안 된다.

예수가 말씀하신 것은 이것이다. **악의를 품고 너를 대적한 이들에게 보복하지 말라**(특별히 레 19:18; 잠 20:22; 24:29참조). 그의 진술은 **제3자**가 연루된 경우에 적용되어서는 안 된다. 누군가 당신의 이웃이나 아내,

자녀 혹은 연약하고 무력한 이를 공격한다면 가서 이들을 보호하라. 예수는 다른 이들이 해를 입고 있을 때 우리가 아무것도 하지 않고 방관하라고 말씀하시지 않는다. 곧 악이 우리의 가족이나 사회를 위협할 때 악에 저항하는 것을 금하지 않으신다. **그는 우리의 자존심과 평판 및 이른바 우리의 권리 외에 궁극적으로는 아무것도 위험에 빠지지 않았을 때 순전히 개인적인 이유로 복수하는 것을 금하신다**(롬 12:17-21; 벧전 2:21-23 참조). 어디에선가 찰스 스펄전은 이렇게 말한 적이 있다. "악한 사람들이 망치일 때 우리는 모루가 되어야 한다." 이는 분명히 옳다고 존 스토트는 반응했다. "그러나 모루와 도어매트는 전혀 다른 것이다."[3] 다른 말로 하면 예수의 가르침과 그의 개인적 모범은 모두 어떠한 저항도 하지 않는 약골들을 지지하지 않는다.

내가 믿기로 예수는 법의 집행이 아니라 개인적 복수를 위해 우리의 손으로 법을 이용하는 것을 금하신다. "네가 한 그대로 갚아 주겠어"라는 식의 태도는 기독교와는 완전히 이질적이고 정반대가 된다(사무실에서든 학교든 경기장에서든 개인적인 관계에서든 말이다). 예수는 기질적 연약함이나 도덕적 타협, 정치적 무정부 상태 혹은 온전한 평화주의를 지지한 것이 아니다. 이러한 그의 말은 폭력배나 폭군들을 위한 허가증이 아니다. 그리스도인들은 사회 내 악과 싸워야 한다. 예수는 우리가 복수하고 싶은 충동에 저항하고 필요하다면 기꺼이 우리를 미워하는 사람들의 손에서 추가적인 고통을 당하도록 우리를 부르고 계신다. "그가 가르치시는

---

3   John R. W. Stott, *Christian Counter-Culture: The Message of the Sermon on the Mount* (Downers Grove: InterVarsity Press, 1978), 107(『산상수훈』, 생명의말씀사 역간).

것은 악을 권장하는 무책임이 아니라 복수를 단념하는 관용이다."[4]

예수는 이어 우리의 뺨을 때리는 이에게 다른 뺨도 돌려댈 것을 말씀하시면서 이 원리를 설명하고 적용하신다. 여기서 예수는 모든 자기방어를 금지하고 계시는가? 아니다, 전혀 그렇지 않다. 예수는 신체적 폭력 그 자체가 아니라 "인신공격"에 대해 이야기하고 계신다. 그가 맞는 것으로 지칭한 부위가 "오른편" 뺨이었다는 사실에 주목하라(39b절). 다시 말해 그는 누군가 자신의 손등으로 당신의 뺨을 때리는, 즉 당신의 존엄과 명예를 모멸하고 모욕한 상황을 염두에 두신 것이다. 예를 들어 술에 취했거나 난폭한 미치광이가 나를 공격해 온다면 어떻게 해야 할까? 다른 뺨을 돌려대야 할까? 아니면 스스로를 보호해야 할까? 그의 동기는 인신공격이 아니라, 신체적 위해를 가하는 것이다. 또 당신의 집에 도둑이 들어온 것을 발견했다면 당신은 어떻게 할 것인가? 다른 예도 언급될 수 있다. 핵심은 이것이다. 예수가 금지한 것은 누군가 우리를 모욕하거나 우리에게 망신 혹은 모멸감을 주거나 우리의 신앙적 성품을 이용하려 할 때 이들에게 복수하고 스스로를 보호하려고 하는 우리의 노력이다. 그는 우리가 우리나 다른 사람들의 육체적 안녕에 대해 어리석고 자기 파괴적으로 되거나, 훼손과 불필요한 순교로 우리 자신을 내어주도록 우리를 부르지 않으셨다. 예수가 묘사하는 것은 당신의 건강에 대한 공격이 아니라, 당신의 명예에 대한 공격이다. 크레이그 키너의 언급은 특별히 유익하다.

---

4 같은 책, 108.

자유로이 우리의 다른 뺨을 내어줌으로써 우리는 하나님 앞에서 자신의 위치가 확고한 사람들은 사람의 명예에 가치를 두지 않는다는 사실을 증명한다. 사실 어떤 면에서 우리는 우리를 모욕하는 사람(아마도 구경꾼들을 포함하여)의 가치에 대한 우리의 경멸을 보여 우리의 저항을 실천한다. 우리는 우리 자신의 명예보다 하나님의 명예에 더욱 큰 가치를 두기 때문에(마 5:16; 6:1-18), 우리가 예수 그리스도를 따르기 시작했을 때 우리의 생명 자체가 우리에게는 잃어버린 바 되었기 때문에(16:24-27), 우리에게는 잃어버릴 만한 우리 자신의 명예가 없다. 이와 같은 방식으로 우리는 우리를 모욕하는 이들에게 이들이 주목해야 할 보다 높은 충성에 대해 증언한다.[5]

그리고 40절의 "또 너를 고발하여 속옷을 가지고자 하는 자에게 겉옷까지도 가지게 하며"라는 예수의 지침은 어떠한가? 이 말을 이해하기 위해 우리는 당시 1세기 문화에서 튜닉 혹은 셔츠(chitona), 곧 몸에 꼭 맞는 기본 내의(거의 내복과 같은)와 망토 혹은 코트, 곧 작은 담요나 아프가니스탄에서 낮에는 겉옷으로 입고 밤에는 이불로 사용했던 것과 같이 느슨하게 걸치는 외투 사이에 차이가 있다는 사실을 기억해야 한다. 출애굽기 22:26-27은 기록한다. "네가 만일 이웃의 옷(coat, 겉옷)을 전당 잡거든 해가 지기 전에 그에게 돌려보내라. 그것이 유일한 옷이라. 그것이 그의 알몸을 가릴 옷인즉 그가 무엇을 입고 자겠느냐? 그가 내게 부르짖으면 내가 들으리니 나는 자비로운 자임이니라." 예수의 말을 들은 이

---

5 Craig S. Keener, *Matthew*, The IVP New Testament Commentary Series (Downers Grove: InterVarsity Press, 1997), 128.

들은 이 본문에 근거하여 누구도 당신의 겉옷을 영구적으로 취할 수 없다는 사실을 알았다. 이것은 빼앗길 수 없는 소유였다. 따라서 이들은 이런 예시의 핵심이 단순히 다음에 있다는 사실을 알았을 것이다. **법이 우리를 보호하는 때에라도 우리는 우리의 권리를 포기해야 할 수도 있다.** "법에 따라 우리의 권리로 인식된 것들이라도 내려놓을 준비가 되어 있어야 한다."[6]

이러한 예시 속 물건들을 문자적으로 받아들인다면 우리는 어떻게 누군가 당신의 신발과 양말 및 모자는 물론 당신의 예금 계좌, 퇴직 연금, 그 외에도 사실상 모든 것을 요구하지 못하도록 막을 수 있겠는가? 어떤 근거로 이것들이 예외일 수 있겠는가? 이것들을 문자적으로 이해한다면 이러한 지침은 자멸적인 것이 될 것이다. 우리가 곧 사실상(혹은 문자 그대로) 헐벗은 "극빈 그리스도인들", 그러니까 다른 사람들에게 속옷과 겉옷을 요구하고 이들은 또다시 다른 사람들에게 그것을 요구하는 새로운 계층이 될 것이기 때문이다.

요약하자면 이러한 첫 두 가지 예시들은 인간 법정의 합법성에 대한 문제나, 우리가 시시한 문제 혹은 심지어 합법적인 문제에 있어서라도 소송하며 다툴 필요가 있는지 없는지에 대한 질문과는 아무런 상관이 없다. 그가 가리키는 것은 오히려 개인적인 권리를 내려놓고 사랑의 본질과 요구에 부응하는 희생을 치르겠다는 우리의 기꺼운 의지다.

"또 누구든지 너로 억지로 오 리를 가게 하거든 그 사람과 십 리를 동행하고"라는 명령은 어떠한가(41절)? 여기서 예수는 정부의 관리가 자신

---

6   D. A. Carson, *The Sermon on the Mount: An Evangelical Exposition of Matthew 57* (Grand Rapids: Baker Book House, 1978), 51.

의 짐이나 물건 혹은 다른 무거운 물품을 옮기는 일에 민간인을 징발하거나 선발하여 합법적으로 이들의 도움을 받도록 한 고대의 관습에 호소한다. 로마 군대는 팔레스타인에 이러한 관행을 도입했다. 그리고 바로 이것은 구레네 사람 시몬에게 일어난 일을 설명한다. "마침 알렉산더와 루포의 아버지인 구레네 사람 시몬이 시골로부터 와서 지나가는데 그들이 그를 억지로 같이 가게 하여 예수의 십자가를 지우고"(막 15:21).

유대인들은 이러한 의무를 특별히 부담스럽고 모멸적인 것으로 보았다. 이것은 인신공격에 버금갔다. 그것은 신경을 거슬렀고 명백한 강요였다. 예수는 이것으로부터 다음과 같은 핵심을 끌어냈다. "복음을 위하여 기꺼이 이용당하고 짐을 지라. 다른 사람들이 너를 이용할 때 짜증이나 분노를 내지 말라. 그것이 너의 시간과 노력과 자원에 부당한 짐을 지울지라도 너의 의무 이상으로 희생하라."

논란이 되는 이 명령 중 마지막은 우리에게 "네게 구하는 자에게 주며" "네게 꾸고자 하는 자에게 거절하지" 말라고 말한다(42절). 이것은 직업 거지들에게 우리의 돈을 쏟아붓거나 이들이 의존하곤 하는 술과 마약을 위한 돈을 대신 지불해주라는 뜻일까? "네게 구하는 자에게 주며"라는 예수의 말의 의미는 우리가 죄짓는 데다가 보조금을 지불해야 한다는 뜻이 아니다. 데살로니가후서 3:10-12에서 바울은 무절제하고 나태한 이들에게 다음과 같이 분명히 이야기한다. "누구든지 일하기 싫어하거든 먹지도 말게 하라." 산상수훈에서 예수가 염두에 두신 것은 참된 필요가 있는 경우다. 마약 중독자 혹은 범죄 행위에 연루된 사람들을 지원하라는 이야기가 아니다. 그것을 요구한다고 살인자에게 총을 건네고 얼마든지 일할 수 있는 게으른 사람에게 돈을 주라는 의미가 아니다(잠

11:15; 17:18; 22:26 참조). 오히려 본인의 잘못과 무관하게 도움을 필요로 하는 이들에게 열린 마음으로 관대히 베풀라는 것이다.

이 모든 내용은 예수가 우리에게 우리의 원수를 사랑하라고 명령하신 마태복음 5:43-48에 일종의 서곡이 되었다. 문제의 구약 본문은 레위기 19:18이다. "원수를 갚지 말며 동포를 원망하지 말며 네 이웃 사랑하기를 네 자신과 같이 사랑하라. 나는 여호와이니라." 바리새인들은 세 가지 방식으로 이 법을 왜곡했고 곡해했다.

첫 번째로 이들은 심각한 누락의 죄를 범했다. 이들은 "네 자신과 같이"라는 표현을 누락시킴으로써 이 명령의 기준을 의도적으로 약화시켰다. 두 번째로 이들은 "이웃"이라는 단어가 동료 유대인들만을 지칭한다고 주장함으로써 사랑의 대상을 축소시켰다. 이방인들은 제외되었고, 따라서 이들은 사랑을 받지 않아도 괜찮았다. 바리새인들은 심지어 다른 바리새인들만이 자신의 이웃이라고 주장하기도 했다. 마지막으로 이들은 이 법의 일부를 누락했을 뿐 아니라, 그것에 무엇을 더했다. 바로 "원수를 미워하라"였다. 자신의 이웃을 사랑하기 위해 원수를 미워해야 한다는 것은 이들에게 논리적으로 느껴졌다. 하지만 모세의 율법 어디에도 누구를 미워하라는 명령은 없었다.

우리의 원수를 사랑하라는 명령은 우리와 다른 사람들과의 관계 속 모든 "계산"으로부터 우리를 자유롭게 한다. 너무나도 자주 우리는 적대적이고 자격이 없는 사람들에게 우리가 **얼마나 따뜻하고 너그러워야** 하는지, 우리가 이 사람이나 저 사람을 "얼마나" 사랑해야 하는지, "어떠한" 사람을 무조건적으로 사랑해야 하는지, 그리고 누가 어떻게 했을 때만 사랑할 것인지를 걱정한다. **예수는 모든 계산적인 사랑을 폐했다.** 사랑이 상대방의 행동을 더 이상 기다리지 않을 때 위대한 변화는 일어난다. 종종 우리가 원수를 사랑할 수 있는 "유일한" 방법은 이들을 위해 기도하는 것뿐인데, 단순히 우리가 다른 무엇을 할 수 있을 만큼 이들에게 가까이 다가가는 것이 불가능하기 때문이다. 당신과 당신의 원수 사이에는 너무나도 큰 적대감과 반감이 있어서 당신이 이 명령을 정말로 이행할 수 있는 방법은 오로지 기도일 수 있다.

예수는 45절에서 우리가 우리의 원수를 사랑해야 한다고 말씀하시는데, 그렇게 함으로써 **우리가 우리 자신이 이야기하는 대로의 존재, 곧 하나님의 자녀임을 증명하기** 때문이다. 기독교에 대해 사람들이 일반적으로 비판하는 것 중 하나는 신자들이 자신의 고백대로 실천하지 않는다는 것이다. 이들은 자신이 믿는 대로 행동하지 않는다. 여기서 예수는 말씀하신다. "이들이 틀렸음을 증명하라. 너의 참된 정체에 준하는 삶을 살아라. 이들에게 네가 하나님의 자녀임을 증명하라. 너의 원수들을 사랑하는 것만큼 비그리스도인들의 관심을 신속하게 사로잡을 만한 것이 없다. 그것만큼 인간의 본성에 반대되고 하나님의 본성에 준하는 것이 없기 때문이다."

만일 "우리가 왜 우리의 원수들을 사랑해야 합니까?"라고 묻는 사람이 있다면 대답은 "하나님이 '자기 원수들에게' 그렇게 행하셨기 때문입니다"일 것이다. 우리의 동기는 그런 경험을 통해 사랑하는 것이 미워하는 것보다 더 낫다는 사실을 깨달았기 때문이라거나, 사랑이 궁극적으로는 더 유익하거나 행복에 더 기여하거나 아니면 다른 여느 이유 때문이 아니다. "우리는 우리의 원수들을 사랑해야 한다. 하나님이 그러한 분이시기 때문이고 우리가 그분을 닮아가야 하기 때문이다."[7] 만일 우리가 우리의 자녀와 형제자매, 배우자 및 친구들을 사랑한다면, "그리고 이들만을 사랑한다면" 우리는 다른 사람들과 무엇이 다른가? 만일 그것이 그리스도인이 된다는 의미의 전부라면 뭐하러 그리스도인이 되겠는가? 비그리스도인들도 자신을 사랑해주는 사람들을 사랑한다. 만일 그것이 우리가 행하는 일의 전부라면 하나님은 왜 자신의 아들을 보내 죽게 하셨겠는가? 은혜가 없이도, 성령이 없이도, 그리스도가 없이도 우리는 그렇게 사랑할 수 있었을 것이다. 예수가 이야기하신 대로 심지어 세리들도 다른 세리들을 사랑하지 않는가?(46절)

이러한 비교가 호소력을 얻는 것은 고대의 세리들이 대단한 멸시를 받았다는 사실에 있다. 로마 제국에는 "세금을 거두어들이는" 제도가 있었다. 정부는 특정 지역으로부터 거두어들여야 할 금액을 명시하고 그것을 거두어들일 사람을 임명한다. 그 사람은 자기 아래로 다른 사람들을, 그 사람들 역시 자기 아래로 다른 사람들을 계속 임명해간다. 임명된 사람이 자신의 할당량에 도달하는 한 그것을 초과한 금액은 착복해도 좋았다. 따라서 이러한 제도는 뇌물과 부패의 온상이었다. 유대인 세리는 특별히 다른 유대인들로부터 미움을 받았는데, 이방인과의 접촉으로 부정하게 되었다고 간주되었기 때문이다. **하지만 심지어 이같이 타락하고 동**

---

7   하지만 "하나님과 같이 되고자" 하는 갈망이 죄의 본질로 묘사된 창세기 3:5과 이사야 14장은 어떠한가? 이러한 경우 이 갈망은 하나님과 "같이" 되고자 하는 것 이상으로 사실상 하나님이 "되고자 하는" 갈망, 곧 그분의 자리를 빼앗아 대신 차지하고자 하는, 하나님과 동격이 되고자 하는 갈망이다. 반면 여기 마태복음 5장에서 예수가 가리키신 것은 "도덕적 유사함"으로서 이 땅에서 아들이 자기 "아버지와 같이" 되기를 바라는 것과 같다. 따라서 어떤 면에서 하나님과 같이 되기를 열망하는 것은 모든 죄악 중 최고 악이지만, 다른 의미에서 하나님과 같이 되는 것은 모든 덕목 중 으뜸이다.

족을 배반하였으며 역겨운 왕따들에게도 친구가 있었는데, 바로 다른 세리들이었다. 심지어 세리들도 자기와 같은 종류의 사람들은 사랑했다. 만일 우리가 우리를 사랑하는 이들만을 사랑한다면 우리가 어떻게 이들보다 우월하겠는가? 우리의 사랑이 세리들의 사랑, 즉 비슷한 본성을 가진 사람들의 사랑보다 낫지 않다면 그리스도인이 되는 것의 유익이 무엇이겠는가?

우리를 선하게 대하는 사람들을 선하게 대하라는 원리는 전적으로 세속적이다. 여기에는 영적이거이나 경건한 것 혹은 특별한 것이 없다. 우리를 따뜻하게 대하는 사람들을 우리도 따뜻하게 대하는 것, 우리를 사랑하는 사람들을 우리도 사랑하는 것은 비그리스도인들도 늘 하는 일이다. 그리스도인들을 구별 짓는 것, 이들의 사랑을 도드라지게 하는 것은 자연스러운 것을 거슬러 사랑하는 것이다. 사랑스럽지 못한 이들, 혐오스러운 이들, 악의를 가지고 자신을 이용하고 박해하는 이들을 사랑하는 것이다. 예수는 47절에서 "또 너희가 너희 형제에게만 문안하면 남보다 더하는 것이 무엇이냐?"라고 물으신다. 여기서의 핵심 단어는 "더"다. 스토트는 이렇게 말한다. "그리스도인들이 비그리스도인을 '닮는' 것으로는 충분하지 않다. 우리의 부르심은 덕에서 이들을 '능가'하는 것이다. 우리의 의로움은 바리새인의 것보다 '월등'해야 하고(20절) 우리의 사랑은 이방인들의 것을 뛰어넘어야, 그 '이상'이어야 한다."[8]

우리의 사랑은 오직 사람의 말로는 설명이 불가한 종류의 사랑이어야 한다. 예컨대 39절에서 우리는 원수에게 복수하지 말라는 이야기를

---

8   Stott, *Christian Counter-Culture*, 121.

듣는다. 하지만 여기서 예수는 한 걸음 더 나아가 이들을 사랑하고 위해서 기도할 것을 말씀하신다. 첫 번째는 복수하지 말라는 수동적인 부르심이고, 두 번째는 능동적인 사랑으로의 부르심이다. 아우구스티누스는 다음과 같이 말했다. "많은 사람이 다른 뺨을 돌려대는 법을 배웠지만, 자신을 때린 사람을 어떻게 사랑해야 할지는 알지 못한다."

생각건대 예수가 이야기하고 계신 것은 우리의 사랑이 오직 사람의 말로는 설명이 불가한 종류여야 한다는 것이다. 무언가 초자연적이고 영적인 것에 호소할 때만 설명될 수 있는 사랑이어야 한다. 복수를 금하는 것에 그쳐서는 안 된다. 우리는 우리에게 해를 입히는 사람들을 축복하고 이들을 위해 기도해야 한다. 이 말을 누가 했는지는 모르겠지만 나는 동의한다. 악을 악으로 갚는 것은 마귀적이고, 선을 선으로 갚는 것은 인간적이지만, 악을 선으로 갚는 것은 신적이다.

부록: 원수를 어떻게 사랑하는지에 대한 존 파이퍼의 제언

존 파이퍼는 그의 탁월한 책, 『예수는 세상으로부터 무엇을 요구하는가』(*What Jesus Demands from the World*)를 통해 이러한 명령들이 "사랑이 '반드시' 해야 하는 특정한 일이 아니라, 사랑이 '종종' 행하기도 하는 종류의 일을 예시한다"는 사실을 이해하도록 돕는다.[9] 예를 들어 그는 예수가 일꾼들이 원하고 요구한 대로 임금을 지불한다면 경제 질서가 통째로 전복될 것이 뻔하기에, 공정한 임금을 지불하는 것이 옳다고 생각하셨다

---

9   John Piper, *What Jesus Demands from the World* (Wheaton: Crossway Book, 2006), 238.

는 사실을 상기시킨다(마 20:9-14 참조). 우리는 경제와 관련된 것 외에도 세 가지 다른 사회 질서의 영역, 곧 가정과 교육 및 정부에 대해서도 동일한 질문을 던질 수 있다. 파이퍼는 다음과 같이 말한다. "예수는 가정에서 부모의 뺨을 때린 자녀에게 다른 뺨을 돌려대는 훈육을 지지할 것인가? 교사가 학생들이 요구하는 대로 성적을 매기는 교육을 지지할 것인가? 경찰에게 다른 뺨을 돌려대라고 말하는 대신 범죄자를 진압할 때 경찰력을 공적으로 사용하는 것에 그는 반대할 것인가? 내 생각에 그 원리가 고수하는 바는 이것이다. 예수는 사회 질서 내 이러한 영역에서 보상법의 합법적 사용을 지지하셨다. 이것은 우리가 바라보고 있는 급진적 명령들이 사랑이 드러나는 유일한 방식을 의미하지는 않는다는 뜻이다. 오히려이것은, 일반적 지지를 얻는 경제 질서 안에서 급진적으로 사랑을 실천하는 한 가지 빈번한 방식으로 유효하며, 이는 이 세상의 질서가 절대적이거나 궁극적이지 않고 예수가 그렇다는 진리에 대해 증언한다."[10]

추천 도서 _____

D. A. Carson, *The Sermon on the Mount: An Evangelical Exposition of Matthew 5-7* (Grand Rapids: Baker Book House, 1978).

John Piper, *What Jesus Demands from the World* (Wheaton: Crossway, 2006).

John R. W. Stott, *Christian Counter-Culture: The Message of the Sermon on the Mount* (Downers Grove: InterVarsity Press, 1978)(『산상수훈』, 생명의말씀사 역간).

_____

10 같은 책, 239 n. 1.

25장
"666"의 의미는 무엇인가?

나는 2006년 6월 6일을 선명하게 기억한다. 그날이 나의 생일이었다거나 그날이 역사적으로 중요한 날이었기 때문이 아니다. 짐승의 수에 대해 그 날짜가 야기했던 토론 때문에 그날을 기억한다. 독자들이 보다시피 2006년 6월 6일은 여섯 번째 해, 여섯 번째 달, 여섯 번째 날이었다. 6-6-6이었다.

성경적 종말론이나 마지막 때에 대한 연구에서 적그리스도라는 주제보다 더 흥미진진하고 논란이 되는 것은 없다. 적그리스도는 요한계시록의 짐승과 동일한가? 적그리스도는 한 명 이상인가? 그는 과거의 역사적 인물인가? 아니면 미래의 역사적 인물인가? 적그리스도는 인물인가? 권력인가? 아니면 운동인가? 아니면 이들 모두의 혼합인가?[1]

---

1   적그리스도라는 개념을 역사적 관점으로부터 가장 잘 다룬 책은 Bernard McGinn 의 *Antichrist: Two Thousand Years of the Human Fascination with Evil* (San Francisco: Harper, 1994)이다. Robert C. Fuller, *Naming the Antichrist: The History of an American Obsession* (Oxford: Oxford University Press, 1995)과 Kim Riddlebarger, *The Man of Sin: Uncovering the Truth about the Antichrist*

종교개혁 이전과 당시에 반복해서 등장한 주제는 적그리스도가 일반적으로는 로마 가톨릭 혹은 구체적으로 교황직과 동일시되느냐는 문제였다. 종교개혁자들에 앞서 활동했던 사람 중에서 존 위클리프(John Wycliffe, 14세기 후반)는 어떤 특정 교황보다 교황 제도 자체를 적그리스도로 보았다. 로마 가톨릭교회에 반대해 화형을 당한 보헤미아의 개혁자 얀 후스(John Hus, 1372-1415) 역시 위클리프의 견해를 받아들였다. 마르틴 루터와 그의 동료인 필립 멜란히톤(Philip Melanchthon)을 포함해 영국의 개혁가들 그리고 대부분의 청교도까지 사실상 모든 종교 개혁가가 적그리스도를 로마 가톨릭교회와 동일시했고, 더 구체적으로는 교황이라는 직분과 동일시했다. 장 칼뱅에 따르면 "다니엘(단 9:27)과 바울(살후 2:4)은 하나님의 성전에 적그리스도가 앉으리라고 예언했다. 우리가 보기에 저 사악하고 가증스러운 왕국의 수령과 기수는 로마 교황이다."[2]

오늘날 대부분의 복음주의자, 특별히 요한계시록에 대해 미래주의적인 관점을 수용한 이들은 이 짐승을 종말론적 혹은 마지막 때의 적그리스도, 예수의 재림을 앞둔 마지막 몇 년 동안 세상을 미혹하고 교회를 박해하게 될 문자적 인물로 가리킨다. 데이브 헌트(Dave Hunt)가 한 다음의 말을 생각해보라.

바로 이 순간 지구라는 행성 어디엔가 적그리스도는 자신의 순서를 기다

(Grand Rapids: Baker Books, 2006) 역시 참조하라.

2   John Calvin, *Institutes of the Christian Religion*, edited by John T. McNeill (Philadelphia: The Westminster Press, 1975), IV, 2.12.

리고 기회를 엿보며 거의 틀림없이 살아 있다. 이것이 진부한 선정주의라고? 전혀 그렇지 않다. 성경의 예언과 관련하여 작금의 사건들을 냉정히 판단할 때 가능한 이야기다. 그는 이미 원숙한 인물로 정치 활동에 열심일 수 있고 심지어는 매일같이 모든 이의 입에 그 이름이 오르내리는 존경받는 세계 지도자일 수도 있다.[3]

헌트의 논평에 대해 내가 매우 심각한 의구심을 갖는다는 것 외에는 별다른 토를 달고 싶지 않다. 대신 이번 장에서 우리는 요한계시록 13:18에서 언급된 이른바 "짐승의 수"가 의미하는 것에 관심을 둘 것이다. 거기서 우리는 다음을 읽는다. "지혜가 여기 있으니 총명한 자는 그 짐승의 수를 세어보라. 그것은 사람의 수니 그의 수는 육백육십육이니라." 이 짐승을 과거의 인물과 동일시하려는 수많은 시도가 있었지만, 이 본문에 대한 해석에는 기본적으로 세 가지 학설이 있다.

오늘날에는 지지하는 사람이 거의 없지만, 연대기적 견해에 따르면 이 숫자는 짐승의 생애 혹은 그의 왕국이 지속된 기간을 가리킨다. 윌리엄 바클레이(William Barclay)는 다음과 같이 설명한다.

666이라는 숫자를 연대기적으로 이해하고 싶어 했던 몇몇 사람이 있었다. 기원후 1213년 교황 인노켄티우스 3세(Pope Innocent III)는 새로운 십자군 전쟁을 요구했다. 그의 생각에 마호메트교(이슬람) 세력은 666년 동안 지속될 운명이었고 당시 그 기간이 거의 끝나갈 무렵이었기

---

3   Dave Hunt, *Global Peace and the Rise of Antichrist* (Eugene: Harvest House, 1990), 5.

때문이다. 그것이 기원전 311년의 셀레우코스와 기원후 355년에 등장한 배교자 율리아누스(Julian the Apostate) 사이의 666년을 지칭한다고 생각한 사람들도 있었다. 마지막으로 기원후 666년을 가리킨다는 의견도 있었는데, 알려진 바로는 그해 교황 비탈리아노(Pope Vitalian)가 모든 공중 예배를 라틴어로 드리도록 명령했기 때문이다.[4]

"역사적" 학설에 따르면 이 숫자는 어떤 역사적 인물이나 권력 혹은 왕국을 지칭한다. 이것은 필시 가장 대중적인 해석이면서 게마트리아(gematria)라고 불린 고대의 관습을 그 기초로 한다(게마트리아는 그리스어인 *geomatria*로부터 왔는데 영어 단어 중 기하학을 뜻하는 geometry 역시 여기에서 왔다). 이교도계와 유대교계 모두에서 발견되는 이러한 관습은 알파벳의 각 글자에 수적인 가치를 부여한다. 예를 들어 영어 알파벳을 사용해 첫 아홉 개의 글자는 숫자 1부터 9까지를 상징하고(예. A = 1, B = 2, C = 3 등), 다음 아홉 개의 글자는 10부터 90까지를 상징하는 것이다(J = 10; K = 20; L = 30 등).

예를 들어, 어떤 사람이 숫자 "23"을 쓰고자 했다면 그것은 "KC"(K = 20 + C = 3)로 표현되었을 것이다. 폼페이라는 고대 도시에서 발견된 다음의 낙서는 잘 알려지고 자주 인용되는 예다. "나는 숫자가 545인 여인을 사랑한다." 그녀의 이름의 첫 글자는 분명 *ph* = 500, *mu* = 40, *epsilon* = 5이었을 것이다.

우리에게는 덜 중요하지만 이소프세피즘(isopsephism)이라고 불린

---

4   William Barclay, *Evangelical Times*, 70 (1958), 295.

또 다른 방법이 있다. 이것은 두 개의 다른 단어나 이름의 수적 가치가 동일하다는 사실을 증명하여 둘 사이의 연결을 시도한다. 이러한 "이소 프세피즘" 중 한 가지는 역사가 수에토니우스(Seutonius, *Nero* 39)로부 터 취한 한 구절에서 네로와 관련된다. 그 구절은 다음과 같이 기록한다. "*Neopsephon Neron idian metera apekteine*" = "새로운 계산: 네로 는 자기 어머니를 살해했다." 핵심은 "네로"라는 이름의 수적 가치가 "자 신의 어머니를 살해했다"는 구절의 가치와 동일하다는 것이다.

"인자"라는 이름은 888로 알려져 있는데, 예수(*Iesous*)라는 이름의 그리스어 문자들을 합한 수다. 이어 지적되는 것은 777이 온전함 혹은 완벽함을 상징하고, 888은 완벽함 그 이상(곧 예수)을 상징하며, 따라서 666은 불안정함 곧 적그리스도를 상징한다는 것이다. 하지만 이러한 결 론은 아직 논의하지 않은 상징적 견해 아래로 포함되는 것이 보다 적절 하다.

궁금한 독자들을 위해, 찰스 새뮤얼 스톰스(Charles Samuel Storms) 는 1303, 샘 스톰스(Sam Storms)는 740, C. 새뮤얼 스톰스(C. Samuel Storms)는 1069, 스톰스 박사(Dr. Storms)는 684(점점 가까워지고 있다), 샘 목사(Pastor Sam)는 662, 그리고 C. 샘 목사(Pastor C. Sam)는 665이다. 거의 근접했다.

게마트리아를 그리스어 문자들과 함께 사용할 때 우리는 다음과 같은 결과를 얻을 수 있다. 이레나이우스(Irenaeus, 기원후 200년경)는 666이라는 수적 가치를 갖는 세 가지 이름을 제시했다. 바로 "유안타 스"(Euanthas, 하지만 누구도 "유안타스"가 누구 혹은 무엇을 의미하는지는 모 른다), "테이탄"(Teitan, 이것은 신들에 대항한 따라서 적그리스도의 예표로 볼 수 있는 타이탄들[Titans]이나 테이탄과 언어적 동격은 아니지만 기원후 70년 예루살렘을 멸망시킨 티투스[Titus]를 지칭할 수 있다) 그리고 "라테이노스"(Lateinos, 그리스도와 그의 교회에 집단으로 저항한 것으로 이해되는 로마 혹은 "라틴" 제국 자체를 상징할 수도 있다)다.

다음은 모두 666으로 합산되는 무작위적인 제안들로서 *Arnoume*(문제는 *arnoume*와 같은 단어가 없다는 사실인데 이것이 "부인하다", 따라서 "배교자"를 의미하는 *arneisthai*라는 동사와 어느 정도 관련이 있다는 주장이 있었다), *ho niketes*("정복자" 혹은 "승리자"를 의미), *kakos odegos*(번역하면 "악한 지도자") 그리고 *amnos adikos*(번역하면 "불의한 어린 양")다.

한 가지 흥미로운 제안은 "KSTGKNGO"인데, 여기에는 율리우스 카이사르(Julius Caesar)로부터 베스파시아누스(Vespasian)에 이르는 로마 황제들의 그리스어 이름의 첫 글자들이 들어 있다. K = 20, S = 200, T = 300, G = 3, K = 20, N = 50, G = 3, O = 70 = 666. 하지만 몇몇 비평가들이 지적한 대로 오토(Otho)와 비텔리우스(Vitellius)를 빼고 갈바(Galba)를 포함시킨 것은 순전히 임의적이었다. 적그리스도와 배교적 종교 제도를 교황과 로마 가톨릭교회와 동일시하려는 경향을 가진 사람들은 *Italika ekklesia* 혹은 "이탈리아 교회"가 666이라고 지적해왔다. 하지만 이후 로마 가톨릭교회는 이런 추론에 대해 상황을 역전시키는 제안을 했는데, *Loutherana*("루터"라는 이름의 또 다른 형태로 주장됨)가 666임을 상기시킨 것이다. *Saxoneios*("색슨족"을 가리킨다고 주장됨)라는 단어 역시 루터를 지칭하고 666이라는 수적 가치를 갖는다.

이 짐승을 유명한 역사적 인물과 동일시하려는 두 가지 다른 시도는 *Maometis*(마호메트를 지칭한다고 주장됨)와 *Na Bonapartia*(나폴레옹 보나파르트의 다소 임의적인 한 형태)로서 이 둘도 666이 된다.

라틴어 문자들이 사용될 경우 결과는 다음과 같다.

1. 교황에 대해 흔히 사용되는 한 가지 칭호는 *Vicarius Generalis Dei in Terris*다. 문제는 모든 라틴어 문자들에 수적 등가물들 (equivalents)이 존재하지는 않는다는 것이다. 따라서 특정한 소수의 문자만이 계산될 수 있는데, 이들의 합은 666이다. V = 5, I = 1, C = 100, I = 1, V = 5, L = 50, I = 1, D = 500, I = 1, I = 1, I = 1.

2. 기원후 284년에서 305년 로마의 황제였던 디오클레티아누스 (Diocletian)에게 *Diocles Augustus*라는 이름이 주어졌을 경우 다음 의 계산이 나온다. D = 500, I = 1, C = 100, L = 50, V = 5, V = 5, V = 5, 즉 합이 666이다.

영어 문자들을 사용할 때는 다음의 결과를 낳는다.

1. 만일 A = 100, B = 101, C = 102이라면, 우리는 적그리스도에 대한 보다 대중적인 후보들 중 하나를 얻게 되는데 바로 히틀러(Hitler)다. H = 107, I = 108, T = 119, L = 111, E = 104, R = 117로 합은 666 이다.

2. 만일 A = 6, B = 12(곧 6 x 2), C = 18(곧 6 x 3)이라면, 우리는 키신 저(Kissinger)를 얻는다. K = 66, I = 54, S = 114, S = 114, I = 54, N

= 84, G = 42, E = 30, R = 108 역시 합은 666이다.

3. 전 대통령 레이건의 이름과 가운데 이름 및 성(Ronald Wilson Reagan)의 글자 수가 각각 여섯, 곧 666이라는 사실을 지목한 사람도 있었다. 또한 이 사람은 레이건이 로스앤젤레스로 이사했을 때 자신의 집 주소를 666에서 668 성 클라우드 가(St. Cloud Drive)로 바꾸어야 했다는 사실 역시 지적했다. 레이건과 나는 생일이 같은데(2월 6일), 내가 거짓 예언자이지는 않은지 의심스럽다!

4. 크레이그 키너(Craig Keener)는 "귀여운 보라색 공룡" 안에 들어 있는 잠재적 로마 숫자들을 합했을 때(Cute Purple Dinosaur, "U"를 "V"로, 즉 5로 계산), 그것이 100 + 5 + 5 + 50 + 500 + 1 + 5, 곧 666이라는 합에 도달한다는 사실을 지적했다. 오, 불쌍한 바니여!(Barney, 미국 어린이 프로그램에 등장하는 캐릭터로 텔레토비와 흡사한 보라색 공룡의 이름—역주)[5]

5. 비록 그 이름이 666으로 합산되지는 못했지만, 적그리스도에 대한 잠재적 후보로 지목된 적이 있는 또 다른 사람들로는 베니토 무솔리니(Benito Mussolini), 안와르 사다트(Anwar Sadat), 야세르 아라파트(Yasser Arafat), 아야톨라 호메이니(Ayatollah Khomeini), 스페인 왕

---

5 See Craig S. Keener, Revelation, The NIV Application Commentary (Grand Rapids: Zondervan, 2000), 359. Keener는 "우리는 그걸 농담으로 생각한다"라고 말했다. 나도 동의한다!

후안 카를로스(Juan Carlos), 요한 바오로 2세(Pope John Paul II), 사담 후세인(Saddam Hussein), 무암마르 가다피(Mu'ammar Gadhafi), 미하일 고르바초프(Mikhail Gorbachev), 지미 카터(Jimmy Carter) 그리고 다른 미국 대통령들이 있다.

히브리 문자를 사용할 경우 흥미로운 결과가 나타난다. 네로의 그리스어 이름(*Neron Kaisar*)은 1005라는 수를 낸다. 하지만 히브리 문자로 그의 이름은 666이 된다. 위의 "Neron"이라는 단어를 그것의 라틴어 형태인 "Nero"에 준하도록 만들기 위해 마지막 문자(n = 50)를 생략할 경우 결과적으로 그 수는 616이 되고, 이것은 요한계시록 13:18의 그리스어 본문에 대한 이문을 설명해준다.

이 견해의 주된 문제는 Nero Caesar라는 이름에서 Caesar에 상응하는 히브리어가 666이 아니라 676이라는 데 있다. 하지만 리처드 보컴(Richard Bauckham)은 네로 통치 이년에 기록된 것으로 추정되는 파피루스 문서에서처럼 그의 이름 철자가 실제로 잘못 기록된 경우가 있었음을 언급한다. 요한이 아시아 도시들 가운데 그리스어를 하는 독자들에게 그리스어로 편지했고, 이들이 히브리어 게마트리아를 사용하지 않았을 것을 주장하여 히브리 문자를 사용하는 것에 반대하는 사람들도 있다. 보컴은 이렇게 말한다. "여기에는 이러한 대답이 가능하다. 요한은 교회마다 적어도 얼마의 독자들(청중들)이 약간의 히브리어를 알았을 것으로 기대했을 수 있고, 만일 요한에게 이름의 수적 가치가 특별히 중요했다면, 그는 유대 그리스도인으로서 이러한 중요성이 그리스어 문자보다는 히브리어 문자에 더 내재했을 것으로 기대했을 수 있다."[6]

이것과 관련해 "짐승"(therion)이라는 그리스어 단어가 히브리 문자로 옮겨졌을 때 666이라는 수적 등가를 낸다는 점에도 주목해야 한다. 요한계시록 13:18에서 요한이 "총명한 자는 그 짐승의(tou theriou) 수를 세어 보라. 그것은 사람의 수니"라고 말했음을 기억하라. 요한은 우리에게 짐승이라는 "단어"의 수가 또한 사람의 수라고 말했을 수 있다. 보컴은 다음과 같이 말한다. 그렇다면 "이러한 게마트리아는 네로가 짐승이라는 주장에 그치는 것이 아니라 네로가 짐승임을 입증한다. 네로의 이름 자체는 그것의 수적 가치를 통해 네로가 다니엘이 예언한 종말론적 짐승임을 확인해준다."[7]

세 번째이자 마지막 견해는 상징적 견해다. 그레그 비일(Greg Beale)은 이렇게 주장한다. "[계시록 안에 있는 다른] 모든 숫자는 비유적 중요성을 갖고 어떤 영적 실재를 상징하며, 문자적 게마트리아 계산을 전혀 수반하지 않는다."[8] 따라서 이 견해에 따르면 이 숫자는 모든 측면에서 완전함에 미치지 못하는 원형적 인물로의 짐승을 지칭한다. 세 자리의 6은 요한계시록 안에서 하나님의 수인 7에 대한 대조에 불과하고 불완전함과 불충분함을 상징한다. 777은 하나님의 수이고 666은 모든 숫자에서 거기에 미치지 못한다. 또한 "세 자리의 6은 세 개의 7이라는 신적 삼위일체의 패러디다. 즉 이 짐승은 하나님과 그리스도, 예언하는 진리의

---

6   Richard Bauckham, *The Climax of Prophecy: Studies on the Book of Revelation* (London: T & T Clark, 1993), 388.

7   같은 책, 389.

8   Gregory K. Beale, *The Book of Revelation* (Grand Rapids: Eerdmans, 1999), 721(『NIGTC 요한계시록』, 새물결플러스 역간).

영을 흉내 내고자 하지만 성공하지 못한다."[9] 따라서 이 숫자는 짐승을 확인해주지 않고 "묘사"한다. 이것은 그의 "특징"과 관련이 있다.

더욱이 특정한 역사적 개인을 염두에 두었다면 왜 요한은 그리스어 *anthropos/anthropou* 대신 *aner/andros*를 사용하지 않았을까? 후자는 여성이나 아이 등과 대조되는 "남성"을 의미한다. 반면 전자는 포괄적이다. 그러니까 말하자면 동물이나 천사에 반하는 부류로서의 "인간"을 이야기한다. 포괄적인 것이 사용된 예로는 요한계시록 21:17도 참조하라("사람의 측량"/"천사의 측량").

또한 어떠한 특정한 역사적 인물을 염두에 두었다면 요한은 "어떤"(그리스어 "*tinos*") 사람 혹은 "한"(그리스어 "*henos*") 사람을 사용하여 그것을 분명히 했을 수 있다. 만일 상징적 견해가 옳다면(나는 그렇다고 믿는 쪽이다), 우리는 "그것은 '사람의'(man's) 수니"라고 번역해야 한다. 이것은 짐승으로 완벽히 예시되어 영원히 온전함에 미치지 못하는 그리스도를 떠난 사람의 특성과 자질을 강조한다.

짐승의 "표"

우리는 요한계시록 13:16-17에서 짐승이 "모든 자 곧 작은 자나 큰 자나 부자나 가난한 자나 자유인이나 종들에게 그 오른손에나 이마에 표를 받게 하고, 누구든지 이 표를 가진 자 외에는 매매를 못하게 하니, 이 표는 곧 짐승의 이름이나 그 이름의 수라"는 내용을 읽는다.

---

9   같은 책, 722.

많은 사람이 "표"(charagma, 13:16, 17; 14:9, 11; 16:2; 19:20; 20:4에 등장함)를 받는 것에 대한 언급이 낙인을 찍거나 문신을 새기는 고대의 관행을 암시한다고 믿는다. 데이비드 오니(David Aune)는 후자의 몇 가지 목적을 나열했다.[10]

고대 야만족들은 부족 사람을 식별하기 위한 방편으로 문신을 사용했다.

그리스인들은 주로 종들과 범죄자들을 벌하기 위한 방법으로 문신을 사용했다. 이것은 수치와 수모의 표였다. 따라서 고대 의학 문서에서 문신의 제거 방식이 논의된 사실은 쉽게 설명된다.

문신은 소에 낙인을 찍는 것과 비슷하게 소유권의 표시였을 수도 있다.

많은 고대 종교에서 문신은 이방 신에 대한 헌신과 충성을 보여주었다.

짐승의 "표"에 대한 배경을 성구함(tephillin)을 착용하는 유대 관습에서 찾는 이들도 있다. 성구함은 성경의 구절이 든 가죽 상자로서(출 13:9,16; 신 6:8; 11:18; 마 23:5과 비교) 왼팔이나(심장을 마주 보고) 이마에 착용되었다. 하지만 짐승의 표는 오른손에 새겨졌다. "표"라는 단어가 계약서상 황제의 직인과 동전에 새겨진 로마 지배자의 두상에 사용되었음을 지적하는 사람들도 있다. 그렇다면 아마도 "이 표는 그것의 종교적 요구를 좇

---

10   David Aune, *Revelation 6-16* (Nashville: Thomas Nelson Publishers, 1998), 2:457-59.

는 사람들에게만 주어지는 나라의 정치적 경제적 '승인 도장'을 암시"할
것이다.[11]

그를 따르는 자들이 받는 짐승의 "표"가 하나님의 백성들의 이마에
새겨지는 "인"의 마귀적 대응물이자 패러디라는 사실은 꽤나 분명하다
(7:3-8; 14:1; 22:4 참조). "신자들에게 새겨진 인과 하나님의 이름이 하
나님의 소유권과 이들에 대한 영적인 보호를 함축하는 것과 마찬가지로,
이 표와 사탄의 이름은 마귀에게 속하고 영벌을 받게 될 이들을 상징한
다."[12] 신자에게 새겨진 인이나 이름은 상징적이어서 분명히 우리 눈에
보이지 않고, 짐승의 표 역시 그를 따르는 자들의 충성과 그들에 대한 그
의 소유권을 묘사하는 상징적인 방식일 것이다.

이 표가 이마나 손에 새겨지는 이유는 적어도 두 가지다. 먼저는 위
에서 언급된 대로 이것이 왼팔이나 이마에 착용되었던 유대인들의 성구
함에 대한 마귀적 패러디이기 때문이다. 두 번째로 이마가 사람의 이념
적 헌신을, 손이 그런 헌신의 실질적 성취 혹은 발현을 가리키기 때문일
수도 있다. 사회 경제적 제재에 대한 언급은 그리스도인들이 그리스도에
대한 이들의 헌신 때문에 당해야 했던 어려움을 암시한다. 이것은 요한
계시록뿐 아니라(2:9; 3:8과 비교) 다른 신약의 본문(히 10:34; 롬 15:26)
에서도 나타나는 바다.

따라서 나는 독자들에게 미래의 환난의 때에 적그리스도가 그리스도
인의 손이나 머리로 컴퓨터 칩을 집어넣는다거나 문자 그대로 문신을 새
겨 넣는다는 환상 같은 이야기에 귀 기울이지 말 것을 권하고 싶다. 짐승

---

11 Beale, *Revelation*, 715.
12 같은 책, 716.

의 표는 우리의 신용카드나 주민등록번호와 아무런 상관이 없다. 이것은 예수 그리스도의 교회에 대항하고 핍박하는 세력에 대한 믿지 않는 세상의 헌신을 상징적으로 묘사한다.

심각한 숫자로 즐기는 재미

나는 다음 내용으로 책을 마무리하려고 한다. 누가 내게 이것을 보내주었는지 생각이 나지 않기 때문에 그 공을 차지하고 싶은 사람이 있다면 내게 편지로 요구해야 할 것이다.

666.0000: 고정밀 짐승의 수

0.666: 밀리짐승의 수

6, 어…다음이 뭐였죠?: 금발 짐승의 수(금발 여성은 백치미가 있다는 편견에서 나온 표현—역주)

1-666: 짐승의 지역 번호

00666: 짐승의 우편 번호

$665.95: 짐승의 소비자가

$699.25: 5%의 주(州) 판매세가 포함된 짐승의 가격

$769.95: 모든 부대 용품과 교체 영혼이 포함된 짐승의 가격

$656.66: 짐승의 대형 마트 가격

$646.66: 짐승의 다음 주 대형 마트 가격

필립스 666: 짐승의 휘발유(필립스 66는 유명한 에너지 회사의 이름—역주)

666노선: 짐승의 길

666F: 짐승을 굽기 위한 오븐 온도

666k: 짐승의 노후 계획(미국의 대표적인 연금 보장 제도의 이름이 401k−역주)

666mg: 짐승의 최소 일일 권장량

6.66%: 지옥 국립은행 제일 짐승의 5년 CD 금리. 최소 예금액은 $666

로터스 6-6-6: 짐승의 스프레드시트(로터스 1-2-3는 스프레드시트를 기본으로 하는 데이터베이스−역주)

워드 6.66: 짐승의 워드 프로세서

i66686: 짐승의 CPU

666i: 짐승의 BMW

DSM−666(개정판): 짐승에 대한 진단 통계 안내책자

668: 짐승의 옆집 이웃

667: 소수 짐승

999: 오스트레일리아 짐승

추천 도서 _____

Gary DeMar, *End Times Fiction: A Biblical Consideration of the Left Behind Theology* (Nashville: Thomas Nelson Publishers, 2001).

Kenneth L. Gentry, Jr., *The Beast of Revelation* (Tyler: Institute for Christian Economics, 1989).

Kim Riddlebarger, *The Man of Sin: Uncovering the Truth about the Antichrist* (Grand Rapids: Baker Books, 2006).

Sam Storms, *Kingdom Come: The Amillennial Alternative* (Ross-Shire, Scotland: Christian Focus Publications, 2013)(『개혁주의 무천년설 옹호』, 부흥과개혁사 역간).

터프 토픽스 2
기독교 난제 25가지

Copyright ⓒ 새물결플러스 2019

1쇄 발행 2019년 6월 28일

지은이 샘 스톰스
옮긴이 장혜영
펴낸이 김요한
펴낸곳 새물결플러스

편 집 왕희광 정인철 박규준 노재현 한바울 정혜인
이형일 서종원 나유영 노동래
디자인 윤민주 이새봄 황진주
마케팅 박성민 이윤범
총 무 김명화 이성순
영 상 최정호 조용석 곽상원
아카데미 차상희

홈페이지 www.holywaveplus.com
이메일 hwpbooks@hwpbooks.com
출판등록 2008년 8월 21일 제2008-24호
주 소 (우) 04118 서울 마포구 마포대로19길 33
전 화 02) 2652-3161
팩 스 02) 2652-3191

ISBN 979-11-6129-115-4 04230

책값은 뒤표지에 있습니다.

이 도서의 국립중앙도서관 출판예정도서목록(CIP)은 서지정보유통지원시스
템 홈페이지(seoji.nl.go.kr)와 국가자료공동목록시스템(nl.go.kr/kolisnet)
에서 이용하실 수 있습니다. CIP2019023302